本书为国家社会科学基金一般项目

"汉口银行公会与地方社会研究（1920—1938）"

（批准号：13BZS052）结项成果（证书号：20182212）

鉴定等级：良好

汉口银行公会与地方社会研究

（1920—1938）

张艳国　著

Hankou Yinhang Gonghui Yu
Difang Shehui Yanjiu（1920—1938）

人民出版社

目　　录

1

表 目 录

序　言
中国近代同业公会研究的可喜进展

——张艳国教授新著《汉口银行公会与地方社会研究
（1920—1938）》

朱　英

　　我的记忆中大约是在 20 年前,笔者曾应邀在复旦大学历史系作过一场学术讲座,主讲的内容虽然是近代中国的商会,但在提问和回答的互动环节中,却用较多的时间谈到开拓近代同业公会史研究的学术价值和意义。因提问涉及商会史研究如何在原有基础上进一步扩展深入,我在回答这个问题时,除就商会史研究的自身发展谈了几点看法之外,又专门强调近代同业公会研究的重要价值和意义,并鼓励在场的博士和硕士研究生将同业公会作为学位论文的研究选题。因为上海市档案馆保存有近代工商各业同业公会的档案文献,即使在全国范围来说,也堪称是最为丰富和完整的。对此展开研究,无论是在上海求学,还是在工作中,都具有得天独厚的便利条件。当时,由于国内史学界开展同业公会史研究尚处于起步阶段,相关研究成果并不多见,因而所谈拓展同业公会史研究的内容,似乎更受到现场的一些研究生关注,这也给我留下了较为深刻的印象。

　　回想 20 多年前,之所以强调同业公会研究的重要性,最初主要只是出于深化商会史研究的思考。民国时期的同业公会作为近代新型行业组织诞生之后,很快就成为商会的主要团体会员,也是商会最重要的基层组织。它在商会各方面的运作过程中,都发挥着不可或缺的显著作用。南京国民政府颁布的新《商会法》,更是明确地规定,各地商会需由五个以上的同业公会联名发起,才能成立。但是,在很长的时期内,我们的商会史研究却主要涉及清末民初商会与行会的关系,较少探讨民国时期商会与同业公会的密切互动关系,这不能不说是一大缺陷。我认为,要进一步全面深入考察商会内部的组织网络系统,了解商会何以能够具备"登高一呼,众商皆应"的巨大能量,显然就不能缺失对商会与同业公会紧密关系的深入剖析。正是基于这样的思考,我所在的华中师范大学商会史研究团队在20世纪90年代末,就计划将同业公会史也纳入商会史研究的范围。适逢教育部决定在高等学校建设人文社会科学重点研究基地,华中师范大学中国近代史研究所又有幸被列为"百所重点研究基地"之一,并将近代同业公会列为首批重大科研项目之一,于2004年出版了集体撰写的《中国近代同业公会与当代行业协会》一书。它是国内史学界较早研究同业公会的学术成果。

不过,我们当时主要是从深化商会史研究的角度来开拓同业公会研究。在研究中,我们已经隐约意识到同业公会史应该不仅只是附属于商会史研究的范围,而是极有可能发展成为中国近代社会经济史研究的一个重要分支领域。因为同业公会是民国时期在全国普遍成立的一种新型工商同业团体,也是中国传统工商组织向现代行业团体发展演变的重要标志。另外,同业公会既是商会的基层组织,同时又具备相对的独立性,有其重要的独特功能与作用。这正如笔者在《光明日报》发表的《近代中国同业公会研究亟待加强》(2004年8月10日)一文中所指出的:"同业公会成立之后,不仅在各个行业的自治与自律、整合与管理过程中起着不可或缺的重要作用,而且在维护各行业的同业利益,促进各行业发展乃至整个社会经济生活的运转进程中,发挥了令人瞩目的作用。同时,同业公会在很大程度上又是在新的历史条件下,政府进行经济调控与管理的重要市场中介组织。显而易见,同业公会在市场经济发展中的这些重要作用,决定了同业公会研究具有很高的学术价值。"①因此,

---

① 朱英:《近代中国同业公会研究亟待加强》,《光明日报》2004年8月10日。

近代同业公会研究势必具有比较广阔的发展空间。

回顾 20 余年间同业公会史研究的发展进程,不难发现它与商会史研究的兴起与发展有着某种相似性。20 世纪 80 年代初,商会史研究在其起步阶段,也是附属于辛亥革命史研究的。由辛亥革命史研究下沉到商会史研究,其目的是阐明辛亥革命前的中国,已经初步形成了一支独立的资产阶级队伍,而且它在辛亥革命前后,已经具备了显著的社会能量,产生了突出的社会影响,由此来回应国外和我国台湾学者对辛亥革命性质提出的质疑,进一步论证辛亥革命是一场资产阶级性质的革命。受此影响,单一的政治史研究范式成为当时探讨商会的主要理论与方法,研究的主题也主要限于政治方面的内容。但不久之后,商会史研究者意识到,这一严重的缺陷遮蔽了商会作为一个由新兴商人组成的新式社团,它在经济与社会诸多领域活动产生重要的影响,于是,研究者很快就突破了单一的政治史研究范式,相继采用现代化范式、市民社会与公共领域范式等,对商会进行全方位考察,使商会史研究从曾经属于辛亥革命史研究的一个部分,独立发展成为中国近代史研究的一个重要领域。

同业公会研究的起步与发展,与商会史研究也有相似的经历。它最初是在 20 年前随着商会史研究的拓展而兴起,其着眼点主要是考察商会与同业公会的关系及其影响,随后即有更多学者专门对同业公会进行全面探讨,很快也使同业公会研究从属于商会史研究的一个部分,发展成为相对独立的一个研究领域。正因为如此,10 余年来,同业公会研究有了十分可喜的进展,取得了一大批有分量的学术成果。迄今为止,已出版多部从整体上综合论述同业公会的学术专著,而具体研究各个地区工商各业同业公会的著作为数更多,至于探讨同业公会的论文则是数不胜数。研究的主题也渐趋宽泛,其特点是从早期的行会史与商会史研究路径向行业史、市场史研究路径拓展深化,以行业经济与市场秩序为研究重点,弥补了以往对同业公会经济职能关注不够的偏向。同时,还呈现出“走出同业公会看同业公会”“从同业公会看社会”的良好发展趋向。另外,研究的区域也在不断扩展,除了经济发达的大城市如上海等地之外,其他以前很少涉及的区域,也相应地受到研究者重视;对不同行业和类别同业公会的研究,也逐渐增多,它涉及诸多行业领域。特别令人欣慰的是,据不完全统计,10余年间以同业公会为研究对象的博士和硕士学位论文,就达到了近50篇,体现了史学界青年学者对同业公会研究的极大兴趣,这也反映出同业公会研究仍具有可观的发展空间和前景。

不久前,我又非常高兴地看到江西师范大学张艳国教授(现为华中师范大学博雅学者特聘教授,中国政治文化与国家治理研究中心主任、首席专家。——编者注)新近通过了结项并即将出版的国家社会科学基金项目最终成果《汉口银行公会与地方社会研究(1920—1938)》。由于银行业在近代社会经济发展过程中具有显赫地位,该著所探讨的银行公会,称得上是近代林林总总的工商同业公会中至关重要、影响突出的公会之一。众所周知,在清末民初,随着社会经济发展,银行作为近代新式金融机构应运而生,以银行为主导的新式金融业也随之逐渐形成,并在社会经济生活中占据举足轻重的地位。银行业的业务经营与发展动向,甚至在很大程度上成为观察和了解整个经济繁荣或衰败的风向标。而银行公会作为该业的自律性同业组织,在维护同业利益、协调同业竞争、规范银行发展、稳定金融秩序等许多方面,都发挥着相当重要的作用,自然也是我们研究同业公会最重要的对象之一。另外,被外国人誉为"东方芝加哥"的汉口,在近代又是与上海、天津、广州齐名的四大金融中心之一。在汉口,中外银行林立,金融体系完善,1920年成立的汉口银行公会也是与上海、北京、天津并立的四大银行公会之一。因此,研究银行公会,自然也不能忽略汉口银行公会。

有鉴于此,史学界对于银行公会的研究是比较重视的,但以往较多的是对上海银行公会进行探讨。例如,郑成林的《从双向桥梁到多边网络:上海银行公会与银行业(1918—1936)》(华中师范大学出版社2007年版)、王晶的《上海银行公会研究(1927—1937)》(上海人民出版社2009年版)、张天政的《上海银行公会研究(1937—1945)》(上海人民出版社2009年版)等。这些都是对近代不同历史时期上海银行公会的考察与研究。而论述汉口、北京、天津等其他地区银行公会的论文虽有多篇,但专著却尚少见。需要指出的是,上海银行公会虽是近代中国影响最大的银行公会,有必要进行深入细致地研究,但是,如果仅限于对上海一地的集中考察,显然并不能满足我们认识整个近代中国银行公会的发展共性与特点,还需要对更多地区的银行公会进行个案剖析。

张艳国教授的这部著作,正好在一定程度上弥补了目前学术界在银行公会研究中存在的上述不足和缺陷,因而,它具有较高的学术价值和进一步推进本领域研究的重要意义。除此之外,作者还正确运用历史学、金融学、计量学和组织行为学的理论与方法,详细论证汉口银行公会的兴起与发展变迁、组织结构与运作特点、内外各种网络关系的建立及其影响等重要问题;同时,其所彰显的一大特色是将汉口银行公会置于地方经济与社会变迁的视野下进行多方位考察,深入探讨了汉口银行公会经济活动与社会活动的互动,与地方政府的关系与互动,以及与其他社会组织的互动,并详细介绍了汉口银行公会开展的各类社会公益活动和社会救济活动,从而在此基础上,对汉口银行公会做出较为全面客观的历史评价。由于作者多年来还深耕史学理论与方法,因而在此项研究中,比较突出地发挥了理论思辨的学术优势,做到史论结合,"史"有史料依据,"论"有理论深度,给我留下了深刻印象。这些不仅对于拓展银行公会研究的广度,而且对于整个同业公会研究的深化,均大有裨益。另外,该著征引丰富的地方档案文献与报刊史料,对于拓宽银行公会研究的史料来源,也做出了积极贡献。我认为,这些都是值得充分肯定的优点。

由上可知,史学界对于近代同业公会的研究,虽然只有短短的 20 年,但它却是一个发展较为迅速的新兴研究领域,在各个方面都取得了可喜的进展。同业公会既是历史学研究的一个重要领域,又有很强的现实借鉴意义,可以为中国当前市场经济发展、政府职能转换、行业自律规范以及行业协会的建设等提供有益的历史经验与借鉴。当下,政府部门与行业协会如何确立良性的互动关系,也可以从近代同业公会的研究中探寻具有启迪意义的结论。因此,可以相信,同业公会研究仍然具有良好的发展前景与现实需求。

当然,推动同业公会研究的进一步发展,还有待于更多学者持之以恒地勤奋探索,努力从各个方面取得新的突破。首先是需要花费更大的气力,挖掘不同地区、不同时段与同业公会直接和间接相关的史料,特别是一些县、市基层档案馆所收藏丰富的档案文献,使之得到充分利用。其次是研究眼光向下,在重视大都市同业公会研究的同时,也应加强对县、市基层同业公会进行深入考察。即使是对大都市同业公会的研究,也应关注那些实力较弱、影响不是很突出的较小行业的同业公会,这样才能全面认识近代中国整个同业公会的全貌,并作出符合历史实际的客观评价。最后,还需要进一步拓宽同业公会的研究视野,尝试采用多样化的研究视角或方法对同业公会进行探讨。在全球化时代,还应注意加强与近代日本和欧美国家的行业组织作横向比较研究,在世界范围内了解中国同业公会的丰富性和多样性。

"历史是已经打上句号的过去,但史学则是永无尽期的远航。"①借用著名历史学家章开沅先生的这句话,既表达对张艳国教授这部著作出版的祝贺与喜悦之情,也衷心期待我国的同业公会史研究取得更多更好的学术成果。

是为序。

2018 年 9 月于武昌桂子山

（本文作者朱英教授,1956 年生,湖北武汉人,现为华中师范大学人文社会科学资深教授、教育部"长江学者"特聘教授,华中师范大学中国近代史研究所教授、博士研究生导师）

---

① 章开沅:《序一》,朱英:《转型时期的社会与国家:以近代中国商会为主体的历史透视》,华中师范大学出版社 1997 年版,第 4 页。

绪　　论

学术研究必须有问题意识,这已经是学术研究的共识和规范。在研究展开之前,笔者有必要论述研究汉口银行公会与地方社会互动性(1920—1938)的问题意识及其研究价值、研究展开的逻辑理路、学术前史的系统梳理、研究问题的主要内容、研究的学术意义,便于读者对本研究进行整体了解和把握。

一、选题的依据与研究的意义

银行公会是近代银行业自发组织建立的民间自律性同业组织,以维护银行业同业利益、促进银行的发展为宗旨。自 1918 年上海银行公会正式成立始,北京、天津、汉口、杭州、南京、蚌埠、济南等地也相继成立银行公会。银行公会诞生之初,就有不少人士在报刊上撰文论述银行公会的职能、作用,以及与银行业的关系。[①] 20 世纪 90 年代以来,伴随商会史、金融史、区域经济史研究的兴盛,银行公会研究成为学界热点。在众多银行公会中,上海银行公会受到瞩目。由于区域环境不一,各地银行公会的成立、发展及活动也就有同有异,因此,为深入研究中国近代金融史,加强对上海以外地区金融团体进行考察,就显得很有必要。当然,上海银行公会研究所取得的成果,为其他地方银行公会的研究提供了有益借鉴和启示。

汉口银行业诞生较早。它是在第二次鸦片战争后,随着汉口开埠,外国资

---

① (徐永)祚:《论银行公会之职务》,《银行周报》1918 年第 2 卷第 30 号;张辑颜:《中国金融论》,上海书店 1930 年版;杨荫溥:《杨著中国金融论》,上海书店 1930 年版;徐寄庼:《最近上海金融史》,上海书店 1932 年版;金世和:《汉口银行公会创设之经过》,《银行杂志》1923 年第 1 卷第 1 号;士浩:《银行公会效能之发挥》,《银行杂志》1923 年第 1 卷第 2 号;陈行:《我国银行公会与近代银行发展之关系》,《银行杂志》1924 年第 1 卷第 16 号。

本主义入侵而产生的。最早在近代汉口出现的是外国银行。在外国银行冲击、国内经济发展以及当地政府倡导下，华资银行在汉口兴起并逐渐壮大，为汉口银行公会出现奠定了客观基础。1920年11月，汉口银行公会正式成立。依托于汉口华资银行业的发展、行业特点以及与金融的关系，汉口银行公会不可避免地与地方经济、政治、社会等发生密切联系，成为当时在地方，乃至全国都具有一定影响力的社会团体组织之一。这就是笔者选取其作为研究课题的客观依据。经过学术史梳理发现，1949年以来，相较于上海等地的银行公会研究，汉口银行公会并未得到深入研究。为此，本书选取汉口银行公会与地方社会的互动性为研究对象，一是由于其在研究领域尚存缺漏，二是它在中国近代金融业、中国近代经济史中具有突出的代表性和鲜明的典型性。

汉口银行公会作为我国历史上较早成立的银行业同业组织之一，是中国近代化的产物，它具有历史的进步性。历史地看，它在维护同业利益、协调同业竞争、稳定金融市场、抵御金融风潮、参与市政建设、支持慈善事业、传播金融知识、培养金融人才、促进经济发展等方面有过积极作为，积累了大量经验，留下了深刻的历史印迹。当然，鉴往知来，它对于促进当今经济社会健康持续发展，也具有一定的借鉴意义。

首先，有助于深入了解汉口银行公会成立的环境、过程与内部组织运行。汉口银行公会是在汉口华资银行业发展基础上成立的。它不是简单的行业发展的产物，与近代中国经济社会变迁有着内在密切的关联。汉口银行公会从酝酿之始到成立之日，再到发展过程，都同汉口银行业、汉口金融业及汉口经济社会变迁等发生密切的关系。对汉口银行公会与地方社会之间的互动性关系展开研究，有助于我们了解汉口银行公会成立、变迁、兴衰的内在必然性，了解汉口银行公会的变迁轨迹与组织运作的客观性与主体性，进一步透视汉口银行公会在地方社会中所处的地位、所发挥的作用，并作出符合历史实际的客观评价。

其次，有助于促进近代汉口金融史研究进一步深化。在1920—1938年间，汉口银行公会是活跃在汉口经济社会中的重要组织之一，尤其在财政与金融领域是一支重要力量,更加不可忽视。对汉口银行公会展开深入研究,有助于从整体上、多角度对近代汉口银行业发展的基本轨迹进行总体考察和规律性把握,拓展汉口金融史研究的深度和广度,当然,也可以进一步细化中国近代金融史研究。梳理发现,已有研究对区域金融史发展的特性考察较少。这种缺乏导致我们难以对近代金融业发展的基本概况进行准确评判。对汉口银行公会与地方社会的互动性进行系统研究,恰恰可以在一定程度上弥补研究中的一些不足。

再次,有助于丰富同业公会史研究。对汉口银行公会经济社会活动进行个案考察,对探讨不同地域、不同行业的社会组织在向新式同业公会转变过程中所体现出的不同活动特点大有帮助,而且还可以丰富中国近代社会经济史研究。这虽然主要涉及银行公会,但银行与财政金融政策、工商业发展、地方社会发展等问题都有必然联系,在活动上它们往往切身相关,不能置身事外。

此外,本书还有一定的现实意义。第一,选取汉口银行公会作为研究对象,可为当前银行业发展和金融体制改革提供具有借鉴意义的历史经验;第二,为金融团体的培育、培养提供制度性借鉴。"知今宜鉴古"。从历史的角度看,它为现实提供参考是客观存在的,也是大有裨益的。

二、已有的研究状况与学术梳理

对已有的研究进行学术梳理,是深化研究的必备基础。

(一)银行公会研究的总体情况

自20世纪90年代以来,一批有学术分量的银行公会研究成果涌现出来。国外学者如法国的白吉尔、美国的小科布尔,国内学者陈争平、杜恂诚、冯绍霆、何品、陶水木、王晶、吴景平、张天政、郑成林等对上海银行公会进行了有价值的探讨,涉及上海银行公会的兴起、组织、职能,与政府的关系,其在金融风潮中发挥的作用等内容。少数研究涉及北京、天津、杭州、汉口等地的银行公会。总体上看,1949年以来,学术界对银行公会展开研究,主要是围绕地方银行公会的组织结构与运行机制、银行公会的网络关系、银行公会的经济活动、银行公会的社会活动等几个方面的内容。具体介绍如下:

1. 关于银行公会的组织结构与运行机制研究

第一,关于银行公会的创立问题。

在对银行公会的创立、演变、内部运行机制的研究中,陆仰渊、方庆秋主编的《民国社会经济史》简述了随着银行业的近代发展,中国出现地方银行公会组织。① 徐沧水在《上海银行公会事业史》中辑入上海银行公会编年大事记、沿革、概要、重要事略及有关规章等资料,附有上海银行公会章程,会员银行表,历届会长、董事长、评议员表等。② 白吉尔论述了上海银行公会创立的政商关系,成立初期的内部结构及有关活动,在召开全国银行联合会所起的领导作用以及银行公会人物的政治主张。③ 朱华、冯绍霆对上海银行公会早期活动进行初探,并就组建者及其知识结构、成立宗旨、下属组织等多方面进行考察,认为上海银行公会在促进国内银行业进步上具有不可忽视的意义。④ 陶水木认为,上海银行公会的创立主要是由浙江籍银行家发起的,他们掌握该组织的领导权,并在上海银行公会下属组织创设方面发挥重要作用。⑤ 金承郁认为,上海银行公会的主要创办者是接触过西方知识和西方技术的“新”人物,上海银行公会是一个主张社会改革的组织,在中国金融改革、金融业发展方面作出了努力。⑥ 刘志英、杨朋辉以抗战爆发前为时间节点,论述了重庆银行公会组织制度的建立与发展。⑦ 李冬梅论述了抗战爆发后至抗战胜利之间重庆银行公会的演进与发展,阐述了重庆金融业的逐步兴起为重庆银行公会的成立奠定了基础。⑧ 成都银行公会成立于 1934 年 5 月,对它进行专门性研

① 陆仰渊、方庆秋主编:《民国社会经济史》,中国经济出版社 1991 年版。

② 徐沧水:《上海银行公会事业史》,上海银行周报社 1925 年版。

③ 上海市地方志办公室编:《上海:通往世界之桥(上)》,上海社会科学院出版社 1989 年版。

④ 朱华、冯绍霆:《崛起中的银行家阶层:上海银行公会早期活动初探》,《档案与史学》1999 年第 6 期。

⑤ 陶水木:《浙江商帮与上海经济近代化研究(1840—1936)》,上海三联书店 2000 年版。

⑥ (韩)金承郁:《北京政府时期的上海银行公会》,吴景平、马长林主编:《上海金融的现代化与国际化》,上海古籍出版社 2003 年版。

⑦ 刘志英、杨朋辉:《抗战爆发前的重庆银行公会》,《西南大学学报(社会科学版)》2010 年第 3 期。

⑧ 李冬梅:《重庆银行公会研究(1937—1945)》,宁夏大学 2012 年硕士学位论文。

究的成果较少,张强的博士学位论文《成都银行公会研究(1934—1949)》对1934年至1949年成都银行公会的产生、发展、沿革等进行了初步梳理。① 天津作为近代以来中国重要的港口贸易点,经济发展较快,相对于内陆省份来说,其银行业发展显得更快一些。在银行业发展的基础上,1918年2月,由中国银行、交通银行等9家银行发起创立银行公会。王子善简要叙述了天津银行业同业公会的创立、梗概、历史作用与现实意义,认为银行业同业公会只是一种组织形式,其实质是要加强同业的团结、联合、协调,维护同业的共同利益,推动金融业稳定发展。现实地看,银行同业公会的经验和做法,对于当今银行业的稳定与发展有很大的借鉴意义。② 成婧在硕士学位论文中阐述了西京银行公会组建背景和历史条件以及成立状况。③ 陈丽梅简述到,青岛在银行发展的基础上,于1931年成立青岛银行同业公会,各银行成员积极对青岛慈善、教育以及公共事业进行捐资帮助,值得重视。④

从前期研究成果来看,它们主要集中在对各地银行公会的创立背景与过程进行考察,但是,对于银行公会成立后的重要活动,特别是中华人民共和国成立之后,面对新旧体制的转型,它是如何应对的? 如何接受改造以至最终走向结束的? 这些却少有论及。陈正卿在《上海银行公会(1918—1949年)始末、作用影响及现存档案状况》一书中述及银行公会的结束,在文中仅提到:"1949年12月上海解放后,该会被人民政府接管改组为上海市金融业同业公会筹备会。银行公会从此便成为一个历史名词。"⑤他没有提及更加具体的事项。张徐乐以上海市档案馆馆藏有关机构档案以及《银行周报》等资料为基本史料,详细叙述上海银行公会在面临新旧体制转型的情况下,接受改造以至

① 张强:《成都银行公会研究(1934—1949)》,四川大学2010年博士学位论文。
② 王子善:《天津银行同业公会的历史借鉴》,《华北金融》1993年第7期。
③ 成婧:《银行公会职责与行业生存之间的平衡:以抗日战争时期西京银行公会为例》,宁夏大学2012年硕士学位论文。
④ 陈丽梅:《20世纪二三十年代青岛华资银行业述论》,《枣庄学院学报》2009年第6期。
⑤ 陈正卿:《上海银行公会(1918—1949年)始末、作用影响及现存档案状况》,载吴景平、马长林主编:《上海金融的现代化与国际化》,上海古籍出版社2003年版。

最终消亡的过程。① 张百顺探讨天津银行公会诞生、存在与发展的规律及其外部联系,梳理了天津银行公会诞生的社会转型、行业发展等历史背景,阐述了天津银行公会的创设及其主要会员情况。②

第二,关于银行公会的组织演变。

吴景平认为,在南京国民政府实施训政时期,上海地区推行整饬总商会等商人团体行动,这是上海银行公会在 1929 年至 1931 年改组风波发生的起因。③ 王晶梳理了 1927 年至 1937 年间上海银行公会的组织沿革、体制与人事变化等方面的发展脉络,阐述上海银行公会组织结构的变化。④ 郑成林主要讨论上海银行公会的兴起与演变、组织体系、网络建构、自立发展以及与票据业务、金融制度变革等内容,得出相应结论。⑤ 张天政历史性考察"八一三"抗战、"孤岛"和全面沦陷三个时期上海银行公会在体制机构、组织人事、主要职能和实际运作方面的变化过程,折射国民政府和日伪当局在争夺控制上海金融业和金融市场方面的较量和影响力的此消彼长。⑥ 杭州是近代以来浙江省政治、经济和贸易中心,伴随经济与贸易发展,杭州新式银行不断出现,并逐步壮大起来。为应付金融动荡,巩固同业利益,矫正营业之弊害,杭州银行业界于 1920 年 11 月正式成立杭州银行公会。胡建敏对 1930—1937 年杭州银行公会的发展沿革进行初步梳理,着重探讨杭州银行公会的组织设置及运行机制。⑦ 中国民主建国会北京市委员会等编的《北京工商史话》(第 4 辑)刊载张企权、郝树声撰写的关于北京银行公会的文章,其对北京银行公会的成立

① 张徐乐:《上海银行公会结束始末述论》,《中国经济史研究》2003 年第 3 期。
② 张百顺:《天津银行公会研究(1918—1936)》,社会科学文献出版社 2017 年版。
③ 吴景平:《折冲于官商之间:1929—1931 年上海银行公会改组风波述评》,载吴景平、马长林主编:《上海金融的现代化与国际化》,上海古籍出版社 2003 年版。
④ 王晶:《1927—1937 年上海银行公会述略》,载吴景平、马长林主编:《上海金融的现代化与国际化》,上海古籍出版社 2003 年版。
⑤ 郑成林:《从双向桥梁到多边网络——上海银行公会与银行业(1918—1936)》,华中师范大学出版社 2007 年版。
⑥ 张天政:《上海银行公会研究(1937—1945)》,上海人民出版社 2009 年版。
⑦ 胡建敏:《民国时期杭州银行公会研究(1930—1937)》,浙江大学 2006 年硕士学位论文。

背景、成立过程、活动及变迁做了回顾性梳理。① 张强历史性考察成都银行公会从 1934 年产生至 1949 年结束这段时间内的组织机构演变。②

第三,关于银行公会的运行机制。

陈国连以抗战结束至 1949 年这段时间为节点,侧重从杭州银行公会的社团属性出发,探讨其在时段内的经营运作、内部机制等内容。③ 重庆银行公会于 1931 年 9 月 25 日成立。《重庆金融》编写组编著的《重庆金融(上)》简要介绍重庆银行公会的历史,认为其基本任务是贯彻政府当局有关金融的政策法令,起着承上启下和下情上达的作用,主要是为了维护会员的利益。④ 李冬梅对重庆银行公会在抗战时期的作为进行了较为全面的研究,阐述在全民族抗战爆发后,重庆银行公会会员银行增加,内部人事组织、运作制度渐趋完备,使重庆银行公会得以在战时依然保持正常运作。⑤ 王丹莉阐述银行公会与近代私营银行间的自我管理与约束机制,探讨银行公会产生、发展过程及其职能、作用,认为银行公会作为中观协调组织,具有其自身的独特作用。⑥ 在对地方银行公会运行机制的研究中,学术界以研究上海银行公会为盛。白吉尔、朱华、吴景平等人对上海银行公会的组建、内部自律、下属组织的功能等进行了探究。截至目前,有关抗战以后上海银行公会的研究显得较为薄弱。吴景平认为,上海银行公会在拟定与执行国民政府部分战时金融政策、法规及稳定上海金融市场等方面发挥了重要作用,这为进一步展开研究提供了很好的视角。⑦ 雷世仁发表《汉口银行公会的建立与发展》一文,主要从汉口银行公会建立过程、组织机构、组织活动等几个方面进行了简单的叙述性论述。⑧ 张百

① 中国民主建国会北京市委员会等编:《北京工商史话》第 4 辑,中国商业出版社 1989 年版。
② 张强:《成都银行公会研究(1934—1949)》,四川大学 2010 年博士学位论文。
③ 陈国连:《杭州银行公会研究(1945—1949)》,杭州师范大学 2009 年硕士学位论文。
④ 《重庆金融》编写组编:《重庆金融》上卷,重庆出版社 1991 年版。
⑤ 李冬梅:《重庆银行公会研究(1937—1945)》,宁夏大学 2012 年硕士学位论文。
⑥ 王丹莉:《银行现代化的先声:中国近代私营银行制度研究(1897—1936)》,中国金融出版社 2009 年版。
⑦ 吴景平主编:《抗战时期的上海经济》,上海人民出版社 2001 年版。
⑧ 武汉市政协文史资料研究委员会:《武汉文史资料》,武汉文史资料编辑部,1987 年第 1 辑。

顺通过阐述天津银行公会日常决策制度、财务管理制度、经费分担制度、制度演进的内在逻辑四个方面,论述天津银行公会制度的演进及其机制的运行。①张百顺还从制度需求和制度供给两个角度,探析 1918 年至 1936 年间,天津银行公会存在与发展的内在逻辑,天津银行公会是一种集体行动的制度建构,其着眼于理性个体"成本—收益"的衡量和防止"搭便车"问题,不断加强自身的制度建设。②

第四,关于银行公会的附属组织。

附属组织或团体职能算作银行公会的外围性组织,与银行公会之间是一种从属关系。朱英主编的《中国近代同业公会与当代行业协会》专门考察上海银行公会的附属组织主要有上海银行俱乐部、银行学会等,认为上海银行公会与其附属组织具有互动关系、团体间相互影响和作用,同时又存在着相互渗透、联系、制约和监督的关系。书中还论及汉口银行公会附属组织汉口银行公会夜校,认为汉口银行公会夜校的教学是一种工作与学习、理论与实践相结合的方法,有利于加速银行的人才培养,为银行业经营方式革新和管理水平提高奠定基础。③ 张天政论述上海汇兑经纪员公会情况,认为在 20 世纪 20 年代初,为了维护银行信用、促进银行业务开展,上海银行公会成立汇兑经纪员公会并制订章程,建立并完善汇兑经纪员制度,既促进会员银行外汇业务有效开展,又有助于上海外汇市场处于相对稳定状态;建立并完善公共准备金制度,在安定市面、稳定物价、协助政府救济民众生活等方面,也发挥过一定积极作用。历史地看,20 世纪 20 年代银行公会的银行业务制度建设,不仅体现其为中国金融制度现代化建设所做的重要贡献,而且也有益于上海乃至国内金融市场的有序化,持续改进上海华商银行业务。④ 李辉对《银行周报》做比较全

① 张百顺:《天津银行公会研究(1918—1936)》,社会科学文献出版社 2017 年版。
② 张百顺:《天津银行公会存在与发展的内在逻辑探析(1918—1936)》,《中国社会经济史研究》2016 年第 4 期。
③ 朱英:《中国近代同业公会与当代行业协会》,中国人民大学出版社 2004 年版。
④ 张天政:《略论上海银行公会与 20 世纪 20 年代华商银行业务制度建设》,《中国经济史研究》2005 年第 2 期。

面的个案研究,在内部运行组织架构、制度机制、经济情况、编辑发行、历史价值等方面展开论述,在对近现代报刊运营方式进行了解的同时,考察其在中国近现代金融史上何以成为具有举足轻重地位报刊的深刻原因。① 李婧以 30年代《银行周报》为考察视角,探析民国时期银行法实施的成效,考察近代银行法研究的成果与局限。她认为,《银行周报》上刊登与金融法规有关的文章,为后人研究近代银行法提供了宝贵资料。② 张亚光、于水婧阐述近代金融职业教育的启蒙与发展,认为民国初年与金融业相关的职业教育有极大增长,专门商业学校积极扩展对银行业人才的培养,各种形式的补习班、夜校班,面向全社会招收学生,增长了接受金融专业知识人群的数量。③

第五,关于银行公会的相关人物研究。

民国时期是我国近代银行业快速成长期。在此期间,行业内涌现出一批为我国金融业做出突出贡献的银行家。其中,他们也就是一些地方银行公会的领导人物。他们一方面领导银行公会与银行业,维护自身组织利益,另一方面又大力促进社会金融稳定。邢建榕以上海市档案馆保存的有关唐寿民档案及其他文献资料为基础,阐述其生平事迹。④ 美国学者史瀚波对民国时期专业银行职员的社会与教育背景进行研究,其选取 1942 年天津银行公会的银行代表人物制作数据库,利用计量史学的研究方法对民国时期专业银行职员的社会与教育背景进行计量分析,驳斥类似"江浙财团"等过于单纯的传统说法,开启了一个新的角度,得出了新的启示。⑤ 刘平关注贝祖诒、陈光甫、陈行、戴铭礼、胡笔江、贾士毅、康心如、林康侯、钱新之、盛竹书、宋汉章、唐寿民、吴鼎昌、徐寄庼、徐新六、叶景葵、张嘉璈、章乃器、周作民等民国银行家,通过

---

① 李辉:《〈银行周报〉研究(1925—1937)》,复旦大学 2011 年硕士学位论文。
② 李婧:《民国时期银行法研究探析——以三十年代〈银行周报〉为考察视角》,《法学杂志》2009 年第 3 期。
③ 张亚光、于水婧:《近代金融职业教育的启蒙与发展》,《中国高等教育》2016 年第 17 期。
④ 邢建榕:《民国银行家唐寿民的一生(上)》,《档案与史学》2003 年第 1 期。
⑤ [美]史瀚波:《民国时期专业银行职员社会及教育背景研究》,载中国社会科学院近代史研究所编:《中华民国史研究三十年(1972—2002)》中卷,社会科学文献出版社 2008 年版。

编注这一群体有关银行金融的论述,反映民国银行家对于国家与民族命运、中国经济发展、工商业实业统筹发展、农村金融、战时金融、金融消费观等问题的关注和思考。① 童丽认为,民国银行家是中国企业家中极富创新精神的一个特殊群体。其围绕民国时期银行家的金融实践,聚焦银行业独立经营思想及银行业与政府的关系、金融制度创新思想及宏观金融环境建设、银行业同业合作思想及联合事业、促进国民经济良性循环思想、经营管理思想等方面,讨论了这一特殊群体金融创新思想。② 徐昂则从陈光甫与国民政府的关系角度,考察近代政商关系的演变,分析陈光甫从清政府官派留学生转型为民营金融资本代表的过程,揭示其如何通过上海商业储蓄银行的运营,在政府财政需求与市场独立性之间寻求平衡,重点探讨1927年南京国民政府成立后,陈光甫参与江苏兼上海财政委员会、应对政府公债摊派、协调金融风险治理等事件,展现其"疏离与调和"的生存策略。③ 兰日旭就中国近代银行家群体的变迁及其在银行业发展的作用进行探析,认为中国近代银行家群体的形成是在民国之后以业缘、友缘、学缘、地缘等为纽带,通过股份、人事等相互渗透、交织而成。银行家群体积极把银行业务、组织、管理等创新与改善行动,推广和应用到整个行业,从而改善了银行组织结构和经营环境,推动银行业现代化步伐。④

2. 关于银行公会的网络关系研究

银行公会与政府、钱业公会与其他团体之间的网络关系,是十分重要的经济社会关系。学术界对此已有深入研究。

第一,关于银行公会与政府的关系。

郑成林阐述南京国民政府成立后,尽管政府企图加强对银行业控制,但是,上海银行公会的活动表明其依然是一个具有较强独立自主性的商人团体。

---

① 刘平:《民国银行家论社会责任》,上海远东出版社2017年版。
② 童丽:《民国时期银行家的思想与实践》,上海世界图书出版公司2017年版。
③ 徐昂:《陈光甫与民国政府关系研究(1911—1937)》,上海远东出版社2020年版。
④ 兰日旭:《中国近代银行家群体的变迁及其在行业发展中的作用探析》,《中国经济史研究》2016年第3期。

上海银行公会积极参与币制改革和银行法制建设等多项活动,尝试采取多种措施、通过多种途径与政府交涉,希望最大限度地参与政府相关政策的制定。二者虽然在改革的措施与方式等方面存在不少差异,但是,政府还是在一定程度上采纳了上海银行公会的意见与建议,形成两者互动,一方面促进了国家意志和民间意志的交流与对话,另一方面为金融政策和措施的制定与调整提供了依据。① 小科布尔与白吉尔在探讨近代中国资产阶级的发展演变时,多次述及上海银行公会与政府的关系。② 陈争平认为,上海银行公会积极为中国币制改革做舆论准备,并在"废两改元"及"法币制度"改革进程中主动配合政府。③ 吴景平在对 20 世纪 30 年代之初上海银行公会及金融业与南京国民政府之间进行一系列交涉活动的考察后指出,上海银行公会及金融业与国民政府之间是一种互动关系。但是,在互动过程中,南京国民政府在金融立法过程中往往缺乏与上海金融业沟通的诚意,没有认真倾听金融界的意见,没有发挥上海金融业人士的咨询作用。④ 韩国学者金承郁简要探讨上海银行公会与北京政府之间的合作与冲突,分析其最终选择国民政府的原因。⑤ 金承郁、王晶还认为,要处理好与政府的关系,这是上海银行公会的重要工作;内债、经济与金融政策的制定和实施,它是上海银行公会与政府之间联络最频繁的重要内容。⑥ 张秀莉通过比较分析 1927 年上海银行公会对不同政治势力所持的态度,认为可以从中一窥上海金融资本家的突显特征,从而深化认识他们的政治选择,探

---

① 郑成林:《1927—1936 年上海银行公会与国民政府关系述论》,《江苏社会科学》2005 年第 3 期。

② [美]帕克斯·M.小科布尔著,蔡静仪译:《江浙财阀与国民政府(1927—1937)》,南开大学出版社 1987 年版;[法]白吉尔著,张富强、许世芬等译:《中国资产阶级的黄金时代(1911—1937)》,上海人民出版社 1994 年版。

③ 陈争平:《战前中国金融变革中的上海银行公会》,"首届商会与近代中国国际学术研讨会"参会论文。天津,1998 年。

④ 吴景平:《从银行立法看三十年代国民政府与沪银行业关系》,《史学月刊》2001 年第 2 期。

⑤ [韩]金承郁:《上海银行公会(1918—1927)》,《中国史研究》第 17 辑(2002 年),别册。转引自郑成林:《从双向桥梁到多边网络——上海银行公会与银行业(1918—1936)》,华中师范大学出版社 2007 年版,第 17 页。

⑥ [韩]金承郁、王晶:《上海银行公会的利益选择》,《社会科学报》2002 年 9 月 12 日,第 4 版。

寻此后以银行公会为代表的金融界与南京国民政府为何能够结下不解之缘的内在原因。① 张天政阐述在 1937 年至 1941 年期间,为抵制日、伪破坏上海金融业的行为,上海银行公会配合国民政府组织会员银行拒绝使用伪满钞票、日本新金币等敌伪货币。银行公会还参与制订并遵行政府当局的金融政策、法规,在上海租界先后组织会员银行拒绝参加敌伪金融机构,阻止行使联银券、华兴券、中储券。上海银行公会参与抵制日本货币金融侵略,曾收到明显的效果,得到重庆国民政府的认可。② 刘志英、杨朋辉认为,重庆银行公会在协助国民政府整理四川省金融中起到了重要作用,有利于国民政府的抗战准备。③ 李冬梅认为,重庆银行公会协助国民政府贯彻执行战时金融法规,一是维持公会自身发展并极力维护各会员银行利益,二是在经济战线配合国民政府进行抗战,这是由银行公会组织的自身职能与战时特殊历史条件综合作用的结果。重庆银行公会在政府与会员银行之间起了"上策下行,下情上达"的中介桥梁作用。④ 张天政、成婧在研究西京银行公会与金融监管的密切联系之后,认为西京银行公会成立之时就与国民政府保持密切联系,积极协助国民政府增强大后方抗战实力,产生重要影响。⑤ 蒋立场在分析上海银行业与南京国民政府内债时指出,上海各银行在同业组织上海银行公会的引领下,联合起来与财政部交涉内债偿还问题,这说明上海银行公会作为同业整体利益的"代言人",发挥着一定的积极作用,更说明在保护自身利益的前提下,上海银行公会与政府之间不可避免地存在矛盾,正是这种矛盾关系使上海各银行认识到,在承借政府债款问题上,他们有加强同业合作之必要。⑥ 刘慧宇考察抗战时期中央银行体制,指出抗战时期国民政府通过四联总处强化金融统制,上海银

① 张秀莉:《上海银行公会与 1927 年的政局》,《档案与史学》2003 年第 1 期。
② 张天政:《上海银行公会与国民政府对日伪的货币金融战》,《抗日战争研究》2005 年第 4 期。
③ 刘志英、杨朋辉:《抗战爆发前的重庆银行公会》,《西南大学学报(社会科学版)》2010 年第 3 期。
④ 李冬梅:《重庆银行公会研究(1937—1945)》,宁夏大学 2012 年硕士学位论文。
⑤ 张天政、成婧:《西京银行公会与抗战时期国民政府的金融监管》,《中国社会经济史研究》2013 年第 2 期。
⑥ 蒋立场:《1932—1935 年的上海银行业与南京国民政府内债》,《史学月刊》2011 年第 5 期。

行公会、重庆银行公会等银行业自律性组织,成为政府与私营银行间的关键纽带,承担政策传达、利率协商、行业规范制定等职能。在 1937 年《非常时期安定金融办法》颁布后,银行公会协助政府实施提存限制与外汇管制。1942 年法币改革后,银行公会参与协调黄金政策与外汇平准基金的运作,协助中央银行平抑黑市交易。① 颜色等考察近代中国银行危机与政府的干预,述及天津、上海两地银行公会在银行危机中,发挥着与政府之间的桥梁作用。② 兰日旭、李昆基于政府与银行公会的视角,探析近代中国银行监管体系,认为银行公会的建立和渐趋强大,在近代中国早期薄弱的政府监管体系下起到重要的监督和管理作用,在外部甚至主导整个银行业的监管,并推动了政府监管的进步。到南京国民政府成立后,由于银行官办化,政府对银行业的监管力度渐趋加强,整个监管体系逐步纳入政府主导之中,银行公会的监管作用渐趋弱化;不可否认,银行公会在近代中国银行监管呈现由点到面、由浅入深、曲折发展的过程中,发挥了至关重要的作用。③

第二,关于银行公会与钱业公会的关系。

吴景平对上海银行公会关于"废两改元"的主张以及钱业在此问题上的争辩,进行较为详细的考察,论述在"银行法"、"废两改元"以及白银风潮等一系列重大事件中,上海银、钱业关系的演变和整合过程。在围绕是否实施"废两改元"问题上,银钱业爆发了激烈的争辩,由于银钱业之间实力对比的变化以及国民政府既定方针的导向,上海银行业最终取得优势,得以参与拟停"废两改元"方案。但是,这场争辩客观上也为国民政府实施对银行业统制做了相应的准备。④ 李一翔认为,银行公会与钱业公会是一种合作关系。一般情

① 刘慧宇:《抗战时期中央银行体制研究》,江苏人民出版社 2022 年版。
② 颜色、辛星、腾飞:《银行危机与政府干预——基于中国金融史的研究》,《金融研究》2020 年第 10 期。
③ 兰日旭、李昆:《近代中国银行监管体系探析——基于政府与银行公会的视角》,《财经研究》2021 年第 1 期。
④ 吴景平:《上海金融业与国民政府关系研究(1927—1937)》,上海财经大学出版社 2002 年版。

况下,在双方产生矛盾时,尽量通过友好协商解决,如一时解决不了,可暂时将分歧搁置起来,以避免矛盾趋向激化,也不寻求第三方来仲裁;而双方受到外部侵害时,则采取一致行动,共同防范和抵御侵害,以免任何一方受到损害。① 何品以1921年至1929年间的上海中外银钱业联合会筹建为例,揭示近代上海银行公会与外国银行以及华资银行公会与外国银行公会之间的互动关系,探讨1921—1929年上海银行公会、钱业公会和外国银行公会三者之间错综复杂的关系,认为,中外银钱业联合会的成立,在近代上海金融业发展历程中具有重要的意义和影响。② 李一翔初步分析抗战前上海银行公会与钱业公会的合作关系,认为两者并非天然对手,彼此在一定环境中能够互相提携、共同拓进,其关系表现为既相互支持又相互矛盾,既合作又对立。③ 杜恂诚还梳理上海银行公会与上海钱业公会的协调互动关系。④ 侯桂芳论述1935年在面对白银风潮之际,上海银钱界共同向政府求助,说明银钱之间在面对共同问题时,能够积极合作。⑤ 张艳国、刘俊峰论述汉口钱业组织与汉口银行公会是平息汉口金融风潮的重要力量。在汉口金融风潮平息之时,依赖于政府与汉口钱业公会、银行公会、商会三者通力合作,才将金融风潮平息,以宜于经济稳定发展。⑥ 刘俊峰以浙江兴业银行汉口分行为个案,论述其与钱业的互动关系,表明伴随汉口银行公会的发展壮大,华资银行业在汉口银行公会的组织下对钱业进行反击,使银行与钱业两者的利益冲突加剧,互动广度和深度逐步缩小。⑦ 刘

① 李一翔:《近代中国银行与钱庄关系研究》,学林出版社2005年版。
② 何品:《试析近代上海中外银钱业三方的互动关系:以上海中外银钱业联合会之筹建为中心(1921—1929年)》,载吴景平、马长林主编:《上海金融的现代化与国际化》,上海古籍出版社2003年版。
③ 李一翔:《近代中国金融业的转型与成长》,中国社会科学出版社2008年版。
④ 杜恂诚:《近代中国钱业习惯法:以上海钱业为视角》,上海财经大学出版社2006年版。
⑤ 侯桂芳:《上海银钱界与1935年白银风潮》,《上海师范大学学报(哲学社会科学版)》2002年第3期。
⑥ 张艳国、刘俊峰:《汉口钱业公会在化解金融风潮中的作用》,《光明日报》2009年7月30日,第7版。
⑦ 刘俊峰:《论浙江兴业银行汉口分行与钱业的互动关系(1908—1936)》,《江汉论坛》2012年第3期。

俊峰在硕士学位论文中专门用一小节,从钱业组织与银行公会的利益冲突、钱业组织与银行公会在金融领域的合作以及他们处理问题的方式三个方面论述钱业组织与汉口银行公会的复杂关系,认为在汉口金融市场,汉口钱业组织同银行公会存在既冲突又合作的"矛盾"关系。① 刘俊峰还论述到,在 20 世纪 20年代,银钱两业发生两次绝交事件。在这两次绝交事件之中,汉口银行公会为维护银行同业者自身利益,拒绝在金融不稳情况下对钱业组织予以支助。表明两者存在很大的利益冲突,但是,两者在共同利益面前,还是存在互助的基础,如在 1924 年,为了与政府争夺关余,汉口银行公会、钱业公会共同反对广州政府截留关余的企图,就是明证。② 孙睿在其博士学位论文《市场秩序与行业组织:近代天津钱业同业公会研究》的基础上完成《组织、市场与国家:近代天津钱业公会与经济秩序建构》著作,涉及天津银行公会与天津钱业公会之间的互动,尤其是在维护天津金融市场的稳定方面,二者发挥积极作用,但二者在彼此利益的契合上,由于二者是传统与新式的金融组织交织,必然也存在冲突与矛盾。③

第三,关于银行公会与其他团体的关系。

吴景平在阐述 1929 年至 1931 年之际银行公会改组时,上海银行公会不甘被强制改组为同业公会,联系钱业公会以及平、津、汉等地银行公会,奔走交涉于各方之间,要求国民政府颁布银钱公会单行法规,但是在强大压力下,最终还是遵行法规组织起同业公会。④ 陈争平指出,上海银行公会有着较大的独立性,它与上海总商会之间是一种伙伴关系。⑤ 杜恂诚简述上海、天津、汉口三地银行公会的成立,阐述 1920 年至 1924 年五年中召开五届全国银行公会联合会,指出天津银行公会同钱商公会、总商会和外国银行公会华账房联合

① 刘俊峰:《民国汉口钱业组织研究(1919—1938)》,华中师范大学 2007 年硕士学位论文。
② 刘俊峰:《民国时期汉口钱庄与华资银行关系论析(1912—1937)》,《华中师范大学学报(人文社会科学版)》2009 年第 6 期。
③ 孙睿:《组织、市场与国家:近代天津钱业公会与经济秩序建构》,中国社会科学出版社 2017年版。
④ 吴景平:《上海银行公会改组风波(1929—1931)》,《历史研究》2003 年第 2 期。
⑤ 陈争平:《战前中国金融变革中的上海银行公会》,"首届商会与近代中国国际学术研讨会"参会论文。天津,1998 年。

组织金融维持会,共同维护天津金融。银行公会是华资银行业内部关系的第三个层面,作为同业组织有着相当力量。[1] 汪敬虞对上海和其他地方银行公会的组织和活动,以及全国银行公会联合会议的情况作了简要介绍,认为银行公会是华资银行内部关系的第三个层次,是一个具有相当力量的同业组织。[2] 冀春贤、闫国庆等在《浙商与中国近代金融制度的变迁》一书中,用一小节阐述上海银行公会在近代银行制度建设方面的贡献与浙商存在密切关系,认定上海银行公会主要处在浙籍银行家的操控之下。[3] 华长慧主编的《宁波帮与中国近代金融业》一书,简论了宁波帮与中国近代银行业以及与银行同业组织之间的关系,认为宁波帮对于推动近代中国银行业的发展发挥了很大作用,有着相当意义。[4] 陶水木则论述浙江商帮与上海银行公会的关系,认为上海银行公会是由浙籍银行家发起成立的,浙江金融集团还长期掌握上海银行公会的领导权。[5] 张强则考察从 1934 年成立至 1949 年结束这段时间内,成都银行公会与其他工商团体之间的关系。[6] 成婧特别注意到,当西京银行公会社会责任的承担与行业生存之间发生矛盾时,银行公会作为中介和桥梁,不断与各方交涉解决问题,努力实现平衡。[7] 陈丽梅阐述青岛银行同业公会于1933 年在青岛市政府联合商会的推动下,组织创办了农工银行,其以"调剂乡村农工金融"为宗旨,这说明政府、商会以及银行公会在一些情况下存在积极合作的行为,促进地方银行事业的发展与进步。[8] 仇华飞在阐述近代外国在华银行时,简述上海中外银行及由外业组成的国际银钱公会。在此组织中,上

---

[1] 杜恂诚:《北洋政府时期华资银行业内部关系三个层面的考察》,《上海经济研究》1999 年第 5 期。

[2] 汪敬虞:《中国近代经济史(1895—1927)》下册,人民出版社 2000 年版。

[3] 冀春贤、闫国庆等:《浙商与中国近代金融制度的变迁》,中国财政经济出版社 2008 年版。

[4] 宁波市政协文史和学习委员会,中国人民银行宁波市中心支行编:《宁波帮与中国近代金融业》,中国文史出版社 2008 年版。

[5] 陶水木:《浙江商帮与上海经济近代化研究(1840—1936)》,上海三联书店 2000 年版。

[6] 张强:《成都银行公会研究(1934—1949)》,四川大学 2010 年博士学位论文。

[7] 成婧:《银行公会职责与行业生存之间的平衡:以抗日战争时期西京银行公会为例》,宁夏大学 2012 年硕士学位论文。

[8] 陈丽梅:《20 世纪二三十年代青岛华资银行业述论》,《枣庄学院学报》2009 年第 6 期。

海银行公会同外国银行公会进行合作,并在组织中占主导地位,从而操纵中国金融市场。① 刘仲直阐述天津在发行天津地名券时仿效上海,在商会、银行公会、钱业公会等组织的共同推动下,建立发行准备全部公开制度,因为坚持执行这个制度,天津地名券的信誉大增。② 宋佩玉按照纵向时间的划分,从开埠初期外商银行在沪的发轫(1847—1860 年),汇丰银行设立及初期在沪活动(1864—1870 年),外商银行对上海金融市场的渗透(19 世纪 70—80 年代),多国银行的并立(1890—1914 年),在沪外商银行的继续扩张(1914—1927年),外商银行在沪发展的停滞(1927—1937 年),抗战时期的上海外商银行(1937—1945 年),抗战后上海外商银行的衰落(1945—1949 年),共八个时段,对近代上海外商银行的活动进行细剖详述,其中就涉及外商银行同业组织的建立,及其与上海银行公会的联络。③ 刘杰和李莎莎在考察 1907 年至 1937年间汉口商会与汉口地方经济社会治理时,述及汉口商会与汉口银行公会在合作互动关系。④ 宋佩玉、公磊二人考察近代上海外商银行公会的行业自律与风险防范,述及上海银行公会与上海外商银行公会的竞合关系,认为上海外商银行公会与性质类似的上海银行公会相比,其组织包含的是各国立场不同的银行,故其组织较为松散,职能较为简单。⑤

　　第四,关于各地银行公会之间的关系。

　　张百霞论述在面对中法实业银行停业引发的挤兑风潮时,为了避免爆发恶性金融危机,维护金融市场稳定,各地银行公会积极协商垫款代兑办法,应对金融恐慌。各埠银行公会还积极协助清查中法实业银行纸币发行数量,积极协商

---

① 仇华飞:《近代外国在华银行研究》,《世界历史》1998 年第 1 期。
② 刘仲直:《民国时期中国银行天津地名券的发行与流通》,《中国钱币》2004 年第 1 期。
③ 宋佩玉:《近代上海外商银行研究(1847—1949)》,上海远东出版社 2016 年版。
④ 刘杰、李莎莎:《近代汉口商会与汉口地方经济社会治理(1907—1937)》,《学习与实践》2018年第 8 期。
⑤ 宋佩玉、公磊:《近代上海外商银行公会的行业自律与风险防范》,《上海师范大学学报(哲学社会科学版)》2020 年第 5 期。

代兑办法、筹垫款项,并迅速组织代兑机构。其中,汉口银行公会行动最快。[①]
李一翔阐述在中法实业银行停业风波中,作为地处北京政治中心的北京银行
公会,理所当然在面对停业风波时,应该担当起领衔角色。在此过程中,上海
银行公会凡事皆与北京银行公会紧密配合,天津、汉口银行公会也与北京银行
公会紧密协调。由于各地银行公会频繁联络,有效协调,四大金融中心城市在
与法方机构交涉、调查流通钞票数量、制订代兑办法、安排代兑时间以及集中
封存兑现钞票等方面完全做到步调一致、统一施行,使整个代兑活动得以顺利
完成,达到预期的效果,从而为日后中国银行界如何调剂金融市面、平息金融
风潮,提供了一个较为成功的范例。[②] 吴景平从银行立法对 20 世纪 30 年代
国民政府与沪银行业关系进行研究,阐述上海银行公会作为最具影响力的银
行业同业组织,在评议《银行法》过程中发挥了非常突出的作用。上海银行公
会联合汉口、北京银行公会发表联合意见,取得成功。[③]

3. 关于银行公会的经济活动研究

第一,关于银行公会对金融市场的维护。

作为近代银行业发展的结果,银行公会在中国区域经济社会的变迁及中
国近代经济史中占有重要地位,发挥积极作用。它维护了区域金融的稳定,促
进了中国近代经济的发展。周春英梳理民营银行同业组织的自我约束机制、
银行公会的技术创新与制度创新机制,认为银行同业组织的自律监管即准备
公共准备金、组建银行业联合准备库、组织信用调查机构等行为能起到规范经
营、防范风险的作用。[④] 复旦大学中国金融史研究中心的学者对上海银行公
会进行详细考察,吴景平在揭示上海银行公会与国民政府之间的微妙关系时
指出,在维持上海金融市场乃至国内金融业的稳定上,上海银行公会起了不可

---

① 张百霞:《中法实业银行停兑风潮及其影响》,《河北师范大学学报(哲学社会科学版)》2011
年第 5 期。

② 李一翔:《中法实业银行停业风波述评》,《史林》2003 年第 3 期。

③ 吴景平:《从银行立法看 30 年代国民政府与沪银行业关系》,《史学月刊》2001 年第 2 期。

④ 周春英:《民国前期民营银行运行机制研究(1912—1937)》,中国财政经济出版社 2006
年版。

替代的作用。① 白吉尔通过对上海银行公会的个案研究,强调国家权力干预在现代化进程中的重要性。她指出,如果仅仅依靠自身的力量,一个新生的民间团体是不可能成功地推进国家现代化的,更不要说承担社会经济制度的改革任务了。② 朱华、冯绍霆认为,尽管上海银行家阶层作为民族金融资本人格化的代表,还只能算是个社会新生儿,但是,已经可以看出它是一支生气勃勃、颇具潜力的社会力量,应对其在中国经济现代化过程中所做贡献予以公允的评价。③ 在 2002 年召开的"上海金融的现代化与国际化"学术讨论会上,韩国金承郁提交的论文对 1918—1927 年间上海银行公会的主要活动进行分析,据此进一步探讨上海银行公会对中国金融业发展所起的推动作用。④ 王晶的论文则对 1927—1937 年十年间上海银行公会的沿革、与政府及社会各个部门的复杂关系、为推动上海金融业的现代化所作的努力及其所产生的社会作用进行评述。⑤ 陈正卿对上海银行公会的始末、作用、影响予以总体性探讨,认为上海银行公会对上海金融业乃至中国金融业在 20 世纪二三十年代的快速发展起了促进作用,推动了工商业的发展、规范了金融市场和金融法制。⑥ 在对其他各地银行公会的经济活动研究中,胡建敏认为杭州银行公会在稳定、推动杭州金融业发展等方面取得了实际绩效,这也成为杭州银行家实现其共同目标的重要载体。⑦ 龚关在对 20 世纪 20 年代中后期的天津银行业频繁出现挤兑风潮进行考察时,关注到金融业同业组织的作用,认为以天津银行公会等组

---

① 吴景平、王晶:《"九·一八"事变至"一·二八"事变期间的上海银行公会》,《近代史研究》2002 年第 3 期。

② 上海市地方志办公室编:《上海:通往世界之桥(上)》,上海社会科学院出版社 1989 年版。

③ 朱华、冯绍霆:《崛起中的银行家阶层——上海银行公会早期活动初探》,《档案与史学》1999 年第 6 期。

④ [韩]金承郁:《北京政府时期的上海银行公会》,载吴景平、马长林主编:《上海金融的现代化与国际化》,上海古籍出版社 2003 年版。

⑤ 王晶:《1927—1937 年上海银行公会述略》,载吴景平、马长林主编:《上海金融的现代化与国际化》,上海古籍出版社 2003 年版。

⑥ 陈正卿:《上海银行公会(1918—1949 年)始末、作用影响及其现存档案状况》,载吴景平、马长林主编:《上海金融的现代化与国际化》,上海古籍出版社 2003 年版。

⑦ 胡建敏:《民国时期杭州银行公会研究(1930—1937)》,浙江大学 2006 年硕士学位论文。

织为核心的天津商人在面对金融风潮中积极寻求应对之策,对天津金融稳定做出了很大努力。① 胡建敏通过对杭州银行公会对外活动和社会功能剖析,揭示杭州银行公会与社会各个层面的关系,还通过对杭州银行公会的经济功能进行分析,发掘它为谋求同业团结,改进业务经营,稳定、推动杭州金融业发展等的努力和取得的实际绩效。② 刘志英、杨朋辉认为,重庆银行公会在稳定重庆金融市场秩序及辅助地方工商业的发展中,都起到了重要作用。③ 张百顺考察天津银行公会的业务活动,天津银行公会在组织利益方面,便利了天津华商银行会员营业、维护了天津金融市场秩序。④ 郝志景以天津货币发行为分析中心,考察 1900 年至 1928 年间天津所发生的金融风潮。清末和北洋时期,天津商会、钱商公会和银行公会先后在津成立,在应对历次金融风潮、维护天津金融市场时,三个公会组织都曾发挥重要作用。⑤ 张秀莉通过考察1928 年平津挤兑风潮,述及平津两地银行公会为维护平津金融稳定所做的努力。⑥

第二,关于银行公会的经济职能行为。

张天政认为,20 世纪 20 年代银行公会的银行业务制度建设,不仅成为该会为中国金融制度现代化建设所做积极贡献的重要体现,而且也有益于上海乃至国内金融市场的有序化及上海华商银行业务的改进。⑦ 郑成林认为,为了促进银行业快速发展,上海银行公会成立后就尝试采取多种措施、通过多种途径促进币制改革,希望最大限度地参与政府相关政策的制定。⑧ 他还指出,为了拓展票据市场,促进华商银行业的发展,上海银行公会在成立伊始,就不

---

① 龚关:《1920 年代中后期天津银行挤兑风潮》,《历史教学(高教版)》2007 年第 6 期。
② 胡建敏:《民国时期杭州银行公会研究(1930—1937)》,浙江大学 2006 年硕士学位论文。
③ 刘志英、杨朋辉:《抗战爆发前的重庆银行公会》,《西南大学学报(社会科学版)》2010 年第 3 期。
④ 张百顺:《天津银行公会研究(1918—1936)》,社会科学文献出版社 2017 年版。
⑤ 郝志景:《1900—1928 年天津金融风潮研究:以货币发行为分析中心》,复旦大学出版社 2019 年版。
⑥ 张秀莉:《政治变局中的金融震荡:1928 年平津挤兑风潮》,《史林》2014 年第 1 期。
⑦ 张天政:《略论上海银行公会与 20 世纪 20 年代华商银行业务制度建设》,《中国经济史研究》2005 年第 2 期。
⑧ 郑成林:《上海银行公会与近代中国币制改革述评》,《史学月刊》2005 年第 2 期。

仅积极倡议组建征信所,加强培育信用观念,而且大力提倡和推广商业承兑汇票,积极创设票据承兑所,推行银行承兑汇票,从而进一步优化了银行资本结构,拓展了银行业务空间,推动了商业信用向银行信用转化与近代中国信用制度发展,促进了中国金融业实现早期现代化。① 在《上海银行公会与银行法制建设述评(1927—1936)》一文中,郑成林则梳理南京国民政府时期上海银行公会积极参与银行法制建设,尝试采取多种措施、通过多种途径与政府交涉,希望最大限度地参与政府制定相关政策,既维护了银行业的合法权益,也为政府金融政策和措施的制定与调整提供了依据。② 金承郁还介绍上海银行公会在北京政府时期的组织概况,以及其为实现"废两改元"所进行的努力。③ 万立明认为,在北京政府时期,以及在 1929 年票据法颁行前后和 1933—1934年,上海银行公会始终积极参与相关的票据立法活动,如进行票据习惯的调查,先后五次设立临时性的票据法研究会,多次在汇集各会员银行意见的基础上制成意见书送呈立法部门参阅,其中多数意见被采纳。这不仅维护了同业的利益,也为近代票据立法提供了重要的智力支持,对保证法律的质量和可行性发挥了至关重要的作用,从中折射出中国票据制度的近代化和民间团体与政府之间关系的演变。④ 郑成林、刘杰考察 1920 年代北京政府内债整理时,上海银行公会所发挥的作用。上海银行公会关于内债整理的意见和建议大多得到政府重视和采纳,在整理内债案中发挥着决定性作用,对银行业的投资经营产生一定影响。⑤ 红花对 1917 年至 1937 年二十年间的银行公会的监管与风险防范机制进行研究,认为银行公会为稳定近代银行业的发展起到了关键性的作用,有效解决了银行间的约束和自律问题,加强了银行业监督和管理,

---

① 郑成林:《上海银行公会与近代中国票据市场的发展》,《江西社会科学》2005 年第 10 期。
② 郑成林:《上海银行公会与银行法制建设述评(1927—1936)》,《华中师范大学学报(人文社会科学版)》2004 年第 4 期。
③ [韩]金承郁:《北京政府时期的上海银行公会》,载吴景平、马长林主编:《上海金融的现代化与国际化》,上海古籍出版社 2003 年版。
④ 万立明:《上海银行公会与 20 世纪二三十年代的票据立法》,《社会科学研究》2007 年第 5 期。
⑤ 郑成林、刘杰:《上海银行公会与 1920 年代北京政府内债整理》,《华中师范大学学报(人文社会科学版)》2014 年第 3 期。

提供了银行经营管理的规范性,改善了近代银行的外部经营环境。①

郑成林还考察抗日战争爆发前上海银行公会逐步制定和完善各种章则规约以及参与和促进银行法制建设的情况。他认为,上海银行公会对于近代中国银行监管制度的建构与变迁,也有着不容忽视的影响和意义。② 在《上海银行公会与近代中国银行信用制度的演进》一文中,他论述在抗战前上海银行公会十分重视银行信用制度建设,上海银行公会不仅采取各种措施促进会员银行稳健经营,增强会员银行的信用意识,而且还创建了一系列信用机构和信用工具,并在同业之间构建一个信任与合作的平台,有力地提升了华商银行业的竞争力,对促进近代中国社会信用发展也有着重要意义。③ 刘平论述上海银行公会对推动信用组织规范的作用及对同业组织利益的维护。④ 孙建国在探讨民国时期上海银行业信用保证制度的变革时,阐述上海银行公会对银行业信用保证金制度改革方面的支持,提出相关意见,制定相关规则,从而改善银行业防弊机制,建立完善的银行管理体制等。⑤

陈国连研究在抗日战争结束后,杭州银行公会在杭州金融近代化过程中的地位和作用。他认为在1945—1949年外战结束、内战又起的特殊时期,杭州银行公会在战后重建、促进工商业发展、维护同业权益以及协助政府推行政令、加强社会调控等方面发挥了多重作用。⑥ 刘志英、杨朋辉认为,重庆银行公会在抗战爆发之前,已经成为西部地区重要的金融业自律组织,它是西部金融近代化的集中体现。重庆银行公会在政府与会员行之间起到"上策下行,

---

① 红花:《银行公会的监管与风险防范机制研究(1917—1937)》,《内蒙古大学学报(哲学社会科学版)》2015年第2期。

② 郑成林:《上海银行公会与近代中国银行监管制度》,《高等学校文科学术文摘》2010年第1期。

③ 郑成林:《上海银行公会与近代中国银行信用制度的演进》,《浙江学刊》2007年第4期。

④ 刘平:《从金融史再出发:银行社会责任溯源》,复旦大学出版社2011年版。

⑤ 孙建国:《论民国时期上海银行业防弊与信用保证制度变革》,《中国经济史研究》2007年第1期。

⑥ 陈国连:《杭州银行公会研究(1945—1949)》,杭州师范大学2009年硕士学位论文。

下情上达"的中介桥梁作用。① 抗战时期,重庆银行公会所进行的活动远远超出了金融、经济范畴,同时兼具政治和社会影响力,在地方经济建设、支持抗战及金融法规制度建设等方面,都产生了深刻的历史影响。② 张强论述成都银行公会为促进行业发展所发挥的重要作用,并以成都银行公会为例,探讨近代工商同业组织在社会经济生活中的重要地位。③ 西安在近代被人们称为"西京",这就表明西安在西北地区的重要中心之地位。近代以来,西安贸易保持发展,近代银行业随之发展起来,很多银行在西安设立分行、支行或者办事处。为此,在银行业逐渐成熟时,西安于 1942 年成立西京银行公会。张天政、成婧在《西京银行公会与抗战时期国民政府的金融监管》一文中论述到,西京银行公会协助国民政府,尽到了金融业同业团体的职责。④《武汉近代货币史料》收入"废两改元"时期汉口银行公会执行币制改革的措施。⑤ 洪葭管认为,上海银行公会的成立,标志着江浙财团势力的形成和发展,其组织活动对上海金融市场的发育也具有多方面的积极作用。⑥ 陈正卿在考察上海银行公会 30余年的活动以及上海银行业的行业地位、作用、影响后认为,上海银行公会对上海银行业在 20 世纪二三十年代所取得的成就具有十分重要的意义。⑦ 马长林考察民国时期在上海银行公会引导下,上海金融界组织银行团的概况与银团机制。他认为,银团的组建反映了上海一些银行家开拓事业的进取心和规避风险的意识,也表明上海银行家关心和参与经济社会活动的强烈意识,它

---

① 刘志英、杨朋辉:《抗战爆发前的重庆银行公会》,《西南大学学报(社会科学版)》2010 年第 3 期。
② 李冬梅:《重庆银行公会研究(1937—1945)》,宁夏大学 2012 年硕士学位论文。
③ 张强:《成都银行公会研究(1934—1949)》,四川大学 2010 年博士学位论文。
④ 张天政、成婧:《西京银行公会与抗战时期国民政府的金融监管》,《中国社会经济史研究》2013 年第 2 期。
⑤ 《武汉金融志》办公室、中国人民银行武汉市分行金融研究室编:《武汉近代货币史料》,武汉地方志编纂委员会办公室,1982 年。
⑥ 洪葭管主编:《中国金融史》,西南财经大学出版社 1993 年版。
⑦ 陈正卿:《上海银行公会(1918—1949 年)始末、作用影响及现存档案状况》,载吴景平、马长林主编:《上海金融的现代化与国际化》,上海古籍出版社 2003 年版。

也是作为同国际金融界接轨的一种金融运作方式。① 张百顺考察天津银行公会在近代天津金融领域所具有的经济职能，如与政府借贷市场的互动，发挥商人组织在解决政府承诺问题中的作用，在直隶省银行发生挤兑风潮后，与政府共同维持省钞。② 刘志英和张朝晖以现代化理论为视角，系统梳理了重庆从晚清开埠至民国末期（1840—1949 年）的金融发展史，分析重庆从传统钱庄、票号向近代银行的转型过程，其中，重点阐述了抗战期间重庆银行业同业公会所发挥的作用。随着国民政府的内迁，重庆成为国民政府大后方的经济与金融中心，重庆银行公会也就从原来的地方性行业自律组织发展成为大后方金融发展中的重要组织，在后方金融业发展中起着举足轻重的作用，为促进重庆大后方金融中心的形成与近代中国金融业的发展，推动其近代化进程起过重要作用。③ 易棉阳在就北京政府时期的市场化监管制度和南京政府时期的行政化监管制度进行比较考察时，述及上海银行公会在北京政府时期通过《上海市银行业营业规程》，订立《公共准备金规则》，组建票据交换所，倡议设立征信所等，发挥同业组织的经济职能，以维护银行业发展。④ 刘俊峰探析 1912 年至 1937 年间汉口华资银行间的竞合关系，涉及汉口银行公会在会员银行竞合关系中，就制定银行业营业规范、成立交易所、抵御金融风潮等方面都发挥着积极作用。⑤ 兰日旭和周莹探析中国近代公债整理，述及上海银行公会和全国银行公会联合会在公债整理中所发挥的推动作用。⑥ 吴景平在刍议中国近代金融史研究中，认为银行公会与钱业公会的正式设立和运作，标志着近代中国银行业、钱庄业已经发展为具有独立社会地位的行业，在金融史体系中应有相应的地位。⑦

---

①　马长林：《民国时期上海金融界银团机制探析》，《档案与史料》2000 年第 6 期。

②　张百顺：《天津银行公会研究（1918—1936）》，社会科学文献出版社 2017 年版。

③　刘志英、张朝晖：《现代化视野下的重庆金融（1840—1949）》，重庆大学出版社 2021 年版。

④　易棉阳：《近代中国两种金融监管制度的比较：基于交易费用视角的研究》，《财经研究》2014 年第 1 期。

⑤　刘俊峰：《汉口华资银行间的竞合关系探析（1912—1937）》，《江汉论坛》2017 年第 6 期。

⑥　兰日旭、周莹：《中国近代公债整理探析》，《贵州社会科学》2017 年第 8 期。

⑦　吴景平：《中国近代金融史研究对象刍议》，《近代史研究》2019 年第 5 期。

4. 关于银行公会的社会活动研究

第一,关于银行公会进行社会救济活动。

李冬梅对抗战时期的重庆银行公会进行了较为全面的研究。她认为,重庆银行公会积极参与了社会救济及其他有益于社会发展的活动,致力于社会慈善事业的发展,参与征募寒衣运动和冬赈运动,对关系地方公益事业及市民生活迫切需要的事业给予了大力支持。[1] 成婧认为,西京银行公会在救济难民上已经尽到了一个社会组织应尽的社会责任,由于各种摊派和募捐繁多,到了后期,由于经费问题,出现婉拒捐纳难民费。这从另一个角度表明银行公会在进行组织活动时,是以自身组织行业利益为前提的。当自身利益受到威胁时,它会尽力维护自身发展。[2]

第二,关于银行公会践行社会公益活动。

朱华、冯绍霆考察上海银行公会在成立初期的十年中,积极参与社会公益事业所做的努力,对上海银行家阶层给予充分肯定。[3] 陈国连认为,杭州银行公会力所能及地关心社会上的公益事业,将杭州银行公会所关注的公益事业类别分为:社会贫病救济,水旱等自然灾害救济,难民救济,教育文化公益捐款,警察机关、消防等地方事业捐款,对社会团体和党政机构的捐资补助等。他认为,杭州银行公会的社会公益方式是多种多样的,公益活动的进行有利于树立银行业的公益形象,从而促进银行业与社会建立良好的互动关系。[4] 王子善简要阐述天津银行公会组织会员银行共同参与募捐、赈灾、救济等社会公益活动,为维护地方社会经济的安定作出了贡献。[5] 陈丽梅简述青岛银行同业公会各银行成员积极对青岛慈善、教育及公共事业所进行的捐资帮助。[6]

---

① 李冬梅:《重庆银行公会研究(1937—1945)》,宁夏大学 2012 年硕士学位论文。
② 成婧:《银行公会职责与行业生存之间的平衡:以抗日战争时期西京银行公会为例》,宁夏大学 2012 年硕士学位论文。
③ 朱华、冯绍霆:《崛起中的银行家阶层——上海银行公会早期活动初探》,《档案与史学》1999 年第 6 期。
④ 陈国连:《杭州银行公会研究(1945—1949)》,杭州师范大学 2009 年硕士学位论文。
⑤ 王子善:《天津银行同业公会的历史借鉴》,《华北金融》1993 年第 7 期。
⑥ 陈丽梅:《20 世纪二三十年代青岛华资银行业述论》,《枣庄学院学报》2009 年第 6 期。

第三,关于银行公会维护社会稳定活动。

林美莉对抗战时期上海银行公会的部分活动进行初步考察,认为上海银行公会在 1937 年至 1941 年间,为支持采购米粮设法提供贷款,是尽其民间团体的责任。① 陈国连认为,在 1945—1949 年外战结束、内战又起的特殊时期,杭州银行公会在战后重建、维护同业权益以及协助政府推行政令、加强社会调控等方面发挥了多重作用。②

5. 关于史料整理与出版研究

第一,关于档案史料。

档案史料是历史研究重要的第一手资料之一。作为近代金融业重要的同业组织,银行公会注重对有关档案的保存。目前在上海、天津、武汉、济南等地都有一批丰富的档案资料。由于这些史料繁多,目前,国内有关银行公会的史料集出版还有限,但在相关的金融史和货币史资料专书中,还是包括了一些有关银行公会史料的,比如:《中华民国货币史资料》第 1、2 辑③、《中华民国金融法规档案资料选编》④《中华民国史档案资料汇编·第五辑·第一编:财政经济》⑤《国民政府财政金融税收档案史料（1927—1937 年）》⑥《北京金融史料》⑦《中央银行史料》⑧《民国时期北京（平）金融档案史料选编》⑨等均为代表;2014 年以来,复旦大学中国金融史研究中心与上海市档案馆、上海远东出

① 林美莉:《抗战时期上海银行公会的活动》,载吴景平、马长林主编:《上海金融的现代化与国际化》,上海古籍出版社 2003 年版。
② 陈国连:《杭州银行公会研究（1945—1949）》,杭州师范大学 2009 年硕士学位论文。
③ 中国人民银行总行参事室编:《中华民国货币史资料》第 1 辑,上海人民出版社 1986 年版。
④ 中国第二历史档案馆、中国人民银行江苏省分行等合编:《中华民国金融法规档案资料选编》,档案出版社 1989 年版。
⑤ 中国第二历史档案馆编:《中华民国史档案资料汇编·第五辑·第一编·财政经济》,江苏古籍出版社 1994 年版。
⑥ 财政部财政科学研究所、中国第二历史档案馆编:《国民政府财政金融税收档案史料（1927—1937 年）》,中国财政经济出版社 1997 年版。
⑦ 中国人民银行北京市分行金融研究所、《北京金融志》编委会办公室编:《北京金融史料·银行篇》,1993 年。
⑧ 洪葭管主编:《中央银行史料（1928.11—1949.5）》,中国金融出版社 2002 年版。
⑨ 北京市档案馆编:《民国时期北京（平）金融档案史料选编》第 1—8 册,新华出版社 2020 年版。

版社协作,陆续出版文字版、影印版《上海市档案馆馆藏近代中国金融变迁档案史料汇编》,涉及有《中央银行·机构卷》《上海商业储蓄银行·机构卷》《浙江兴业银行·机构卷》《上海钱业及钱业公会·机构卷》《中南银行·机构卷(1921—1937)》《金城银行·机构卷》等,均是一手档案史料,内容丰富,裨益于近代中国金融史研究。① 而近代日本出于侵华目的,曾在中国开展相关调查,并留下一批调查档案,诸如外务省通商局的《支那金融事情》,满铁调查科的《支那银行关系规定集》,东亚同文会的《支那经济全书》《支那金融机关》,金融研究会的《事变下的支那银行》,兴亚院华中联络部的《支那方面银行的营业状态》等,以上丰富的银行金融史出版资料,为深化银行公会研究奠定了史料基础,有益于银行公会拓展研究。

第二,关于专门的银行史料。

1949年以来,国内出版了一些有关银行的珍贵史料专书。在这些专书中,包含一些各地银行公会的史料,主要有《中国农民银行》②《金城银行史料》③《中国革命根据地北海银行史料》④《中国银行行史资料汇编》⑤《交通银行史料》⑥《上海商业储蓄银行史料》⑦《四联总处史料》⑧《四联总处会议

① 见石涛、何品编注:《中央银行·机构卷》,上海远东出版社2014年版;何品、宣刚编注:《上海商业储蓄银行·机构卷》,上海远东出版社2015年版;何品、李丽编注:《浙江兴业银行·机构卷》,上海远东出版社2016年版;万立明编选:《上海银行公会·机构卷》,上海远东出版社2016年版;邹晓昇编选:《上海钱业及钱业公会·机构卷》,上海远东出版社2016年版;何品、彭珊珊编注:《中南银行(1921—1937)·机构卷》,上海远东出版社2020年版;董婷婷、彭晓亮编注:《金城银行·机构卷》,上海运动出版社2022年版。
② 中国人民银行金融研究所编:《中国农民银行》,中国财政经济出版社1980年版。
③ 中国人民银行上海市分行金融研究室编:《金城银行史料》,上海人民出版社1983年版。
④ 中国人民银行金融研究所、中国人民银行山东省分行金融研究所编:《中国革命根据地北海银行史料》,山东人民出版社1988年版。
⑤ 中国银行总行、中国第二历史档案馆合编:《中国银行行史资料汇编》上编,中国档案出版社1991年版。
⑥ 交通银行总行等合编:《交通银行史料》,中国金融出版社1995年版。
⑦ 中国人民银行上海市分行金融研究所编:《上海商业储蓄银行史料》,上海人民出版社1990年版。
⑧ 重庆市档案馆、重庆市人民银行金融研究所合编:《四联总处史料(上、中、下)》,档案出版社1993年版。

录》①《四明银行史料研究》②《交通银行史料续编（1907—1949）》③等。

第三，关于其他史料。

在一些钱庄史料、商会史料以及钱业公会史料等之中，也包含着关于银行公会的相关论述，如《上海钱庄史料》④《武汉钱庄史料》⑤《天津商会档案汇编》⑥《苏州商会档案丛编》⑦《中国第一家银行》⑧等。

概观1949年以来的银行公会研究，可以从中总结出以下几个突出特点。

首先是在点面结合上，银行公会研究从无到有、由点成面，逐渐铺开。在20世纪，学术界有关银行公会研究的成果极少，很少的成果主要集中在对上海银行公会的研究上；有限的研究成果也没有引起学术界关注和重视。进入21世纪以后，尤其是近年来，各地银行公会的研究取得了长足进步，收获了丰硕成果。而最早开始的上海银行公会研究，也从宏观逐渐转向微观，研究者越来越重视银行公会在地方经济中所起到的桥梁作用。

其次是在研究时间的完整性上，银行公会研究从起点向前进发，过程性与阶段性相结合，体现为一个不断深化学术内涵的完整的研究过程。纵观目前学术界对银行公会的丰富研究，可以分为6个时间段：一是从银行公会成立初期到1927年南京国民政府成立时期；二是从1927年南京国民政府成立到1931年银行公会改组；三是从1931年银行公会改组后到1937年抗日战争全面爆发；四是从1937年抗战全面爆发到1945年抗日战争的胜利；五是从1945

---

① 中国第二历史档案馆编：《四联总处会议录》，广西师范大学出版社2003年版。
② 宁波帮博物馆编：《四明银行史料研究》，宁波出版社2018年版。
③ 章义和、杨德钧编：《交通银行史料续编（1907—1949）》，复旦大学出版社2018年版。
④ 中国人民银行上海市分行编：《上海钱庄史料》，上海人民出版社1960年版。
⑤ 《武汉金融志》编写委员会办公室、中国人民银行武汉市分行金融研究所编：《武汉钱庄史料》，内部发行，1985年。
⑥ 天津市档案馆等编：《天津商会档案汇编（1912—1928）》第1—4册，天津人民出版社1992年版。
⑦ 章开沅、马敏等主编：《苏州商会档案丛编》（第1—6辑），华中师范大学出版社1991—2012年版。
⑧ 中国人民银行上海市分行金融研究室等：《中国第一家银行》，中国社会科学出版社1982年版。

年抗日战争取得全面胜利到 1949 年新中国成立;六是新中国成立以来。以上各研究阶段,各有重点和研究主题,研究特征鲜明。若要进行阶段比较观察,学术界对抗战之前的银行公会研究较为集中,而对于抗战时期银行公会的研究较为薄弱。在抗战时期,一些银行虽然内迁,但是尚有部分银行迁入租界之后,在日伪统治下组成了伪银行公会。现如今,对伪银行公会研究却很少,这是需要引起研究者重视的。

最后是从地域性关注上,由重点到一般,连点成片,形成全国性研究态势。从地域上看,对银行公会研究是从上海开始的,这符合客观事物发展与主观认识相契合的认识规律和特点。从沿海到内陆,由南方到北方,以上海银行公会为研究焦点,向全国相关各点铺开。2019 年,虞和平就改革开放以来中国近代经济史研究的主要发展路径进行考察,在涉及行业和同业公会制度的个案研究内容时,他认为,研究成果最多者,当属有关上海银行公会的研究。[①] 上海、杭州、天津等作为沿海城市,地方银行业发达,受到学者们重视,这是必然的。反观对内陆地区银行公会的研究却没有引起足够重视,至今,学者对汉口银行公会研究得较少。还要看到,由于国民政府定都南京,众多银行将总行设置于上海,以致北京失去近代银行业发展的重心,造成现今对北京银行公会研究较少的局面。

1949 年以来,学术界对银行公会的研究取得了许多值得称道的成果,但经过学术梳理和反思,也可以发现其中存在一些不足之处,还有深入研究的拓展空间和值得用心探讨的问题。

一是地方出版专门的银行公会史料较为缺乏,特别是有关银行公会档案史料的整理和出版显得有些滞后。史料是拓展银行公会研究创新的基础。至今,已经出版一些银行史料,诸如《金城银行史料》《交通银行史料》《中国银行行史资料汇编》等珍贵的档案史料,这些史料中保存的有关银行公会的史料十分宝贵,它有利于深化银行公会的个案研究。但是,目前,在全国各地出版

---

① 虞和平:《改革开放以来中国近代经济史研究的主要发展路径》,《中国社会经济史研究》2019 年第 4 期。

专门的银行公会史料集还很有限,主要囿于上海银行公会。[①] 在上海、北京、汉口三地,银行公会在民国时期都各自主办并出版银行期刊,即《银行周报》《银行月刊》《银行杂志》,这些期刊中有许多有关银行公会活动的史料。旧有的史料有助于探讨近代银行公会的发展轨迹和内在规律,但由于有关银行公会的内容散存于各报刊内,查阅不便,难于被系统利用,亟待整理、出版。

二是用于研究的理论与方法需要进一步创新。银行公会研究的方法已由单一化走向多样化,但是,在跨学科研究中,研究经济史既要有经济学的功底,又要有历史学的基础;反过来看,也是如此。这就要求在经济史研究中综合运用经济学和历史学的理论与方法。目前,有一部分史学界的研究者不注意运用经济学理论与方法,使得其研究成果缺乏理论深度,给人以堆砌史料、简单问题复杂化的感觉;而经济学界的研究者则缺少史料搜集与考证,不重视近代中国的历史事实,生硬地用经济学、金融学理论来进行研究,这样就使得他们的研究结论可能符合经济学的一般规律,但却与中国的历史事实相悖,这样的研究成果难免有牵强之嫌。要使研究成果既具有"历史味",而又具有"经济味",这就要使史识与经济理论有机融合起来,真正体现"经济史"的理论厚度和学术内涵。因此,只有打破学科壁垒,综合运用经济学、历史学的理论与方法,有关银行公会研究,乃至中国近代银行史研究、中国近代经济史研究等,才有望登上一个新的台阶。

三是有关近代银行公会的研究由点到面、由地方到全国的整体性研究与通史性研究不够。要将银行公会研究"总"起来、"通"起来,需要扎实、深入的专题研究。目前,聚焦于各地银行公会研究的力量还不均衡,在很多地方银行公会的研究上还有缺漏。这就需要立足于专题式研究,逐一"扫盲""补漏",

---

① 见万立明编选:《上海银行公会·机构卷》,上海远东出版社 2016 年版;上海市银行同业公会编:《百年珍影:图说上海市银行同业公会(1918—2018)》,上海辞书出版社 2018 年版;上海市银行同业公会、复旦大学中国金融史研究中心编:《百年追梦:上海市银行同业公会史事编年(1918—2018)》,上海辞书出版社 2018 年版。

在空白地带、薄弱点上有进一步的突破和新的建树。具体来说,尚有如下领域有待突破:

第一,凡是有近代银行公会的地方都应撰写自己的银行公会史。目前,还没有发现或者读到某一个地方撰写当地的一部专门性质的银行公会史。先从地方开始,然后遍及全国;先编写区域史,而后编修整体史,这是可靠的路径和有效的方法。

第二,对全国银行公会联合会开展深入研究。目前,有关全国银行公会联合会的研究较少,即使在已有上海银行公会比较充分研究的基础上,也都还没有展开对银行公会联合会的专门研究。银行公会作为地方银行的同业组织,具有召开过五次全国银行公会联合会的机制,由此形成惯例和历史。每次在会上,都通过一些极具重要价值的议案或决议,这些对推动当时金融的稳定、经济的发展有很大促进作用,对于研究者评估其历史地位和作用具有重要价值。

第三,研究华资银行公会与外国银行公会的关系。在已有的研究成果中,涉及外国银行公会的研究有限。银行是近代社会经济发展的产物。在中国,银行是西方舶来品。在很大程度上,中国近代银行是近代中外关系的产物。因此,在中国是先有外国银行,即外资银行;然后才有民族银行,即华资银行。外国银行深入中国内陆之后,逐渐形成自己的同业组织,如汉口外国银行公会的成立,就早于华资银行公会。回溯历史,外国银行公会与华资银行公会是如何交流、交往的? 对此,很少有文章涉及。这就需要首先挖掘、整理华资银行公会与外国银行公会交往的资料,盘点资料存量,审视资料内涵;其次是将英文文献在整理的基础上,翻译成汉语,然后进行必要的研究;最后是将中外银行公会的交流史放置于中国近代银行公会史的视域下进行研究。

第四,如何衡量地方银行公会的成立与启动? 要有统一的学术标准和相应的学术话语。目前,在研究中,学术界对银行公会成立的标志认定,存在着不同标准,以致出现近代中国是在北京,还是在上海抑或是在天津,到底是哪一家最先成立银行公会的争论。不同的尺度衡量同一类事物,一定会得出差异性结论。比如,在讨论中,刘永祥认为,全国第一个正式成立的银行同业组织是于 1917 年成立的北京银行公会。[①] 郑成林则认为,全国第一个成立的当属 1918 年于上海成立的上海银行公会,并给出了其理论依据。[②] 还有学者认为,第一个成立的应该算天津银行公会。由此看来,学界对于银行公会的成立标准设立,各不相同,各有依据,各执一词。这种多样化的定义,虽有益于研究开展"百家争鸣",但同时也给研究带来不能形成共识的不便。这也表明,对此事物研究尚不成熟。

第五,对于银行公会组织与各会员银行之间的关系与来往尚缺乏深入研究。从认识论上讲,要素构成整体,整体体现要素。要充分认识事物的整体,需从构成要素之间的联系性关系着手。银行公会组织的细胞是银行个体。在银行公会内部,会员银行与银行公会之间是由往来构成紧密联系的。其联系规则、交往机制、相互协调是怎样的? 是否存在主从关系? 其在银行公会的运行中有何作用和意义? 这些问题都值得深入探讨。

此外,还有近代银行公会与其他同时期同业公会之间的横向联系,也值得探究。这在目前的研究中,也是一个空白地带。

总之,1949 年后,银行公会研究取得了进一步研究成果。然而,已有研究主要围于上海一隅,少数涉及天津、北京、杭州、汉口等地。由于区域环境不一,各地银行公会的生成发展及社会活动也定会有同有异,因此,加强对其他地区金融团体的考察,并与上海加以比较分析,很有必要。对各地银行公会的研究,还有助于推进对银行公会史的研究,能够促进近代地方金融史、近代中国金融史、经济史及中华民国史的研究,从而全面深入探讨近代商人团体与中国早期现代化的关系。

(二)汉口银行公会研究的基本状况

就汉口银行公会的研究而言,1949 年后,雷世仁的《汉口银行公会的建立

---

① 刘永祥:《北洋政府时期的私营银行》,《社会科学辑刊》2000 年第 6 期。
② 郑成林:《从双向桥梁到多边网络——上海银行公会与银行业(1918—1936)》,华中师范大学出版社 2007 年版。

与发展》一文,当属首篇。该文主要从汉口银行公会的建立过程、组织机构、组织活动等几个方面,对它进行了简单的述论。① 朱英主编的《中国近代同业公会与当代行业协会》论述了汉口银行公会附属组织汉口银行公会夜校。② 邓晶的硕士学位论文涉及汉口银行公会在 1929 年在市政公债中承销政府公债的业绩。③ 吴景平的《上海银行公会改组风波(1929—1931)》一文则对南京国民政府颁布《工商同业公会法》后汉口银行公会与上海银行公会之间的往来进行论述。它认为,汉口银行公会迫于政府改组的压力,多次请函上海银行公会,并派人赴沪面商应对办法;在与上海银行公会沟通欠佳状况下,汉口银行公会在 1931 年底正式改组。④ 杜恂诚在汪敬虞主编的《中国近代经济史(1895—1927)》近代金融业部分提及汉口银行公会的一些情况。⑤ 王晶的博士学位论文论及 1927 年汉口银行公会施行委员制,使上海银行公会认识到改组的必要性;还论及各地银行公会为有关问题向财政部征询答复时,常请上海银行公会代转。如汉口银行公会曾因当地政府禁止运送现金输出,电请国民政府救济,上海银行公会除将原电转财政部外,还派出执行委员贝淞荪直接向财政部面洽,表明汉口银行公会与上海银行公会联络密切。⑥ 魏文享在《民国时期的工商同业公会研究(1918—1949)》的博士学位论文中简要论及汉口银行公会设有银行学术研究会及银行交易处,并阐述汉口银行公会议事制度的规定以及汉口银行公会夜校开设科目与课程。⑦ 章博在《武汉 1931 年水灾救济问题研究》中提及,在 1931 年武汉水灾中,汉口银行公会与政府、商会、钱业公会等 25 个组织组成急赈会,进行社会救济。⑧ 涂文学在博士学位论文《"市

① 武汉市政协文史资料研究委员会:《武汉文史资料》,武汉文史资料编辑部,1987 年第 1 辑。
② 朱英:《中国近代同业公会与当代行业协会》,中国人民大学出版社 2004 年版。
③ 邓晶:《近代汉口总商会研究(1916—1931)》,华中师范大学 2012 年硕士学位论文。
④ 吴景平:《上海银行公会改组风波(1929—1931)》,《历史研究》2003 年第 2 期。
⑤ 汪敬虞主编:《中国近代经济史(1895—1927)》下册,人民出版社 2000 年版。
⑥ 王晶:《上海银行公会研究(1927—1937)》,上海人民出版社 2009 年版。
⑦ 魏文享:《中间组织:近代工商同业公会研究(1918—1949)》,华中师范大学出版社 2007 年版。
⑧ 章博:《武汉一九三一年水灾救济问题研究》,华中师范大学 2002 年硕士学位论文。

政改革"与中国城市早期现代化:以 20 世纪二三十年代汉口为中心》中论述到,在武汉近代市政改革中,汉口银行公会为武汉市政建设曾做出努力,如参与市政公债基金保管委员会、认销市政公债、间接支持市政建设,并参与汉口特别市临时参议会等,表明其积极参与推动武汉市现代化进程。① 陈勇在《汉钞兴衰与武汉近代金融变迁(1908—1935)》的硕士学位论文中提及,在汉口1921 年发生金融挤兑风潮时,汉口金融界与政府合作,积极应对,平息挤兑风潮。② 张启社在博士学位论文中论及汉口银行家群体的兴起与发展,对汉口银行公会的成立背景、过程、发展等作了简要介绍,并且论述汉口银行家群体在利用汉口银行公会这一组织来维护自身利益、扩大在金融界以及社会生活中发挥有效影响力的积极作为。③ 汤黎在博士学位论文中简要论述汉口银行公会的成立过程,认为汉口银行业的联合,便利了汉口华资银行共同应对激烈的金融市场竞争。④ 对于武汉沦陷以后,汉口银行公会的生存情形,胡春娟、赵昊鲁在对抗战沦陷时期的汉口银行业进行略述时,论及在武汉沦陷后,汉口银行公会在汉口法租界稍有活动,但处境艰难。1943 年,伪汉口银行公会成立,汉口部分本土银行自愿或被迫加入伪银行公会组织。⑤ 抗战胜利以后,汉口银行公会得以复建。但对于抗日战争结束至 1949 年这一段时间的汉口银行公会研究,则少有涉及。李秀伟在其硕士学位论文《战后汉口钱庄研究(1945—1949)》中,对此有间接涉及。⑥ 需要指出的是,截至目前,对汉口银行公会研究较为全面的是刘俊峰。其在博士学位论文《社会变迁中的汉口华资银行业(1912—1938)》中,专门用一章对汉口银行公会进行论述,涉及汉口银

① 涂文学:《"市政改革"与中国城市早期现代化:以 20 世纪二、三十年代汉口为中心》,华中师范大学 2006 年博士学位论文。
② 陈勇:《汉钞兴衰与武汉近代金融变迁(1908—1935)》,华中师范大学 2005 年硕士学位论文。
③ 张启社:《民国时期的汉口商人与商人资本(1912—1936)》,华中师范大学 2009 年博士学位论文。
④ 汤黎:《人口、空间与汉口的城市发展(1460—1930)》,华中师范大学 2008 年博士学位论文。
⑤ 胡春娟、赵昊鲁:《抗战沦陷时期的汉口银行业述略(1938—1945)》,《江汉大学学报(人文科学版)》2008 年第 3 期。
⑥ 李秀伟:《战后汉口钱庄研究(1945—1949)》,华中师范大学 2005 年硕士学位论文。

行公会的成立、发展,汉口银行公会的领导结构、组织运作,汉口银行公会的功能,以及在金融风潮中汉口银行公会如何应对等问题。他认为,汉口银行公会在化解金融风潮时,是银行业利益忠实的维护者。为此,汉口银行公会时不时会与钱业组织之间产生利益之争,有时不能兼顾汉口金融业的整体利益。① 刘杰在考察近代汉口区域银两货币市场的演变中,述及汉口银行公会所发挥的维护银行业自身利益的经济职能。② 黄传荣就 1927 年"集中现金风潮"及其善后,武汉国民政府向南京妥协的金融原因进行探讨时,论及汉口银行公会会员银行在"集中现金风潮"中所遭受的冲击,以及该组织业务趋于停顿的事实和内容。③ 华中师范大学杨武在其硕士论文《汉口银行公会研究(1920—1938)》中,围绕汉口银行公会的组织结构与运行机制、汉口银行公会与地方商人团体、汉口银行公会与汉口地方银行业、汉口银行公会与地方经济社会等方面予以研究,并认为,汉口银行公会的研究有待进一步深化细化。④

总体上看,汉口银行公会的研究成果主要呈现在以下几个方面。

第一,在对汉口华资银行的研究中,一些内容涉及汉口银行公会。如俞光祖、魏振民、徐凯希等对汉口中国银行、交通银行、中央银行汉口分行的探讨中涉及银行公会,但由于受到研究对象限制,还没有深入探讨银行公会与区域社会发展的有机联系。刘俊峰、胡春娟、赵昊鲁则分别对抗战前和沦陷时期汉口华资银行业的相关问题进行了探讨,涉及银行业与区域社会变迁之间的相互关系,但因考察的重点是整个行业,因此对银行公会作用的论述,还有待进一步深入展开。

第二,在对钱庄的研究中涉及汉口银钱关系的问题。姚会元、刘俊峰、李秀伟在汉口钱庄与钱业公会研究中涉及银钱关系问题,为进一步认识汉口银

① 刘俊峰:《社会变迁中的汉口华资银行业(1912—1938)》,华中师范大学 2010 年博士学位论文。
② 刘杰:《近代汉口区域银两货币市场的演变——以"洋例银"运行为中心》,《近代史研究》2022 年第 5 期。
③ 黄传荣:《1927 年的"集中现金风潮"及其善后——武汉国民政府向南京妥协的金融原因探讨》,《中国社会经济史研究》2023 年第 2 期。
④ 杨武:《汉口银行公会研究(1920—1938)》,华中师范大学 2015 年硕士学位论文。

行公会在汉口金融市场中的作用和地位提供了思路。张艳国、刘俊峰指出,汉口钱业组织与汉口银行公会是平息汉口金融风潮的重要力量。在汉口金融风潮平息之时,有赖于政府与汉口钱业公会、银行公会、商会的通力合作,才将金融风潮平息,以利于经济稳定发展。① 刘俊峰以浙江兴业银行汉口分行为个案,论述其与钱业的互动关系。他认为,伴随汉口银行公会的发展壮大,华资银行业在汉口银行公会的组织下对钱业进行有力反击,造成银行与钱业利益冲突加剧,其互动广度和深度逐步缩小。② 刘俊峰在硕士论文《民国汉口钱业组织研究(1919—1938)》中专设一小节,从钱业组织与银行公会的利益冲突、钱业组织与银行公会在金融领域的合作以及它们各自处理问题的方式三个方面,论述钱业组织与汉口银行公会的互动关系。他认为,在汉口金融市场里,汉口钱业组织同银行公会存在既冲突又合作的"矛盾"关系。③ 刘俊峰还论述到,在 20 世纪 20 年代,银钱两业发生两次绝交事件。在这两次绝交事件之中,汉口银行公会为维护银行同业者自身利益,拒绝在金融不稳情况下支助钱业组织。这表明两者在经济社会活动中存在较大冲突面;但是,这也并不排斥两者在共同利益下,存在互助合作的一面,譬如说,在 1924 年,为了与政府争夺关余,汉口银行公会、钱业公会共同反对广州政府截留关余的企图。④ 在《汉口钱业公会与地方政府的互动关系(1928—1938)探析》一文中,他还探析了汉口银行公会与汉口钱业公会在金融领域开展的合作。1933 年,南京国民政府实行币制改革,两者通力合作,有力维护了汉口金融市场在币制改革期间银币的正常流通。⑤

---

① 张艳国、刘俊峰:《汉口钱业公会在化解金融风潮中的作用》,《光明日报》2009 年 7 月 30 日,第 7 版。
② 刘俊峰:《论浙江兴业银行汉口分行与钱业的互动关系(1908—1936)》,《江汉论坛》2012 年第 3 期。
③ 刘俊峰:《民国汉口钱业组织研究(1919—1938)》,华中师范大学 2007 年硕士学位论文。
④ 刘俊峰:《民国时期汉口钱庄与华资银行关系论析(1912—1937)》,《华中师范大学学报(人文社会科学版)》2009 年第 6 期。
⑤ 李勇军、刘俊峰:《汉口钱业公会与地方政府的互动关系(1928—1938)探析》,《中南民族大学学报(人文社会科学版)》2009 年第 4 期。

第三,在有关汉口银行公会史料整理方面取得一定成绩。新中国成立以来,特别是改革开放以来,有关单位组织整理的武汉银行、钱庄、货币史料以及中国银行汉口分行行史资料汇编先后问世,受到学术界的欢迎和好评。《武汉银行史料》一书部分内容梳理了汉口银行公会的成立以及在不同时期不同背景下的活动、变迁、发展。① 《武汉近代货币史料》收入为执行"废两改元",汉口银行公会执行币制改革措施的相关资料。② 这些资料对研究来说都很有利用价值。

总体来看,目前学术界对于汉口银行公会的相关研究,由于是在汉口史研究的带动下才有所涉及的,因此,从行业史、金融史,乃至中国近代经济史独立的视角看,汉口银行公会发展研究还未进入全面系统阶段;目前的研究,尚处于起步阶段。可喜的是,以刘俊峰的博士学位论文为代表,尝试对汉口银行公会进行梳理与研究,取得了积极成果。这为研究汉口银行公会更进一步引起学术界关注,深入进行专题式、专门的研究开了一个好头。由于只是起头性研究,因此,其研究不可避免地存在一定的薄弱点或者是缺憾,比如,在对汉口银行公会运作机制的全面研究上,其对银行公会的社会活动揭示尚未深入展开。当然,其在充分梳理研究现状、分析研究重点、研究基础等方面做出的努力,特别是本文选取汉口银行公会与地方社会的关系为研究视角,这既是可取的,也是可行的。相信从学术史的视域来看,其研究为后续研究者留下了深刻印象。

三、研究的主要内容和基本方法

不可否认,汉口银行公会在汉口近代经济社会变迁中发挥着十分重要的作用;我们只有厘清汉口银行公会的基本情况和主要活动内容,才能清楚地认识汉口银行公会的社会经济角色和所起的重要社会作用。本书在充分吸收已有研究成果和详尽挖掘历史文献资料的基础上,借鉴经济学、金融学、社会学、

① 《武汉金融志》编写委员会办公室、中国人民银行武汉市分行金融研究所编:《武汉银行史料》,内部发行,1987 年。
② 《武汉金融志》编写委员会办公室、中国人民银行武汉市分行金融研究室编:《武汉近代货币史料》,内部发行,1982 年。

政治学等相关学科的理论,以"汉口银行公会与地方社会"为视角,选取1920—1938年历史时段,考察汉口银行公会组织的成立与演变、汉口银行公会的经济活动与社会活动,分析汉口银行公会与政府的互动关系,对汉口银行公会的社会网络关系等进行历史实证分析,弄清其在民国时期武汉经济政治社会变迁中发挥的作用和具有的地位。在此基础上,形成对汉口银行公会在此阶段的总体认识,进而宏观剖析汉口银行公会的社会经济意义,探讨汉口银行公会的社会责任与家国情怀。依据主要内容研究的需要,在工作中,我们拟运用以下几种研究方法。

一是历史学的实证研究方法。史学研究以史料为基础,史料通过爬梳、辨析而来。为此,我们在研究中尽量搜集史料,还原历史事实,靠事实说话,用史料讲理,主要运用报刊资料、档案资料和文史资料等文献资料。如汉口市档案馆与湖北省档案馆保存的有关民国时期商会、银行的档案;充分利用丰富的电子资源如超星数字图书馆、中国期刊全文数据库、大成老旧刊全文数据库、爱如生中国近代报刊库(申报)、读秀学术搜索等,提供馆际互借、文献传递、专题信息等服务。

二是运用历史学、金融学、计量学、组织管理学、组织行为学的理论与研究方法等。专门的研究运用专门的理论与方法,综合性问题研究运用跨学科理论与方法。在研究中。我们尽可能地全面了解1920年至1938年间中国社会特别是汉口区域的经济、政治、社会、文化历史大背景,运用多学科理论与方法努力对1920年至1938年期间的汉口银行公会进行较为深入的探讨与研究。

三是在具体研究中引入经济学的经济变迁理论和社会学的互动理论,阐释汉口银行公会的组织变迁与社会功能延伸、汉口银行公会的社会活动与经济活动互动、汉口银行公会与政府互动、汉口银行公会与其他社会组织互动,透过互动看社会,深入社会看汉口银行公会的角色功能、价值意义。在此基础上,笔者在研究中还将运用经济伦理学理论,科学评价汉口银行公会的社会担当与经济道德和伦理责任。

四、必要的概念界定和使用说明

研究者在研究中,其所使用的学术概念是科研展开至关重要的内在元素的必要依据。准确运用概念,是准确表达思想和构建逻辑关系的重要基础。以下就本研究涉及的概念,进行必要的界定和简单的说明。

一是关于华资银行。本书所指的华资银行包括国家银行、地方银行、华商银行和华商资本起着主导作用的中外合办银行。

二是关于汉口银行公会的名称。第一,汉口银行公会自 1920 年正式建立到 1949 年停止活动,因改组原因曾几次变更其名称:从"汉口银行公会"(1920 年 11 月至 1931 年 12 月)到"汉口市银行业同业公会"(1931 年 12 月至 1943 年 2 月),再到"伪汉口特别市银行公会"(1943 年 2 月至 1946 年 2 月),再到"汉口市银行商业同业公会"(1946 年 2 月至 1949 年 8 月),四易其名。在本书所论述的时间段内,自 1920 年 11 月至 1931 年 12 月属"汉口银行公会"时期,1931 年 12 月至 1938 年 12 月属"汉口市银行业同业公会"时期,公会名称虽然发生变化,但是,作为维护汉口银行业同业利益的组织性质,它却始终得以贯彻。为了论述方便,全文除需使用全称以说明情况外,都以汉口银行公会统称之。第二,汉口的外国银行在辛亥革命后成立了"汉口外国汇兑银行公会",在此特予说明的是,本书所论述的是华资银行组成的"汉口银行公会"同业组织,而非其他。

第一章　清末民初汉口社会与金融业的发展

　　清末民初,汉口区域社会随着中国社会发生巨变而改变①。就汉口而言,受 1856—1860 年第二次鸦片战争的影响,变化显得更为直接一些。战后,汉口开埠,成为对外通商贸易口岸。随着外国资本主义登岸,民初汉口的社会在延续清末社会变化惯性的同时,社会加速近代转型,对外贸易迅速发展,近代工厂陆续兴建,水陆交通进一步便利,城市的面貌发生很大变化。这也就是美国历史学家罗威廉在研究近代汉口时所发现的,汉口城市在中国近代社会的崛起,与西方近代城市发展具有显著的不同之处②。其不同之处,就在于近代汉口发展所处的独特历史背景。在此背景之下,清末民初的汉口经济、社会、政治都发生根本性变化,汉口从一个"四大名镇"之一的内陆市镇迅速转型发展为典型的内陆都会城市。在近代汉口,新式的金融机构,比如银行,也随着汉口经济发展与外来银行刺激,在政府的大力推动下发展起来。在近代化进程中,汉口的金融业随着华资银行的不断发展而发生转型变迁。

---

①　依照美国历史学家施坚雅的"区域中心"理论,近代汉口显然是长江中游地区的中心都市。本书论述的汉口金融发展具有对于城市经济的带动作用,以及对区域社会具有经济辐射功能,也是从"中心都市"到"区域社会"互动性角度来讨论的。参见[美]施坚雅主编,叶光庭、徐自立、王嗣均、徐松年、马裕祥、王文源合译,陈桥驿校:《中华帝国晚期的城市·中文版前言》,中华书局 2000 年版,第 6 页。

②　[美]罗威廉著,鲁西奇、罗杜芳译,马钊、萧致治审校:《汉口:一个中国城市的冲突和社区:1796—1895》,中国人民大学出版社 2016 年版,第 6 页。罗氏经过比较研究,指出:"即使汉口具备每一项西方现代早期城市所具有的基本的经济与社会特征,它的社会历史仍然至少在一个引人注意的方面显示出与西方城市的不同。"

第一节　清末民初汉口经济社会

近代以来,中国经济、政治和社会发生巨大变化。就汉口而言,被迫开埠通商后,它不断加强与外界贸易联系的广度与深度。外国资本主义的到来,加快了汉口社会近代化转型的步伐。汉口国内外贸易得以进一步发展、近代工业化开始起步、社会风气开始趋新,方方面面都因近代化而发生巨大的变化。

一、清末民初汉口经济社会的发展

1861 年,汉口正式对外开埠。这是汉口近代化转型具有标志性的重大事件。开埠,就意味着对外通商;对外开放,就要带来新的社会因素,包括政治的、经济的和文化的等方面新内容。其中,开放与通商的直接结果便是外来资本主义带来近代新兴产业和行业、新的就业和社会生活,汉口社会也随之出现很多新气象、发生新变化。新变化、新发展都为汉口银行业的发展奠定了充分的社会基础。

首先是国内外贸易的快速发展。汉口位居江汉交汇之处,地处中国内陆东西南北交通要冲,在传统以水路与陆路为主要交通渠道的社会之中,汉口占据了水运与陆运的便利要道。汉口凭借这一优越的地理位置,成为中国内地最大的商品集散地和贸易中心。汉口开埠后的一段时期,内陆中心的地位依然得以保持,它对内地的辐射能力丝毫没有被削弱,"武汉三埠,鼎足而立,居国内交通之中心,而为川、湘、陕、豫、赣、皖各省之总汇……在通商以前,国内贸易之规模,已极可观"①。随着开辟近代茶路,西北、华北的甘肃、山西、河北、蒙古等地也被纳入汉口商业辐射圈。清末,汉口依靠优越的地理位置、便利的交通和原有的商业基础,在国内贸易中发挥着举足轻重的作用。

与此同时,汉口原有贸易方式在开埠之后,得以延续和扩展,汉口逐步由传统的内陆贸易中心向国际大商埠转变,逐渐成为国内外贸易的交足之处。

---

① 养初:《汉口商业之将来》,《银行杂志》1923 年第 1 卷第 1 号。

清末日本驻汉口总领事水野幸吉指出:"与武昌、汉阳鼎立之汉口者,贸易年额一亿三千万两,夙超天津,近凌广东,今也位于清国要港之二,将进而摩上海之垒,使观察者艳称为东方之芝加哥。"①水野幸吉的表述比较恰当地描述了汉口在内外贸易中的重要地位。到了 20 世纪初,汉口常成为仅次于上海的第二大外贸港口,"每当增水时期,外海轮船常直达汉口。所载进出口各货,不更由上海转口,故贸易额岁有增加。光绪三十年(1904)后,总额达关银一万两以上,常居全国各埠之第二位"②,它是当时唯一能和沿海几大通商口岸城市相匹敌的内港城市,俨然已经成为中国重要的对外贸易港。

中华民国成立后,尤其是第一次世界大战的爆发,为汉口工商业与贸易的发展提供了机遇。汉口全市人口在此期间增长迅速,从 1914 年的 29.8 万人增长到 1918 年的 100.3 万人,商业网点数也从 13003 个增至 17183 个③。人口的增加,为商业贸易的增长奠定了坚实基础。在中华民国成立后的几年间,虽然汉口政治不安宁,时有变局,财政上受到很大打击,但是,江汉关税钞收入却有增无减,从 1913 年至 1916 年,关税收入从整体上看还是呈现上升的趋势(表1-1)。

表1-1　汉口江汉关 1913—1916 年税钞数目表　　　　(单位:两)

时间	数目
民国二年(1913)	3608621.113
民国三年(1914)	3690407.602
民国四年(1915)	3867216.004
民国五年(1916)	4011017.665

资料来源:养初:《汉口商业之将来》,《银行杂志》1923 年第 1 卷第 1 号。

清末民初以来,伴随内外贸易的发展,市场对资金的需求日益增加。巨大的内外贸易,需要一个有效的金融流通链条来支撑。在经济发展的刺激下,中

---

① ［日］水野幸吉:《汉口》,上海昌明公司 1909 年版,第 1 页。
② 养初:《汉口商业之将来》,《银行杂志》1923 年第 1 卷第 1 号。
③ 武汉地方志编纂委员会主编:《武汉市志·金融志》,武汉大学出版社 1989 年版,第 60 页。

国传统的金融机构票号、钱庄迎来了一线生机,近代银行业的发展也获得了更大空间。可以说,近代汉口贸易的加快发展与近代转型,为中国新式金融机构——银行的诞生和传统金融机构——钱庄的活跃,奠定了物质基础和创造了时代条件,提供了广阔的活动舞台。①

其次是汉口近代工业的兴起与发展。与汉口内外贸易的发展密不可分的是汉口工业的快速发展。明末清初,汉口即"号称为四大镇之首,远在佛山、景德、朱仙三镇之上"②。18世纪初,随着商业贸易兴盛与城镇人口增加,汉口传统手工业得到新的发展。到1861年汉口开埠,逐渐出现牛皮、猪鬃、肠衣、桐油、棉花等新式手工加工业。1909年,工业生产已经发展到铜器、铁器、木器、剪刀等40多个行业,商户与工匠人数随之增加。

在汉口近代工业的发展过程中,受到对外贸易丰厚利润的刺激,外商在汉口开埠后,就在汉口经营工厂,倾销工业品以及收购廉价原材料。1863年,汉口最早的近代工业企业,俄商投资的顺丰砖茶厂建立。此后,俄国、德国、美国、英国等国的商人在汉口陆续开办近代工业企业。1861年至1875年,外国商人在武汉开办的工业企业就多达十余家。1875年,英国驻汉口领事庄延龄(E.H.Parker,1874年起任,1849—1926)在其商务报告中描述了汉口当时的工业情形:"现在汉口租界里已能看到三个小时的工厂的烟囱;这既然已经开始,如果情况适宜,便不难预料几年后汉口将会呈现出那些关心中国的人素所期望的一些新气象。此间煤价很便宜,附近藏煤量也很大;而且廉价的有技术的劳动力也很充足。汉口已经是中国的几种工业的中心,特别是丝、绦、丝绒与毡呢制造;所需要的是经营能力与资本——经营能力,目下居住本埠的外国商人已有潜在力,至于资本,如果提高信心,便可以聚集起来。"③

外国工厂的发展和对外贸易的增长在一定程度上刺激了本国工业的发

---

① 刘俊峰:《社会变迁中的汉口华资银行业(1912—1938)》,华中师范大学2010年博士学位论文。
② 张克明:《汉口历年来进口出口贸易之分析》,《汉口商业月刊》1935年第2卷第2期。
③ 《英国领事商务报告》,汉口,1875年,第46页。转引自陈钧、任放:《世纪末的兴衰——张之洞与晚清湖北经济》,中国文史出版社1991年版,第50—51页。

展,引起湖北地方政治家的注意,他们认识到发展实业的重要性。1889 年,张
之洞调任湖广总督,在湖北推行"新政",大力发展洋务。从 1890 年开始,他
在武汉三镇陆续兴办官办、官督商办、官商合办工厂企业。1890 年设立湖北
织布局,1891 年开工建厂,1893 年正式开机织布。此后,张之洞陆续筹办纺纱
局、缫丝局和制麻局,借此与洋人争利。除了创办民用工业外,张之洞还在武
汉接连创办了湖北枪炮厂、汉阳铁厂,修建芦汉铁路等,使当时的武汉一跃成
为中国重要的工业基地。兴建工业的数量、规模与速度均居全国城市的前列,
且处于全国较高水平。① 具体的工业企业一览表如表 1-2 所示。

表 1-2　1890—1912 年武汉官办工业企业一览表

设立年份	厂名	地址	性质	创办人	开办经费或资本	职工数
1890	湖北铁政局	汉阳龟山下	官办	张之洞	至 1906 年共耗经费 784.6 万两	3000
1891	湖北织布官局	武昌文昌门	官办	张之洞	开办经费 130 万两	2000
1893	银元局	武昌三佛阁街	官办	张之洞	4 万余两	
1894	湖北缫丝局	武昌望山门外	官办	张之洞		470
1895	湖北枪炮局	汉阳龟山北麓	官办	张之洞	开办经费 70 万两	4540
1898	湖北制麻局	武昌平湖门外	官办	张之洞	开办经费 20 万两	453
1898	湖北纺纱局	武昌文昌门	官办	张之洞	开办经费 110 万两	1500
1902	铜币局	武昌三佛阁街		张之洞		
1903	武昌制革厂	武昌南湖	官办	张之洞	资本 5 万两	164
1907	模范大工厂	武昌兰陵街	官办	张之洞	资本 19 万两	1800
1907	白沙洲造纸厂	武昌白沙洲	官办	张之洞	资本 50 万两	
1907	贫民大工厂	汉口长堤街	官办	张之洞		70
1908	湖北毡呢厂	武昌下新河	官商合办	张之洞	官股 30 万元	246
1908	湖北官砖厂	汉阳赫山	官办	张之洞		
	汉阳铁厂砖厂	铁厂内	官办	张之洞		
	汉阳铁厂水泥厂		官办	张之洞		

① 武汉地方志编纂委员会主编:《武汉市志・工业志》,武汉大学出版社 1999 年版,第 3 页。

续表

设立年份	厂名	地址	性质	创办人	开办经费或资本	职工数
1908	湖北针钉厂	汉阳临襄河	官办	张之洞	资本 30 万元	150
1908	钢药厂	汉阳赫山	官办	张之洞		
1909	湖北印刷局	武昌大朝街	官办	张之洞	资本 42 万元	100
1912	谌家矶造纸厂	汉口谌家矶	官办	度支部	资本 200 万两	200
1912 年前	京汉铁路汉口机器厂	汉口江岸	官办			630

资料来源:武汉地方志编纂委员会主编:《武汉市志·工业志》,武汉大学出版社 1999 年版,第 4 页。

　　张之洞还派遣出国留学人员,使学员掌握近代先进科学技术知识,为武汉三镇近代工业的建立与发展奠定了相应的人才基础。民营工业也同样得到发展,至辛亥革命前,武汉三镇各类民营资产共约 120 家,其地位在全国仅次于上海,居于第二位。

　　中华民国成立后,压制民族资本主义的封建专制桎梏被打碎;第一次世界大战爆发后,列强们忙于战争,无暇顾及殖民地半殖民地;中国国内反帝爱国运动、抵制洋货运动此起彼伏地兴起,实业救国思潮影响日广日深。由此,汉口出现了设厂兴业的高潮时期,工业生产得到较大发展。到 20 世纪 20 年代中期,武汉三镇已经有民族资本主义工业企业约 600 家。

　　清末以还,汉口工商业发展迅速,金融业也随之进步。汉口商业繁昌,其种类极多,尤以经营盐、茶、药材、杂货、油、粮食、棉花、棉丝布、皮革者为众,故其通商亦复杂,而金融机构颇为发达。[①] 随着工业产业迅速发展,金融业也随之进步。金融资本和产业资本与生俱来地形成一种相互依存的紧密关系,发达的产业资本是金融资本兴旺的必备前提;反过来讲,金融资本的发达又为产业资本的繁盛创造良好的条件。由于近代汉口工业的发展带有很强的植入性,它们与汉口金融业的关系也就没有表现出如上述一样的同步和显著。但是,我们依然可以从经济关系的千丝万缕联系中发现,外资银行与洋行和外资

[①]　日本东亚同文书院编:《中国省别全志》第 17 册,线装书局 2015 年影印版,第 977—978 页。

工厂紧密结合,汉口的钱庄和华资银行开始投资于本国工业的新气象。近代汉口的金融资本对产业资本的确存在一定的影响力。

再次是汉口近代教育快速发展和社会风气日益趋新。近代以来,汉口新式教育得到长足发展,为工商业培养了大量人才,其中当然也包含许多金融从业者,这批人又为推进包括银行业在内的新式工商业的发展提供了必不可少的智力支持。表面上看,武汉新式教育的发展与近代金融业的发展没有直接关系;其实,这些学校为汉口金融业培养了一批人才,在日后的汉口银行业包括钱庄业从业者中,有很多都是受过新式教育的人。他们中间,有的是直接从晚清新式学校毕业的,有的则是在民国成立后从这些学校走出来的。如曾经担任上海商业储蓄银行汉口分行行长、湖北省银行总经理的著名银行家周苍柏,他早年就毕业于文华书院。① 可以说,新式教育的发展,为近代金融业发展提供了充足的人才储备。

与新式教育发展同步的是,汉口的社会风气日益开化。这为工商业的发展提供了更为宽松的社会环境。随着汉口开埠,各国商人纷至沓来、通商逐利,他们不仅带来工业产品、资本和技术,同时也带来全新的价值观及生活方式,这些新思想、新文化对汉口社会产生着潜移默化的影响,促进社会风尚发生丕变。从另外一方面看,许多与之接触的买办、商人等人群,他们又成为传播新思想、新文化、新价值的使者。在这些新思想、新文化当中,人们对商业态度的改变尤为显著,由传统的"重农轻商"一变而为"重商追利"。清末,在武汉区域社会中弥漫着一种重商主义思潮,而这种思潮是得到湖北地方当局的鼎力支持和大力推动的。

晚清以来,随着汉口开埠,汉口社会发展出现强劲的近代转型发展态势。这种新情况、新趋势对汉口传统金融业的发展产生剧烈冲击。内外贸易的发展,使外资银行在汉口逐渐站稳脚跟;同时,它也迫使传统的金融行业寻求转型发展之路,由此催生本土新式银行业的出现;近代工业的发展,为金融资本

---

① 周小燕:《回忆我的父亲周苍柏》,载倪瑞霖主编:《我是幸运的周小燕》,上海音乐学院学报编辑部,1988 年,第 27 页。

和工业资本的相互转换提供了条件;近代教育的发展,为新式金融业培养了可用人才,而社会风气的开新,则为传统金融业的近代转型和现代金融业的发展提供了宽松适应的社会环境。总之,近代汉口社会出现的新气象,孵化了汉口金融业的发展,其发展足迹打上了深深的时代烙印。

二、清末民初汉口地方政治时局

政治与经济密不可分,相辅相成。政治是经济的必然反映;反过来,它也深刻影响经济的发展。汉口地处长江中游,是沟通长江上游与长江下游的重要江河港口。鸦片战争以后,列强加紧对华侵略。1858 年,第二次鸦片战争以后,英国与清政府签订《天津条约》。条约规定,清朝开放内陆城市汉口为通商口岸之一。1861 年 3 月,汉口正式开埠,纳入中国被迫开放的对外交往体系之中。先后来到汉口开辟租界的有英国、俄国、德国、法国、日本等国,多个国家还在汉口设立领事馆,汉口迅速成为内地对外贸易的重要口岸和长江最大的内河港口。洋务运动期间,作为湖广总督的张之洞在湖北地区充分利用武汉三镇(汉口、武昌、汉阳)交通便利、人文荟萃、资源丰富和经济富裕的区位优势,在湖北推行"新政",推进武汉工商业发展,为武汉三镇的商业发展掀开近代化发展新的一页。

武昌是辛亥革命的发源地,资产阶级性质的中华民国肇始时期与武汉有着难分难舍的密切联系。1912 年以后的湖北地方政治也不同于以往,实行军民分治,任命民政长为省行政长官,设省议会为立法机关,仿效西方国家的"三权分立"体制,在地方实行资产阶级民主共和政治。而实际上,武昌首义的革命果实落入代表地方封建势力的军阀手中,由军阀都督府掌控军事民政大权,湖北省议会也被袁世凯取消,湖北成为军阀混乱夺权的场地。

袁世凯病死后,北洋军阀内部分裂为直系、皖系、奉系。属直系的军阀王占元,以湖北督军身份兼湖北省省长,控制全省军政大权,与之后恢复活动、代表湖北地方势力利益的省议会,围绕争夺湖北地方控制权,不断发生冲突。1920 年 8 月至 9 月,双方在湖北省省长人选上发生激烈争执。王占元要求北京政府任命其姻亲孙振家为湖北省长,然而在"鄂人治鄂"的口号下,在京任职的湖北籍官员和省议会则要求由鄂籍人士夏寿康来担任湖北省省长。迫于舆论和政治压力,北京政府最终改任夏寿康为湖北省省长。可是,王占元并不甘心,对此多方刁难,暗中指挥"倒夏运动",迫使夏寿康任职仅半年后就离职走人,由支持王占元的鄂籍人士刘承恩接任。在北京政府统治下,省议会成为北京政府与湖北地方势力之间争夺地方控制权的工具。而议会本身也常因政党派系间的纷争,难以同代表北洋军阀势力的湖北省军民两府抗衡。来自内部的纷扰,常常使议会无所作为,形同虚设。在议会,即使通过一些有关省政的议案,政府方面不是予以否决,就是置之不理,很难取得实质性约束效果。由于议会既不能代表民意,也不能反映民意,自然被民众鄙视,被社会轻视。

北京政府统治下的湖北地方政权,由于军阀混战、军人专政和政局多变,"三权分立"的资产阶级共和体制徒有虚名,不堪实用。"军民分治"仅仅只是一种形式而已。自王占元 1916—1919 年以督军身份兼任湖北省省长后,萧耀南、陈嘉谟也先后以军事长官身份兼任过省长(1925 年开始,湖北省军事长官由督军改为督办)。自 1916 年至 1920 年,前后长达 5 年时间,湖北省军事长官和民政长官由一人兼任,即使在不由一人兼任时,民政长官也多半由军事长官的亲信出任,如王占元先后以其参谋长何佩蓉、姻亲孙振家任湖北省省长。① 在此情况下,军事、民政大权集于一人之手,民政从属于军事,毫无独立性可言,造成地方行政混乱。民政机制分别由政务厅(主管地方行政事务,为巡按使公署的行政枢纽,包括原内务、教育、实业等职权)、财政厅(负责管理全省财政,职责为综理省税出纳、执行各种税法、催提各属款项、筹计中央需要、支配全省经费、办理预决算)、教育厅(掌管全省一切教育事宜)、实业厅、司法司等组成。自清末开始的行政机构与司法审检机构相互分立,徒有形式。实际上,司法审检的独立活动根本无法实现。省以下的地方行政单位为县,不少县仍维持行政、司法合为一体的旧体制,县行政长官同前清时期一样,兼理民刑案件诉讼事宜。

---

① 湖北省地方志编纂委员会编:《湖北省志·政权》,湖北人民出版社 1996 年版,第 114 页。

第二节 清末民初汉口银行业的发展

随着汉口开埠、内外贸易发展,汉口经济社会发展与近代化转型加速,社会对于融通资金的需求量大幅增加,为近代银行业的发展带来大好机遇。银行作为近代化带来的新式金融机构,以经济利益为营业目标,在融通资金方面比旧式金融机构更便捷、更有效。在汉口经济发展的基础上,汉口金融市场迅速成长。在汉口首先出现了外国银行,随后在外国银行的刺激和区域经济社会发展的促进下,由政府倡导和支持,产生了本土的华资银行。汉口地处在长江中游区域,具有"九省通衢""得中独厚"的独特区位优势,借助开埠与贸易发展,加上在洋务运动时期,湖广总督张之洞在湖北推行"新政",武汉成为"新政"的大本营,武昌、汉口、汉阳都借助风云际会而迅速崛起,并带动周边经济社会转型发展。张之洞在湖北推行"新政",成效显著,对于开启武汉及其区域社会近代化转型发展意义重大。这如同冯天瑜先生在研究分析中所指出的,张之洞"惨淡经营的'湖北新政',以创实业、练新军、兴文教,造成一种耸动朝野视听的格局,产生全国性影响,清末各省推行'新政'皆取法湖北"[1],被外国政要称为"清廷第一能办事之人"[2]。到清末,汉口大小钱庄达到 121 家,外国银行有 9 家。至 1924 年,汉口各种票号、钱庄达 92 家,华资银行 16 家,外国银行 11 家。[3] 辛亥革命前,汉口华资银行发展到 8 家,各省驻汉官钱局有 5 家。中外金融机构与新旧金融机构的发展,使汉口金融组织构成一个金融体系,汉口被外国人誉为"东方芝加哥"[4],也因此成为近代与上海、天津、广州并称的全国四大金融中心之一。

---

① 冯天瑜:《冯天瑜文存·张之洞评传》,湖北人民出版社 2020 年版,第 75 页。
② 冯天瑜:《冯天瑜文存·张之洞评传》,湖北人民出版社 2020 年版,第 9 页。
③ [日]外务省通商局:《在汉口帝国总领事馆管辖区域内事情》,1924 年 7 月,"外务省"外交史料馆藏,第 209—211 页。
④ [日]水野幸吉著,武德庆译:《中国中部事情:汉口》,武汉出版社 2014 年版,第 1 页。

一、外国银行的到来与发展

汉口银行的设立,外国银行先于华资银行。第二次鸦片战争后,汉口开辟为商埠,外国人到汉口贸易者日益增多,并且设立租界,由洋商营业,贸易与商业日趋发达。在汉口华资银行出现之前,本土仅有钱庄、票号等旧式金融机构。外国营业者及银行鉴于汉口商埠缺乏近代金融机构,不足以满足其资本与商品的周转流通,遂竞相到汉口设立分行。英国汇隆银行早在1861年就在汉口设立代理处,麦加利银行于1863年、利生银行于1864年先后进入汉口。[1] 不久,汇隆银行总行破产,该行汉口代理处也随之停业。但是,汉口的外贸、外商还是迫切需要一个能够帮助其汇兑的机构,要求外国银行在汉口设立分支机构。"上海麦加利银行抓住这一机会,即于1863年夏,派一英籍行员,率领华籍员工数人,来到汉口,赁屋临时营业。这家首次来汉的外国银行,起先还是针对着茶叶生产的季节,循照茶商春来秋去的习惯,作为出庄的性质。到1865年,各国洋行、工厂增多,进出口贸易日渐发达,麦加利为了攫取更多的利润,就在汉口划定的英租界内,购买地皮,建立行址(今洞庭街55号),正式开业了。"[2]随后,1868年,英国汇丰银行在汉口设立分行营业。法兰西银行(1876年)、华俄道胜银行(1896年)、德华银行(1898年)、东方汇理银行(1902年)、华比银行(1902年)、横滨正金银行(1906年)、住友银行(1908年)、万国通商银行(1910年)、花旗银行(1910年)等,也纷至沓来,在汉口设立分行。[3]

外商在汉口设立外国银行,他们拥有较为雄厚的资本。本土单个金融机构的资本量偏弱偏小,在业务上是无法与外国单个银行匹敌的。但是,外国银行最初到达汉口经营,也并不顺利。其主要原因是,外国人对中国商务不熟悉,有些"水土不服"。日本驻汉口领事水野幸吉在调查研究后指出:"外国人

[1] 《中国近代金融史》编写组:《中国近代金融史》,中国金融出版社1985年版,第19页。
[2] 蔡尊英:《汉口第一家外国银行——英商麦加利银行》,载中国人民政治协商会议武汉市委员会文史资料研究委员会编:《武汉工商经济史料》第2辑,1984年,第2—3页。
[3] 《武汉金融志》编写委员会办公室、中国人民银行武汉市分行金融研究所编:《武汉银行史料》,内部发行,1987年,第5—7页。

多暗于地方之事情,因营业上极为不便,必雇用支那之买办,即买办有掌现金之出纳,识别以支那商贾及银行票据之良否,又调查交易信用之任务。"①为此,外国银行依靠买办在汉口展开银行现金收支、放款、押款等业务。"汉口麦加利的现金收支,均须通过买办账房;对中国客户的放款、押款等,买办须负责担保到期收回。"②"凡是银行有关华人业务,必须经过买办签字负责,才能有效。"③外国银行依靠中国买办展开银行业务的状况,到 1910 年美国花旗银行在汉口设立分行时,都没有大的变化。花旗银行"买办账房共有二十一二人,约分为内勤与外勤。内勤人员主要在账房内管理票证和收付日报、接待顾客,以及在柜上收付、鉴别现金、票据、办理汇款、吸收存款、推行钞票等等。外勤有出店、勤杂两部分:出店须上街兑、送款项;勤杂除打扫室内外清洁和培植花木外,还须与出店一道搬运现款及其他使唤工作"④。但是,并非外国银行在汉口依靠买办就会使得经营顺利开展。花旗银行"初期范围不大,业务仅仅是替美商洋行和传教士办理汇款存储等。资金说是由总行调拨,实际所见只是屋顶上的一面花旗和几枚印鉴、几箱本票及电报密码。开办数年没有进展"⑤。在经营中,外商因缺少合适的买办,只能将自己的业务限制在本国商人和传教士之中。

不过,汉口外国银行凭借着在中国取得的政治经济特权,在汉口发行纸币,操纵外汇牌价,攫取汉口海关税收,甚至控制一些当地传统金融机构。在辛亥革命以前,已有麦加利银行(1863 年)、东方汇理银行(1902 年)、横滨正金银行(1906 年)、花旗银行(1910 年)等在汉口设立分行并发行纸币。

① ［日］水野幸吉:《汉口》,上海昌明公司 1909 年版,第 231 页。转引自刘俊峰:《社会变迁中的汉口华资银行业(1912—1938)》,华中师范大学 2010 年博士学位论文,第 36 页。

② 蔡尊英:《汉口第一家外国银行——英商麦加利银行》,载中国人民政治协商会议武汉市委员会文史资料研究委员会编:《武汉工商经济史料》第 2 辑,1984 年,第 5 页。

③ 余舜丞、王家滋:《汉口汇丰银行概述》,中国人民政治协商会议武汉市委员会文史资料研究委员会编:《武汉工商经济史料》第 2 辑,1984 年,第 16 页。

④ 《武汉金融志》编写委员会办公室、中国人民银行武汉市分行金融研究所编:《武汉银行史料》,内部发行,1987 年,第 11—12 页。

⑤ 董明藏:《汉口花旗银行的掠夺》,中国人民银行金融研究所:《美国花旗银行在华史料》,中国金融出版社 1990 年版,第 715 页。

辛亥革命以后,外国银行在汉口发行纸币日渐增加。日本横滨正金银行在 1917 年 11 月 14 日,开始发行 5 元券,紧接着又发行 1 元、10 元及 100 元券。到 1919 年 10 月,已达到 32.8 万元。[①] 由于政府只给予外国银行发行钞票的特权,而不监督他们的所作所为(没有监管权)。外国银行发行钞票的行为,是在缺乏政府有效的监管之外的"脱缰野马",任意奔驰。外国银行具体发行多少钞票,中国政府无从知晓;即使有知,也只是依靠摸底调查得出的大概数字,比较含混。即便如此,通过相关调查,估算市面流通的外国纸币,可知外国银行发行的纸币已然为数不少。这可以从 1921 年《银行周报》的调查中得到印证,详见表 1-3。

表 1-3　1921 年外国银行在汉口发行纸币数额表　　　（单位:元）

行名	总行地址	汉口分行地址	发行数	备考
正金银行	横滨	英租界	100 万	日商
台湾银行			80 万	日商
花旗银行	纽约	英租界	60 万	美商
友华银行			25 万	美商
道胜银行			10 万	俄商(现归法管理)
中法实业银行			37 万	法商(现由华银行代兑)

资料来源:《汉口中外纸币流通额》,《银行周报》第 5 卷第 30 号,1921 年 8 月 9 日。

在外国银行中,英国汇丰银行操纵着外汇牌价。"那时我国经济命脉完全掌握在外人手里,每天对外贸易外汇行情,我国银行不能自主,反由外商银行操纵。外商银行所有外汇行情,一向以上海汇丰银行挂牌的行情为准,而汉口外商银行外汇挂牌,又以上海路透社电知汉口汇丰作为根据。因而汉口汇丰每天上午开门后,就有各外商银行跑外汇的经纪人集中在大厅里,等待抄录外汇行情。"[②]还有甚者,外国银行凭借经营特权,肆意攫取汉口的海关税收。

---

① 《汉口之兑换券》,《银行周报》1920 年第 4 卷第 2 号。
② 余舜丞、王家滋:《汉口汇丰银行概述》,载中国人民政治协商会议武汉市委员会文史资料研究委员会编:《武汉工商经济史料》第 2 辑,1984 年,第 17 页。

近代以来,中国海关长期由英国人掌握。汉口开埠之后,江汉关随之就由英国人掌握了。"英人就以汇丰来作为海关金库,每天把江汉关征收的关税,全部存入汇丰,必须到了一定的时候,然后通过汇丰转账,以支付我国公债名义提出"①。在这一过程中,江汉关的税款收入,要定期汇总到上海汇丰银行。为此,在汇总时先以银圆换算洋例纹银,再折合成上海规元,然后由规元折合为英镑。在此换算中,"只需要 4 张转账支票就吞没金额总额 1.2% 至 1.5% 的'手续费'。这种情况延续到 1929 年,中国实行关税自主,税款存入国民党的中央银行为止。粗略估计,江汉关头 68 年中,在关税款汇兑上受英国银行的剥削达 500 万两纹银以上,可以修筑十几座海关大厦"②。

汉口的外国银行除了疯狂攫取利润之外,还渗入汉口的政治、经济生活中发挥影响力。随着汉口外国银行的发展,汉口传统的金融机构,如钱庄等渐渐受制于外国银行,日益丧失主动性。外国银行又与买办相勾结,相互依靠,结成利益联盟。在汉口商业经营中,外国银行不与我国商界直接往来,而是通过买办之手,以买办作为中介,与钱庄现金交易,再流转于市场。所以,金融市场的信用,受钱庄影响;钱庄的信用,又受买办影响;而买办则对银行负有担保责任,最终钱庄的信用受外国银行影响。"1908 年汉口三怡钱庄(编者注:即怡生和、怡和兴、怡和利)因欠下汇丰银行买办的大宗款项,被迫倒闭。"③可见,清末时,与国内钱庄相比,汉口外国银行的资本是相当雄厚的,抵御金融风险和处理危机的能力也更强,它能够影响钱庄的生存与发展。

辛亥革命以后,外国银行在汉口设立的分行,随着汉口经济的发展而增加。"汉口外国银行成立了'汉口外国汇兑银行公会',推选麦加利银行为公会永久主席。陆续在汉口开设的外国银行共有 20 家,其中有法比合办的义品

---

① 《武汉金融志》编写委员会办公室、中国人民银行武汉市分行金融研究所编:《武汉银行史料》,内部发行,1987 年,第 24 页。

② 余心香、金来刚:《略谈江汉关》,载中国人民政治协商会议武汉市委员会文史资料研究委员会编:《武汉工商经济史料》第 2 辑,1984 年,第 152 页。

③ 《武汉金融志》编写委员会办公室、中国人民银行武汉市分行金融研究所编:《武汉银行史料》,内部发行,1987 年,第 26 页。

放款银行,中法合办的中法实业银行、中法振业银行,日商台湾银行、汉口银行,中日合办的中华汇业银行,美国友华银行,中美合办的中华懋业银行,中意合办的华义银行、震义银行,比利时的华比银行。仅日本汉口银行设总行于汉口,其余都是分行。"①德华银行是德国商人在我国设立的德商银行,总行设立于上海。在中德开战后,由我国政府收管。1918 年,第一次世界大战结束以后,该行重整旗鼓,并在汉口设立了分行。比利时义品放款银行,简称义品银行,属于比利时银行财团。1911 年,它在中国设立总行,总部设在上海。次年,在汉口设立分行,行址位于旧法国租界内。它与华比银行的关系十分密切,资本约合华币 600 万元,在得到华比银行支持的条件下,资本较为雄厚。中法振兴银行成立于 1917 年,总行设在北京,在汉口设有分行,其资本号称有200 万元,实则二三十万元,成立不久就因信用不佳、实力不雄厚,一经挤兑就难以支撑,于 1924 年宣告破产。友华银行是美国人在花旗银行之后,在中国设立的第二家美国银行,于 1919 年设立在汉口分行,地处鄱阳街,后并入花旗银行。

自 1861 年英国汇隆银行在汉口设立代理处,至 1920 年汉口银行公会成立,前后 60 年之间,外国银行在汉口得到充分发展。其中,从 1861 年设立汇隆银行至 1911 年爆发辛亥革命的 50 年,是外国银行在汉口发展的黄金时期。外国银行因在华在地缺少竞争对手,得到迅猛发展。清末民初,在汉口的外国银行主要从事吸收存款、发放贷款、发行钞票、经营汇兑等业务。外国银行凭借雄厚的资本和政治经济特权,在融通汉口金融市场方面发挥着举足轻重的作用,并且日益控制汉口的传统金融机构,如钱庄等。20 世纪初,外国银行在汉口金融领域的作为,始终处于主宰与支配的地位。第一次世界大战后,德国、法国、俄国的银行因受战争影响,纷纷倒闭,波及异域之地的汉口,连带汉口的万国通商银行、中法振业银行、华俄道胜银行等外资金融机构,先后随之或歇业,或倒闭。德华银行因涉及敌国财产,被中国政府停业清理。外国银行

---

① 武汉地方志编纂委员会主编:《武汉市志·金融志》,武汉大学出版社 1989 年版,第 71 页。

在华因此受到打击,为华资银行的发展带来了机遇和利好。

二、华资银行的设立与发展

顺应汉口经济的发展,回应外国银行的刺激与本国商业者的需要,华资银行在外国银行和中国传统金融机构的夹缝中生根发芽、破土而出。1894年中日甲午战争之后,中国本土银行犹未萌芽,金融被外国银行所把持,清政府为了挽回利权,于是招股准备设立银行。1897年,在传统金融组织的影响下,参酌英国汇丰银行办理的办法,以挽回利权为目的而设立的银行——中国通商银行在上海成立。这在中国是以新样式、新面貌出现的第一家华资银行。1897年11月,中国通商银行在汉口设立分行,由此成为汉口的第一家华资银行。此后,中国的国家银行——大清银行于1905年成立,初名为户部银行,继而改称为度支部银行。在户部银行设立之后,关于在汉口开办国家银行就此成议。1906年5月,清政府派道员黎大钧前往汉口开办国家银行事务。[①]1906年10月,户部银行汉口分行成立,地址在汉口回龙寺,它是国家银行在汉最早设立的金融机构。1907年11月,邮传部奏准设立交通银行,"设总处于北京。其交通便利及都会之地,均酌设分行。汉口居川汉、粤汉铁路中点,于前光绪三十四年(1908)四月二十八日创办分行,比他处为较早,初设行址于华界小关帝庙前,是时银行业方始萌芽,营业甚有可观"[②]。1908年,浙江兴业银行分行也成功落户汉口,地址在汉口中山路江汉路转角。

清政府农工商部成立以后,政府大力倡导创办银行。银行这种新概念、新式金融机构一经上市,就引起国人极大的兴趣。"在光绪末叶,成立银行的事业,一般人都想尝试,然为金融紧迫多未成立,或成立未久,即行倒闭,以汉口而论,如湖北铁路银行、信义银行,都成为无结果的举动。"[③]在华资银行发展初期,尤其是商业银行,起步维艰,以信义银行为例,"开办于光绪三十二年(1906),兼营商业、储蓄二种银行业务。其创办人为镇江尹寿人(克昌)氏。

---

① 《派员办理汉口银行》,《申报》第11869号,1906年5月5日,第4版。
② 《汉口银行公会会员银行调查录》,《银行杂志》1923年第1卷第1号。
③ 迈进簃:《汉口金融业之过去与现在》,《汉口商业月刊》第2卷第9期,1935年9月15日。

总行设立于镇江,分行设立汉口、武昌。发行通用票甚多,营业颇盛。后因经营不善,且为人造谣中伤,宣统元年(1909)六月,以通用票挤兑倒闭"①。湖北铁路银行、信成银行都与信义银行一样,拥有相同的命运,成立不久,旋即停业。

依靠国家力量创办的华资银行,则在经营上得到了政府的极大支持。大清银行"以收受政府之余金为主,而以贷款于私立银行及确实商贾为目的,又计划兑换银券之发行"②。因而经营情况尚好,大清银行现银存库数目也随之逐年增加,从表1-4就可发现明显增加的趋势。

表1-4　1906—1911年大清银行汉口分行现银存库数目表　　(单位:厘)

新历	旧历	现银库存
1906	光绪三十二年	19057636
1907	光绪三十三年	64192910
1908	光绪三十四年	293068646
1909	宣统元年	364101250
1910	宣统二年	485827500
1911	宣统三年	959072280

资料来源:《武汉金融志》编写委员会办公室、中国人民银行武汉市分行金融研究所编:《武汉银行史料》,内部发行,1987年,第21页。

当然,在汉口开设的华资银行属于草创时期,资本总额远不及外国银行,但在经营方式上参酌外国银行办法进行。华资银行除了吸收存款、发放贷款、押汇、汇兑、贴现外,还仿效外国银行发行钞票。民国前,大清银行汉口分行纸币发行数逐年增加,1908年,银圆:272372414;1909年,银圆:299406896;1910年,银圆:344689655;1911年7月,银圆:462965527。③ 到武昌起义前,大清银

① 《武汉金融志》编写委员会办公室、中国人民银行武汉市分行金融研究所编:《武汉银行史料》,内部发行,1987年,第15页。
② 《武汉金融志》编写委员会办公室、中国人民银行武汉市分行金融研究所编:《武汉银行史料》,内部发行,1987年,第18页。
③ 参见《武汉金融志》编写委员会办公室、中国人民银行武汉市分行金融研究所编:《武汉银行史料》,内部发行,1987年,第17页。

行汉口分行汉钞印行了 68 万元。

1912 年,大清银行改称中国银行。1913 年 1 月 4 日,中国银行汉口分行成立。"初系租用浙江兴业银行房屋,因陋就简,规模粗具,迨六年一月自建之坐落歆生路行屋告成,础基既立,气象乃益发展。"①"辛亥革命,政府以交行创设以来,维持地方金融,补助国家财政,成绩甚优,特准代理国库,故内部章程则例重行修改,该行规模亦渐扩充。嗣因利便经收铁路款项起见,初移行址于京汉路南局,继迁至法租界霞飞将军街,业务递年增进。"②中国银行汉口分行与交通银行汉口分行的设立,在汉口起到引导作用。在武汉金融发展的基础上,汉口华资银行迅速发展,"金融稍活,成立较多,以汉口论,如浙江兴业银行、黄陂实业银行、四川铁路银行,以及直隶、湖南、中孚、盐业、华丰、蔚丰、聚兴诚等银行,皆经商会注册,金融机关当日臻发达矣"③。1916 年,汉口华资银行资本达到 50 万两以上者有中国银行、交通银行、殖边银行、浙江兴业银行、湖南银行、赣省民国银行、鄂州兴业银行、黄陂实业银行。④ 截至 1920 年 4 月,汉口华资银行有中国银行、浙江兴业银行、中孚银行、四明商业银行、金城银行、华丰银行、盐业银行、四川铁道银行、华充银行、湖南实业银行、聚兴诚银行、蔚丰商业银行、浚川源银行、裕湘银行、湖南银行、永孚银行、交通银行、鄂州兴业银行、工商银行、直隶银行、黄陂实业银行,共 21 家⑤。其中,大部分属于在汉分行,仅有鄂州兴业银行、华丰银行、黄陂实业银行为总行,黄陂实业银行后改为黄陂商业银行。

汉口银行公会成立之前,不管是具有国家性质的华资银行,还是商办银行,都已经登上了汉口的金融舞台,对汉口金融业与区域经济发展有一定的影响力。但是,综观汉口华资银行的产生过程,发现其发展之路并不平坦,"外

---

① 《汉口银行公会会员银行调查录》,《银行杂志》1923 年第 1 卷第 1 号。
② 《汉口银行公会会员银行调查录》,《银行杂志》1923 年第 1 卷第 1 号。
③ 《武汉金融志》编写委员会办公室、中国人民银行武汉市分行金融研究所编:《武汉银行史料》,内部发行,1987 年,第 33 页。
④ 日本东亚同文书院编:《中国省别全志》第 17 册,线装书局 2015 年影印版,第 986 页。
⑤ 《武汉金融之趋势》,《银行周报》1920 年第 4 卷第 14 号。

国银行、钱庄、华资银行形成'三足鼎立'的局面,按市场经济的固有规律运作"[1]:一是华资银行的出现是向西方学习的结果,是一种用新的方式介入金融市场的产物,而不是经济近代化发展的自然结果;二是在汉口生存下来的华资银行大部分都是分行,并非由汉口地方商人创办或通过钱庄、票号转型发展而来,它们与汉口经济的融合度比较差。在发展过程中,受政治环境的影响、资本的限制和来自行业内部的冲击,除拥有政府特权的银行外,商业银行发展大致都是举步维艰。一些华资银行在汉口成立不久,旋即停业或倒闭,"计有鄂州、泰丰、民国、直隶、中原实业、蔚丰、永孚、四川铁路、陕西秦丰、湖南、湖南实业、远东、广西、华充、四川裕商以及中华商业储蓄等16家银行。"[2]

概观清末以来,汉口金融资本市场日益复杂。外国银行的到来,对汉口传统金融行业发起了强有力的冲击。外国银行依靠自身雄厚的金融资本、灵活的经营方式和拥有的政治经济特权,不断打压汉口传统金融行业的发展空间,使其不得不依附于外国银行。甲午战争后,中国民族资本主义的发展刺激了中国金融市场的发展,在外国银行高额利润的吸引下,清政府和部分商人开始注意到银行的现代价值,具有现代意义的华资银行开始在汉口陆续出现。虽然华资银行的发展道路充满波折,尤其是商办银行,资本实力更是弱小,它们与外国银行相比存在很大差距,但是,它们出现的经济社会象征意义,却远比其实力大小显得重要得多。

总之,汉口的华资银行正是在当时充满挑战的社会、政治、经济条件下,艰难地登上了历史舞台。随着汉口区域经济发展的兴盛,华资银行的实力越来越强,在经济社会领域扮演的角色也越来越重要。这为汉口银行公会的成立奠定了坚实的客观基础。

---

[1] 杜恂诚:《中国近代两种金融制度的比较》,《中国社会科学》2000年第2期。

[2] 雷世仁:《武汉银行业发展概谈》,《武汉文史资料》1989年第1辑,第138页。

第二章 汉口银行公会的兴起与发展

　　1861年汉口开埠通商,外国银行随之登陆,汉口经济迅速发展,这些都为汉口银行业的兴起和发展奠定了客观的物质基础。由此,在汉口金融市场出现了外国银行与华资银行竞相发展的局面。从历史发展的大趋势和当时发生急剧的近代化转型客观要求来看,汉口华资银行的出现与发展,具有积极意义。

　　清末以来,随着社会变革加深加剧,汉口金融资本市场的局面日益复杂多变。外国银行的出现,打乱了中国传统金融业发展的步伐和走向。伴随外资银行发展壮大,其对汉口传统金融行业发起前所未有的强力冲击,外资银行依靠自身雄厚的金融资本、灵活的经营方式和拥有的政治经济特权,毫不手软地不断打压汉口传统金融行业的发展空间,逼其就范,使之不得不依附于外资银行。甲午战争后,中国民族资本主义的勃兴,带来了中国金融市场发展的契机。在外资银行高额利润的吸引下,清政府和部分商人开始注意到银行的现代价值,具有现代意义的华资银行开始在汉口降生冒头。华资银行的发展道路虽然充满艰辛和波折,尤其是商办银行,资本实力更是弱小,它们与外资银行相比显然不是一个重量级别,但是,从社会经济发展趋势和经济活动的内在要求看,华资银行的产生,其意义是有胜于无,实力虽小,但其社会经济意义却很重大。客观地说,汉口银行公会的产生,是依托于华资银行的产生与发展的。没有华资银行,就不会产生汉口银行公会。古人说,皮之不存,毛将焉附?汉口银行公会与华资银行之间,正是一种必然联系的"毛"与"皮"的关系。这样一种必然联系的关系,具有其必然的社会经济属性,具有客观存在的丰富的社会经济内容,具有其影响社会经济发展的实际意义。

第一节　汉口银行公会的诞生

汉口银行公会成立于1920年，是汉口华资银行业自律性同业组织。从全国范围来看，汉口银行公会成立时间比较早，仅次于上海银行公会、北京银行公会和天津银行公会，算得上是民国初年的"四大银行公会"之一。汉口银行公会的筹备，经历了一个比较长的时段。其成立之后，积极团结会员银行，大力推进汉口区域社会金融活动，对于促进全国金融业，乃至全国经济社会发展稳定，都发挥了重要作用，展示了非凡的社会经济价值。

一、公会的筹备

1912年后，汉口华资银行不断发展壮大。到20世纪20年代，汉口已然成为中国内地的金融中心。但是，在汉口金融市场，占据控制主导地位的依然是外国银行。1915年，汉口因筹安会发生金融恐慌，"人心惶惶，商务阻滞。现在银根奇紧，日甚一日……其原因由于外国银行以中国现状不安不肯放款，致各钱庄皆不活动。而山西帮票号见外人如是，亦即借口中秋节欲将一切放款全数收回。昨日各票号执事已在品月楼会议决定，一致进行。故此两日，各行号之有债务者，皆受逼迫。钱庄倒闭者，已有同茂一家"[1]。可见，在辛亥革命后，汉口外国银行依然占据汉口金融市场。与此同时，汉口华资银行又比较涣散，各银行互不通气，消息闭塞。各银行也认识到"就一地之金融，较其弊而策其利，以期日进于繁昌，均非通力合作不为功"[2]。汉口"华资银行为了应对复杂的金融竞争，必须联手合作，提高自己的竞争实力，才能够在金融市场中分一杯羹"[3]。鉴于此，从1912年开始，汉口中国银行、交通银行、浙江兴业银行以及其他银行为联络起见，时有聚会，一起讨论金融问题。

---

[1]　《汉口金融之恐慌》，《申报》1915年9月24日，第15309号，第6版。

[2]　金世和：《汉口银行公会创设之经过》，《银行杂志》1923年11月1日第1卷第1号。

[3]　刘俊峰：《汉口华资银行间的竞合关系探析(1912—1937)》，《江汉论坛》2017年第6期。

1915 年 8 月 24 日,北京政府颁布《银行公会章程》①,共 17 条。《银行公会章程》对银行公会的组织范围、组织要求、组织形式、组织职能、入会条件等都作了详细之规定。第 1 条规定银行公会的职能,即"受财政部或地方长官委托办理银行公共事项;办理支票交换所及征信所事项;办理预防或救济市面恐慌事项"。第 2 条规定各银行业加入银行公会的条件,如"资本额在二万以上,注册满一年以上者方可加入"。第 3、4、5、7、8 条规定银行公会的组织机制以及最高领导的入选资格、担任年限。第 6、10、11 条规定会员入会条件以及入会银行应当承担的责任。第 12、13、14、15 条规定入会银行必须承担的义务以及应该享有的权利,如"入会银行均须于营业盈利项下提出一成储存本会公积金","入会银行于营业资本不敷周转时,得以确实担保品向本会借用公积金"等。最后两条,规定银行公会需在法律范围内履行其职能:"本会办事各项细则由董事会议定,准财政部施行之","本章程之施行日期由财政部定之,如有未尽事宜,并得由财政部随时修正公布施行"。

《银行公会章程》颁布之后,1917 年 4 月,汉口中国银行的钱宗瀚、交通银行的关国荣、浙江兴业银行的史致容、华丰银行的宋凤翔、聚兴诚银行的杨培光、中孚银行通汇处的杨赤玉发起组织金融研究会,并拟订简章。10 月,盐业银行开幕;11 月,中孚银行开幕。于是,中国银行、交通银行、浙江兴业银行、聚兴诚银行、盐业银行、中孚银行和华丰银行等,由金融研究会改组为非正式之银行公会,而尚无章制。1918 年,金城银行、四明银行开始筹设。②

1918 年 8 月 28 日,北京政府财政部公布改订后的《银行公会章程》,由1915 年颁布的 17 条改订为 14 条。③ 从形式上看,似乎较以前简化了许多;但从内容上看,事项则更加明确。此前规定银行、钱庄、票号等都应组织银行公会。此次明确规定,依照中华民国法令组织的本国银行(华资银行),须有 5

---

① 中国第二历史档案馆等编:《中华民国金融法规选编》上册,档案出版社 1992 年版,第 313—315 页。

② 金世和:《汉口银行公会创设之经过》,《银行杂志》1923 年 11 月 1 日第 1 卷第 1 号。

③ 满铁调查科编:《支那银行关系规定集》,南满洲铁道株式会社,1931 年 4 月,第 15—17 页。

行以上之发起,应该遵照章程呈准财政部允许得以组织银行公会。中外合资设立的银行,依照中华民国法令注册设立的银行,也应该加入银行公会。还规定,银行公会应办理的具体事项是,"办理支票交换所及征信所事项。发展银行业务,矫正银行弊害"①。对于入会的资本总额,则由 2 万元提高到 20 万元。对于入会程序、组织管理、董事人数、董事任期、会员要求等,《银行公会章程》都做出更加明确的规定。它为银行公会的创设,提供了必须遵循的法律依据。从法律角度看,此次修改银行公会的章程,使其在北京政府严格的法律规范下运行,有法可依,有法必依,依法在严。1920 年成立的汉口银行公会,就是严格按照《汉口银行公会章程》而成立、组织、运作起来的行业组织。

汉口银行公会的书记长金世和在回顾其创设过程时,不无感慨地说:"政府著为法令以倡之同业,遂因势利导以成之,此中外之所同,而吾汉口之银行公会所由应时而起矣。汉口之银行日多,顾何以能集同志之银行而成立一公会,此其创设之情形,亦非一蹴可几者。凡事创设皆不易,而银行公会入会之章制甚严,其宗旨之最要者,又在联合在会各行,调查及研究国内外金融状况,俨然与环球各国之经济财政相汇通,故创设之不能一蹴而几者。"②汉口银行公会的创设,并非一蹴而就,经历时间之长,其中波折起伏,考验了其时发起者的智慧和识见,真是事非经历,不知其难。但是,值得庆幸的是,成立银行公会的确是汉口银行家的共识。

1919 年 4 月,汉口金城银行与汉口四明银行开幕,加之此前中交等 7 家银行,这个非正式的银行公会成员银行已达 9 家。它们于每星期三、星期六,借金星公司第 3 层楼为聚餐室,开会并讨论金融问题。在中国银行的支持和倡导下,1920 年 5 月 29 日,中国银行、交通银行、浙江兴业银行、聚兴诚银行、盐业银行、中孚银行、四明银行、金城银行和华丰银行等 9 家银行推举代表,依

---

① 中国第二历史档案馆等编:《中华民国金融法规选编》上册,档案出版社 1992 年版,第 316—317 页。

② 金世和:《汉口银行公会创设之经过》,《银行杂志》1923 年 11 月 1 日第 1 卷第 1 号。

据 1918 年财政部颁布的《银行公会章程》法令,草拟了《汉口银行公会章程》,①以 9 家银行为发起会员。6 月 6 日,章程草案开会通过,由中国银行、交通银行、浙江兴业银行、聚兴诚银行、盐业银行、中孚银行、四明银行和金城银行等 8 家银行缮录章程,呈财政部立案,并声明华丰银行为本会发起之一。10 月 27 日,中国银行等 8 家银行联合上海商业储蓄银行(简称上海银行)、华丰银行和中华懋业银行召开银行公会成立预备会,商讨成立事宜。此次预备会,选定了汉口银行公会发起人、特别评议员、各行评议员以及以中国银行第 2 层楼为银行公会办公地点。这样,就基本上完成了汉口银行公会的筹备工作,正式成立则只待瓜熟蒂落了。

二、公会的成立

1920 年 11 月 1 日,在圆满完成各项准备工作之后,汉口银行公会正式宣告成立。依据《汉口银行公会章程》,会议选举中国银行的钱宗瀚、交通银行的关国荣、金城银行的王锡文、浙江兴业银行的史致容、中孚银行的秦开 5 人为董事,公推钱宗瀚为董事长,决定聘请中国银行沈弗均、汪步洲兼任汉口银行公会办事员,一个人负责文牍事务,一个人负责庶务会计事务。②《汉口银行公会章程》规定公会的主要任务是:"以维持增进各银行的公共利益及纠正营业的弊害为宗旨,办理会员银行银业必要的有关事项,调解会员与会员或非会员间的争议,调查各银行营业的情况和研究国内外的经济、金融事业"③。汉口银行公会成立时,会员共有 9 个,会员名录详见表 2-1。

表 2-1　1920 年汉口银行公会成立时会员名录

序号	会员银行	代表人	字别	银行职务	入会年月	银行地址
1	中国银行	洪钟美	苓西	经理	1920 年 11 月	歆生路 1 号
2	交通银行	关国荣	鹤舫	经理	1920 年 11 月	英界湖南路

---

① ［日］通商局第二科:《支那金融事情》,1925 年,日本国立国会图书馆藏,第 749—758 页。
② 金世和:《汉口银行公会创设之经过》,《银行杂志》1923 年 11 月 1 日第 1 卷第 1 号。
③ 雷世仁:《汉口银行公会的建立与发展》,《武汉文史资料》1987 年第 1 辑,第 137 页。

序号	会员银行	代表人	字别	银行职务	入会年月	银行地址
3	浙江兴业银行	史致容	晋生	经理	1920 年 11 月	歆生路
4	聚兴诚银行	何继昌	绍伯	经理	1920 年 11 月	歆生路
5	盐业银行	李春楷	瑞生	经理	1920 年 11 月	英界一码头
6	金城银行	王锡文	毅灵	经理	1920 年 11 月	歆生路 9 号
7	中孚银行	秦开	褉卿	经理	1920 年 11 月	歆生路
8	四明银行	洪钟文	彬史	经理	1920 年 11 月	歆生路 8 号
9	上海商业储蓄银行	金铸	厚齐	经理	1920 年 11 月	歆生路 31 号

资料来源:金世和:《汉口银行公会创设之经过》,《银行杂志》1923 年第 1 卷第 1 号;《汉口银行公会历届职员表》,《银行杂志》1923 年 11 月 1 日第 1 卷第 1 号;[日]通商局第二科:《支那金融事情》,1925 年。

汉口银行公会成立的过程,按其发展,可分为两个时期:一是从 1912 年聚会商议开始至 1917 年确定"假金星公司之三层楼为星期三、六之会议",这是汉口银行公会的筹备酝酿时期;二是从 1918 年筹备推进至 1920 年 11 月汉口银行公会正式成立,是汉口银行公会创立时期。

汉口银行公会成立的法律依据是,1915 年 8 月由北京政府财政部颁布、1918 年 8 月财政部改订的《银行公会章程》。该章程规定,"各地方银行组织银行公会,应拟订公会章程及其他各项规约,呈请财政部核准施行"①。它明确规定:各地成立银行公会必须由财政部核准,无须像多数同业公会那样,需由地方长官呈候地方主管,更无须通过当地总商会或商会查验,而是由财政部直接核准施行。因此,在北京政府时期,汉口银行公会与其他同业公会不同,它与商会不存在法律上的隶属关系,不是商会的基层组织,它在社会上具有较大的独立性,在银行业务与经济社会活动中,也保持着相应特殊的地位。对银行公会与商会关系的隶属问题,在 20 世纪 30 年代,国民政府对同业公会改组时,在

① 中国第二历史档案馆等编:《中华民国金融法规选编》上册,档案出版社 1992 年版,第 316 页。

银行公会内部曾发生过激烈争论。对此,后文将详细论述,这里就先不展开了。

第二节　汉口银行公会的演进

汉口银行公会从成立至武汉沦陷后迁入法租界的时间段,正是经历政权变更、社会不稳、战争不断、经济起伏的特殊时期。以政府更替为标志,可将这一时间段的汉口银行公会分为 4 个时段:一是北京政府统治时期,汉口银行公会发展壮大;二是宁汉对峙时期,汉口银行公会面临困局;三是南京政府统治时期,汉口银行公会进行整顿与改组;四是全民族抗日战争爆发后,汉口银行公会生存和发展历尽艰难,备尝艰辛。

一、北京政府时期汉口银行公会逐步壮大

汉口银行公会的成立,具有法律依据,得到政府支持,具有合法性、正式性和正规性。对于会员的加入,《汉口银行公会章程》有明确规定:按照北京政府财政部 1918 年批准的《银行公会章程》,须有会员两人以上的介绍才可以入会。为了把关会员的资格,在会外银行加入公会时,还要将该行申请的日期、前推一年的营业报告书及入会志愿书送到汉口银行公会董事部进行审查。入会的志愿书中,需要载明:"(一)行名;(二)资本总额;(三)已收资本实数;(四)注册立案年月日;(五)总分各行之详细地点;(六)董事及监察人之姓名;(七)代表人之姓名、职务及汉口行经理、副经理姓名。"①以上相关信息,需要介绍人以及申请银行代表人签名盖章。在汉口银行公会董事部对入会志愿审核后,还要提交全体会员会讨论,并用无记名投票法予以表决。表决通过,需要有全体会员四分之三以上的同意票,才可以正式入会。从入会的依据与程序来看,汉口银行公会对于入会有清晰的要求与严格的程序。日后会员入会,正是严格按照上述程序规范履行的。

在 1920 年 6 月《汉口银行公会章程》呈报财政部立案时,文件就声明华

① 《汉口银行公会章程》,《银行杂志》1923 年第 1 卷第 1 号。

丰银行为发起者之一。因此,华丰银行就不存在需要两家银行介绍的手续。但由于当时汉口银行公会还处在创立期,故直到 1921 年 12 月,华丰银行才得以正式加入公会。

中华懋业银行是一家中美合资银行。它向中国政府注册,经营国内银行业务与国外汇兑等业务,其自身的身份具有特殊性,于 1920 年 2 月 6 日在北京开幕。汉口分行是在 1920 年 9 月 1 日开幕的。按照 1922 年汉口银行公会公布的《汉口银行公会章程》第 1 条之规定:"中外合资设立之银行,曾经中华民国政府特准立案及纯粹华资设立之银行,因特种关系,暂在外国政府注册者,应将该银行详细章程呈报财政部核准立案,并经全体会员五分之四以上之同意,亦得入会。"①故中华懋业银行汉口分行得以作为中外合资的银行,参照上述规则与程序执行,于 1922 年 1 月入会。代表人是陈行。

1922 年 9 月 1 日,工商银行入会。代表人是张度。10 月,浙江实业银行、中国实业银行分别入会,代表人分别是梁俊华与刘棣芬。1923 年 4 月,大陆银行入会,代表人是陆世荚。为此,截至 1923 年,汉口银行公会成员总计为 15 家。由此看来,其规模壮大,实力较强。

1924 年 1 月,中南银行汉口分行经过金城银行汉口分行与大陆银行汉口分行介绍,在提交本行营业报告书与入会志愿书后,经银行公会 1 月 5 日全体会员会讨论并投票表决,获得一致通过,同意中南银行汉口分行加入公会。②同月,广东银行也加入汉口银行公会。至此,汉口银行公会成员多达 17 家银行。其中,大部分为华资银行,但也有少量中外合资银行,如中华懋业银行汉口分行。会外银行尚有香港国民银行、黄陂实业银行、农商银行、河南省银行、棉业银行、中国兴业银行等,从总体上看,在汉口经营的华资银行,基本上都是汉口银行公会的会员。

应该看到,处在北京政府时期的汉口银行公会发展,深受辛亥革命后"振兴实业"商业思想的影响。历史地看,银行是现代商品经济发展的产物。而

---

① 《汉口银行公会章程》,《银行杂志》1923 年第 1 卷第 1 号。
② 《金城银行汉口分行致中南银行函》(1924 年 1 月 9 日),武汉市档案馆藏:171—1—114。

扩大流通、开展通商,则是银行存在和发展的必备条件。辛亥革命以后,作为现代实业发展的关键要素和前提条件,银行受到了革命先行者孙中山等人的高度重视。孙中山就曾说过,"实业为富国之本,而银行尤为实业之母"[①]。著名实业家张謇认为:"当今之计,唯有确定中央银行,以为金融基础,又立地方银行以为之辅,励行《银行条例》,保持民业银行、钱庄、票号之信用,改良币制,增加通货,庶几有实业可言"[②]。实业家周学熙认为,"金融机关之与实业发展,实大有密切之关系,盖必先有健全之金融,而后能有奋兴之实业"[③]。银行家陈光甫也认为:"我国实业,今在幼稚时代,欲培植之,启发之,必当先有完善之金融机关。"[④]其时,由于受到商业企业家群体的重视和推动,更由于发展实业需要大量资本的客观现实,因而在此期间,华资银行业得到强劲发展。

随着汉口金融业发展以及在汉开设的具有现代化性质的银行数日益增加,为汉口银行公会成立与发展奠定规模、内涵和功能基础。公会成立以后,汉口银行业继续得以进步,新开设的银行数量不断攀升,到1926年,总量达50多家。虽然在发展中有的银行由于受时局影响,或经营不善,导致破产关闭,但是,实力较强的银行则还是持续经营,保持正常态和经济生命力。到抗战之前,正常经营的汉口华资银行的数量,总量维持在30家左右。

在北京政府时期,汉口银行公会在成立之初,并没有固定的办公场所,靠暂借的中国银行二楼为其办公地点。公会没有自己独立的办公场所,当然有诸多不便。稍后,公会即着手筹备建筑银行公会办公大厦,设立建筑公会基金,为自己建设独立的、固定的办公场所。资金筹措方案是:由中国银行、交通银行各出银圆1万元,浙江兴业银行、聚兴诚银行、盐业银行、金城银行、中孚银行和四明商业储蓄银行等6家各出银圆5千元,各立存折交付董事会,以年

① 中国社会科学院近代史研究所中华民国史研究室等编:《孙中山全集》第3卷,中华书局1984年版,第77页。
② 李明勋、尤世玮主编;《张謇全集》编委会:《张謇全集》第4册,上海辞书出版社2012年版,第258页。
③ 周学熙:《周止庵先生自叙年谱》,文海出版社1984年版,第31页。
④ 上海商业储蓄银行编:《陈光甫先生言论集》,上海商业储蓄银行,1949年,第5页。

息 5 厘生息,并以利息为银行公会的经费开支,并形成惯例。经汉口银行公会董事会研究决定:凡以后参加公会的银行,必须交纳建筑基金 5 千元,入会费 1 千元。① 如此,在汉口银行公会成立后就募集了建筑基金共 5 万元,为建设办公场所创造了条件。

1921 年 8 月,汉口银行公会决定,"以歆生第一马路,土名杨家地为华洋交通之区,始于其处购地八十三方余,而议建筑公会。"②由景明洋行绘图,宁波帮汉协盛营造厂建造。派董事曾慎基、秦开、陈行,评议员闻云韶监督修建。10 月兴工,12 月奠基。工程为期两年多时间,到 1923 年 10 月,汉口银行公会大厦正式竣工。所谓"其成功夫岂易易矣!"一是汉口银行公会成立不易,建设也不易;二是建筑费用在建设过程中不断增加,筹资不易。建设基金虽然在随后有上海商业储蓄银行、华丰银行、中华懋业银行、工商银行、浙江实业银行、中国实业银行和大陆银行等 7 家银行加持,投入建筑基金 3.5 万元,加上原来八行汇聚的 5 万元,共 8.5 万元。但由于建筑费除地价之外,所认基金尚不敷出,加上新屋需要装修器具等,所需费用已然超过原定基金数。于是,1923 年 2 月,汉口银行公会开会通过议案,"议由中交两行各垫五千元。其余浙江兴业、聚兴诚、盐业、金城、中孚、四明、上海、华丰、懋业、工商、浙江实业、中国实业等十二行,各垫二千五百元。"③由于此议案是在 1923 年 2 月通过的,而大陆银行是在 1923 年 4 月入会的,因此,大陆银行未加垫款,只需缴纳会费 1 千元与建筑基金 5000 元。此后,入会银行亦是如此办理。

正如亲历者金世和所说,"夫以一公会而建设之经营如此。无财不可成立,无人亦不可成立"。在银行公会建设新屋过程中,各银行积极配合。在无财时,协调增加财款,同时在会各会员一同参与建筑之事,评议员分任干事庶务。还得到其他地方银行公会的有力支持。在奠基礼上,上海银行公会会长

① 雷世仁:《汉口银行公会的建立与发展》,《武汉文史资料》1987 年第 1 辑,第 137 页。
② 金世和:《汉口银行公会建筑新屋之经过》,《银行杂志》1923 年第 1 卷第 1 号。
③ 金世和:《汉口银行公会建筑新屋之经过》,《银行杂志》1923 年第 1 卷第 1 号。

盛竹书代表上海银行公会前来祝贺。交通银行总理通州张季直（謇）为公会书门楣题字，曰"汉口银行公会"。①

在增加款项确保基建经费支用基础上，经各银行共同努力，公会办公新屋于公会成立 3 周年之际，即 1923 年 11 月圆满建成。"屋凡三层，一为银行交易处、为银行学术研究会、为庶务室；二为会议室、为会客室、为会餐室、为游艺室；三为办公室、为书记室、为图书室、为银行杂志室；四为平台，莳四时之花，备公余之休憩。"②1923 年 11 月 1 日正午，汉口银行公会在新屋举行落成仪式，由董事长王锡文主持。开幕当日，湖南、湖北两省督军萧耀南赠送一副"珠府联辉"的匾额。吴佩孚也派副官赠送"金融司令"的匾额。还有湖北各界人士，包括汉口商会会长周星棠、万国商会代表沙逊（及）洋行大班吉德、汇丰银行大班华特等。周星棠、吉德、华特三人分别致辞。华特在致辞中强调对银行团体寄予希望："贵银行团体，已在积极发展之时，观十五家之合作，可见其联络发展之盛。譬如榕树，同根而异干，均有独立之精神。在前十年或十二年，与现在比较。其幼稚发达之程度，相去甚远。盼望现在之发达，将来更视为幼稚。现在经济之信用及管理之方法，为银行最要之一点。贵银行团体果能注意此点。则贵会自有永久隆盛快乐及联合之精神。"③对此，王锡文则代表银行公会向参加银行公会新屋落成仪式的人员致答谢词。他寄予希望，银行公会与政商各界人士关系紧密，需通力合作，共同促进。

根据民国中期《建筑规则》，领照修建的市民房屋，"伟大之建筑不多，大部分至高不过两层，很多还是平房"。汉口银行公会大厦为三层，并且室内布置完善，还建有平台养花，实乃建筑之新。随后，汉口华商总会也在此建筑办公用房。此地前连租界，后接铁路，因名其地为会通路（今汇通路）。此后，汉口部分银行仿效汉口银行公会大厦建设之法，自建银行大厦。如盐业银行、中国国货银行、四明银行、浙江实业银行、农商银行、大孚银行、中央信托银行和

---

① 金世和:《汉口银行公会建筑新屋之经过》,《银行杂志》1923 年第 1 卷第 1 号。
② 《汉口银行公会新屋落成记》,《银行周报》第 7 卷第 44 号,1923 年 11 月 13 日。
③ 《汉口银行公会新屋落成记》,《银行周报》第 7 卷第 44 号,1923 年 11 月 13 日。

聚兴诚银行等,都建有金融大厦,这些都是民国中期汉口较大型的建筑。[1]

二、宁汉对峙时期汉口银行公会面临的困局

1926 年 9 月 7 日,国民革命军攻占汉口。9 月 15 日,中央政治会议成立湖北临时政治会议,处理全省军事、政治、财政等事务,代行地方政权职能;同时,国民革命军总司令部下设湖北政务委员会,由该委员会主持全省地方行政事务,国民党左派领袖邓演达担任该委员会主任委员。

湖北政务委员会成立初期,行政体制仍沿袭北京政府时期的做法:各厅除受本省行政长官领导外,还分受中央政府各有关主管部门的领导。各厅处与国民政府各部、会之间直接行文,成为中央各部、会的直属机构。实行各厅合署办公后,各厅处首长直接对省政府主席负责,省主席对中央政府负责,变行政上的多元统属体制为一元统属体制。

1926 年 10 月,国民革命军攻克武昌、汉口、汉阳后,沿用北京政府时期的体制,建立市政办公处——武昌市政厅。1927 年 1 月,广州国民政府、国民党中央一部分成员抵达武汉,由邓演达、孙科、董必武等人筹组湖北省政府。4 月,湖北省政府在武昌成立,它成为武汉国民政府下属的地方政府。然而,1927 年 4 月 12 日,蒋介石在上海发动反革命政变,史称"四一二政变"。蒋介石在南京另立国民政府,导致宁汉对峙。1927 年,受政局动荡的影响,汉口银行公会中的中孚银行汉口分行、华丰银行汉口分行、中华懋业银行汉口分行和工商银行汉口分行 4 行停业。[2]

宁汉对峙后,蒋介石对武汉国民政府除采取军事包围、政治颠覆、外交孤立外,还下令禁止长江下游各地向武汉运送现金,并禁止各地使用汉票,切断武汉通往各地的商路。武汉地区所需要的工业原料、燃料、粮食无法运进,进出口贸易停滞,武汉国民政府发行的钞票壅淤于武汉一隅,"百业萧条"。与此同时,英国、日本等国相继关闭在武汉的工厂,国内如申新、裕华、一纱等厂虽然尽力营业,但是,受到环境的影响,生产也没法全面恢复,湖北经济陷入困境,

---

[1] 涂文学:《"市政改革"与中国城市早期现代化——以 20 世纪二、三十年代汉口为中心》,华中师范大学 2006 年博士学位论文,第 126 页。

[2] 中国银行总管理处经济研究室编辑:《全国银行年鉴》(1936 年),第 K270 页。

失业人员达到 20 万人以上。由于经济萧条,财政收入锐减。1927 年 4 月,江汉关所收税款比上年同期减少 27 万两,5 月又减少 34 万两,而驻军则由 8 个军扩大到 30 个军,庞大的军费、政费开支,进一步加深了湖北的财政危机。①

为了打破经济封锁、阻止现金外流,武汉国民政府采取了一系列紧急措施。1927 年 1 月,通过发行公债等办法,向汉口各商业银行借款,在汉口成立中央银行,先后发行兑换券和国库券等近 2 亿元。与此同时,颁布《整理湖北财政公债条例》《整理湖北金融公债条例》,拟订发行金融公债 2000 万元、财政公债 1500 万元。1927 年 4 月,武汉国民政府成立战时经济委员会,拟定《集中现金条例》②。4 月 14 日,武汉战时经济委员会正式颁布刚性管制的《集中现金条例》。内容如下:

集中现金条例

第一条　国民政府为维持金融,集中现金起见,特颁布本条例。无论何人,均应遵守。

第二条　凡完纳国税流通市面,均以中央银行所发汉口通用纸币,及中国银行、交通银行所发之汉口通用钞票为限。

第三条　凡持有现币或其他商业银行纸币者,得向中央、中国、交通三银行及各邮局,随时兑换中央、中国、交通三银行纸币。

第四条　凡收付银两,均用纸币,每元法定七钱一分,不得自由增减。

第五条　非经财政部特许,绝对禁止现洋、现银出口。

第六条　凡拒收中央、中国、交通三银行纸币,或收买现币,或抑勒纸币价格,或抬高物品市价,及其他违反本条例规定之行为,经人民告发,查明确实者,按律严办。

第七条　本条例自公布日施行。

上述条例只许中央银行、中国银行、交通银行 3 家银行的纸币流通,封存

---

① 皮明庥:《武汉近百年史(1840—1949)》,华中工学院出版社 1985 年版,第 233—234 页。
② 《国民政府集中现金条例》,《银行杂志》第 4 卷第 13 号,1927 年 5 月 1 日。

武汉各银行所有的现金,并宣布取缔外币。收回各地海关,实行关税自主。此外,还开征资产捐、印花税等。武汉国民政府同时拟订了有关农业、工业、商业和交通等方面的建设计划,但因外部封锁和内部矛盾的加剧而未能实现。由于大量发行纸币引起了严重的通货膨胀,货物奇缺,抢购之风、挤兑之风随之而起,钱庄、典当业受到很大冲击。①

南京政府方面针对汉口"集中现金"措施,当即发出通令,凡票面印有汉口字样者,其他省市的中国银行、交通银行以及其他商业银行不得兑现。上海银行公会则通知各会员银行,与汉口各银行暂时停止往来,对武汉实行经济封锁。由于汉口各银行总行在上海者较多,金融断绝往来,因此,先后歇业或者倒闭者不少。汉口银行公会大厦当时又被军队占驻,银行公会活动受挫。此后数年,汉口银行公会"屡为军队借住,前两年并腾让不及,而已荷枪实弹,纷至沓来,及至交还接收,器具之损失固多,最可惜者,书籍之损失,断简残编,凌乱无次"②。当此之际,汉口银行公会和汉口华资银行业一样,遭受重大折损。③

在军阀混战与集中现金管制政策的双重打击与影响下,武汉部分银行相继歇业,出现衰败现象。"迨十六年北伐军到达武汉以后,懋业、中孚、工商、华丰、农商、中国兴业、棉业等行相继收歇。中国银行分行设于民国二年,是时因集中现金故,该行现金与钞票,悉遭封存或提用,为数不资,损失极巨,遂停止营业,改为汇兑处,银行业为之一衰。"④

1927年,武汉的政局变动,经济商业的萧条,导致几家会员银行倒闭关张,造成公会成员剩余13家。汉口银行公会大厦也屡驻军队,造成公会图书散损,房屋亦多圮毁,公会办事地点也屡经更改。1927年4月23日,汉口银行公会将日常聚餐改在汉口的宁波里镕社。

宁汉对峙,造成汉口金融风险迭出、商品流通受阻、工厂停工待料等情况,

① 湖北省地方志编纂委员会编:《湖北省志·金融》,湖北人民出版社1993年版,第48页。
② 《汉口银行公会赠书记》,《银行周报》第14卷第19号,1930年5月27日。
③ 黄传荣:《1927年的"集中现金风潮"及其善后——武汉国民政府向南京妥协的金融原因探讨》,《中国社会经济史研究》2023年第2期。
④ 中国银行总管理处经济研究室编辑:《全国银行年鉴》(1936年),第K267页。

失业人口愈来愈多,进一步激化劳资矛盾,带来社会动荡不安。武汉国民政府面临的形势严峻,资产阶级开始由惧怕革命到脱离革命,内部矛盾日益激化,内部力量进一步分化重组。1927 年 7 月 15 日,汪精卫公开叛变革命;9 月 15 日,"宁汉合流",结束对峙。

三、南京政府时期汉口银行公会的整顿与改组

1927 年 4 月 18 日,南京国民政府宣告成立,结束了北京政府时期长达十几年的军阀混战局面,形式上统一了全国,湖北地区的经济封锁与反经济封锁的斗争也随之结束。汉口银行业发展的外部环境逐步好转,汉口银行公会重整旗鼓、运转起来。在政局相对稳定的情况下,国民政府于 1928 年后,相继召开全国经济会议、财政会议和全国工商会议等,制定一系列发展经济、振兴工商的经济政策。在财政上,对统税、关税、盐税进行整顿和改革;在金融上,统一货币,设立中央银行,控制较大规模的商业银行;在工商业上,制定一系列法律法规,"先后颁布的工商法规有《特种工业奖励法规》《工业技术奖励条例》《公司法》《商标法》《度量衡法》等等。这些法令明确规定奖励各种发明创造,对一些基本工业、特种工业和新式商业给予优惠和鼓励"[①],由此,将工商业逐步纳入法治轨道。国民政府成立前十年,总体而言,这一时期关注商业发展,探讨的主要问题是如何振兴和发展中国工商业。研究者聚焦并探讨了工商业在国民经济中的地位,认为必须"农工商并重",社会经济才能实现均衡发展。在此基础上,国民政府加强对银行业的控制,将各地银行公会纳入同业公会同等法律地位,由各地商会管辖;又出台政策,在银行公会的辅助下,号召各地银行业支持工商业发展,如进行小额借贷等。

国民政府为了加强对同业公会的管理和控制,加大对地方金融业监管的力度、促进经济发展、增加财政收入,对同业公会规则进行了修订。1929 年,颁布了《工商同业公会法》。1930 年,又颁布《工商同业公会法实施细则》。这两个法规的颁布,对其后各同业组织的改组产生了重要影响。

《工商同业公会法》和《工商同业公会法实施细则》的颁布,使政府对各同

---

① 朱坚真主编:《中国商贸经济思想史纲》,海洋出版社 2008 年版,第 373 页。

业组织的控制得到进一步加强。《工商同业公会法》规定:"同业之公司、行号均得为同业公会之会员推派代表出席于公会,但受除名之处分不在此限。"①《工商同业公会法》不仅强制同业参加同业公会,还对公会的发起、章程的制定、章程应载明款项等内容有详细的规定。《工商同业公会法实施细则》的规定则更为细致,它不仅规定同业公会名称的确定,就连同业公会的图章大小也有明确之规定。② 这两个法规的颁布,表明当时国民政府加强对同业公会的管理以及推动同业公会现代化的决心和意志。

这两个法规要求,各公所、会馆、行会等同业组织均须依法进行改组;同业公会如果不依法改组者,均不被国民政府所承认。各地同业公会以此进行整顿,重新登记注册。汉口银行公会在此情况下,也不得不进行改组。"自《工商同业公会法》公布后,凡属原有各业公会或公所一切组织,均应依法改组。其在同一地方有同业七家以上者,亦应依法发起组织,汉口银行同业旧有公会自非改组不可"。但因种种问题困扰,上海、北京、天津等地的银行公会为了推动政府制定单行的银行法,均暂时未按要求进行改组,而汉口银行公会也采取观望态度。直到1931年,国民党中央三令五申,催促改组,且规定期限,严厉规定:1931年以后不许再发起或改组;同时,原有组织不能行使职权。这才进一步推动了汉口银行公会改组。国民党汉口市党部整理委员会指派王宝珩为银行同业公会指导员,并与各银行预先选定的5位筹备委员,如中国银行的俞重威、交通银行的浦心雅、浙江兴业银行的刘策安、中南银行的钱叔铮、金城银行的王毅灵一道,于12月5日召集汉口银行公会筹备委员会成立会。③ 汉口银行公会由旧公会会员13家银行联合发起,于1931年12月31日成立新的汉口市银行业同业公会。此后,1932年中国农工银行、1933年中国通商银

---

① 《工商同业公会法》(1929年8月17日),载中国第二历史档案馆编:《中华民国史档案资料汇编》第五辑第一编,财政经济(八),江苏古籍出版社1994年版,第690页。

② 《工商同业公会法施行细则》(1930年7月25日),载中国第二历史档案馆编:《中华民国史档案资料汇编》第五辑第一编,财政经济(八),江苏古籍出版社1994年版,第695页。

③ 《汉口市银行业同业公会筹备委员会致中南银行函》(1931年12月11日),武汉市档案馆藏:171—1—56。

行、1934 年中国国货银行、1935 年中国农民银行陆续加入公会。到 1936 年，汉口银行公会参会会员达到 17 家，终于形成一定规模。其他未入公会者，尚有中央、湖北省、农商、汉口、大孚、四川美丰和川康等数家银行。[1] 上述 17 家银行会员情况、会员入会时间、会员代表人、会员代表在所在银行的职务以及在公会担任职务等详细情况，如表 2-2 所示。

表 2-2　1936 年汉口市银行业同业公会会员一览表

序号	会员银行	入会年月	代表人	银行职务	公会职务
1	中国银行	1931 年 12 月	赵祖武	经理	
			沈锦黻	襄理	候补执委
			甄润珊	襄理	执行委员
			陈元直	襄理	
			谷兆兰	主任	
2	交通银行	1931 年 12 月	浦拯东	经理	
			龚鳌	副理	
			沈诵之	副理	常务委员
			朱金寿	襄理	
			徐承欢	主任	
3	浙江兴业银行	1931 年 12 月	王稻坪	经理	主席
			朱益能	副理	候补执委
			韩君涛	襄理	
			陆爱伯	主任	
			连饬甫	主任	
4	聚兴诚银行	1931 年 12 月	杨季谦	经理	执行委员
			成访莘	副理	
			李叔声	副理	
			汪克栽	主任	

---

[1]　中国银行总管理处经济研究室编辑：《全国银行年鉴》(1936 年)，第 K271 页。

续表

序号	会员银行	入会年月	代表人	银行职务	公会职务
5	盐业银行	1931 年 12 月	吴鼎元	经理	候补执委
			詹世善	副理	
			葛震卿	副理	执行委员
			李传廖	主任	
6	金城银行	1931 年 12 月	李祖基	经理	
			陈肇彰	副理	
			汤德成	襄理	
			甘助予	主任	
			张佑贤	主任	
7	四明商业储蓄银行	1931 年 12 月	陈如翔	经理	
			洪式衡	副理	候补执委
			盛溶和	襄理	
			张幼之	主任	
8	上海商业储蓄银行	1931 年 12 月	周苍柏	经理	候补执委
			董明藏	副理	执行委员
			李其猷	副理	
			杨福田	襄理	
			劳子隽	主任	
9	浙江实业银行	1931 年 12 月	黄卓如	经理	执行委员
			郑叔屏	副理	
			游万方	襄理	
			王时鼎	主任	
10	中国实业银行	1931 年 12 月	李得庸	经理	执行委员
			孟昭坝	副理	
			程鹄	主任	

序号	会员银行	入会年月	代表人	银行职务	公会职务
11	大陆银行	1931 年 12 月	谈公远	经理	常务委员
			杨时泰	副理	
			曹潢	副理	
			胡牧	襄理	
12	广东银行	1931 年 12 月	苏仲愚	经理	常务委员
13	中南银行	1931 年 12 月	钱乃嵘	经理	常务委员
			沈长明	副理	
			吴煦义	襄理	
			胡寿彭		
14	中国农工银行	1932 年 10 月	方达智	经理	执行委员
			王世泰	副理	
			王以恭	副理	
			秦昊	襄理	
15	中国通商银行	1933 年 3 月	陈国华	经理	执行委员
			王莲晞	襄理	
			陈载福	襄理	
16	中国国货银行	1934 年 12 月	梁俊华	经理	
			邓以诚	副理	执行委员
			余先梅	主任	
			朱季远		
17	中国农民银行	1935 年 12 月	尹征尧	经理	执行委员
			朱仲宣	副理	
			顾树埰	襄理	
			尹濬保		
			许炳泉		

资料来源:中国银行总管理处经济研究室编辑:《全国银行年鉴》(1936 年),第 K274—K276 页;《汉口市银行业同业公会筹备委员会致金城银行函》(1931 年 12 月 17 日),武汉市档案馆藏:165—1—101。

这一时期,汉口银行公会会址也随着政局与环境的影响发生变化。1928年4月,银行公会暂借中国银行三楼为办事地点及会议地址。1931年水灾淹没汉口银行公会大厦,汉口市交通亦因此受阻,办公议事颇感不便。为此,8月24日,汉口银行公会会员集议,"在积水未退以前,每逢星期三、六两日暂假交通银行举行聚餐,并请各会员届时务必抽暇前往"①。

汉口银行公会办公地址变迁,既有政局影响的原因,也有天灾影响的原因。在随后的岁月里,汉口银行公会大厦多次因政局影响而被官方、军方占用,办公会址也随之多次变更。据1932年9月汉口市银行业同业公会第二次常会报告,汉口银行公会会址在近一年时间里多次迁移。"公会会址迁移之经过。本公会原租用前汉口银行公会会通路一号房屋为会址。前因武汉反日救国会借用交易处办事,又第十三师政训处少数军官暂借旧讲堂住宿。本会正在进行商请搬让之际,乃绥靖公署何主任于六月底因蒋总司令即时莅汉督师'剿匪',指定本会为办公地点。一再面商及函请暂借。当由执行委员开会讨论,金以总司令为最高军事长官,而何主任又系本省主管机关,谆切相商,势难拒绝。所言为期,只多两三月即负责交还,并定以后绝决禁止其他机关借口续借等语,不得已勉为承认,立即迁出。"②汉口银行公会随之迁往盐业银行汉安里空屋内。适值天气炎热,汉口银行公会借用汉安里口办公地点向西,加之距离新街近,谈话聚餐都不便利,又请盐业银行商议。从1932年6月11日起,借用盐业银行大楼二楼作为办公地点。③ 1934年2月,张学良赴汉,将行辕布置在汉口银行公会,公会办公地址再次迁出。汉口银行公会办公地点屡更屡变,既反映了时局动荡的不堪之重,也映现出公会社会经济地位与影响力的下降。

四、抗日战争对汉口银行公会的冲击与影响

1937年7月7日,全面抗日战争爆发。国民政府针对"内地各都市,市面

---

① 《汉口银行公会致金城银行函》(1931年8月27日),武汉市档案馆藏:165—1—610。
② 《汉口市银行业同业公会会员大会第二次常会报告书》(1932年9月25日),武汉市档案馆藏:171—1—56。
③ 《汉口市银行业同业公会致中南银行函》(1932年6月9日),武汉市档案馆藏:165—1—610。

资金之流通,仍应设法维持。而内地银钱业之组织,既多不健全,其营业方法又多,未能悉合法定。上海银钱业同业汇划办法既万不可放行于内地,而各地情形又各不尽同"①。为了安定整个金融市场,结合各地金融市场特点,进一步维持各地金融市面流通,经过国民政府财政部与中国、中央、交通、中国农民4家银行协商,决定在以上4家银行设有分、支行的城市,设立联合办事处,统称"四行联合办事处"。

武汉沦陷以后,汉口金融业遭受莫大创伤,部分银行与钱庄纷纷倒闭、破产。据日本陆军省调查,"截止1938年12月,汉口金融机关有日本人银行3家、西方人银行6家、中国人银行18家,以及法租界拥有钱庄23家。"②

日本发动的侵略战争所到之处,无不造成灾难。在中国,侵略战争给金融业带来巨大的创伤,部分银行与钱庄倒闭,以沿海地区受到冲击尤大。但在武汉,汉口银行公会的成员不降反增,一是由于沿海遭到战争破坏,部分银行向后方内部地区迁移;二是由于国民政府出台有关政策,强行要求各有关行业在战争时期加入同业公会,以便统制。具体情况如下。

汉口银行公会会员银行广东银行于1935年9月因总行暂停营业,随之汉口广东分行也于1935年9月暂停营业,同时停止作为会员的一切权利、义务。后来,该行于1936年12月15日奉命复业,曾于当年12月12日函报到会声明,恢复本会会员,并仍照常履行一切权利、义务。1937年11月,汉口银行公会第10次会员大会常会审议通过广东银行恢复会员资格,履行会员银行一切权利、义务。

1937年底,四川美丰银行、大孚银行、湖北省银行、汉口商业银行、农商银行、川康平民商业银行和中一信托公司都加入银行公会。③ 新华银行也于1938年初加入公会,公会成员达25家。具体说来,1937年11月,农商银行汉口分行由中国国货银行、浙江实业银行两行介绍加入汉口银行公会。川康平

---

① 《汉口市政府公告》(1937年8月),武汉市档案馆藏:171—1—74。
② [日]山田部队本部经理部:《金融情报》第2号,1939年1月,防卫省防卫厅研究所藏,档案号:C11110897600。
③ 《汉口市银行业同业经副襄理姓名表》(1938年1月),武汉市档案馆藏:171—1—131。

民商业(原名川康殖业)银行汉口分行由大陆银行、聚兴诚银行两行介绍入会。两银行都填具入会志愿书,并将年度营业报告送交到会,经已依照本会,照会章程第五条规定,次第召集执行委员会提交审查,均已认为合格。于11月28日会员大会常会分别提请通过,经出席代表逐一表决赞同。随后各该行照缴入会费,并推举出席代表暨登报公告。

12月25日,汉口银行公会召集全体会员代表举行改组后的第3次改选大会。是日,出席代表67人,全体会员92人,超过半数以上,照章正式开会。商议中一信托公司汉口分公司由中国银行、浙江兴业银行两行介绍请求入会的申请,先经执委会审查合格,提出本日大会标举,议决通过。

在短短的两个月内,先后有广东银行汉口分行、农商银行汉口分行、川康平民商业银行汉口分行、中一信托公司汉口分公司加入汉口银行公会。遂使汉口银行公会会员增加、势力扩大。尤其是中一信托公司的加入,扩大了汉口银行公会入会范围,将证券公司也含纳于组织之内。汉口银行公会此时成员增加、实力增强有两个原因:一方面是来自沿海城市的银行向内陆地区搬迁的安全选择;另一方面,则是来自政府促进和督办,政府为了加强对金融业监管,要求银行加入同业组织。于是,在两个月内就出现了会员增加与实力增强的新变化。

1938年6月,武汉会战打响。武昌、汉口、汉阳三镇的机关、学校、工厂、商业组织开始向西部大撤退。汉口银行公会的各成员银行也根据财政部命令,施行相应的"应变"措施,即"撤退""停业"或"坚持营业"。由于银行是随着商品经济发展而兴起的新式金融机构,随着武汉会战的爆发,地方经济更是陷入萧条,城市被破坏。汉口银行公会的会员银行湖北省银行总行迁往宜昌,后又迁往恩施。中国农民银行汉口分行迁往内地重庆,其中大部分会员银行如中央银行、中国银行和交通银行等,相继迁入法租界,以求平安。这样一来,汉口银行公会随着会员银行走的走、搬的搬、留的留,四处分散,也就徒有虚名、名存实亡了。汉口银行公会虽然也依旧组织会员银行进行活动,但由于受到成员联络、区域阻隔的限制,行业协调所发挥的功能就大打折扣了。这就说明,在经济社会活动中,商业组织与政府、与政治具有密切的关联性,这是不以人的意志为转移的客观存在。一旦政局不稳、社会动乱、经济萧条,即使是再好的商业组织,它也要随之走向衰退,甚至是瓦解,其原有的社会经济功能将不复存在。

　　总之,自1920年汉口银行公会成立后,除武汉政权发生多次更变外,汉口银行公会历经了北京政府、武汉国民政府、南京国民政府统治的各个历史时期,从总体上看,治下政局不稳、社会动荡,经济发展没有一个安定有序的社会环境,甚至是一度遭遇地方军阀为争夺地盘而发生的战祸,汉口银行公会的处境之艰难、能够发挥多大的经济社会功能,由此可想而知。在北京政府时期,先后有王占元、夏寿康、萧耀南等军阀为了抢夺湖北统治权而发生争斗。持续不断的军阀混战对民国武汉社会的负面影响是重大的。1920年至1925年底,政局相对比较稳定,经济得以发展,工商业取得进步,华资银行业也随之发展。汉口银行公会的发展迎来难得的喘息机会,成员银行也由最初的9家,一跃增加到15家。1926年后,受政局动荡的影响,公会中的中孚、华丰、中华懋业和工商银行4家银行相继停业。1927年4月,武汉国民政府实施"集中现金"措施,禁止武汉现金流出①。国民政府针对武汉"集中现金"政策,当即发出通令,上海银行公会则通知各会员银行,与汉口各银行暂时停止往来,造成不少驻汉分行或者歇业、或者倒闭的后果。汉口银行公会大厦当时又被军队占驻,银行公会活动受到制约。此后数年,汉口银行公会"屡为军队借驻",以致"书籍之损失,断简残编,凌乱无次"②,汉口银行公会的运行和汉口华资银行业的经营均遭重创。在"宁汉合流"后,随着政局渐趋稳定,经济也渐趋恢复,商业得以发展,银行业经营形势也渐趋好转。经1931年汉口银行公会改组后,银行成员不断得到增加,到1937年底,成员多达23家银行,加上1家信托公司。1938年初,新华银行加入公会,成员高达25家。汉口银行公会从

---

① 冯筱才认为,集中现金条例的颁布,是武汉政府在当时的环境中比较现实的做法。其实施,对该政权有实际的利益。而政策出台后,各方的反应亦使武汉的经济困难加剧。不过,政府虽刻意宣传"经济封锁"是导致其经济困难的主因,但其内部的财政问题,以及有所失控的群众运动,均是其经济环境趋于恶化的根本源头。见冯筱才:《自杀抑他杀:1927年武汉国民政府集中现金条例的颁布与实施》,《近代史研究》2003年第4期。
② 《汉口银行公会赠书记》,《银行周报》第14卷第19号,1930年5月27日。

1920—1938 年间的会员变化情况,可以详见表 2-3。

表 2-3　1920—1938 年汉口银行公会会员变化表

时间	会员数量	会员行名称
1920 年 11 月	9	中国银行、交通银行、浙江兴业银行、聚兴诚银行、盐业银行、金城银行、中孚银行、四明银行、上海商业储蓄银行
1921 年 12 月	10	中国银行、交通银行、浙江兴业银行、聚兴诚银行、盐业银行、金城银行、中孚银行、四明银行、上海商业储蓄银行、华丰银行
1922 年 1 月	11	中国银行、交通银行、浙江兴业银行、聚兴诚银行、盐业银行、金城银行、中孚银行、四明银行、上海商业储蓄银行、华丰银行、中华懋业银行
1922 年 9 月	12	中国银行、交通银行、浙江兴业银行、聚兴诚银行、盐业银行、金城银行、中孚银行、四明银行、上海商业储蓄银行、华丰银行、中华懋业银行、工商银行
1922 年 10 月	14	中国银行、交通银行、浙江兴业银行、聚兴诚银行、盐业银行、金城银行、中孚银行、四明银行、上海商业储蓄银行、华丰银行、中华懋业银行、工商银行、浙江实业银行、中国实业银行
1923 年 4 月	15	中国银行、交通银行、浙江兴业银行、聚兴诚银行、盐业银行、金城银行、中孚银行、四明银行、上海商业储蓄银行、华丰银行、中华懋业银行、工商银行、浙江实业银行、中国实业银行、大陆银行
1924 年 1 月	17	中国银行、交通银行、浙江兴业银行、聚兴诚银行、盐业银行、金城银行、中孚银行、四明银行、上海商业储蓄银行、华丰银行、中华懋业银行、工商银行、浙江实业银行、中国实业银行、大陆银行、中南银行、广东银行
1927 年 4 月	13	中国银行、交通银行、浙江兴业银行、聚兴诚银行、盐业银行、金城银行、四明商业储蓄银行、上海商业储蓄银行、浙江实业银行、中国实业银行、大陆银行、广东银行、中南银行
1931 年 12 月	13	中国银行、交通银行、浙江兴业银行、聚兴诚银行、盐业银行、金城银行、四明商业储蓄银行、上海商业储蓄银行、浙江实业银行、中国实业银行、大陆银行、广东银行、中南银行
1932 年 10 月	14	中国银行、交通银行、浙江兴业银行、聚兴诚银行、盐业银行、金城银行、四明商业储蓄银行、上海商业储蓄银行、浙江实业银行、中国实业银行、大陆银行、广东银行、中南银行、中国农工银行
1933 年 3 月	15	中国银行、交通银行、浙江兴业银行、聚兴诚银行、盐业银行、金城银行、四明商业储蓄银行、上海商业储蓄银行、浙江实业银行、中国实业银行、大陆银行、广东银行、中南银行、中国农工银行、中国通商银行

时间	会员数量	会员行名称
1934 年 12 月	16	中国银行、交通银行、浙江兴业银行、聚兴诚银行、盐业银行、金城银行、四明商业储蓄银行、上海商业储蓄银行、浙江实业银行、中国实业银行、大陆银行、广东银行、中南银行、中国农工银行、中国通商银行、中国国货银行
1935 年 12 月	17	中国银行、交通银行、浙江兴业银行、聚兴诚银行、盐业银行、金城银行、四明商业储蓄银行、上海商业储蓄银行、浙江实业银行、中国实业银行、大陆银行、广东银行、中南银行、中国农工银行、中国通商银行、中国国货银行、中国农民银行
1937 年 12 月	24	中国银行、交通银行、浙江兴业银行、聚兴诚银行、盐业银行、金城银行、四明商业储蓄银行、上海商业储蓄银行、浙江实业银行、中国实业银行、大陆银行、广东银行、中南银行、中国农工银行、中国通商银行、中国国货银行、中国农民银行、四川美丰银行、大孚银行、湖北省银行、汉口商业银行、农商银行、川康平民商业银行、中一信托公司
1938 年 1 月	25	中国银行、交通银行、浙江兴业银行、聚兴诚银行、盐业银行、金城银行、四明商业储蓄银行、上海商业储蓄银行、浙江实业银行、中国实业银行、大陆银行、广东银行、中南银行、中国农工银行、中国通商银行、中国国货银行、中国农民银行、四川美丰银行、大孚银行、湖北省银行、汉口商业银行、农商银行、川康平民商业银行、中一信托公司、新华银行

资料来源:《汉口银行公会致中南银行函》(1924 年 1 月 8 日),武汉市档案馆藏:171—1—114;中国银行总管理处经济研究室编辑:《全国银行年鉴》(1936 年),第 K270—K276 页;《汉口市银行同业经副襄理姓名表》(1938 年 1 月),武汉市档案馆藏:171—1—131。

第三章 汉口银行公会的组织结构与运作

汉口银行公会作为同业利益集团组织,是经济性、自发性和公益性的社会组织团体。认识汉口银行公会组织运作体系,只有深入其内部,从它的治理结构以及组织的运作机制等方面进行详细考察,才能了解汉口银行公会的管理方式与运作模式。

从 1920 年至 1938 年,按照不同时段,汉口银行公会的治理结构历经会董制、轮值委员制、主席团制和执监委制 4 个阶段。如果从社会学的观点来看,汉口银行公会还是一个内部组织逐步健全的社会组织,其组织体系由各种相互联系、相互渗透的基本要素,如规章、制度、组织单位、参与成员、经费吸纳与管理、参与者的权利与义务划分等构建为一个内部相对稳定的社会有机整体。如果从经济职能和社会功能来说,汉口银行公会既要充分发挥对同业组织的管理与治理作用,又要规范组织运作机制、加强经费管理以及整合协同机制、应急机制等,确保对内协调、对外协力,从而既保证发挥公会维护同业利益的主责功能,又保障持续发挥面向社会、服务社会、协同社会的组织功能,体现汉口银行公会作为经济组织和社会组织应有的生命力和活力。

第一节 汉口银行公会的内部治理

汉口银行公会的治理结构既有其内在规定性,又服务于其宗旨和功能。当然,任何事物的存在和发展,总是受环境影响的;汉口银行公会的内部治理结构也要受到政府相关法令等社会条件和外在因素的制约和影响。运用历史视角和内涵视角,按不同时段划分,我们将汉口银行公会在 1920—1938 年间的内部治理历史发展分为 4 个短时段,依次是会董制、轮值委员制、主席团制和执监委制。公会的内部组织制度是个"纲",纲举而目张。每个时段的治理结构虽然都各有其自身特点,但都是围绕着组织制度来运行和展开的。这也正好说明汉口银行公会在整体运作之中不断健全并完善其调节机制,以实现整个组织系统的正常运作,并达成各治理要素的相互平衡。

一、内部组织结构的演变

汉口银行公会的内部治理结构是在不断适应公会有效运作的情况下,不断进行调整、完善的。在 1920 年至 1938 年期间,汉口银行公会的内部治理结构依次历经了会董制、轮值委员制、主席团制和执监委制 4 个时段,主要内容如下。

1. 会董制时期的汉口银行公会。汉口银行公会成立之初,采用会董制度。1920 年 11 月 1 日,在汉口银行公会成立当天,即选举中国银行的钱宗瀚、交通银行的关国荣、金城银行的王锡文、浙江兴业银行的史致容和中孚银行的秦廾为董事,共推钱宗瀚为董事长,并于即日开始主持会务工作。根据 1922 年 10 月 15 日公会董事会议议决,修改《汉口银行公会章程》。21 日,会员会议通过修改《汉口银行公会章程》并呈财政部立案。新修订的《汉口银行公会章程》决定:设立董事 7 人,由会员大会选举产生;董事选举董事长 1 人,主持会务;董事任期 2 年,任满再选者,可连任;公会的重要事情须经会员会议议决,由董事部执行;公会内部的日常事务由董事照章执行,公会对外事务则由董事长代表;设立评议员,为董事部提供质询意见。[①]

根据公会的组织架构,董事部的 7 名董事各自负责其事务,都对董事长负责。按照《汉口银行公会职员组织及办事细则》,董事部除推选董事长 1 人主持会务外,其他董事分担交际、会计、调查、庶事等事务。其中,交际董事分别由 3 人担任,其他都由 1 人担任。董事部一般是在星期六举行 1 次董事会议,如遇有必要处理的事务,须开董事会议讨论时,董事长可以随时召集并主持开

---

① 《汉口银行公会章程》,《银行杂志》1923 年第 1 卷第 1 号。

会。各董事之间的职务不同,负责的事情也不同。交际董事负责官厅、公共团体、洋务、同业、与其他商业机关接洽事务以及其他关于交际范围内一切事情;会计董事负责编制预算、追加预算、审核账目、收支经常费与临时费、关于造报决算以及其他关于会计范围内一切事情;调查董事则负责当地市情报告、本外埠金融商况报告、临时调查商情变迁、应须实地调查以及其他关于调查范围内一切事情;庶事董事负责会内管理及整理、会内设备及布置、会内警卫、会内清洁卫生、其他无统属范围之一切事情。公会内还设书记处秉承董事部办理一切会务,除聘请一名书记长外,酌情设置书记岗位办理文牍、司账、庶务事务。① 董事之间,分工明确,责任到位,易于工作开展,有效应对公会的各项事务,从而确保汉口银行公会在成立初期正常运转,有效处理各项事务。但是,各董事所分担职务的人数并不是确定的,随着事务的增加,公共事务日渐繁重,必须相应作出调整,不致误事。1924 年 12 月,第 3 届董事召开董事会,成立董事部,王锡文为董事长,史晋生、洪钟美为交际董事,陈行为会计董事,刘棣芬为调查董事,曾务初和卓焌为庶事董事。② 董事之间平日分任职务,遇有重要事务时,董事之间则集体协商,集体协作,以便公会健康运行。

1925 年,董事部决定再次修订《汉口银行公会章程》。9 月,公会会员中国银行、交通银行、浙江兴业银行、金城银行、中华懋业银行、中国实业银行和中南银行等 7 家银行共同提议:鉴于公会董事执行会务任期 2 年,承担任务显得过于繁劳,拟请将任期改为 1 年,也不连任。9 月 8 日,公会召集临时会议,议决董事任期为 1 年,任满后再次当选者,得以连任,但以连任 1 次为限。③从 1920 年公会成立至 1925 年,汉口银行公会共选出 4 届董事,除第 1 届董事为 5 人外,第 2、3、4 届董事均为 7 人,各届董事姓名、行名等情况详见表 3-1、表 3-2、表 3-3、表 3-4。

---

① 《汉口银行公会职员组织及办事细则》(1924 年 2 月),武汉市档案馆藏:171—1—114。
② 《汉口银行公会致中南银行函》(1924 年 12 月 3 日),武汉市档案馆藏:171—1—115。
③ 《汉口银行公会致中南银行函》(1925 年 9 月 8 日),武汉市档案馆藏:171—1—116;《汉口银行公会致中南银行函》(1925 年 9 月 11 日),武汉市档案馆藏:171—1—116。

表 3-1　1920 年汉口银行公会第 1 届董事表

名称	姓名	字别	行名	本行职务	当选年月
董事长	钱宗瀚	琴西	中国银行	行长	1920 年 11 月
董事	关国荣	鹤舫	交通银行	经理	1920 年 11 月
董事	王锡文	毅灵	金城银行	经理	1920 年 11 月
董事	史致容	晋生	浙江兴业银行	总经理	1920 年 11 月
董事	秦开	楔卿	中孚银行	经理	1920 年 11 月

注：字别、行名、本行职务为笔者所加，下同。

资料来源：金世和：《汉口银行公会创设之经过》，《银行杂志》1923 年 11 月 1 日第 1 卷第 1 号。

表 3-2　1922 年汉口银行公会第 2 届董事表

名称	姓名	字别	行名	本行职务	当选年月
董事长	王锡文	毅灵	金城银行	经理	1922 年 10 月
董事	洪钟美	苓西	中国银行	行长	1922 年 10 月
董事	曾慎基	务初	交通银行	经理	1922 年 10 月
董事	宋凤翔	仪章	华丰银行	经理	1922 年 10 月
董事	秦开	楔卿	中孚银行	经理	1922 年 10 月
董事	陈恺	如翔	四明商业储蓄银行	经理	1922 年 10 月
董事	陈行	健庵	中华懋业银行	经理	1922 年 10 月

资料来源：《汉口银行公会现任职员表》，《银行杂志》1923 年第 1 卷第 1 号。

表 3-3　1924 年汉口银行公会第 3 届董事表

名称	姓名	字别	行名	本行职务	当选年月
董事长	王锡文	毅灵	金城银行	经理	1924 年 10 月
董事	史致容	晋生	浙江兴业银行	总经理	1924 年 10 月
董事	洪钟美	苓西	中国银行	行长	1924 年 10 月
董事	曾慎基	务初	交通银行	经理	1924 年 10 月
董事	刘棣芬	艾唐	中国实业银行	经理	1924 年 10 月
董事	陈行	健庵	中华懋业银行	经理	1924 年 10 月
董事	卓焌	筱梅	中南银行	经理	1924 年 10 月

资料来源：《汉口银行公会董事表》（1925 年 3 月），武汉市档案馆藏：165—1—96。

表 3-4　1925 年汉口银行公会第 4 届董事表

名称	姓名	字别	行名	本行职务	当选年月
董事长	陈介		金城银行	经理	1925 年 10 月
董事	洪钟美	岑西	中国银行	行长	1925 年 10 月
董事	史致容	晋生	浙江兴业银行	总经理	1925 年 10 月
董事	王锡文	毅灵	金城银行	经理	1925 年 10 月
董事	曾慎基	务初	交通银行	经理	1925 年 10 月
董事	唐保恒	寿民	上海商业储蓄银行	经理	1925 年 10 月
董事	李春楷	瑞生	盐业银行	经理	1925 年 10 月

注:1926 年 6 月 16 日,因陈介解职,改选洪钟美为董事长,并补选中孚银行秦开为董事。
资料来源:《银行杂志》第 3 卷第 1 号,1925 年 11 月 1 日;又见《汉口银行公会改选第四届董事》,《银行
　　　　月刊》第 5 卷第 11 期,1925 年 11 月 25 日。

汉口银行公会在推行董事制度时,会员还不断增加。到 1925 年,汉口银行公会的成员达到 17 个。成立之初只有 9 家银行,它们分别是:中国银行汉口分行、交通银行汉口分行、浙江兴业银行汉口分行、聚兴诚银行汉口分行、盐业银行汉口分行、金城银行汉口分行、中孚银行汉口分行、四明银行汉口分行和上海商业储蓄银行汉口分行。1921 年华丰银行汉口分行加入公会。1922 年 1 月,中华懋业银行入会,代表人是陈行。9 月 1 日,工商银行入会,代表人是张度。10 月,浙江实业银行和中国实业银行入会,代表人分别是梁俊华和刘棣芬。1923 年 4 月,大陆银行入会,代表人是陆世焱。截至 1923 年,汉口银行公会成员达到 15 家,规模和实力均有增长。1924 年 1 月,中南银行汉口分行经过金城银行汉口分行和大陆银行汉口分行介绍加入公会。同月,广东银行也加入。至此,汉口银行公会的成员达到 17 个,5 年之间,会员银行增加总量将近翻了一倍,详情见表 3-5。

表 3-5　1925 年 3 月汉口银行公会会员及会员代表情况表

行名	代表人	字别	本行职务	行址
中国银行	洪钟美	岑西	行长	歆生路
交通银行	曾慎基	务初	经理	英租界湖南路

续表

行名	代表人	字别	本行职务	行址
浙江兴业银行	史致容	晋生	总经理	歆生路
聚兴诚银行	张传易	熙午	经理	太平路
盐业银行	李春楷	瑞生	经理	英租界一码头
金城银行	王锡文	毅灵	经理	歆生路
中孚银行	秦开	楔卿	经理	英租界阜昌路
四明银行	洪钟文	彬史	经理	歆生路
上海商业储蓄银行	唐保恒	寿民	经理	歆生路
华丰银行	宋凤翔	仪章	经理	英租界一码头
中华懋业银行	陈行	健庵	经理	歆生路
工商银行	卞喜孙(代)	燕侯	出纳主任	前花楼口
浙江实业银行	梁俊华	俊华	经理	前花楼口
中国实业银行	刘棣芬	艾唐	经理	歆生路
大陆银行	陆世荄	梦芗	经理	一码头太平街
广东银行	苏仲愚	仲愚	经理	英租界湖北街
中南银行	卓焌	筱梅	经理	歆生路

资料来源:《汉口银行公会会员表》(1925 年 3 月),武汉市档案馆藏:171—1—117。

　　《汉口银行公会章程》对公会的宗旨、会员资格、董事会的权限、会议的召开、经费的筹措和使用等事项和要求,都有详细的规定,形成一个比较周备的制度范本和依据。我们可以把《汉口银行公会章程》视为管理公会的基本制度体系。应该说,这个制度体系形成了较为完善的公会组织结构和约束机制。不过,在监督机构方面,《汉口银行公会章程》也存在一定的欠缺,它没有对内部权力监督和相互制衡做出要求,没有建立权力的平衡约束机制。正因为这样,为此后完善内部治理结构和机制埋下了伏笔。以致在 1926 年 12 月,汉口银行公会终于决定采用轮值委员制。

　　2. 轮值委员制时期的汉口银行公会。应该肯定,汉口银行公会在运作中进行了管理体制和内部治理创新,有些创新与时俱进,领先于其他各地银行公会。1926 年 12 月,针对汉口银行公会第 4 届董事长陈介没有坚持按照《汉口银行公会章程》履行职责,中途卸职,给本已在复杂环境下艰难行进的公会带来一股散漫情绪,以致会员提出了修改《汉口银行公会章程》的建议和要求。于是,汉口银行公会率先在全国将银行公会会长制改为委员制。会议通过《汉口银行公会临时规约草案》,设立 7 名委员,建立按月轮流值班制度,委员会不设委员长,会内事务,每月轮流推举委员 1 人主持。委员制的创新管理,是民主管理公共事务的有益探索,具有民主的性质。它有利于各会员银行在集体中明确主人翁意识,增强认同感和责任感。配置参与机会和公共管理资源,使各会员银行都有机会参与公会的实际决策与实质性管理事务,从而保持公会团结性、增强公会凝聚力。汉口银行公会内部治理机制的大胆创新,甚至引起上海银行公会关注,影响其内部治理改革创新。1927 年,在战争耗费巨大、上海银行业成为各方筹款对象的背景下,上海银行公会会长一职意味着更大的责任和风险,以致成为人人避之不及的职务。如何既能维持公会的常态化运作又能规避相应风险,这成为上海银行公会的领导层共同关注的问题。①为此,引发上海银行公会面对内部改组问题的深刻思考。受到汉口银行公会委员制改革的启发,上海银行公会下定决心,进行领导层改组和领导体制机制改革。经过论证和酝酿,1927 年 2 月 23 日,上海银行公会召开会员大会,议决废止会长制,参照北京和汉口两地银行公会的成例,决定采用委员制。②

1926 年 12 月,汉口银行公会公推秦襁卿、周苍柏、卞燕侯、洪彬史、沈季宣 5 人组成章程修改委员会。③ 大陆银行经理沈季宣提出 1 份草案,后经讨论予以通过,即《汉口银行公会临时规约草案》。该草案决定,由会长董事制改为委员制,委员 7 人,轮流按月值班;委员会不设委员长,会内事务,每月轮推委员 1 人主持。

---

① 王晶:《上海银行公会研究(1927—1937)》,上海人民出版社 2009 年版,第 18 页。
② 《上海银行公会采用委员制》,《申报》1927 年 2 月 28 日,第 19383 号,第 10 版。
③ 《汉口银行公会致中南银行函》(1926 年 12 月 16 日),武汉市档案馆藏:171—1—42。

汉口银行公会临时规约①

（一）缘起：本公会原有章程，因各会员认为有修改之必要，但须详加参酌，以期适当。在新章程未经订定以前，暂订临时规约，公同遵守。其原有章程，与本规约不相抵触者，仍适用之。

（二）会员：凡在汉口营业各银行，除本公会之原有之会员银行为基本会员外，如有赞成本会规约者，经基本会员行两行以上之介绍，并经基本会员行二分之一同意，即可加入，与基本会员行享同等权利义务，暂免担任基金，但照章应缴入会费一千元。

（三）代表：本公会会员银行，以各行经理、副经理或其他重要职员为代表，但议席以行为本位。

（四）委员会：以委员七人组织之，就各会员代表中选任，不设委员长，会内事务，每月轮推委员一人主持，对外无代表公会全体之资格。

（五）会议：凡有特别重要事件，由委员提出，或由会员请求，均随时召集全体会议，临时推定主席。

（六）书记处：本公会设书记处，书记长一人，并设书记若干人，秉承委员办理会内事务，仍照原有章程办理。

（七）交易所：本公会设交易所，仍照原有章程办理。

（八）俱乐部：本公会设俱乐部，凡会员银行各行员均得加入俱乐部，详章另订之。

（九）基金：以本公会所建会所及基本会员各银行所出基金及垫款为基本金，所有各项财产，亦惟有基本会员各行得享有共同管理及共同处分之权。

（十）时效：本规约经全体会员议决，即日实行。

12月25日，汉口银行公会召开会员大会，公会的运行机制改会董制为

---

① 《汉口银行公会临时规约草案（大陆沈代表拟）》（1926年12月20日），武汉市档案馆藏：171—1—42。

轮值委员制,委员会选举中,委员行得票数如下:中国银行 13 票,中孚银行 13 票,上海银行 13 票,交通银行 11 票,金城银行 11 票,四明银行 10 票,大陆银行 9 票,浙江兴业银行 7 票,工商银行 6 票,中国实业银行 4 票,浙江实业银行 3 票,中南银行 2 票,盐业银行 1 票。中国银行、中孚银行、上海银行、交通银行、金城银行、四明银行、大陆银行等 7 家银行当选为首届委员。[①] 7 家银行按月轮流主持公会事务,并推定中国、交通、金城 3 家银行为交际委员,中孚银行为会计委员,上海和大陆 2 家银行为庶事委员,四明银行为调查委员。[②] 1927 年 7 月选举第 2 届委员,中国银行、交通银行、浙江兴业银行、中华懋业银行、工商银行、浙江实业银行和中国实业银行 7 家银行当选。[③]

1928 年 2 月 27 日,公会会员会改选第 3 届委员,中国银行、交通银行、聚兴诚银行、中南银行、浙江兴业银行、盐业银行和金城银行 7 家银行当选。[④] 针对公会委员更替频繁,而轮值委员任期较短,仅有 1 个月的问题,大家一致认为,这种体制机制对于有效管理公会会务多有不便,应予完善。于是,在同年 3 月,金城、中华懋业和大陆 3 家银行提出建议:公会轮值委员任期可以适当延长或者另议其他办法以弥补《临时规约》之不足。这项建议得到其他成员银行的积极响应。为此,在 3 月 31 日,公会召开会员会议,通过决定:"自十七年四月一日起实行。每次轮值推委员二行,每行任期四个月,每两个月轮换一行,先后衔接,俟七委员轮满再行改选"[⑤]。会后还修改了《临时规约》,并制定委员轮值任期月份单,详细列明第 3 届委员银行在新的规约下所任月份的时间。从 1926 年 12 月开始至 1928 年 7 月止,汉口银行公会总共选举出 3 届轮值委员,详情见表 3-6、表 3-7、表 3-8。

---

① 《汉口银行公会致中南银行函》(1926 年 12 月 27 日),武汉市档案馆藏:171—1—42。
② 《汉口银行公会致中国实业银行函》(1927 年 1 月 4 日),武汉市档案馆藏:98—1—63。
③ 《汉口银行公会致中国实业银行函》(1927 年 7 月 22 日),武汉市档案馆藏:98—1—63。
④ 《汉口银行公会致中南银行函》(1928 年 2 月 29 日),武汉市档案馆藏:171—1—121。
⑤ 《汉口银行公会临时规约》(1928 年 3 月 31 日),武汉市档案馆藏:171—1—121。

表 3-6　1926 年 12 月汉口银行公会第 1 届轮值委员表

名称	行名	当选时间
轮值委员	中国银行	1926 年 12 月
轮值委员	交通银行	1926 年 12 月
轮值委员	聚兴诚银行	1926 年 12 月
轮值委员	中南银行	1926 年 12 月
轮值委员	浙江兴业银行	1926 年 12 月
轮值委员	盐业银行	1926 年 12 月
轮值委员	金城银行	1926 年 12 月

资料来源:《汉口银行公会致中南银行函》(1926 年 12 月 27 日),武汉市档案馆藏:171—1—42。

表 3-7　1927 年 7 月汉口银行公会第 2 届轮值委员表

名称	行名	当选时间
轮值委员	中国银行	1927 年 7 月
轮值委员	交通银行	1927 年 7 月
轮值委员	浙江兴业银行	1927 年 7 月
轮值委员	中华懋业银行	1927 年 7 月
轮值委员	工商银行	1927 年 7 月
轮值委员	浙江实业银行	1927 年 7 月
轮值委员	中国实业银行	1927 年 7 月

资料来源:《汉口银行公会致中国实业银行函》(1927 年 7 月 22 日),武汉市档案馆藏:98—1—63。

表 3-8　1928 年 2 月汉口银行公会第 3 届轮值委员表

名称	行名	当选时间
轮值委员	中国银行	1928 年 2 月
轮值委员	交通银行	1928 年 2 月
轮值委员	聚兴诚银行	1928 年 2 月
轮值委员	中南银行	1928 年 2 月
轮值委员	浙江兴业银行	1928 年 2 月
轮值委员	盐业银行	1928 年 2 月
轮值委员	金城银行	1928 年 2 月

资料来源:《汉口银行公会致中南银行函》(1928 年 2 月 29 日),武汉市档案馆藏:171—1—121。

3. 主席团制时期的汉口银行公会。1928 年 7 月,大陆银行针对委员制实行后,华资银行之间的联系散漫和银行公会管理权威下降等问题,尤其是在全国经济会议上汉口银行公会无一提案,对汉口金融善后问题无一提议的尴尬局面下,它向会员大会提议指出"各行饱经忧患,对于公众事务无暇关心,亦由现行委员轮值制度有如传舍,怠于负责,尤为症结所在"。并进一步要求修改公会规约,提出 4 条意见,"一废止现行委员轮值制度,对于会务进行凡属会员银行,公同负责;二公推主席一人,或正副主席各一人,或主席团三人,一年一任,执行会务,责无旁贷;三主席对外仍不得代表各行商洽借款及承认捐款;四除理债事务业经推举专门委员五人讨论进行外,另设金融讨论处推举专门委员五人,至少每星期开会一次,关于金融问题搜集材料研究方案,以备大会议决"[①]。

汉口大陆银行的提案,在会员会议上形成共识,得到一致赞同。旋即公推沈季宣、秦禩卿和瞿季刚 3 人负责修改公会《临时规约》。7 月 18 日,公会会员会议决通过新修订的《临时规约》,改轮值委员制为主席团制。新修订的《临时规约》规定:设立主席团,"选举三人为主席团,任期一年,执行会务,并预选备补三人,如主席团中有缺席时,递推代理,凡本会遇有重要事件,由主席团提出或由会员请求,均随时召集全体会议;前项主席团,对外不得代表各行接洽借款,或承诺捐款";设立专门委员,"凡有特定事件,经大会议决,均得推举专门委员三人,或五人,各就指定范围内研究方案,供给大会之采择;前项专门委员,得彼此兼任,不限任期";设立书记处,确定"书记长一人,并设书记若干人,秉承主席团,办理会内事务,仍照原有章程办理"[②]。汉口银行公会从 1928 年 7 月到 1930 年 12 月,先后产生 3 届主席团,明确了相关人选。详细情况见表 3-9、表 3-10、表 3-11。

---

① 《大陆银行提案一件》(1928 年 7 月 8 日),武汉市档案馆藏:171—1—121。

② 《汉口银行公会临时规约》,《银行月刊》第 8 卷第 7 期,1928 年 7 月 25 日。

表 3-9　1928 年 7 月汉口银行公会第 1 届主席团成员表

主席团	姓名	行名	本行职务	当选时间
成员	王奎成	中国银行	行长	1928 年 7 月
成员	沈尔昌	大陆银行	经理	1928 年 7 月
成员	王锡文	金城银行	经理	1928 年 7 月

注:1929 年 3 月补选主席团:张纳川(后刘策安继任)、殷惠昶、程顺元。

资料来源:《汉口银行公会致中南银行函》(1928 年 7 月 23 日),武汉市档案馆藏:171—1—121。

表 3-10　1929 年 7 月汉口银行公会第 2 届主席团成员表

主席团	姓名	行名	本行职务	当选时间
成员	沈尔昌	大陆银行	经理	1929 年 7 月
成员	王锡文	金城银行	经理	1929 年 7 月
成员	浦拯东	交通银行	经理	1929 年 7 月

资料来源:《汉口银行公会致金城银行函》(1929 年 7 月 26 日),武汉市档案馆藏:165—1—101。

表 3-11　1930 年 7 月汉口银行公会第 3 届主席团成员表

主席团	姓名	行名	本行职务	当选时间
成员	俞九恒	中国银行	行长	1930 年 7 月
成员	钱乃嵘	中南银行	经理	1930 年 7 月
成员	孟昭埙	中国实业银行	经理	1930 年 7 月

资料来源:《汉口银行公会致中南银行函》(1930 年 7 月 30 日),武汉市档案馆藏:171—1—124。

　　第 1 届主席团(1928 年 7 月选举)的成员是:王奎成、沈尔昌、王锡文 3 人。瞿祖辉、秦开和王文达为备补主席团。[1] 备补主席团于 1929 年 3 月改选,张纳川(7 月刘策安继任)、殷惠昶和程顺元 3 人当选。第 2 届主席团(1929 年 7 月选举)的成员是:沈尔昌、王锡文和浦拯东。殷惠昶、程顺元和刘策安为备补主席团成员。[2] 第 3 届主席团(1930 年 7 月选举)的成员是:俞九

---

[1]　《汉口银行公会致中南银行函》(1928 年 7 月 23 日),武汉市档案馆藏:171—1—121。
[2]　《汉口银行公会致金城银行函》(1929 年 7 月 26 日),武汉市档案馆藏:165—1—101。

恒、钱乃嵘和孟昭埙。杨云表、陈如翔和杨季谦为备补主席团成员。①在制度建设上,主席团制固然可以集中群策群力,凝聚合力,但是,在1927年后,由于汉口银行公会在特殊时期时断时续,其职能和作用大打折扣,受到时局的影响,这就在所难免了。

4. 执监委制时期的汉口银行公会。1929年,国民政府为了加强对同业公会的管理和控制,颁布了《工商同业公会法》。1930年,政府又颁布《工商同业公会法实施细则》。这两个法规的颁布,对此后各同业组织的改组产生了重要影响,银行业同业公会当然也在其中。

银行公会在北京政府时期,是依照1915年政府颁布的《银行公会章程》及1918年改订的《银行公会章程》而成立的,直属财政部。相对其他同业组织而言,它具有一定的独立性,与商会不是从属关系。"本会向系直隶财政部,今受社会局训令,即系隶属社会局,不过成立后,由局转报工商部备案,并不能享从前直隶之权利。本会向系独立,今由会派代表为商会会员,近于附属商会,又不能享从前独立之权利。"②这就表明,依照新的法令,银行公会改组之后,将要隶属工商部,成为商会会员,而失去其独立性。由此,各地银行公会在上海银行公会的主持下,积极向国民政府争取其颁布独立的银行法与银行公会条例,以获得其经济社会地位,具有相应的身份认同。但是,国民政府为加强其对同业组织的管控,未能接受建议。

汉口银行公会于1931年12月被迫进行改组。其改组的依据:一是按照《工商同业公会法》及其细则;二是参照已经改组的北京银行公会、天津银行公会与上海银行公会的改组情况;三是参考汉口市银行业的过往习尚,以及汉口的金融习惯,遂形成《汉口银行公会章程》34条,予以公布。其中关于职员一项,规定:"原定执委七人,常委三人,主席一人……本年改选职员半数由会员大会议决,增加执委八人,合之原定人数共为十五人,正与同业公会法规定

① 《汉口银行公会致中南银行函》(1930年7月30日),武汉市档案馆藏:171—1—124。
② 《为本会同业公会应否改组请公同讨论以资应付案》(1931年2月),武汉市档案馆藏:171—1—124。

职员名额相符,因复改设常委五人,以一人为主席,而候补执委亦由三人增至
五人。"①汉口银行公会执委、常委、主席之选定,都是严格依照《公会法》执
行。改组后的汉口银行公会,在公会权利机构的设置上,并没有多大的回旋余
地。1932 年 1 月 4 日,汉口银行公会召开正式成立大会,选举职员。② 汉口银
行公会在 1932 年至 1938 年这段时间内,共选举出 4 届职员:第 1 届,主席 1
人,常委 3 人,执行委员 7 人,候补委员 3 人;第 2、3、4 届,均设主席 1 人,常委
5 人,执行委员 10 人,候补执委 5 人;历任主席是蒲拯东、王锡文、王稻坪和蒲
拯东。这 4 届职员的详细情况见表 3-12、表 3-13、表 3-14、表 3-15。

表 3-12　1932 年汉口市银行业同业公会第 1 届职员表

1932 年 1 月 4 日	临时主席:俞重威(中国银行)	
1932 年 1 月 5 日	执行委员:浦拯东、王锡文、周苍柏、俞纪琦、钱乃嵘、刘策安、俞重威	
	候补委员:陈如翔、吴鼎元、沈锦黻	
1932 年 1 月 6 日	互选常务委员:浦拯东、王锡文、俞重威	
	蒲拯东被推举为主席	

注:1932 年 3 月 26 日俞重威调任南通后,执行委员之职务由陈如翔接任,常务职务由周苍柏接任。
资料来源:《武汉(汉口)商会及同业公会档案史料研究》课题组:《武汉(汉口)商会及同业公会档案史
　　料研究》(未刊),2003 年,第 107 页。

表 3-13　1934 年汉口市银行业同业公会第 2 届职员表

职别	姓名	代表行名
主席	王锡文	金城银行
常委	蒲拯东	交通银行
常委	王稻坪	浙江兴业银行
常委	赵祖武	中国银行
常委	陈如翔	四明商业储蓄银行
执委	杨季谦	聚兴诚银行
执委	葛震卿	盐业银行

① 中国银行总管理处经济研究室编辑:《全国银行年鉴》(1936 年),第 K271 页。
② 《汉口市银行业同业公会致中南银行函》(1932 年 1 月 10 日),武汉市档案馆藏:171—1—56。

续表

职别	姓名	代表行名
执委	董明藏	上海商业储蓄银行
执委	黄卓如	浙江实业银行
执委	李得庸	中国实业银行
执委	俞纪琦	大陆银行
执委	苏仲愚	广东银行
执委	沈长明	中南银行
执委	沈诵之	交通银行
执委	王蕙卿	中国通商银行
候补执委	孟昭坝	中国实业银行
候补执委	徐业	中国农工银行
候补执委	杨福田	上海商业储蓄银行
候补执委	甄润珊	中国银行
候补执委	杨时泰	大陆银行

资料来源:《汉口市银行业同业公会第 2 届职员表》(1934 年 8 月),武汉档案馆藏:98—1—3。

表 3-14　1936 年汉口市银行业同业公会第 3 届职员表

职别	姓名	代表行名
主席	王稻坪	浙江兴业银行
常委	谈公远	大陆银行
常委	沈诵之	交通银行
常委	钱乃嵘	中南银行
常委	李祖基	金城银行
执委	甄润珊	中国银行
执委	杨季谦	聚兴诚银行
执委	葛震卿	盐业银行
执委	董明藏	上海商业储蓄银行
执委	黄卓如	浙江实业银行
执委	李得庸	中国实业银行
执委	方达智	中国农工银行
执委	陈国华	中国通商银行
执委	邓以诚	中国国货银行

续表

职别	姓名	代表行名
执委	尹征尧	中国农民银行
候补执委	沈锦黻	中国银行
候补执委	朱益能	浙江兴业银行
候补执委	吴鼎元	盐业银行
候补执委	洪式衡	四明商业储蓄银行
候补执委	周苍柏	上海商业储蓄银行

资料来源：中国银行总管理处经济研究室编辑：《全国银行年鉴》(1936年)，第K274—K276页。

表3-15 1938年汉口市银行业同业公会第4届职员表

职别	姓名	字别	代表行名
主席	浦拯东	心雅	交通银行
常委	谈公远	公远	大陆银行
常委	周苍柏	苍柏	上海商业储蓄银行
常委	钱乃嵘	叔铮	中南银行
常委	南夔	经庸	湖北省银行
执委	方达智	子颖	中国农工银行
执委	邓以诚	以诚	中国实业银行
执委	陈如翔	如翔	四明商业储蓄银行
执委	赵祖武	仲宣	中国银行
执委	戴自牧	自牧	金城银行
执委	汪原润	原润	浙江兴业银行
执委	王伯天	伯天	中国农民银行
执委	李得庸	敬思	中国实业银行
执委	刘策安	策案	大孚商业储蓄银行
执委	郑叔屏	叔屏	浙江实业银行
候补执委	李叔声	叔声	聚兴诚银行
候补执委	周星棠	星棠	汉口商业银行
候补执委	袁子翰	子翰	中国通商银行
候补执委	李经磋	经磋	广东银行
候补执委	李传麐	义明	盐业银行

资料来源：《汉口市银行业同业公会第4届职员表》(1938年1月)，武汉档案馆藏：104—1—5。

银行公会执行委员会如何履行自己的职权、担负自己的责任？这个问题直到 1935 年才得到解决。1935 年 1 月 20 日,银行公会制定执行委员会办事规则。规则规定:执行委员会是银行公会日常机关,例会每月举行 1 次,临时会于必要时召集。公会主席为执行委员会主席,主席因事不能出席时,得在常务委员中互推 1 人补充。此外,还对会议的议事日程、议事程序、委员会的职责等予以详细之规定。① 汉口银行公会制定执行委员会办事规则,对公会日常工作的制度化、常态化、正常化具有积极意义。

综观汉口银行公会治理结构、体制机制的变迁,在国民政府成立前,汉口银行公会多是依照同业公会发展的自身规律进行。其中,包括它独创的轮值委员制,都是很有意义的探索。但是,在社会生活过程中,公会的活动难免起伏跌宕,很难事前预估预判,随着公会成员银行减少,以及应对公会适应社会经济生活遭遇的曲折,在艰难环境甚至是困局中谋求银行业的生存与发展之需,只能面对汉口区域社会变幻莫测政治变动做出一种积极的调适和应急反应,使汉口银行公会的体制机制为行业管理和内部治理创造好的环境和条件。到了国民政府时期,国民政府为了加强对同业公会管控,对银行公会的各项规则规定得更为具体和详细,体现了政府与行业工会之间的公共权力运行与行业存在的互动关系。这种互动关系,既有约束,也有促进。它体现在指导公会建立领导机构上,所采用的组织领导形式具有近代民主观念和程序,这是与时代进步相一致的,因而也是积极的,值得重视的现代性因素。当然,还要看到,国民政府成立之后,在试图对同业公会进行强力管控时,汉口银行公会受到政府的控制与约束也远比前一个时期的强度要大得多,程度也明显得多,在一定程度上,汉口银行公会的社会性、经济性以及组织性的活力都难免受到影响。尽管如此,其中有一条贯穿始终,一直都是没有改变的。那就是:不管处于什么历史阶段,不管处在何种经济社会条件下,汉口银行公会始终都是为了维护银行业的利益在不停工作、在艰苦奋斗。无论是从历史的眼光审视,还是由今

---

① 刘俊峰:《社会变迁中的汉口华资银行业(1912—1938)》,华中师范大学 2010 年博士学位论文,第 151 页。

天回溯过去,这种忠于职守的职业精神和艰苦创业的奋斗精神,都是难能可贵的,更是值得在历史上突出书写的宝贵内容。

二、公会组织及公会工作人员管理

汉口银行公会内部治理结构尽管是封闭的系统,但它不是内卷的,与社会经济环境形成一种互动共生关系。因此,对于公会的内部治理体系建构、完善来说,一是要适应内部组织协同、整合的需要,而不是相反;二是要适应汉口区域社会经济环境的变化,特别是社会政治环境的变化,而不能内卷化,或者对立化。汉口银行公会的内部治理结构与内部管理紧密相关,相互依存、相互影响;但是,内部管理一旦开始运行,就会产生日常惯性。这种惯性有助于治理功能发挥稳定性和延续性。在汉口银行公会运作的治理体系中,公会对于领导层的管理、对于职员的管理、对于银行大厦的管理等,都有着详细的规范和规定,制度化约束和驱动确保汉口银行公会管理职能正常发挥、日常工作常态运行。

1. 汉口银行公会的组织分工。1922 年 3 月 1 日,汉口银行公会召开全体会员大会,议决通过《汉口银行公会职员组织及办事大纲》①。公会设书记处执行会务,书记处设书记长 1 人承董事部之命令,办理日常会务。书记处设文牍、编辑两科,每科设主任 1 人,根据书记长之命令分担会务工作。书记长的职权涵括:撰写、草拟重要函电,撰文登载银行与政府间、银行与社会间以及银行相互间的性质关系,接洽官厅及其他团体,代办董事部临时委托事务,出席公会会员会议、董事会议并充当书记员,总纂公会发刊季报。文牍科主任的职责主要是:保管公会印信案卷物件,掌管公会出纳、庶务事务,布置公会开会事务,撰拟公会例行往来函牍,主撰公会社交笔墨。编辑科主任的职责主要有:负责实地调查与银行有关系之本地方各种商业上习惯,进出口货物及本省经济情形,本地金融情形,编为文件于本公会季刊发表,书面调查各地重大财政经济金融情形,编为简单文件于本公会季刊发表,搜集关于银行业务及营业上

---

① 《汉口银行公会职员组织及办事大纲》(1923 年 3 月 1 日),武汉市档案馆藏:165—1—94。

之有益材料保存而整理之。

2. 严格请假,保障公会运作。组织的运作需要有一个较为规范而弹性的请假制度。银行公会董事人员或秘书处人员在特殊情况下,因私人的重要事务可以请假。1924年1月19日,汉口银行公会董事长王锡文因母病请假10日,所有会长职务请洪苓西照章代理。① 1924年2月25日,王锡文因公赴京,约两星期返汉,董事长所有职责请宋仪章代理。王锡文赴京返汉后卧病,多请假几日,至3月24日,王锡文病愈销假。② 1924年2月28日,金世和接南京家中快函,因家嫂病危,拟回家预备丧事;其向代理董事长宋仪章请假10日。所有会中文牍职务委托张(幼之)、哈(保之)两书记代办,责任由其完全负责。③ 金世和在丧事办毕后,即乘轮回汉,到汉即行销假任事。1931年,《汉口银行公会章程》第27条明确规定:"常务委员请假至一星期以上时,应即召集执行委员会就执行委员中推举临时代理。"④

公会董事成员及秘书如需请假,需向会长请假批准,并且指定代理人员执行职责,保证其在公会内部工作的延续性、稳定性。董事长请假则须向秘书处上报,并指定代理董事长执行一切董事长职责。这样,就有益于公会在董事或工作人员缺席时,能够照常运作。允许请假,也确保公会人员有必要时间处理私人重要事务,体现对人的关怀,也增强了员工对公会的归属感、认同感和幸福感,有利于形成共同体意识,凝聚大家的力量。

银行公会还对银行员工也准予请假。1926年12月,汉口银行公会与汉口银行工人工会事务支部订立关于事务工人协定,第6条规定,"各银行对事务工人,每年得允假一月,回籍省视。其各银行原定有旅费者,则仍然照给。如工人在一年未经请假回家者,当另给薪资一月"。这就充分保障了会员银行员工的休息权利,有效缓解劳动关系紧张,促进银行与员工关系和谐,有益

---

① 《汉口银行公会致中南银行函》(1924年1月19日),武汉市档案馆藏:171—1—114。
② 《汉口银行公会致中南银行函》(1924年2月25日),武汉市档案馆藏:171—1—114。
③ 《汉口银行公会致中南银行函》(1924年2月27日),武汉市档案馆藏:171—1—114。
④ 中国银行总管理处经济研究室编:《全国银行年鉴》(1934年),第D102页。

于会员银行正常运作。

3. 规范管理规则及办事细则。作为当时具有影响力的公会组织,银行公会大厦建立之后,公会出台了一系列公会内部管理规则,如《浴室规则》①《餐室规则》②《取缔夫役规则》③《门禁规则》④《会员银行介绍同业借用本会座地规则》⑤等,进一步完善公会内部与公会庶务的管理,便于公会日常事务有序展开。

公会还设书记处,秉承董事部办理一切会务。除聘请书记长1人外,设书记办理文牍、司账、庶务等事务。书记长负责重要文电的撰拟、会议的记录、图记契据支票簿存折及重要证据物的保管、公会宣告文件的撰述及其他关于公会名义重要文件的撰述。书记长还督率各书记办理文牍事务,包括收发函电、卷宗保管及整理、准备会议事件及布置议场、撰拟例行文件、缮写印刷以及其他关于文牍上应办事务。司账事务,包括记录收付账目、款项的征收及支应、编造表报、账册表单的保管以及其他关于账务上应办事务。庶务事务,包括警察、夫役的督率及分配、会内应用物件的购备及布置、会内器具的整理及保管、管理会所内外清洁卫生以及其他无统属职掌的一切杂务。书记处办事时间,除星期日例假外,每日自上午8时起,须将当日经办事务办毕,待董事散会后,始得散值。如个人遇有要事或疾病,应向书记长请假。

作为维系特定经济社会利益的实体,汉口银行公会显然是一个经济组织和社会组织。不论是社会中的何种组织,只要是组织,就要有健全的组织运作机制。公会在成立之后,就不断结合当地风俗习惯以及实际运作情况,探索一套健全运作的体制机制,从而增强公会的凝聚力和整体张力。如治理结构的调整,当治理结构内部某些环节、某些因素不适应汉口银行公会发展时,就要及时健全结构的调适机制,对结构进行新的改造,提升其适应力、反应力和应对力。健全健康的体制机制,就能够充分满足全体会员银行的需求,体现整体结构的

---

① 《浴室规则》(1924年),武汉市档案馆藏:171—1—114。

② 《餐室规则》(1924年),武汉市档案馆藏:171—1—114。

③ 《取缔夫役规则》(1924年),武汉市档案馆藏:171—1—114。

④ 《门禁规则》(1924年),武汉市档案馆藏:171—1—114。

⑤ 《会员银行介绍同业借用本会座地规则》(1924年),武汉市档案馆藏:171—1—115。

正常运转状态。这样,就不会有会员因不满意而退出,或者内部出现会员反对的现象;否则,就会造成结构整体崩溃或者运行阻滞,乃至中断。即使是在陈行担任汉口银行公会会长时,因他存在散漫情绪,影响执行公务,引起大家不满,但公会也能及时做出调整,更换会长人选,以利公会良性运作。可见,公会对涉及内部管理的休假制度、议事制度、办事细则、董事或委员具体分管的事务分工等,都有一整套制度规范,并逐步健全其内涵要求,从而在外部条件得到保障的前提下,使这套管理机制能够持续运行,有效发挥维护会员银行利益的作用。

4. 宴会。宴会作为文明社会的一种交谊活动,是因社交需要而进行的礼仪性会客,具有丰富的人情内涵。安排一场正式的宴会,有其固有的程序:需要主客发放请柬,规范安排座次,主客安排相应的陪同人员,正式欢迎客人造访,宴会场上交流交谈,营造符合礼仪要求的环境等。会客时,主客之间可以进行情感交流,由此增强彼此同情共感。一般来看,汉口银行公会所举行的宴会,邀请对象是政府要员、知名学者、外籍人士以及内部会员银行正副行长或行员,具有礼仪性、公务性、感情交流性的特征。总之,宴会作为一种必要的社交形式,通过它既可以增加银行公会与政府、银行公会与外界以及银行公会内部成员的情感联系、情感沟通,又可以通过这种具有礼仪性和情感内涵的交往,营造团结友善的共事氛围。宴会成为汉口银行公会维系社会关系的纽带,使相关人事之间的联系变得更加密切、更加顺畅。

首先是公会宴请他人。梳理如下:

1922年11月12日,汉口银行公会在华商总会欢宴商联会各代表。[1]

1924年2月21日,汉口银行公会在公会大厦欢宴美国参赞恩诺尔以及汉口总商会。2月22日,欢宴美国商会。[2]

1924年6月26日,汉口银行公会公宴上海银行公会会长盛竹书及陈光甫、张纳川三人,并请各会员作为主客惠临。[3]

---

[1] 《国内专电》,《申报》1922年11月14日,第17863号,第3版。
[2] 《国内专电》,《申报》1924年2月23日,第18312号,第6版。
[3] 《汉口银行公会致中国实业银行函》(1924年6月25日),武汉市档案馆藏:98—1—63。

1924 年 8 月 20 日,汉口银行公会宴请马寅初、张君劢;22 日,再次宴请马寅初、张君劢,并请马寅初演讲《银行之危险》。①

1925 年 2 月,汉口银行公会按照成例举行春宴,招待官商各界。此次公宴,本会之主任,拟用公会暨会员银行具名。各行之主任,拟用各行正副理具名。是日,来宾甚多,招待必须周到,兹拟另请各行每派行员三四人到期前往招待。②

1925 年 10 月 4 日,汉口银行公会宴请胡适、马寅初、周鲠生。

1926 年 4 月 11 日,汉口银团会在银行公会宴请吴陈杜及武汉各重要人,商议维持官票办法。

1927 年 1 月 15 日,汉口银行公会在会内公宴懋业银行瞿季刚,盐业银行王绍贤。③

1932 年 8 月 11 日,汉口银行公会公宴在会各行法律顾问。

1934 年 1 月 27 日,汉口银行公会 18 个银行具名,备定三桌酒席,公宴平汉路局正副局长及主任秘书,总务、车务、会计 3 处正、副处长计客座 11 位,主人每行一位,共 18 位。④

1935 年 1 月,由于各会员银行新调到汉之经副襄理同人等,尚未欢宴。汉口银行公会决定正值欢迎新会员国货银行到会之际,又为大陆银行俞仲韩赴北京履新,定于 1 月 17 日延请。⑤

1935 年 12 月 5 日,假银行俱乐部举行欢迎中国农民银行入会之际,并公宴各会员中新任经副襄理,备中菜三席,计个人 10 位。⑥

---

① 《国内专电》,《申报》1924 年 8 月 20 日,第 18491 号,第 7 版;《国内专电》,《申报》1924 年 8 月 23 日,第 18494 号,第 7 版。
② 《汉口银行公会致中南银行函》(1925 年 2 月 11 日),武汉市档案馆藏:171—1—117。
③ 《汉口银行公会致中国实业银行函》(1927 年 1 月),武汉市档案馆藏:98—1—63。
④ 《汉口市银行业同业公会秘书处致中南银行函》(1934 年 1 月 26 日),武汉市档案馆藏:171—1—128。
⑤ 《汉口市银行业同业公会致中南银行函》(1935 年 1 月 15 日),武汉市档案馆藏:171—1—65。
⑥ 《汉口市银行业同业公会秘书处致中南银行函》(1935 年 12 月 3 日),武汉市档案馆藏:171—1—65。

1937年1月30日,汉口银行公会在公会宴请省府新任委员并请中央地方各机关长官作陪。①

其次是参与宴会的宾客。梳理如下:

1924年底,汉口银行公会与汉口钱业公会互相宣布绝交。双方的矛盾对立愈演愈烈,至各走极端。萧耀南以两帮内讧,若不迅速调解,恐决裂到不可收拾之地位,汉口金融将不堪设想。遂在腊月12月31日午后一时,在省署乘春宴各厅道,暨省署掾属之便,以电话邀汉口银行公会会长王毅灵到署。王毅灵赴会,萧耀南面询绝交原因。当派财政厅长杨小楼暨总商会会长周星棠,从中鼎力调停,以求双方疏解。银钱业亦知长此相持,终非两利。钱业与银业绝交,银业如提回拆款,钱业将有不少而失其周转,届时,市面必将发生绝大恐慌,银业亦将无法挽救。因此,经总商会等之斡旋,暗中打消,如开会调解,痕迹愈深,转为后累。于是掀然风波,遂归消灭,银、钱业复言归于好。②

1925年5月,美国图书馆协会鲍士伟博士到华调查图书馆状况。5月17日,湖北省教育界假汉口银行公会欢宴鲍士伟博士。中华大学校长陈时、武汉中学校长刘树仁、高中校长梅经言、省视学易奉乾、省教育会委员廖立勋、督署代表邹海清、教厅代表王大祺、汉口各团联合会郑慧吾、文华公书林韦棣华女士暨各校教职员夏执中、林卓然、任松如、李志超、严士佳等数十人,济济一堂,颇极一时之盛,汉口银行公会董事长王毅灵参加宴会。③

1938年4月,湖北省政府何(成濬)主席依照省府决议办法,柬邀武汉各团体行号参与公宴。汉口银行公会代表周星棠、南经庸、赵仲宣和浦心雅等四人均参加。何主席在宴会席间劝募,汉口银行公会应募5

① 《汉口市银行业同业公会秘书处致中南银行函》(1937年1月28日),武汉市档案馆藏:171—1—74。

② 《时局紧张中之各埠金融市况(六)》,《银行月刊》第5卷第2期,1925年2月25日。

③ 《鄂教育界欢宴鲍士伟博士》,《申报》1925年5月21日,第18757号,第11版。

万元。①

最后是宴会费用管理。汉口银行公会在每年预算中都有相应的宴会预算,有时因宴客不确定,还需临时增加宴客费用。但是,在决算中它都会详细列明宴客人数及花费总额。如汉口银行公会在 1924 年的经常费决算表中,交际费预算是 500 元,支出是 876.91 元,支出额度大大超出预算。为此,公会就特别备注大宗支出为“公宴美参赞、熊总理、黄任之先生及三□约 500 元为大宗”。在 1925 年的年度经常费决算表中,交际费预算是 1000 元,实际支出 819.33 元,并标记出交际费大宗支出“内以欢宴筹备处摊用 500 元,公宴商会会员等 100 元”。账目清楚,明细详备,一目了然。这样做,既保证宴会经费使用,又做到公务接待公开。

总之,在一定程度上讲,无论是自己组织宴会活动,还是派出代表参加宴会活动,汉口银行公会宴会活动在有形无形中联系着汉口银行公会会员银行之间、汉口银行公会与其他团体之间、汉口银行公会与政府之间以及汉口银行公会与社会名流之间的情感互动与思想交流,成为汉口银行公会经济活动与社会活动互动交融的一个有效通道。

5. 尊重与同情公会工作人员。英国古典经济学家亚当·斯密在《道德情操论》中阐述了同情共感原理。同情不是一个简单的概念,在他那里,同情首先是作为人的一种道德本性或道德天性而存在的。不论一个人怎样自私,内心中总是存在着一些关心他人命运、把他人的幸福视为自己的幸福的情感。这样,同情就是一种普遍存在的原始的道德感情,这也就是我们所常说的,与利己心相对立的利他心。这种同情观念,更多地适用于与他人有关的灾难或者不幸遭遇,它基本上与“怜悯”和“体恤”同义。在这个层面上,同情是人所具有的一种普遍的道德本能。② 在亚当·斯密看来,“当我们看到对准另一个人的腿或手臂的一击将要落下来的时候,我们会本能地缩回自己的腿或手臂;

---

① 《汉口市银行业同业公会致中南银行函》(1938 年 5 月 1 日),武汉市档案馆藏:171—1—131。
② 聂文军:《亚当·斯密经济伦理思想研究》,湖南师范大学 2003 年博士学位论文,第 164—165 页。

当这一击真的落下来时,我们也会在一定程度上感到它,并像受难者那样受到伤害。当观众凝视松弛的绳索上的舞蹈者,随着舞蹈者扭动身体来平衡自己,他们也会不自觉地扭动自己的身体,因为他们感到如果自己处在对方的境况下也必须这样做……"①。这就是说,同情也会产生同感。汉口银行公会组织者在社会灾害面前,在国家危难面前,往往表现出一种应有的同情共感和社会公义;同时,在对待职员以及组织同人时,也能产生一种符合道义的同情共感。正是凭着这种同情心,他们才能在相同或相似的境遇中产生相同或相似的情感,才能与银行职员沟通,提高职员待遇,对同人则通过宴会、聚餐和会议等方式,进行真诚坦率的相互交流,并对为汉口银行公会做出贡献的组织或者个人,表达应有的礼貌、尊重和敬畏。

第一,尊重和善待银行职员。银行职员是银行发展的主体和根本,银行发展必须依靠职员发挥主体性。因此,尊重和善待员工,就成为银行公会特别是各银行应该承担的一项伦理责任,应予遵循的管理法则。公会与工会分别是雇主与雇工的团体,汉口银行公会是以汉口银行为主体,汉口银行工人工会则是以银行职员为主体。汉口银行工人工会是作为社会弱势群体的职员借以自保自助,旨在改善劳动待遇、维护合法权益、提高自身地位的组织。

此外,银行公会利用业余时间组织业余体育运动、组织银行夜校、建立合理合法的休假制度等,这些都是尊重和善待员工的具体体现。1936 年 11 月,面对越来越严重的战争威胁,汉口银行公会积极组织银行员工,成立汉口市银行业救护队,切实进行救护知识的培训与实践的指导。为此,还特别制定汉口市银行业救护队规约六条,阐明其缘起、要求和目的,指出救护队的宗旨是:"以集中训练,各别自卫为原则。遇有相发时期,并得根据互助精神,扶助同业救护,再进而推及服务社会为义务。"在特别时期成立救护队的号召和行动,得到银行同业者积极响应和大力支持。据记载,各会员银行积极派员参加救护训练,总人数多达 187 人。②

---

① [英国]亚当·斯密著,蒋自强等译:《道德情操论》,商务印书馆 1997 年版,第 6 页。
② 《汉口市银行业救护队规约》(1936 年 11 月 10 日),武汉市档案馆藏:168—1—13。

　　第二,尊重主体民意,尊重各自信仰。耶稣复活节是基督教的重要节日,在民国时期的武汉,社会有过复活节的新风尚。1927 年前,汉口中外银行向来都会将这一天作为例假,休业一天。1927 年 4 月,汉口市出现反基督教的高潮,4 月 15 日、16 日、18 日等日为耶稣复活节,汉口银行公会在接到汉口银行行员工会函后,及时通知各行不应纪念,不必休业。① 这样做,尊重并顺应主流民意,有益于社会稳定,有利于公会维护正常的工作秩序。

　　第三,敬重同人,富有爱心。钱宗瀚为汉口中国银行行长,在汉口银行公会创立的过程中,曾经立下汗马功劳,并担任汉口银行公会首任会长。1922 年 2 月,钱宗瀚调任北京后,史致容则通过改选接任董事长一职。1923 年 9 月 13 日,钱宗瀚在上海病故。汉口银行界特定于 11 月 18 日,在歆生路精武体育馆召开追悼会,汉口银行公会所有成员代表出席,并以祭文赞赏其对汉口银行公会所做的贡献。这个活动很有人情味,也很感人。

　　王锡文于 1922 年、1924 年,连续两届被选为汉口银行公会董事长。他在会 4 年,贤劳备至。1926 年 2 月,经汉口银行公会会员会议议决,由公会向他赠送颂词,以此纪念其在汉口银行公会做出的贡献。接到公会纪念颂词,王锡文因此受到感动,随即函谢。②

　　同业之间还在生活上相互关怀,互帮互助。1931 年,武汉水灾过后,银行公会以及会员银行工作人员,很多人得了皮肤疾病,影响工作。8 月下旬,汉口的上海银行向汉口银行公会送去一副药方,并函告此方系名医刘学真所开,专治皮肤受湿、溃烂病症。汉口银行公会书记处接单后,立即函告各行,祈望各行员工皮肤疾病尽快好转、痊愈。

　　6. 要求会员银行以及公会人员坚守诚信原则。汉口银行公会对商业诚信高度重视,坚守诚信为本的理念。诚信,是由"诚"与"信"两个单字复合组成的词语,两个同义字结合在一起,组成新词,词义不变,具有反复强调、重点突出的深厚意味。诚信,作为中华优秀传统文化中的重要道德规范和价值追

① 《汉口银行公会致中国实业银行函》(1927 年 4 月 14 日),武汉市档案馆藏:98—1—63。
② 《照钞王前董事长谢函》(1926 年 2 月 5 日),武汉市档案馆藏:171—1—42。

求,在长期的发展和演变过程中有着深刻的内涵。所谓"诚",就是真诚勿欺、诚实不虚、表里如一;所谓"信",就是指讲信用,重然诺,有信誉。诚是从人的内在德行中表现出来的真诚品质,信则是通过人的外在表现而确立的"行止有度,说话算数"的评价和印象。诚信,自古以来就是中华民族最为崇尚的传统美德和优秀品质。孔子云,"人而无信,不知其可也"①;又说"民无信不立"②。在中国传统商德中,商业伦理坚持以诚为本、信用立商、买卖公平、不欺不诈的基本道德原则,成为经商立业的行业规范。进入近代以来,诚信原则也是经济活动中的重要格律和根本遵循。汉口银行家群体作为汉口银行公会利益集团的代表,他们在实践中也坚守着中华优秀传统商业道德,做到诚信为本、信用立商。

首先,汉口银行公会对会员提出明确的诚信要求。《汉口银行公会章程》第 12 条第 1 项明确规定,如有"丧失信用者",则丧失会员资格③。在会员银行入会之前,公会就要求两个会员银行作为介绍人对其进行推荐,有担保其信用的意思。银行在正式入会之前,公会董事会或委员会须对银行信用进行调查,确认其信用是否昭著。1923 年 6 月,汉口农商、工商两家银行加入公会。在其入会前,公会特意对这两家银行进行调查,并确定"该两行营业向称稳练,信用昭著,已符入会定章"④,才可召集全体会员会议,进行投票表决,获一致通过,方准许两家银行加入公会。

其次,汉口银行公会努力维护银行行业的信用。汉口汇丰、麦加利两家银行于 1927 年 1 月暂停营业,并持续多日,对于存款者置之不理,损害了存款者权益。汉口银行公会为维护存款者权益,以银行诚信原则向两家银行提请追究,申斥道:"银行对于存户,向以信用为前提,此理至明。乃贵行日前忽然休业,所有存款概置不理,令人莫明其妙,论营业与否,自系贵行本身之事,存款

---

① 张艳国:《〈论语〉智慧赏析》,人民出版社 2020 年版,第 29 页。
② 张艳国:《〈论语〉智慧赏析》,人民出版社 2020 年版,第 221 页。
③ 《银行周报》社编:《银行年鉴》(1922 年),第 28 页。
④ 《新入银行公会之两银行》,《申报》1923 年 6 月 14 日,第 18067 号,第 15 版。

不便,应向存户提款,不论何时,贵行均须照付,以符适例而保信用。"①1924年,汉口银行公会抵制安徽造币厂生产的劣质货币,也是维护金融行业诚信的一种体现。汉口银行公会坚决反对安徽造币厂所铸"民八币",认为其成色不足,影响市面通用,有违诚信原则,破坏国币信用,贻害经济社会。其在文件中义正词严,申明利害:对此如果不加以抵制,甚至造成民众、银行不再收用国币,必使国币信用扫地。② 1932年一·二八事变后,上海银行、钱业停业三日。汉口银行公会为了维护银行信用,保障储蓄者权益,在同钱会充分商讨后,决定针对上海银行、钱业停业三日事件,持镇静态度,照常营业并极力维护申钞的信用,与现洋同等。这些努力取得了积极成效,维护了银行信用,维持了汉口金融稳定。③

最后,汉口银行公会内部工作注重细节,有误必纠,以诚为本,以信用为先。1924年7月1日与2日,是汉口浙江实业银行决算休业时间。但此前汉口银行公会在征询各行休业时间表时,误将浙江实业银行决算休息时间填为仅有一天,即7月1日,并登报广告。由此带来浙江实业银决算休业时间与登报广告不相符合,引起社会关注。汉口银行公会本着对社会负责的精神,便及时于决算日期前转知各会员,转知各报社,并登报公告予以修正,避免给浙江实业银行与各行、商号、民众造成贻误。④ 在1931年水灾中,汉口银行公会单独捐款5万元,并号召各行分别认领相应捐款数目。但公会书记处工作人员在抄报各行捐数目时,误将浙江实业银行的捐款多填1000,致使总数与5万元不合。后来查明,浙江实业原认捐款只有3000。汉口银行公会在查明事实后,及时开单知照武汉急赈会及各会员银行,并告知错误缘由,是由于"书记笔误",并表示"极为悚歉"⑤。这种知错必改、有错必纠、实事求是的精神,在商业社会中是难能可贵的。

①　《汉口银行公会致中国实业银行函》(1927年1月18日),武汉市档案馆藏:98—1—63。
②　《照钞复上海银行公会函》(1924年12月10日),武汉市档案馆藏:171—1—115。
③　《赣鄂维持申钞信用》,《申报》1932年2月1日,第21129号,第4版。
④　《汉口银行公会致中国实业银行函》(1927年6月28日),武汉市档案馆藏:98—1—63。
⑤　《汉口银行公会书记处致金城银行函》(1931年8月20日),武汉市档案馆藏:165—1—610。

三、公会的附设机构

汉口银行公会作为同业集体组织,为了适应金融业的发展,在进行金融活动时,参照其他同业组织,相应地附设了由公会管理的组织机构,如汉口银行公会交易处、汉口银行公会银行夜校等。

1. 交易处的成立。汉口银行交易处的设立,是华资银行业务发展的客观要求,具有必然性。20 世纪 20 年代,银行成立自己的交易处成为华资银行的共识。只不过在经营中,由于银、钱两业冲突不断加剧,坚定了银行设立交易处的想法,并加快其设立交易处的步伐。汉口银行界有人在《银行杂志》上撰文,指出:"社会上之环境非一业所能独力改造,故实际上当先从内部着想,姑留外部的问题作为次要。内部的整理,其道亦有多端,而大要不外乎培养实力、巩固基础,其具体方法,则设公库、行检查、办征信所、组交换所等是也。"①1921 年,因银、钱纠纷,汉口银行公会设立银行交易处。汉口交易市场的成立,为改变汉口当时交易上的习惯做法发挥了一定作用,但是,要从根本上改变传统的交易秩序和方式,就并不那么简单容易了。事物发展的道理往往是这样的:新生事物要战胜并取代旧事物,既需要一个时间过程,也需要付出一定的代价。1923 年,在汉口金融界还存在这样一种局面,"外国银行对于钱铺及华商银行彼此收介,完全用现。尾数用钱铺本票或上条找付。对于外国银行间,彼此均开立汇划账收介,票款均由账上收付。惟我华商银行,则较钱铺外国银行为繁琐,为困难。凡应付银数票款,由钱铺来收者,既不能一一付以现款,势必向入公会之钱铺,开立往来账,填给上条以应付之,应收汇票庄票上条等,亦必须存入钱铺往来账上,托其代归。而由外国银行来收票款,其大数固须付给现银,另数亦须用钱铺上条以抵付内收票款亦然。而我华商银行同业彼此收介票款,因无汇划机关之设立,无可汇划,仍须借重于现银及钱铺上条以应付之。……而钱铺几为我华商银行之总枢纽,非与开立往来账,不能清付本日应介之款项,而外国银行钱铺之互相收介,亦日必数次或十数次。而金

---

① 王浩:《银行公会效能之发挥》,《银行杂志》第 1 卷第 2 号,1923 年 11 月 16 日。

融业每日除营业外,需划一大部分之人工财力,以清理同业间之收介,耗费光阴财力,诚非浅鲜,此实由于我国金融界组织上之缺憾故也。一地如此,他埠亦然。是以上海银行公会近今有仿欧西办法,组织票据交换所之事,将一日间当地金融界之相互间收介票款,立一汇总机关,由该机关处理。其一日间应收应付之数目,分别记账,所以省时省力也。惟能否使钱铺、华商银行、外国银行三种份子,同入于一轨,实有讨论之价值。至汉口是否有接踵而起之必要,固不待智者而言。"①当然,不可否认,银行交易处的成立,对于汉口华资银行的发展来说,还是具有积极意义的。

汉口银行交易处的成立,为上海银行界成立交易处做出了示范。1925年,受上海银行公会委托,李铭来汉"调查汉口银行公会交换所情形",后经致函"汉口查询",得知"该埠只办有银行公会交易处,交换所并未成立,并抄来交易处规则一份"②。到1925年7月,盐业银行致函上海银行公会建议,先仿照汉口成立交易处。盐业银行认为:"票据交换本为金融界不可少之事业,惟手续繁多,非可猝办,汉口公会之交易处简而易行,若就我公会已成立之行市委员会试办交易处以立基础,俟买卖渐多,再行扩充并设立交换所,仅如钱业小总会一时不求阔大,逐步推进,似可收事半功倍之效。汉口交易规则有不合沪市者,略加删改即可仿行。惟冀我在会各行协力赞助,即日试行,以数十行之资财数千万之进出,循序进行,由小而至大,庶吾业可免依傍他人门乎,是否有当,仍候公决,此复银行公会。"③可以说,汉口银行公会的这一创举,在当时的银行界,可谓影响巨大。

在1926年以前,银行公会交易处主要是从事"收交国内汇兑,承受票据贴现,业务盛极一时。对于金融供求之调剂,实与当时钱业市场相辅而行"。1927年,受武汉集中现金的影响,全市金融停滞,该处亦即停办。1928年后,

---

① 陈晓鹏:《汉口银行界是否有设立票据交换所之必要》,《银行杂志》第3卷第13号,1926年5月1日。
② 《李铭致上海银行公会函》(1925年2月2日),上海市档案馆藏:S173—1—202。
③ 《盐业银行致上海银行公会函》(1925年7月17日),上海市档案馆藏:S173—1—202。

又行恢复,但"仅各会员银行营业员,每午临场参加交易,并由公会供给午餐,业务范围较前缩小,大都属于收交申汇部分,其数目亦锐减,甚或交易中断,有历数日者。公会当轴,亦曾拟议扩充,卒以市面未复,致难实现。近自政府管理通货以来,国内汇兑,已趋平衡,向以经营申汇为主之该交易处,在业务上已失其对象;遂暂行停办"①。

银行交易处的成立,在客观上讲,它影响了汉口钱业公会的票据汇划,削弱了汉口钱业公会对汉口金融市场的控制力。根据《汉口商业月刊》的统计,仅1937年6月,"汇划之票据共一万零一百七十九张,总值为22832547.43元,平均每张值2243.11元。以过去本刊未有材料,无从比较。据钱业中人云,本年来之汇划较过去数年情形较佳,然不及十年前,远甚也。"②此后,钱业汇划量呈不断下降的趋势。到1937年12月,"钱业汇划市场仅两比期有市,计票六百六十八张,国币1384854.12元。合计票一千一百一十七张,国币2403528.12,为本年最低记录"③。尽管其中有战争因素的影响,但是,钱业汇划所处理的业务已经大不如前。由于汉口华资银行此时早就有了自己的交易所,因此,它们对钱业汇划的依赖程度就已经大幅下降了。

2. 创办汉口银行公会银行夜校。1924年1月初,汉口银行公会学术研究会委员长曾慎基、副委员长闻云韶提议设立银行公会夜校。1月9日,公会会员会正式讨论设立夜校问题。经讨论,决定汉口银行公会银行夜校"须认真办理,专任教员月薪尚可减,义务教员亦应略送。夫马费方免间断,如原预算不敷,姑以每年六千元概算,照十七行分摊之,中、交两行每年每行各担认五百元。其余十五行,每年每行各担任三百三十三元。中、交两行认款既多,学额亦可照加,各行各照定额选送学生。其学生是否全为该行行员,由该行自酌,

---

① 《交行通讯》第8卷第2号,1936年2月。《武汉金融志》编写委员会办公室、中国人民银行武汉市分行金融研究所编:《武汉银行史料》,内部发行,1987年,第245页。
② 《汉口商业月刊》新第2卷第2期,1937年7月。《武汉金融志》编写委员会办公室、中国人民银行武汉市分行金融研究所编:《武汉钱庄史料》,内部发行,1985年,第126页。
③ 《汉口商业月刊》新第2卷第8期,1938年1月。《武汉金融志》编写委员会办公室、中国人民银行武汉市分行金融研究所编:《武汉钱庄史料》,内部发行,1985年,第128页。

学校全认该行送函为准。各行额外之人,有愿付学者,即由校长酌定。陈由公会董事长认可,并公推王董事长为名誉校长"①。

银行夜校作为银行公会同业组织的公益附属学校,是由各个银行共同捐资组建的。最初,经教育组长陈行聘请陈清华担任夜校校长职务,嗣后,陈清华离开汉口,高就他处。为此,陈行又聘请工商银行经理张度为夜校校长。陈行与张度通力协作,筹办夜校准备工作尽心尽力,"章则之拟订,教课之规定,教职员之延聘,经费之制配,均经陈、张两君悉心计划"②。随后通过《汉口银行公会夜校简章》③,如下:

汉口银行公会夜校简章

一、定名:本校定名为汉口银行公会夜校。

二、宗旨:以增进在会各行同仁之商业道德及智识为宗旨。

三、学科:本校设简易及专修两种,简易两年毕业,专修科科目临时酌定,由本校通知在会各银行,一俟报名满若干人以上,即行开班。

四、入学资格:凡在会各行同仁均有入校肄业之资格。

五、入学手续:在会各银行同仁入学,须先呈报各行经副理备具公函,于开学前若干日送至本校报名,并指定愿入何科。

六、纳费:本校简易科经费由在会各行担任,对于学生免收学费,惟书籍纸笔须自备,专修科经费由该科听讲者分担。

七、毕业:本校简易科两年毕业,非各种科目皆考合格,本校不给予毕业证书,专修科每一科目习完,教员认为满意时,本校给予该科目毕业证书。

八、学期:一年分两学期,阳历一月及九月为学期之始。

九、休假:本校休假日按银行公会休假日为标准,并酌放暑假、年假、

---

① 《汉口银行公会会员会》(1924年1月9日),武汉市档案馆藏:171—1—114。
② 《照钞学术研究会来函》(1924年1月15日),武汉市档案馆藏:171—1—114。
③ 《武汉金融志》编写委员会办公室、中国人民银行武汉市分行金融研究所编:《武汉银行史料》,内部发行,1987年,第97—99页。

圣诞节等休假日。

十、报告:学生成绩于每学期终报告各行副经理。

十一、请假:学生如因要事请假,须予先函告本校,否则当由本校向派出行函询情由。

十二、授课时间:每晚八时至十一时为授课时间。

十三、退学:学生有品行不善,屡戒不改者,由本校函告各行经副理,请其自行退学。

十四、附则:本简章有未尽事宜,于每学期开学之前,由教员会议修改之,送请公会备案。

简易科二年毕业,第一年级上学期,英文,每周三点钟,文法读本以能造句作短文为目的。国文为每周二点钟,以能写简单商业信函为目的。商业数学为每周二点钟,用中文本以实用数学知识于商业为目的。簿记每周三点钟,用中文本以实习新式记帐方法为目的。下学期,英文,每周二点钟。银行会计,每周三点钟,以会计原理应用于银行。商业常识每周三点钟英文本,珠算每周一点钟,速记每周一点钟英文为限。专修科拟设各种学科开列如下:于每学期开学以前,先得相当教员,再行通知在会各行,候某科报名人数满十人者,即将某科开班。(一)国学,(二)高级英文,(三)高深经济学,(四)财政,(五)银行会计,(六)交易所论,(七)国际贸易论,(八)货币学,(九)国际汇兑学,(十)统计学,(十一)保险学,(十二)银行学,(十三)公司理财,(十四)工厂管理法等。以上各科,其教授主旨及钟点,皆由各该科教员约定,于开学课前,由本校通知各行。

在夜校的创办过程中,筹办经费问题是遇到的最大阻碍。由于夜校是公会公益性学校,并没有收入来源支撑,也没有政府支持,而是由公会成员银行自主捐助的,所捐经费须得协商一致通过后,方能施行。在成立前,学术研究会就列明了详细的开支预算表,在经办过程中还详细列出经费使用情况。目的是使夜校创办工作民主化,经费使用公开化。汉口银行公会银行夜校在创办过程中,都列有经费明细,详情见表3-16。

表 3-16　1926 年汉口银行公会夜校经费　　　（单位:元）

摘要	金额	说明	摘要	金额	说明
银行公会交	5995.00	十四年度上下两学期经费	薪金工食	4036.00	
利息	63.97	四明银行往来存息	还中孚垫款	53.51	秦前校长报告在案
			纸张印刷	114.68	
			书报	71.22	
			杂费	67.70	
			共计	4343.11	
			余额	1715.86	
总计	6058.97		总计	6058.97	

资料来源:《汉口银行公会民国十五年夜校经费》(1926 年),武汉市档案馆藏:171—1—42。

随后,汉口银行公会会长王毅灵与学术研究会正副委员长曾慎基、闻云韶及教育组长陈行一起,共同议决各行在夜校学习的名额。中国银行与交通银行 12 人,其余各行暂定名额为 8 人。汉口银行公会夜校所学内容,以"增进在会各行同仁之商业、道德及智识为宗旨",分设简易科、专修科,"在会各行同仁均有入校肄业之资格",所学课程包括国学、商业数学、簿记、新式记账方式、英文、会计原则、经济学、财政学、交易所论、国际贸易论、货币学、国际汇兑学、统计学、公司理财、工厂管理法等。[1] 从表 3-17 中可以看出,汉口银行公会夜校的学生年纪不大,他们十分学习重视英文。

表 3-17　1924 年汉口华资银行报送汉口银行公会夜校学生名单(部分)

姓名	籍贯	年岁	愿入何科(注明专修科或简易科)	英文程度几年(注明已读过英文几年或未曾读过)	备注
定正华	湖北	22	第三年级	4 年	
吕儒秉	湖北	23	第一年级	未曾读过	
郝延桀	江苏	18	第一年级	未曾读过	

---

[1] 《汉口银行公会致金城银行函》(1922 年 9 月 13 日),武汉市档案馆藏:165—1—92。

续表

姓名	籍贯	年岁	愿入何科(注明专修科或简易科)	英文程度几年(注明已读过英文几年或未曾读过)	备注
洪传铨	浙江	22	第三年级	4 年	
龚来章	四川	22	第二年级	4 年	
熊延庚	江苏	19	第二年级	3 年	
史久念	浙江	16	第二年级	读过 3 年	
陈治权	江苏	18	第二年级	读过 3 年	
曾庆经	湖北	22	第三年级	4 年	
戴乾龙	四川	28	第一年级	未曾读过	

资料来源:《银行报送汉口银行公会夜校学生名单》(1924 年),武汉市档案馆藏:165—1—286。

1924 年 2 月 22 日,汉口银行公会夜校正式举行开学典礼。25 日,简易、专修两科开课。在第 1 个学期,专修科就开设了银行会计 2 个课时、国外汇兑 2 个课时、英文 3 个课时。英文课时最多。这表明,公会对银行工作人员英语要求较高,更说明银行急需懂英文的人才。按照章程,简易科开设了英文 6 个课时、国文 2 个课时、簿记 2 个课时、商业数学 3 个课时;同样,英文课时占总课时近一半。[①]

银行夜校顺利开学,这是汉口银行界自主培养有用人才的重要里程碑。作为培养银行人才的专门学校,其开设学科也都与银行知识直接相关,凸显了实用专修的人才培养特点。但是,在开办之后就遇到众多阻力,如学生旷课、迟到、请假等现象突出。夜校学生是分配名额上学的,如 1 名学生旷课、迟到,就会耽误他人学习,以致与夜校办理初衷大相径庭。这就表明,夜校在办学之初,由于不曾有过办校经验,又没有得到政府支持,因而学员懒散,组织管理缺乏经验。这诚如主办者反思所说的:"本校成立已逾两月,深愧教授及管理方法多未完善。因思各贵行合办此校,通力合作,不遗余力,其属望于本校者至深且切,若不研求精良之法以管理而教授之不足,收实效而副雅意,兹特征求意见为改良方法之标本。"同时,学员在学习中也遇到困难,对所学内容感觉

[①] 《汉口银行公会致中南银行函》(1924 年 2 月 25 日),武汉市档案馆藏:171—1—115。

难度较大,不易跟进和掌握,"开学以来,所订课目,诸生互觉有过之而无不及之憾,不独教授极感困难,即学业亦难臻进,益算术为然,英文尤甚"①。针对学员旷课情况,夜校专门按照姓名、学科、到校钟点、缺课钟点、请假钟点、迟到钟点、备考等,有针对性地制作了汉口银行公会夜校学生每周考勤表,将每周考勤登记报送学员所在银行。

后经各行商讨,学校决定,根据学员实际情况安排其科目。1924 年 5 月,夜校简易科、专修科学员都先期进行试验;根据试验成绩,再进行调整。调整之后,专修科课程表改为银行会计、商业英文、英文文法、国外汇兑,所教科目更趋于专业化。简易科则按照英文考试成绩进行分班,国文、算术、代数、簿记统一上课,而英文则按照实际水平分为 4 个班次进行。如此一来,教授课程更有针对性,学员学习的积极性、主动性也得到加强。1924 年 6 月,夜校进行第 1 学期期末考试,按照成绩甲、乙、丙、丁、不及格分 5 个等级报告学员及所在银行。为鼓励学员认真学习,1924 年下学期,在学生考试测验后,经过各教员评定甲、乙等次,夜校如实填写修业证书分送、转交并备有奖品择优颁发,从而鼓励学员再接再厉。②

就在银行夜校不断完善管理的过程中,1925 年,学术研究会委员长曾务初、副委员长闻云韶辞职,夜校的存废受到影响。3 月 12 日,银行公会会员大会就此事展开讨论,讨论结果认为,"在会中未举定正副委员长之先,此项教育行政不可中断,应先组织校董会,即由校董将夜校如何改进议决办理,并报告公会"。为了保证夜校运行的经费,银行公会决定再向各行征收费用以为备用。随即会员投票,会员主张先成立校董会,秦楔卿、唐寿民、洪彬史、王稻坪和黄俭翊 5 人被推举为校董。③ 3 月 19 日,夜校校董召开成立会并公选唐寿民为主席,洪彬史为会计校董。会议还议决修改原有的《夜校简章》为《夜校校章》,内容如下:

① 《汉口银行公会夜校致中南银行函》(1924 年 5 月 16 日),武汉市档案馆藏:171—1—115。
② 《汉口银行公会夜校致中南银行函》(1925 年 2 月 13 日),武汉市档案馆藏:171—1—116。
③ 《十四年三月十二日会员会议(下午二时)》(1925 年 3 月 12 日),武汉市档案馆藏:171—1—117;《汉口银行公会致中南银行函》(1925 年 4 月 3 日),武汉市档案馆藏:171—1—117。

汉口银行公会夜校校章①

一、定名

本校定名为:汉口银行公会夜校。

二、宗旨

以增进在会各行同仁之商业道德及智识为宗旨。

三、校董

本校由银行公会会员公举五人为校董,组织校董会管理全校一切事宜,并由校董互推一人为主席校董,一人为会计校董。

四、校董会职权

校董会之职权如左:

(一)教务主任及教职员之聘请及辞退;

(二)经费之支配;

(三)课程之通过;

(四)校务及成绩之考核。

五、校董会

校董会分常会及临时会两种,均由主席校董召集之。常会,每月第一星期三及第三星期三,各开会一次。临时会,遇有重要事件,随时召集。

六、学科

本校设简易及专修两科,简易科两年毕业,课程表另订。专修科,科目临时酌定。由本校通知在会各银行,一俟报名满若干人以上,即行开班。

七、入学资格

凡在会各行同仁,均有入校肄业之资格。

八、入学手续

在会各银行同仁,入学须先呈报,各行经副理备具公函,于开校前若

---

① 《汉口银行公会夜校校章》(1925年4月),武汉市档案馆藏:171—1—116。

干日送至本校报名,并指定愿入何科。

九、经费

本校经费,由在会各行按照民国十三年一月九日银行公会会员会议案原额担任,对于在会各行保送学生,免收学费,惟书籍、纸、笔须自备。

十、毕业

本校简易科两年毕业,非各种科目皆考试合格,本校不给予毕业证书。专修科每一科目习完,教员认为满意时,本校给予该科目毕业证书。

十一、学期

一年分两学期,以阳历一月及九月为学期之始。

十二、休假

本校休假日,按银行公会休假日为标准,并酌放暑假、年假、圣诞节等休假日。

十三、报告

学生成绩,于每学期终报告各行经副理。

十四、请假

学生如因要事请假,须预先向各该生本行经副理请假核准,函告本校。否则,以无故缺课论,每月由本校报告各该行一次,以作成绩之考核。

十五、授课时间

每晚七时至十时为授课时间。

十六、退学

学生有品行不善,屡戒不悛者,由本校函告各行经副理,请其自行退学。

十七、附则

本简章有未尽事宜,于每学期开学之前,由校董会议决修改之,并送请公会备案。

《汉口银行公会夜校校章》较之前的《简章》更趋完善、实用,它明确了校董为夜校最高管理机构,校董有权对夜校进行管理,有权任免教务主任、教职员,有权支配经费、安排课程、安排校务、考核学员等。

为了更好地培养学员学习外语,夜校还专门聘请外教教授英文文学与英文会话。1925 年 4 月,汉口银行公会会员会议议决,加聘英国司女士教授简易科 1、2 班英文及 3、4 班与专修科会话。司女士是英国文学家纳氏之女,家学渊源深厚,曾在英国各校教习,并且在中国仍任教育之职,教授银行学课程。①

夜校学员是各银行的职工,白天需在银行工作,晚上才能到夜校学习。平时在银行业务不太繁忙之时,才可以按时到校学习;但每遇银行事务繁忙之时,难免力不从心。为此,夜校及时做出调整。1925 年 6 月,"各行上期结账转瞬即届,诸生对于各本行均有职务,特将学期试验提前举行,所有应考科目及考试日期另订一表"②。1925 年 12 月,"阳历年关,各行办理决算,所有本校诸生因行务日繁,恐到校听讲难以兼顾。于 12 月 27 日起,暂行停课 10 天,至十五年 1 月 6 日照常上课,俟届寒假再为定期举行本学年年终考试"③。合理调整上课时间和授课进度,既有利于保障各银行学员正常有序地开展自己的银行业务,也说明夜校办学立足于学生学习,做到教学安排机动性、灵活性,有益于教学相长,理论与实践相结合。

为丰富学员的知识,拓展学员的眼界,银行公会还经常邀请专家学者、社会贤达入校演讲,公会也要求学员按时认真聆听。1924 年 8 月,马寅初与张君劢在夜校演讲。马寅初发表《中国银行界前途之危机》④的演讲。1924 年 10 月 4 日,夜校请北京清华大学校长曹云祥先生演讲,曹云祥讲述《银行员之修养》⑤。1925 年 10 月 4 日,汉口银行公会公宴胡适之诸君;并请胡适之演讲学理,要求夜校诸生前去听讲。⑥ 这些都受到学员欢迎,引起他们求知的兴

① 《汉口银行公会夜校致中南银行函》(1925 年 4 月 9 日),武汉市档案馆藏:171—1—116。
② 《汉口银行公会夜校致中南银行函》(1925 年 6 月 15 日),武汉市档案馆藏:171—1—116。
③ 《汉口银行公会夜校致中南银行函》(1925 年 12 月 25 日),武汉市档案馆藏:171—1—116。
④ 《汉口银行公会致中南银行函》(1924 年 8 月 19 日),武汉市档案馆藏:171—1—115。
⑤ 《曹庆五先生讲演记》(1924 年 10 月 14 日),武汉市档案馆藏:171—1—115。
⑥ 《汉口银行公会夜校致中南银行函》(1925 年 10 月 1 日),武汉市档案馆藏:171—1—116。

趣。1924 年下学期,夜校还专门开设了由专家演讲的中外经济问题课程,以培养学员讲解能力,及时了解中外经济学识、中外经济状况。

夜校自 1924 年成立,就在一个不断完善与发展过程之中;同时,校务也在不断围绕教学质量进行整顿。1926 年 1 月,夜校校董会全体辞职,"银行夜校,其性质与普通学校不同。其课程与教授亦自应有区别,苟偏于学理之书或务于高远之学,求其有裨银行实用,恐不免于鉴柄也。以故各行学生虽照定额保送而实在到校者每不及二分之一,其原因由于行校未能合作者固半。由于教科未尽,崇实者亦半。盖行校不能合作,则学生无奖进之思;教科不尽崇实,则学生存泛视之念"①。夜校为切实整顿校务,成立教务委员会。3 月,经夜校校董会、教务委员会联席会议再次修改校章,厘定学制,聘请教务主任及各教员。教务委员会由校董会推举聘请富有银行学识者 5 人组成,委员每星期轮流担任关于银行实际学识演讲 1 次,其余凡教务上之设施及教授法以及课程选择,均不得随时提议,但仍由教务主任审定。教务主任则由校董会延聘,其具有聘请及辞退教员、教务设施与教授法及课程选定、负责学生成绩考核等职责,学生成绩及缺课均须每月报告校董会 1 次,以凭转报各行。② 夜校第 1届教务委员会主任为徐志禹,他按照章程力行职责,按时发布夜校教务通告。

由此,从 1926 年第 1 学期开始,银行夜校采用学分制。"(一)本校自本学期始采用学分制;(二)凡学生成绩,积至三十六学分时,本校即给予毕业证书;(三)凡学生习完每周一小时之科目,于期终即得一学分,每周两小时科目两学分,以此类推。(暂时只设每周两小时之课目,故各项课目皆以二分计);(四)学生每学期至少选三项科目(计六学分),至多不得过四项课目(计八学分);(五)如学生于某项课目已经读过,而自信能考试及格者,得来函要求考试,及格时即得免读该项课目,同时得该项课目之学分;(六)选定本学期之课程后,不得再行更换;(七)本校从本学期起,设有永久成绩藏本或总分簿,专录学生成绩及学分积点;(八)选科时,学生须注意本校功课,有上、下学期之

① 《汉口银行公会致中南银行函附件》(1926 年 1 月 30 日),武汉市档案馆藏:171—1—42。
② 《汉口银行公会夜校校章》(1926 年),武汉市档案馆藏:171—1—42。

分,本学期学生只得选上学期之功课。"①并且还颁布《学生须知》9 条,要求学生在课前、课中、课后所应注意事项。学期结束后,夜校教务处制定了《汉口银行公会夜校报告书》,详细记载一学期以来,夜校所进行的各项工作及学员信息。据统计,各行报送学生达 127 人,其中报送未报到者 22 人,即实际到达夜校上课者达到 105 人。这在当时的业余学校来讲,参学人数实属较多,规模亦属较大,而管理也渐趋完善,教学质量也有保证。但是,银行夜校因政局变化,在1926 年下半年被迫停办。

银行夜校停办后,1930 年 5 月,汉口银行公会试图恢复这一办学传统。汉口银行公会曾经附设银行学研究会,嗣后改为银行夜校,聘请有关名师为学员授课,所得成效得到各会员银行一致认可。在各会员银行派送行员到校学习时,可以为金融知识、英语知识、算术知识等较为薄弱的行员进行补习,从而对于培养人才、形成专业人才队伍极有裨益。"各行派送行员到会听讲,其学术较浅者,并补习各门功课,造就人材,极有裨益。"②但是,在 1926 年停办后,部分会员银行感到很不舍,并且由于受到政局环境、经济状况、公会组织等情况的影响,到了 1930 年,还没有恢复办学,殊为可惜。1930 年 5 月,各会员银行请求恢复办学。"各行行员多有殷殷响学之意,请将银行学术研究会重新举办等情势,本会采纳众意,为之奋斗,拟即将银行学术研究会,仍在银行公会重行设立,延请博学名师,每星期二、四、六,晚间八时至九时,在公会演讲,银行实用学术分门订立课程,照大学讲授钟点规例,每月薪水最多不过百元,即以学员之多寡,定摊费之数目,在行员所学得用在各行亦所费无多,而晚间抽暇仅一小时,于时间亦甚经济"③。银行学术研究会重新设立,得到各行支持,中南银行在收到函告之后,即派 2 名行员参加,可谓反应迅速。但由于政局不

① 《汉口银行公会夜校教务处通告第三号》(1926 年 3 月 18 日),武汉市档案馆藏:171—1—42。
② 《武汉金融志》编写委员会办公室、中国人民银行武汉市分行金融研究所编:《武汉银行史料》,内部发行,1987 年,第 238 页。
③ 《武汉金融志》编写委员会办公室、中国人民银行武汉市分行金融研究所编:《武汉银行史料》,内部发行,1987 年,第 238—239 页。

济、公会内部不稳,学术研究会在运行不久后又遭夭折。

纵观汉口银行公会夜校的设立,它是汉口银行家群体受中国文化传统中"义主利从"思想的影响,亦是出于发展金融事业自身的考虑,①它更是在办校实践中不断进行自主探索的一个过程,没有模板可以借鉴,没有底板可以复制,没有母版可以放大,完全靠自己感知、体会和制作。从 1924 年开办到 1926 年终结,历时 3 年,开课时间仅仅两年半。客观地说,时间并不算太长,但其办学精神和办学经验,却在历史上留下了浓重的一笔。在三年的时间里,公会为夜校办学竭尽其能,用心用力,围绕人才培养质量这个根本问题,统筹谋划,配置资源,优化管理,多次对夜校进行整顿并修改办学章程,使夜校渐趋完善、日渐规范,学习之风洋溢校园。汉口银行公会通过举办银行夜校,提供汉口银行业职员知识素质,培养了汉口银行人才,服务了汉口银行业发展。②由于受到政局的不利影响,汉口银行公会夜校黯然退出历史舞台,不免令人扼腕叹息。由此看来,没有一个好的社会政治环境,就没有一个好的干事创业条件,要想顺利地办成一点事,哪怕是一件小事情,都难上加难啊!

3. 组织筹办征信所。汉口银行公会在成立之初,就将"限期成立支票交换所及征信所"作为公会宗旨之一。后来,《汉口银行公会章程》虽经历次修订,但都将这条宗旨予以保留。随着汉口银行公会发展时起时伏,其间征信所在设置与运行中也波折不断。汉口银行公会虽然早在 1920 年就成立了,但迟至 1933 年 3 月,它才正式筹建征信所。"因研究征信所及票据交换所事项,拟由在会各行每行摊定一人,函复过会俾便召集共同研究。"③各银行随之推派代表,决定由中国银行的甄润珊、交通银行的沈诵之、浙江兴业银行的连饬甫、聚兴诚银行的王孟良、盐业银行的方振民、金城银行的戴自牧、四明银行的张幼之、上海银行的张承谟、浙江实业银行的郑叔屏、中国实业银行的郑颂耆、大

---

① 张亚光、于水婧:《近代金融职业教育的启蒙与发展》,《中国高等教育》2016 年第 17 期。
② 参见魏文享:《中间组织——近代工商同业公会研究》,华中师范大学出版社 2007 年版,第 355—356 页。
③ 《汉口市银行业同业公会致中南银行函》(1933 年 3 月 8 日),武汉市档案馆藏:171—1—126。

陆银行的贺蕃、中南银行的吴毅春、中国农工银行的葛之干和中国通商银行的汪石峰等 14 人，一并具体参与筹备事务。6 月 9 日，汉口银行公会召集会议讨论筹办征信所事宜。"以此项组织先决问题，在下列两点，一、是否为本公会附属事业，抑系独立性质；二、经临各费如何规定及如何担任，业经拟具意见提交本会决定。"①1933 年 6 月 10 日，汉口银行公会再次开聚餐会，将上述提议交付参会人员进行公决。兹事体大，公决事关征信所的创办。在会上，大家对会员银行是否一体自愿加入征信所也进行了商讨。但是，在 10 日的聚餐会上，由于没有最终形成一个商讨一致的结果，大家表示，只好再约定其他时间进一步商讨。6 月 14 日，汉口银行公会会员银行聚餐后，再次将上述提案集中进行商榷，各行之间在平和的气氛下充分交换意见，终于形成共识，达成一致。讨论的结果是："征信所之组织不隶属于银行公会，先行组设筹备委员会，由公会通函各行征询加入与否。如愿加入筹备者，请于三日内，推派筹备委员一人函报公会。其暂时不愿加入筹备者亦可，但亦请函复公会，以资接洽。一俟各行复齐，即行召集筹备创立会，将研究征信所一切进行事宜均交由该委员会办理。"②最终决定，征信所独立于汉口银行公会。虽然结论只是一句话，但是，酝酿与讨论、磋商不知费了多少心血和口舌。会议决定，在筹办征信所时，需另行成立一个筹备委员会来负责筹办。而创设汉口征信所的大部分成员，都是来自汉口银行公会的成员，可见，创设推进与落地，是与汉口银行公会的努力担当密不可分的。

在汉口金融界筹备征信所前，尚有于 1932 年 6 月 6 日在上海成立的中国征信所，它是近代中国人自主创办的第一家征信机构。该所以"提倡社会信义，便利工商"为宗旨，将商业伦理与事业建设有机结合起来，具有服务社会的崇高情怀。在汉口银行界筹备征信所时，中国征信所准备在汉口设立分所。在汉口银行公会的主持下，经过多次开会商讨，最终决定以特别会员名义加入。1933 年 8 月 16 日，汉口银行公会会员银行在参加聚餐会时，专门讨论加

---

① 《汉口市银行业同业公会致中南银行函》(1933 年 6 月 15 日)，武汉市档案馆藏：171—1—126。
② 《汉口市银行业同业公会致中南银行函》(1933 年 6 月 15 日)，武汉市档案馆藏：171—1—126。

入中国征信所汉口分所的事项。会议决定了四项原则办法:"一、汉口决定暂不组织征信分社,自无基本会员之规定;二、各行为力予赞助起见,承认对于汉分所,以特别会员名称,居于赞助地位,并依照中国征信社原定汉口基本会员纳费办法,各担付入会费一百元,每月担付经常费五十元,但不居基本会员名义;三、前项,月纳经费,暂以一年度为限,嗣后期满,继续担认(任)与否,由各行随时酌定;四、各行享受权利,应与上海基本会员同等待遇,即所有上海、汉口各地报告,无论委托与否,均应按时照寄,否则临时停付月费"①。以上四项原则,充分征询各会员银行意见;如果没有异议,各银行须按照中国征信所简章内所订第 4 条办法办理。随即中国银行、交通银行、浙江兴业银行、聚兴诚银行、盐业银行、金城银行、四明银行、上海银行、浙江实业银行、中国实业银行、大陆银行、广东银行、中南银行、中国农工银行和中国通商银行 15 家银行一致赞同按照公会成员讨论的四项原则办理。15 家银行以银行团名义与中国征信所代表郭宜生面洽具体事宜。"一切事关征信前途,自当竭诚协助,惟经敝行等再三商榷,金以沪、汉情形究有不同,在汉言汉,惟有尽力所能,尽量办理,业将敝行等对汉分所之原则办法四项会同决定。"②对于四项原则,银行团唯有对第 4 项发送报告书一节有所顾忌。中国征信所决定对于上海基本会员日常所得报告一律分寄特别会员,其邮寄方法暂定:"一、商家异动报告及紧急市况报告,均用飞机快寄;二、日常市况报告,照平常信件寄;三、普通信用报告,照新闻纸类寄。倘将来有须变更邮寄方式时,由各行随时迳典贵所协定至事函,所谓,特别委托调查事件照例每份收费一元,自应遵办准函前因,相应函复,即希贵所查照,酌定见复,是盼。再志愿书手续拟请改另令合同其条文,即照彼此往来函内所举办法,分条列入。"③9 月,中国征信所汉口分所寄送合同 15 份,每份两张,另有一张样本寄送汉口银行公会。

9 月 19 日,中国征信所致函汉口各会员行,热忱欢迎其赞助加入,成为特

① 《汉口市银行业同业公会致四明银行函》(1933 年 8 月 17 日),武汉市档案馆藏:100—1—57。
② 《汉口十五银行复上海中国征信所函》(1933 年 8 月 21 日),武汉市档案馆藏:100—1—57。
③ 《各银行致中国征信所函》(1933 年 9 月 6 日),武汉市档案馆藏:100—1—57。

别会员。为了保障信义,征信所要求各会员行在编发报告时,需要先行审阅,以致求真求实;应推举若干人将各种调查报告在未发出前,先行审阅,力求准确;如有调查失实,措辞欠发之处,随时通知秘书,加以修正。1933 年 10 月 10 日,中国征信所汉口分所正式开幕,汉口银行公会以 15 家银行的名义,由公会专门订制银屏一座,以表祝贺。

由此看来,在汉口挂牌的征信所,当然不是汉口华资银行自主创设的金融信用机构,而是中国征信所的分支机构。汉口银行公会在最初成立时,就将"限期成立支票交换所及征信所"作为公会宗旨之一,可见,这也是汉口银行公会的一项工作追求。只不过,时过境迁,囿于时代的风云际会,这件事没有能够由汉口银行公会独立完成。在汉口银行公会发展史上,留下其一点小小的遗憾。

征信所作为金融信用机构,其职责和功能是银行在进行经济组织活动时,对储户等信用进行审核,建立信用阻隔屏障和违法防火墙,有利于防范金融风险,也有助于汉口金融业信用制度的建立和完善,培育金融业同人养成信用意识和行为习惯。虽然中国征信所汉口分所只是以汉口金融业重要的辅助机构这样一种面貌出现的,但是,它的产生并相应地承担金融活动的职责,却是符合近代经济发展需要的必然结果;同时,它也在金融流程中为解决票据的真伪问题奠定了信用调查基础,客观上使汉口信用制度建设向前迈出一大步。这真是,人们生活中的一个小动作,却是历史前进的一个大步子。在小中见大的历史叙事中,我们千万别忘记汉口银行公会对于推进中国近代信用制度所作出的历史性贡献。

4. 成立银行业余体育会。1924 年 5 月,全国运动会在武昌举行。为表达对这次运动会的大力支持与崇高敬意,汉口银行公会决定在 5 月 22 日至 5 月 24 日运动会举办期间,各会员银行悬挂运动会旗帜,并在运动会举行的三日期间,下午休业。[①]

---

① 《汉口银行公会致中南银行函》(1924 年 5 月 21 日),武汉市档案馆藏:171—1—114。

汉口银行公会银行业余体育会,是在汉口银行公会业余球场管理委员会基础上成立的。1933年前后,汉口市球类组织纷纷涌现,突起之势,如同雨后春笋般旺盛。如网球、排球、篮球、足球等运动项目,一时间,在市内迅速铺展开来。在时尚风潮之下,上海银行汉口分行、中国银行汉口分行提议,"鉴于各行同仁公余殊少娱乐途径,值汉上球类风起雪涌,于娱乐之中寓联欢之意,锻炼体魄,即所以培养性情"①。1933年6月,汉口银行公会为了联络同业各行行员之间的感情,锻炼身体,搭建实现公会组织合作精神的平台,开始筹备汉口银行公会业余球场,并组建业余球场管理委员会,以实现对汉口银行公会大厦后面的球场进行有效的管理与利用之目的。为了便于对业余球场的管理,特颁布实施《业余球场简章》②。《业余球场简章》共10条,内容包括业余球场的缘起、定名、组织、经费、权限、设备、比赛、证章、取缔以及附则。其中在"组织"条中明确指出,"本场由中国、交通、聚兴诚、浙江实业、中国通商、中国实业、四明、中南、浙江兴业、大陆、中国农工、上海等十二银行合资建设,共同组织。所有本场一切权利之享受,以上列各银行行员为限。"③需要说明的是,在1933年初,汉口银行公会既有成员是15家银行,由于会员中的金城银行、盐业银行都有自建场地,而广东银行的人数不多,因此,3家银行暂不参加进来,而其他12家银行都一体加入,各行参与进来的球员,总共达到300多人,球员人数规模与队伍是庞大的。

在《业余球场简章》中,明确了业余球场的管理与使用,主要是针对汉口银行公会主要的会员银行。因此,参与进来的球队或球员,一般都是汉口银行公会的创始成员。他们弘扬团结合作、健康友好精神,对业余球场和球员进行维护、管理。业余球场的经常费用、临时费用由上述12家银行平均负担,场内除了篮球、排球及网球外,其他的一切运动器具,都是由各行自行准备的。为了提高业余球场的使用效率,还规定适时组织联合球队对外举行比赛。为了

---

① 《业余球场管理委员会报告》(1934年2月□日),武汉市档案馆藏:171—1—128。
② 《业余球场简章》(1933年6月28日),武汉市档案馆藏:171—1—126。
③ 《业余球场简章》(1933年6月28日),武汉市档案馆藏:171—1—126。

加强对业余球场的保养与维护,《业余球场简章》规定除本场球员之间的比赛以及本场球员的比赛外,其他人、队均不得自行出入或租借场地进行比赛;在入场时,需出示通行证,进行必要的校验与识别,以免他人混入;对于球员的运动鞋,也有具体规定,不得穿硬底鞋进入场地。

根据《业余球场简章》规定,球场还编制了《业余球场管理委员会简章》5条,对于业余球场管理委员会的委员人数、职责、任期等予以详细规定。业余球场管理委员会由加入球场者各推举并固定一名委员组成,其中推选 5 人组成常委会;在 5 人当中,推举 1 人为委员会主席,其他 4 名常委分别任文书、会计、指导、总务职务。规范其职责是:"(一)规画(划)本场一切进行事宜,并负责执行;(二)综理本场一切文牍及保管文件编制议决录,并通知执行事宜;(三)筹划经费收支及编制预决算,保管账册等项;(四)规定练习时间,纠正程序,评判优劣及对外接洽比赛事宜;(五)综理本场一切庶务,并督伤工役、研究清洁事宜。"①业余球场管理委员会的职责看似简单,但是,它却涵盖了球场管理的各项事宜,执行起来还是有很大工作量的;这些规定,做起来虽然繁杂,但却便于球场管理与利用。

《业余球场管理委员会简章》制定后,12 位会员银行代表选举产生第一届业余球场管理委员会,并选举产生第一届常委会,具体人选是:董明藏、甄润珊、汪原润、杨公纯和陶序东。其中,董明藏为第一届管理委员会主席,甄润珊为文书委员,汪原润为会计委员,杨公纯为指导委员,陶序东为总务委员。1933 年 7 月 2 日上午 7 时,汉口银行公会业余球场正式举行开幕典礼,汉口银行公会主席浦心雅出席。开幕之后,管理委员会组织网球队、篮球队、排球队,由各会员银行函报银行公会转知业余球场委员。②

由于汉口银行公会业余球场的空隙地方较大,因而在 1933 年 7 月续建了亭子。汉口银行公会大厦傍依长江沿岸,区位优越,地段繁华,风景宜人。为了加强同业合作交流,建设行业文化,业余球场还建议组织音乐联欢会。"本

---

① 《业余球场管理委员会简章》(1933 年 6 月),武汉市档案馆藏:171—1—126。
② 《汉口市银行业同业公会致中南银行函》(1933 年 6 月 28 日),武汉市档案馆藏:171—1—126。

场隙地建筑茅亭一座,业已告成,每当夕阳西下,风月宜人,坐卧其间,幽然自得,似此清雅之地,空置未免可惜。各行同人公余之际,不妨惠然肯来,日涉成趣,并拟组设音乐联欢会,藉更陶情适性。凡我同人有对中西音乐,无论何种,较多兴趣,或性之所近者,均请即日函知本场,以便定期集合成立。"①

网球队、篮球队与排球队,在业余球场成立之初就已组建。网球队还接受邀请,参加了政府特三区球队比赛。1933 年 8 月 29 日,汉口特三区球队"函约本场作网球友谊比赛,本场球员虽有好身手,究觉练习未久,特预请陈君福愉为网球指导,练习数日,即往比赛。是日,单双分场同场并举,胜负攸分,掌声雷动。以本场最短期间练习之球员,竟能单打胜,虽双打未能纯熟,然经此一战,益加奋勉,将来成绩,必有可观"②。参加友谊比赛,一方面是检验成员的球技与风格;另一方面也是球员之间增进友谊的渠道,开拓银行界与政府部门之间的友谊与往来通道,便于汉口银行公会拓展社会空间,开拓发展的社会资源。

在业余球场管委会建立之初,尚未组建足球队。这与足球在球队运动中的头号地位是不相称的。1933 年 12 月,在业余球场管理委员会第一届常委甄润珊的提议、组织下,组织者向会员银行招募足球队球员。为了重视足球运动,加强运动员培训,管委会专门制定了《业余球场足球暂行规则》。《业余球场足球暂行规则》共六条:"(一)每逢星期日上午,九时前齐集上海银行,即乘坐旅行社汽车,同往中山公园,以资练习,此后不再通知;(二)每逢星期日上午,九时至十二时为练习时间;(三)到场各员,均请一律签名,并依此分班练习,每队练习时间暂定为四十分钟,庶到场各员均有参加练习之机会。(四)是日如逢各球员到场众多时,凡经练习一次者,即不得继续练习,以免后来者向隅;(五)各球员球鞋,均自行备置,免致大小不合;(六)足球由本场管理委员会备办。"③制定有效的管理规则,使球队与训练有章可循,有规可依,对于

---

① 《业余球场管理委员会致中南银行函》(1933 年 8 月 2 日),武汉市档案馆藏:171—1—126。
② 《业余球场管理委员会报告》(1934 年 2 月),武汉市档案馆藏:171—1—128。
③ 《业余球场足球暂行规则》(1933 年 11 月),武汉市档案馆藏:171—1—126。

球队的训练和管理起到了积极作用。

1934 年 1 月,业余球场第一届管理委员会参照《业余球场管理委员会简章》,在任期届满后,选举第二届管理委员会。由于在组织过程之中,暴露出管理的空白点,因此,需要及时完善、改进。在进行第二届管理委员会换届选举时,在截止日期当天,就有 7 家银行发函提请讨论参选。随后,参照 7 家银行选出第二届管理委员会常委,推举董明藏为主席、汪原润为文书委员、甄润珊为会计委员、杨钧石为总务委员、韩拱北为庶务委员。① 在改选的同时,也对业余球场成立半年的工作情况做了报告,并对汉口银行公会业余球场 1933 年度支付决算以及 1934 年的预算表进行审核和安排,由 12 家参会银行各分摊 1933 年经费,计 120 元。具体见表 3-18、表 3-19。

表 3-18 1933 年汉口市银行业同业公会业余球场管理委员会收付账目

(单位:元)

业余球场管理委员会收付账目,民国二十二年十二月三十一日止			
收方		付方	
科目	金额	科目	金额
各银行捐款	2400.00	建筑	1953.55
上海银行借垫	313.55	球具	181.90
利息	8.00	薪工	249.00
		购置	77.20
		水费	61.05
		印刷	17.16
		交际	15.50
		修理	6.50
		杂费	90.20
		银行往来	69.49
合计	2721.55	合计	2721.55

资料来源:《业余球场管理委员会民国二十三年度支付预算书》(1934 年 2 月),武汉市档案馆藏:171—1—128。

① 《业余球场管理委员会致中南银行函》(1934 年 2 月 5 日),武汉市档案馆藏:171—1—128。

表 3-19　汉口市银行业同业公会业余球场管理委员会 1934 年度支付预算书

（单位:元）

业余球场管理委员会民国二十三年度支付预算书		
科目	支付预算数	备考
第一款 经常费	1074	
第一项 津贴工资	598	
第一目 津贴	100	津贴公会书记、助理文书事宜与公役、分送信件等事
第二目 管球头目	126	头目一名,月支拾元另五角,合计如上数
第三目 门房	60	门房一名,月支五元,合计如上数
第四目 捡球小孩	312	小孩六名,每名月支六元五角,以八个月计算,合计如上数
第二项 修缮	280	
第一目 陪修网球场	210	网球场三,每场需洋七十元,合计如上数
第二目 陪修篮球场	70	篮球场一
第三项 运动品	96	
第一目 网球	36	网球三打,备赛球用,每打拾贰元,合计如上数
第二目 篮球	15	篮球一个
第三目 足球	15	足球一个
第四目 杂件	30	竹篙、石灰及一件杂件等
第四项 杂费	100	
第一目 汽车费	40	冬拨足球队赴中山公园练习及比赛汽车,每次两元,以二十次计算
第二目 杂支	60	赛球时水果、点心及手巾等
第二款 临时费	300	
第一项 旧欠	300	
总计	1374	

资料来源:《业余球场管理委员会民国二十三年度支付预算书》(1934 年 2 月),武汉市档案馆藏:171—1—128。

　　1935 年初,业余球场管理委员会提议修改业余球场章程及名称。随后,管委会指派王汝镜组织、起草《银行业余体育会章程》。3 月 8 日,业余球场管理委员会讨论通过相关议题。其中,重点是通过改名"银行业余体育会"并颁布。《银行业余体育会章程》[①]共十二条,详细内容如下:

---

① 《银行业余体育会章程》(1935 年 3 月),武汉市档案馆藏:171—1—65。

银行业余体育会章程

一、缘起

本会为谋同业各银行行员业余娱乐,以联络情感,锻炼身心,提倡合作精神为主旨。

二、定名

本会定名为银行业余体育会。

三、组织

(1)由在汉口市营业各银行合资组织,一切权力之享利,以加入本会各银行会员为限。

(2)凡加入本会各银行,得推派代表三人出席本会代表会议,每年二月改派一次。

(3)本会设管理委员会执行本会设计,管理一切事宜,其委员人数由加入本会各银行于所推代表中各推一人组织之,每年二月改推一次。

(4)就管理委员会全体委员中互推五人为常务委员,设常务委员会处理本会日常会务,并就常务委员中公推一人为主席,主持一切,每年二月改推一次,其委员会章程另订。

四、会议

本会会议分左列二种:

1. 代表大会会议。每年二月七日举行,由管理委员会召集之;

2. 临时代表会议。由常务委员会之议决,或管理委员三人之提议召集。

五、经费

本会经费,每年由常务委员会编制预算,经代表大会之审定通过后,由在会各银行平均摊付。

六、设备

本会拟设下列各项,视事务之繁简,得由常务委员会,酌雇人员经理一切事宜,其办事细则另订之。(一)网球;(二)篮球;(三)排球;(四)足球;(五)田径;(六)国术;(七)乒乓;(八)音乐;(九)游泳;(十)跑冰;(十一)平划;(十二)弹子。

七、比赛

(1)关于第三条内所载加入本会各银行行员,得组织联合球队,对外举行比赛。(2)各项球类运动,本会每年每项至少须举行比赛一次。

八、联欢会

本会每年举行联欢会一次,以本会运动员及音乐会同人,并邀请外界著名球队、音乐团体参加,作公开之表演。

九、证章

本会特备证章,凡在会银行行员,每人均得领取,须佩带入场,以资识别,惟不得转借他人。

十、规约

本会各项规章、议案及通告等,凡加入本会各银行行员,均应遵守,不得违背所有公共,物品,尤应随时爱护,如有损毁,照价赔偿。

十一、借用

本会各种设备,原为同人等公共娱乐场所,如有外界借用情事,须在本会验习时间外,并经常务委员会决议通告后,方可照借。

十二、附则

本章程自代表大会议决通过日施行,如有未尽之处,得随时修改之。

《银行业余体育会章程》相较《业余球场简章》更加完善,总共十二条。修改后的章程对会员加入更有明确规定,"在汉口市营业各银行合资组织,一切权力之享利,以加入本会各银行行员为限"。但扩大代表名额,由一人增加到三人,"凡加入本会各银行,得推派代表三人出席本会代表会议,每年二月改派一次"[①]。

---

① 《银行业余体育会章程》(1935年3月),武汉市档案馆藏:171—1—65。

银行业余体育会代表大会第四届常务委员于 1936 年 2 月,依照章程规定选举董明藏、甄润珊、杨公纯、徐国棠、钱次黄 5 人为委员,并选董明藏为主席。旋即选举网球、篮球、乒乓球、足球、田径各组正副干事。结果推定高苍柏、章光英 2 人为网球组正副干事,姚健、谈公景为篮球组正副干事,蒋星北、徐良弼为乒乓组正副干事,钱厚之、吴必颢为足球组正副干事及田径组正副干事。①

为实现会员银行行员"联欢之意,锻炼体魄,培养性情",球场经常组织比赛活动。在业余球场基础上,成立银行业余体育会,既增强银行业各银行之间的人员交流,也增加行员之间的娱乐方式,的确起到了以体育活动促进员工认同感和增强员工归宿感的作用。汉口银行公会为增强各会员银行之间的社会交往,重视搭建业余文体活动通道,特别是还支持并加强指导银行业余体育会组织比赛活动。1935 年 11 月,管理委员会议决举行乒乓球赛,凡是银行同人都可以参加,并推举金城银行的徐国棠和浙江实业银行的钱次黄一同负责,筹办一切事宜。1936 年元月,为庆祝元旦新年,银行业余体育会再次举行乒乓球赛,结果四明银行乒乓球队获得冠军,国货银行乒乓球队位居亚军,上海银行乒乓球队居于季军。元月 10 日,在银行业同业公会大礼堂举行颁奖仪式,气氛欢快热烈。② 1936 年 4 月初,篮球队远征长沙获胜。17 日,假银行公会举行联欢大会以表庆贺。7 月,举行网球、篮球循环赛事,网球由高苍柏、章光英两干事负责,篮球由姚健、谈公景两干事分别负责。

概观汉口银行公会体育事业,公会表现出对体育事业的高度重视,支持和保障有力,气氛营造活跃,活动形式与内容制定紧随时代潮流,及时引进时髦体育项目,在活跃员工紧张工作之余的生活气氛的同时,客观上也推进了汉口体育事业的发展,尤其是建立完善的体育活动管理组织体系。多样性体育活动提升了会员银行行员的参与热情,锻炼其体魄,培养其性情,极大地丰富行员业余生活,在社会上产生了示范效应和积极影响。

5. 组织成立汉口银行公会房地产管理委员会。国民政府成立之后,一直

---

① 《银行业余体育会致浙江兴业银行函》(1936 年 2 月 21 日),武汉市档案馆藏:168—1—13。
② 《银行业余体育会致浙江兴业银行函》(1936 年 1 月 6 日),武汉市档案馆藏:168—1—13。

将孙中山先生提出的"三民主义",特别是"民生主义"作为立法部门在立法过程中的立法精神,制定并发布符合民生主义思想的一系列法律,如《土地法》《土地征收法》《地价税法》《土地使用法》等,为有效、有序、合理地对土地和房地产实施管理,做出制度规范和法律指导约束。汉口银行公会大厦是在1920年成立的,所需建设费用由初期成员所捐献的基金构成。其出资数目为:中国银行15000元、交通银行15000元、浙江兴业银行7500元、聚兴诚银行7500元、盐业银行7500元、金城银行7500元、中孚银行7500元、四明银行7500元、上海银行7500元、华丰银行7500元、中华懋业银行7500元、工商银行7500元、浙江实业银行7500元、中国实业银行7500元、大陆银行7500元、广东银行7500元、中南银行7500元。上述17家银行出资,合计总数为142500元整。1931年,汉口银行公会改组为汉口市银行业同业公会,与原有的汉口银行公会在社会经济角色和性质上是一样的。它依然是汉口银行业的同业性经济社会组织,只是在形式与管理上有所不同而已。

1938年初,汉口银行公会为保管和处理公会房地产起见,专门组织汉口银行公会房地产管理委员会,将坐落在汉口市第2区第9图第1段第5号即会通路第11号门牌的汉口银行公会会址,包括该产之基地以及建筑物与原有设备等项目,纳入管理范围①。在1938年1月12日的大会上,全体会员会议通过《汉口银行公会房地产管理委员会章程》②十四条。管理委员会按照全体会员银行,各安排一人担任委员,全体委员组成委员大会,再选出5人组成常务委员会,负责执行委员会决议的事项以及日常事务。每一届委员会的委员及其常务委员会的委员任期,都是一年,但可以连选连任。其中,常委会是一年两次,临时也有常务委员会开会议决必要事项。对于房地产的处置,特别规定,须有三分之二以上的委员出席会议,在出席人员中需得三分之二以上人员

---

① 据汉口市政府《1935年度土地行政报告书》载:"全市八区,共117图,除第二区内之日法租界及三个特别区共6图不计外,其余111图大部分办完登记。"参见武汉地方志编纂委员会:《武汉市志·城市建设志》,武汉大学出版社1996年版,第1048页。
② 《汉口银行公会房地产管理委员会章程》(1938年1月12日),武汉市档案馆藏:171—1—131。

同意,方能形成决议,才可以处置有关房地产。在 1938 年 1 月 12 日的大会上,依照《汉口银行公会房地产管理委员会章程》第二条之规定,推选中国银行、交通银行、浙江兴业银行、盐业银行和大陆银行等 5 家银行为常务委员,并指定浙江兴业银行为召集人,担负起主持管理委员会一切事宜的责任。

6. 组织银行俱乐部。汉口银行公会于 1920 年 11 月正式成立时,就在最初的章程中提出,公会宜附设银行俱乐部,并另行订立章程。但是,直至 1934 年初,都未能正式成立汉口银行公会银行俱乐部。1934 年底,汉口银行公会为了以汉口"银行事业以消息灵敏为要义,银行同人以精神互助为依归,本公会各行有鉴及此,并为同业间联络情感,交换学识起见"①,特仿照上海银行公会组织的上海银行俱乐部的组织办法,建立汉口银行俱乐部,为公会同业同人在每天公余时间汇集在一起,从而辅助公会聚餐集议,增加公会成员集会与研讨的地方和方式。

1934 年 3 月,在汉口银行公会会员大会上,公会提出讨论银行俱乐部事宜。会议推选王稻坪、王蕙卿、杨季谦和沈长明四人一同筹议具体事项。但是,在具体筹备过程中,因故一拖再拖,直到 1935 年 3 月都没有着落。后经公会聚餐中几度商量,公会成员一致强调,仍有积极筹备之必要。后经王稻坪等人再行努力,着手寻找俱乐部的地址,并从征求会员、讨论章程、编制预算等几个方面着力继续推进。由于涉及会费问题,在人数不确定的情况之下,尚不能进行有关费用预算。②

汉口银行俱乐部是在地华资银行行员以个人名义加入的行业辅助性社会组织,以"联络同业感情,交换学识"为活动宗旨,会员有阅览各种报纸杂志、理发、沐浴、借地宴客以及参与娱乐等权利。俱乐部的组织约束性不强,更多地体现为自愿性。俱乐部在开办初期,需要开办经费为每行承担 300 元,后期

---

① 《汉口银行俱乐部筹备委员会致中南银行函》(1935 年 3 月 20 日),武汉市档案馆藏:171—1—65。
② 《汉口银行俱乐部筹备委员会致中南银行函》(1935 年 3 月 20 日),武汉市档案馆藏:171—1—65。

是每个会员个人缴纳 5 元。个人缴纳的费用,从当时的生活消费水平来看,还算是较高的,所以人们参会的积极性不是很高,也就情有可原了。但在公会成员的大力促进下,汉口银行俱乐部还是组建起来,并发挥应有效应。1935 年 5 月 12 日,担任中国国货银行总经理的宋子良借银行俱乐部公宴银行同人。1935 年 12 月,中国农民银行加入汉口银行公会,特订于 12 月 5 日借银行俱乐部举行宴会,公宴各会员中新任经理、副经理和襄理的人。可见,汉口银行俱乐部既是会员银行聚餐的辅助地点,又是公会成员有主题聚会的地方。

汉口银行公会在发展过程中,以公会为中心,发起创办并组织领导诸多金融附设组织。从组织的功能来区分,主要有两种:一种是对内的,或者称之为内向型功能,它主要是团结同业会员银行,起到增加凝聚力的作用,如银行业余体育会、银行俱乐部等;另一种是对外的,或者称之为外向型功能,它是拓展汉口银行公会的社会经济网络联系,如交易处、征信所、银行夜校等。在银行公会支持下成立的附属组织,在经费、人员、业务指导,甚至是活动场地等方面,均得到公会高度重视和有力支持。金融同业公会正是通过这些方式,密切加强与外围金融团体联系,并积极发挥它们之间的相互影响和互动作用。尽管这些组织的目标不同、功能各异,但是,汉口银行公会在创办、经营、组织附设组织的过程中,不断扩大自身经济社会的影响力,丰富和拓展有力联系社会经济的组织网络内涵和外延,这些都是不言而喻的。

第二节　汉口银行公会的权力运作

汉口银行公会要发挥对同业组织的管理与治理的作用,除了以上治理结构的构架与运作外,还需要建设规范性的运作体系、保障经费支持、完善相应的制度以及健全运行机制,从而保证公会切实担负其维护同业利益、发挥组织作用的职责。汉口银行公会的运行机制既有成文的规章制度,也有在实践中不断约定俗成的习惯做法。不管怎么看,其运行机制的有力展开和常态化存在的背后,来自于汉口银行公会被赋予的协调、管理权力。这就涉及同业公会的公权运行问题。要研究汉口银行公会的存在和发展历史,首先要弄清其经济社会触角的伸张能力及其效果,这是必须予以探讨的问题。

一、公会的权力机构

汉口银行公会要发挥与其职能相符的作用,必须系统化地规范其权力运作的方式和内涵。同业公会则是开放性、自愿性、民主性的资本家阶级的组织,注重规范化和制度化建设,办事讲究公开性、效率性。① 对同业组织而言,只有形成规范的、民主的、制度化的权力机构,才能尽可能地保障公会高效务实地运作,也才能相应地体现汉口银行公会存在的价值意义,凸显其在协调、管理公共事务方面的权威性、统筹性。

1. 会员大会的召开。在北京政府时期,汉口银行公会的会员大会是公会的最高权力机构。公会由每一个会员参加。会员大会分为临时的会员大会与固定的会员大会两种形式。先说固定会员大会。召开会员大会的时间,一般在每一年的 1 月与 7 月,由董事会或委员会召集。再说临时会员大会。召开临时会员大会则需要由全体会员的三分之一以上提出,再由董事部或委员会召集。会员大会中的执行会员,其权力是平等的。每一个会员在大会上,都只有一票表决权。为了体现并保障会员大会的民主与实效,公会推选的评议员,可以出席会员大会;但是,他并没有实质意义上的提议权与议决权。②

在南京国民政府时期,地方政府为了加强对同业公会的管控,将汉口银行公会纳入汉口商会的管控范围。随之,汉口银行公会也相应地进行了权力机构的调整。调整后的汉口银行公会会议,分为会员大会、执行委员会议以及常委委员会议三个层次和三种类型。改组后,汉口银行公会的最高权力机关,依然是会员大会。会员大会分为常会与临时会,在每年的 3 月与 9 月召开。临时会员大会需由执行委员会或委员代表五分之一以上的代表决定。改组后,明确在召开常会会员大会时,需要提前 15 日向会员银行通知会期。在会上,

① 彭南生:《近代工商同业公会制度的现代性刍论》,《江苏社会科学》2002 年第 2 期。
② 《汉口银行公会章程》(1922 年 10 月),武汉市档案馆藏:171—1—114。

每个会员都有一票表决权,彼此的权力分配是平等的。在大会上,须有会员代表表决通过半数者,方能视为同意,通过其议案、议题;否则,被视为否决,不予通过。为了避免因为出席代表不足一半而不能议决事项的情况发生,大会要求在会后一到两星期内,重新召集大会,这时,以获得出席代表过半数的同意票即可。但是,面对公会内部的重大变动与重要事项议决等,如变更公会章程、会员请求退会、执行委员请辞等,则需要由会员代表三分之二以上出席,获得出席代表三分之二以上的同意方能通过并生效;否则,就需要在会议的一到两周内,重新召集会议讨论,重新投票。确定这样的运行机制,就比之前的会员大会更显规范和严谨,从而有效保障汉口银行公会履行公权的公正性和权威性、组织运作的稳定性和会员银行参与的稳固性;对执行委员的辞职也做出较高、较严的要求,从而在制度层面上建立了督促执行委员人人认真、个个负责、大家都出力尽心做好本职工作的保障机制,使之能够为汉口银行公会担负应有职责,作出积极贡献。①

　　2. 汉口银行公会运作的民主化。汉口银行公会成立之初,《汉口银行公会章程》第 33 条就规定董事部应将每次议决的事项,以书类通告全体会员。为此,每次董事会与会员会之后,董事部均须按照《汉口银行公会章程》之规定,将会务发函通告各会员,并附上议决事项的内容。此后,在汉口银行公会发展的历史过程中,此条都得到继承与延续,每件议决都做到上传下达、上情下知,须知应知、应知全知。这就确保公会组织在一个开放、合作的良好环境下运行。

　　1922 年 3 月 28 日,汉口银行公会将本年 3 月 1 日全体会员会议决的公会职员组织及办事大纲八条、3 月 17 日董事部议决的函聘金煦生为汉口银行公会书记长兼文牍编辑两科主任、3 月 25 日全体会员会议决的本年份公会预算表,一并通告各行。② 在得到各行回复后,方正式同意聘请金煦生(金世和)为

① 《汉口市银行业同业公会致中南银行函、附件》(1932 年 1 月 5 日),武汉市档案馆藏:171—1—56。
② 《汉口银行公会致金城银行函》(1923 年 3 月 28 日),武汉市档案馆藏:165—1—94。

汉口银行公会书记长兼文牍编辑两科主任,并将聘书发给金煦生本人。

汉口银行公会在初期执行会董制,会长虽在公会事务处理上具有权威性,但也不能大权独揽,独断专行。1924 年 1 月 9 日,汉口银行公会召开会员会,就银行界游美一案在会员中间进行讨论。时任主席王锡文报告银行界游美是中国银行界的一件大事,因前次时间仓促,未能解决,尚需继续讨论。会上,有人主张参与游美活动,有人主张毋庸前去,矛盾交错,一时颇难解决。经一再讨论,最后由主席决定交付表决,去与不去各具理由,主张不去者举手,主张去者勿举手。最后,计举手者 13 人,大多数主张不去。议决后,复函上海银行公会,略谓在会各行重要人,因为职务所羁,游美活动,从缓办理。① 汉口银行公会活动组织的民主化、有序化,促进了会员之间加强联系与交流,有利于避免产生会长"一个人说了算"凌驾于集体和组织之上的消极现象产生。在此后的活动中,会员议事都是体现充分酝酿、集体协商、形成共识、最后议决的程序和决策机制,提高了公会会员全过程、全员深度参与的积极性和主动性。

3. 评议会。汉口银行公会在推行董事制时,会员银行都可以推荐本行评议员参与公会事务,从而有效避免董事在执行事务时一意孤行。通过全体会员银行参与推荐,也体现了董事部对会员银行的充分尊重、董事部与会员银行之间意见交流和沟通的流畅。《汉口银行公会章程》明确规定,"董事部如有事件须咨询评议员时,得随时征集各评议员之意见"。推选公会评议员时,需要入会会员银行指定该银行的重要职员,如银行董事、银行监察人、银行经理、银行副经理或其他重要职员,每行以两人为限,也就是一到两人,这就对人选的身份做了规范,使身份与履职的权重相对应,体现了物色人选的严肃性和庄重性。详情见表3-20。

---

① 《十三年一月九日会员会》(1924 年 1 月 9 日),武汉市档案馆藏:171—1—114。

表 3-20 1925 年汉口银行公会评议员表

行名	姓名	字别	本行职务
中国银行	孙梦吉	渭占	副行长
中国银行	沈沅	诵之	副行长
交通银行	张其彦	硕臣	副经理
交通银行	龚鳌	辑五	会计主任
浙江兴业银行	王文达	稻坪	副经理
浙江兴业银行	闻云韶	信之	副经理
聚兴诚银行	马大昌	述文	襄理
聚兴诚银行	杨锡煆	公纯	襄理
盐业银行	詹世善	葆初	营业主任
盐业银行	李传麐	义明	会计主任
金城银行	吴言钦	延请	前任经理
金城银行	周炎	伯英	副经理
中孚银行	张家淇	竹屿	副经理
中孚银行	陆福震	襄琪	会计主任
四明银行	陈恺	如翔	副经理
四明银行	盛櫎生	櫎生	襄理
上海商业储蓄银行	周苍柏	苍柏	副经理
华丰银行	何邦瑞	玉良	副理
华丰银行	裴恢	恢之	会计
中华懋业银行	陈志元	伯思	副经理
中华懋业银行	王华	逸轩	会计主任
工商银行	卞喜孙	燕侯	出纳主任
浙江实业银行	黄勤	俭翊	副经理
浙江实业银行	张承谟	承谟	副经理
中国实业银行	孟昭埙	调臣	副经理
大陆银行	章堪	伯可	副经理
大陆银行	王士彦	鹤齐	总账
广东银行	陈仲壁	仲壁	副理
广东银行	李剑南	剑南	出纳主任
中南银行	钱乃崧	叔铮	副经理

资料来源:《汉口银行公会评议员表》(1925 年 3 月),武汉市档案馆藏:171—1—117。

在会员银行召开会议时,遇有该行代表人缺席会议时,可以指定该行的评议员为代表参会。因而在会员银行参加汉口银行公会董事会、会员会等重要会议时,仅有公会董事和评议员才有资格出席。在指定评议员时,尚有一道手续,就是需要告知公会,以便知情。这被纳入公会制度体制中。譬如,《汉口银行公会章程》做出了这样的规定:"凡评议员之指定及指定评议员为代表人,均须正式函告本公会方能生效。一经函告指定之代表人,对于本会提议表决事件及一切言诺,各该行均不能否认、取消。"①由此表明,评议员在被指定为代表人后,其与银行代表人之间具有相应的部分权益。但是,评议员在出席汉口银行公会的会员大会时,他是没有提议权与议决权的。还有一条主要规定值得重视,因为它切关治理底线,或者说是"红线",亦无不可。《汉口银行公会章程》规定,评议员与会员代表一样,都必须是持有中华民国国籍者;否则,选出的代表人就是无效的。

当然,凡事都有一般性和特殊性,有常态就有突发事件。对此,汉口银行公会显然是注意到了的。所以,在《汉口银行公会章程》中,对于特殊、突发的应急事件处理,提出了指导性意见。《汉口银行公会章程》规定,汉口银行公会在遇到特殊的会务时候,可以由董事部决定组织委员会进行专门的审查或者办理。此类委员当然不会限制于公会董事或评议员,"此项委员得由董事部就会员银行行员中选任之,不限于会员银行之代表及评议员"②。

二、公会的议事制度

1922年,汉口银行公会呈准财政部批准的《汉口银行公会章程》,以及1925年修订的《汉口银行公会章程》,都对公会议事制度做出了清晰明确的有关规定:"第二十六条,本公会之会议,分经常、临时二种,经常会于每年一月、七月由董事部召集之,临时会董事部认为必要时召集之。凡有会员全体三分之一以上,将会议目的通告董事部要求开临时会时,董事部应召集之;第二十七条,凡召集经常会议时,须将应议事项于一星期前通告各会员;第二十八条,

① 《汉口银行公会章程》,《银行杂志》1923年第1卷第1号。
② 《汉口银行公会章程》,《银行杂志》1923年第1卷第1号。

会员会议非有全体会员过半数之出席者,不得开议,其议决事项除有特别规定外,即以出席会员过半数之决议决定之;第二十九条,会员之议决权每员一权;第三十六条,会员会议决事项须记载于议事录,由议长及书记长签名后,存于本公会会所。各会员于办公时间内得向本公会索阅议事录及各项案卷账册,但不得携出会所之外。"①1931 年的《汉口市银行业同业公会章程草案》参照有关法令与其他地域银行公会的规范,对改组后的汉口银行公会议事规则,也做出相应的规范。改组后的银行公会议事会议形式,有会员大会、执行委员会议、常务委员会议 3 种。会员大会有常会与临时会两种,都由执行委员会召集,其中常会在每年的 3 月、9 月分别召开一次;临时会由执行委员会议定或者委员代表五分之一的人提出,就可召集临时会议。参照《汉口市银行业同业公会章程》,常会的召开依然要提前 15 天通知,在会议上每 1 名会员只代表一票。这样做出安排,就有效地避免了由势力大小来决定权利多寡的不公平现象发生。《汉口市银行业同业公会章程草案》"第二十四条,会员大会之决议,以会员代表过半数之出席代表过半数之同意行之,出席代表不满过半数者,得行假决议,将其结果通告各代表,于一星期后,二星期内,重新召集会员大会,以出席代表过半数之同意,对假决议行其决议"。② 这一条,相比之前的第 27 条,内容与程序规范更加具体化、准确化,它指出了需要出席过半数的银行进行表决这个要害和关键。如果在没有达到有关规定时,得重新召集会员大会,避免执行委员会独断。这就体现了少数服从多数、按照制度办事的民主原则。在涉及公会变更章程、委员请求退会、执行委员退职等大事要事时,需要参照第 25 条之规定,"左列各款事项之决议,以会员代表三分之二以上之出席,出席代表之三分之二以上之同意行之。出席代表如趋过半数,而不及三分之二时,得以出席代表三分之二以上之同意,行假决议,将其结果通告各代表,于一星期后,二星期内重新交会员大会,以出席代表三分之二以上同意,对

① 《汉口银行公会章程》(1925 年 8 月修订,1925 年 9 月 25 日财政部批准),武汉市档案馆藏:171—1—116。
② 《汉口市银行业同业公会章程草案》(1931 年 12 月 5 日),武汉市档案馆藏:165—1—610。

假决议行其决议。"①公会还实行回避制,规定"董事会议题如涉及董事个人时,其关系董事应暂回避"。② 这就确立了公私分别、各行其道,私不乱公、公私分明的近代公平公正原则。

汉口银行公会的权力运作体系和机制,是一种具有现代性价值意义的权力运作系统。在公会组织运行过程中,汉口银行公会的运行机制因事而化,与时俱进,勇于变革,朝着日益完善方向改革提高。这种趋势与同业组织的职能发挥相向而行,是积极的、符合实际的,因而是有益的。当然,我们也应该看到,任何事物的新陈代谢、改革自新,都不是与生俱来、自然而然的,它总是内因和外因相互整合的结果。对于汉口银行公会的权力结构、权力配置和公权行使来说,也无例外。因此,汉口银行公会管理结构体系的进步趋势,是内部与外部两种力量共同作用的结果。我们发现,政府试图加强对汉口银行公会实行管控;汉口银行公会在改组时,也更加注意参照有关法令与行政要求,使自己权力的运行获得正当性和合法性,从而在内部治理乃至相关的经济社会活动中树立权威性,这当然是汉口银行公会在发展过程中所需要的内容。总之,汉口银行公会通过权力获得、公权使用、权力资源配置和权力受到公众监管制约的民主化、规范化、制度化的设计,并付诸实际,使同业组织逐步成为一个相对稳定、运行规范的有机整体,有利于公会发挥组织运行的积极作用,形成有效的管理规范和健康的内部治理,极大地体现和维护了《汉口银行公会章程》所昭示的宗旨,对于促进汉口银行公会发展壮大、平稳运行,产生了积极的影响和作用。

第三节　汉口银行公会经费运作

在办事的人、财、物支撑体系中,财力即经济因素,具有举足轻重的作用。经费问题是件大事,它事关汉口银行公会能否运作、运作得好坏,也是决定公

---

① 《汉口市银行业同业公会章程草案》(1931年12月5日),武汉市档案馆藏:165—1—610。
② 《汉口市银行业同业公会章程草案》(1931年12月5日),武汉市档案馆藏:165—1—610。

会组织能否平稳有序运行的关键性因素之一。作为公益性的非营利同业组织,汉口银行公会如何筹措使用经费,筹措多少,如何合理使用与管理经费,这些不仅关乎汉口银行公会的组织建构,也关乎汉口银行公会职能的发挥,更关乎会员银行的切身权益。

一、经费的来源与组成

汉口银行公会作为公益性的非营利同业组织,其经费来源,主要是同业成员入会费、事务费、临时捐费、入会基金利息费等。有充足的经费保障,公会才能得以正常运作,维系健康发展。入会费是由初入会者所缴纳的经费,俗称"份子钱"。这是办事创业最广泛的经济基础。它也在大众性事务筹款集资中得到普遍运用。汉口银行公会成立之初,《汉口银行公会章程》就为此做出规定,"本公会为建筑会所及办理公会应办各种事业起见,先由发起各行分认基金五万元,中国银行、交通银行各认一万元,中孚、四明、金城、聚兴诚、兴业、盐业六银行各认五千元。以后入会之行,除认基金五千元外,其入会费定为每行一千元"。事务费则由会员按照公会预算按半年或一年缴纳,以此维持公会当年的日常开支。公会在每年都有结算与预算。预算有定额;遇到紧急事务时,平摊临时捐费;结算(决算)是来年预算的基础和依据。

汉口银行公会收入的款项,包括入会建筑基金、入会认缴基金、公会经费利息、公会临时垫款等几个部分。其中,基金部分所占比例最高。基金是有效支撑整个公会运作的财力基础。在汉口银行公会成立初期,由于经验性原因,加之建设银行公会大厦,曾经出现过收不抵支的情况。为此,其解决办法是:先由公会垫款垫支,然后经过会员会议研究决定,要求各行摊交追加,直到收支平衡。这是一种刚性做到收支平衡的"笨"办法,它虽能够有效解决面临的具体困难,但不符合经济运行规律。只有按照预算、决算相对应的办法处理问题,才是合乎经济规律的科学办法,因而是确保经济平稳运行的有效办法。公会在收入部分,其中有一小块收入是由部分银行在银行公会交易处进行交易时所缴纳的交易员月费,每行为 50 元。其中,农商、大成、黄陂、国民、棉业和河南省 6 家银行,自 1923 年 12 月至 1924 年 12 月总计一年缴纳,而中国兴业则在 1924 年 11 月、12 月两月缴纳，每行每月 50 元，因而在 1924 年底时，交易员月费收入总计达到 4000 元。

在汉口银行公会成员中，由于中国银行和交通银行实力较大，它们每年所承担的经费也比其他银行要多一些，在公会所取得的权利相应地也要多一些。譬如，体现在汉口银行公会夜校名额分配上，中国银行和交通银行就占有 12 个名额，而其他银行则不得超出 10 个名额。汉口银行公会如果在所有入会的银行中收取完全一样的会费，作为规模较大的银行当然没有异议，但是，对于资本小、规模小的银行来说，它们则会感到负担较重，这样分配当然也是不公平的，"不分青红皂白，一刀切"的后果是，不利于组织团结协作和健康发展。因此，汉口银行公会除了划定中国、交通两家银行所缴纳的经费比例高些外，其他各行，都做到一视同仁，"一碗水端平"，大家都没有意见。当然，在公平的原则下，公会也并不会因为会员银行入会先后，或者其他的因素而任意减少其所缴比例。这也说明，各会员银行在公会内所承担的义务是一样的，都按要求缴纳会费，都拥有相应的权益。

汉口银行公会在成立之初就建立较为完善的财务体系，以此充分保障汉口银行公会的运作，尤其是在汉口银行公会建设办公大厦期间，公会公平地募集建筑基金，合理地收集入会基金，确保基建资金到位。通过查阅汉口银行公会在 1920 年至 1925 年之间的特别收支报告表，可以发现：中国银行、交通银行、浙江兴业银行、聚兴诚银行、盐业银行、金城银行、中孚银行、四明银行、上海商业储蓄银行、华丰银行、中华懋业银行、工商银行、浙江实业银行、中国实业银行、大陆银行、中南银行和广东银行总计 17 家银行，分别在入会时缴纳了建筑基金；建筑基金除中国银行和交通银行各缴纳 1 万元之外，其余 15 家银行分别缴纳了 5000 元①。在 1920 年 12 月至 1922 年 12 月的两年时间内，汉口银行公会特别费总收入为 91228.77 元。其中包括建筑基金收入 80000 元、

---

① 由于建筑基金不足，1923 年 2 月 28 日会员会决议，中国、交通两行各认垫五千元，其余各认垫二千五百元。见《汉口银行公会致金城银行函》（1923 年 3 月 4 日），武汉市档案馆藏：165—1—94。

入会基金收入 5000 元、利息收入 5747.95 元；支出 54466.88 元，其中最大的支出项目是修建银行公会大厦所用 52865.88 元；尚留余额 36751.89 元。1923 年 1 月至 1924 年 2 月 24 日期间，汉口银行公会特别费总收入为 103290.81 元，其中包括建筑基金收入 15000 元、入会基金收入 3000 元、利息收入 1038.85 元，以及 1923 年 17 家银行垫款 47500 元；在此年度的支出也较大，支出总计 92884.12 元，其中最大的支出，依然是修建银行公会大厦所用 54632.28 元，此年度由于银行公会大厦需要进行大厦的填筑、设备的增添以及新屋的搬迁等，所以支出金额一度大增。然而，在 1924 年 2 月 25 日至 12 月 31 日期间，汉口银行公会的总收入为 22963.02 元，支出也才 3172.76 元，余额 19790.26 元。个中缘由则是，此时汉口银行公会大厦修建完毕，内部装修也已经结束，特别支出就减少了很多。再到 1925 年，公会甚至没有特别支出；与此同时，特别费收入也很少，仅有上年度的结余获得利息等，总收入为 21545.62 元，余额为 21545.62 元。年年都有余额，即使是在建设办公大厦期间，也不透支，这说明公会的财务运行是健康稳健的。1920 年 12 月至 1925 年 12 月间，汉口银行公会为建设汉口银行公会大厦而需特别收支经费情况，见表 3-21。

表 3-21　1920 年 12 月—1925 年 12 月汉口银行公会特别收支情况表

（单位:元）

时间	收入	支出	余额
1920 年 12 月至 1922 年 12 月	91228.77	54466.88	36751.89
1923 年 1 月至 1924 年 2 月 24 日	103290.81	92884.12	10406.69
1924 年 2 月 25 日至 1924 年 12 月 31 日	22963.02	3172.76	19790.26
1925 年 1 月至 1925 年 12 月 31 日	21545.62		21545.62

资料来源:《1920 年 12 月—1922 年 12 月汉口银行公会特别收支总报告表》(1925 年)，武汉市档案馆藏:171—1—114;《1923 年 1 月—1924 年 2 月 24 日汉口银行公会特别收支总报告表》(1925 年)，武汉市档案馆藏:171—1—114;《1924 年 2 月 25 日—1924 年 12 月 31 日汉口银行公会特别收支报告表》(1925 年)，武汉市档案馆藏:171—1—117;《1925 年 1 月 1 日—12 月 31 日汉口银行公会特别收支总报告表》(1926 年)，武汉市档案馆藏:171—1—42。

二、经费的用途及管理

汉口银行公会对会费进行严格管理与科学规划,每年都进行有效的经费预算与精细的结算。1922 年,汉口银行公会通过《汉口银行公会会计组织法》①14条,对公会会费使用、会费预决算、会费审核、账簿记账、经常费用、临时费用等都详细列明,接受各方监督,确保经费收缴与使用做到公开公正、公平合理。公会确定,每年为一个会计年度,自年头的 1 月 1 日至年尾的 12 月 31 日为一年。基本金由董事部掌管,非经会员会通过,不得动用。每个会计年度之始,董事部都要编制预算案。经会员会通过后,预先向会员银行征收。每次会计年度至终,决算一次。决算经董事部审核,提请会员会通过。应付款项、经常费由董事长或书记长核付,临时费用须先经董事部审核。支出款项,有不敷预算时,得由董事部提出由会员会决定追加,并向会员银行征收。征收会员银行款项时,须出据收条,由董事长签章。公会各项账簿表报,皆有董事长签章。账簿分为主要簿与辅助簿,主要簿为日记账和总账,辅助簿为存欠各银行簿和经常费簿。表报暂定月计表、财产目录、存欠各银行明细表、某年度经常临时各费用明细表。会计科目有基本金、入会金、房地产、存欠各银行、有价证券、器具装修、现金、预收各银行征款、各银行垫款、利息、暂记款、建筑金、经常费以及临时费等。经常费则包括薪津工食、会员膳食、邮电费、文具书报费、广告费、印刷费、旅费、调查费、交际费、修缮费、保险费、律师会计师费用、交易处费用、票据交换所费用、征信所费用、杂费等。

公会每年都对公会经费进行预算与结算,并将经费用途明细予以发布,以便各会员知晓并监督。从 1922—1925 年的汉口银行公会预决算报表可以看出,汉口银行公会经费的支出主要包括:公会办公地址变迁过程中的租金、职员薪水级津贴、役食、印刷费、邮电费、书报费、旅费、社交费、会员聚餐费、广告费、修缮费、保险费、捐款等。从汉口银行公会成立初期的结算中可以看出,汉口银行公会预算与结算每一年并非正好吻合,出现过实际支出超

---

① 《汉口银行公会致中南银行函》,武汉市档案馆藏:171—1—56。

过实际预算的情况,但它都经过公会追加经费额度,再摊派到各个会员银行进行收缴,从而有效地支撑汉口银行公会正常运转,没有出现财政危机状况。

从表3-22可以发现,汉口银行公会的实际支出逐年都在增长。

表3-22　1922—1925年汉口银行公会收支预算情况表　　（单位:元）

时间	收入		支出		
	预算	实收	预算	实支	余额
1922 年	6000	6000			
1923 年	9750	12723.31	9750.00	12723.31	0
1924 年	19800.00	19800.00	19800.00	19144.43	655.57
1925 年	24000.00	24363.53	24000.00	21447.89	2915.64

资料来源:《民国十一年份汉口银行公会收支预算表》(1923 年),武汉市档案馆藏:165—1—94;《民国十二年度汉口银行公会经常费用结算表》(1925 年),武汉市档案馆藏:171—1—114;《民国十三年度汉口银行公会经常费决算表》(1925 年),武汉市档案馆藏:171—1—117;《民国十四年度汉口银行公会经常费决算表》(1925 年),武汉市档案馆藏:171—1—117。

1931 年改组后的汉口银行公会,在内部经费切块中,依然是中国银行和交通银行在日常经费摊派中多出一点,贡献大一点。从表3-23,可以清晰地看到,汉口银行公会1936 年的决算虽然超出了预算,但是,由于对各行进行摊派,就多出了预算,从而达到收支相抵,尚有结余。

表3-23　1936年汉口市银行业同业公会经费决算表　　（单位:元）

汉口市银行业同业公会第五年度(二十五年份)经费决算表			
收入之部			
会员行名	全年预算数	全年实收数	说明
中国	1425	1425.00	
交通	1425	1425.00	
浙江兴业	950	950.00	
聚兴诚	950	950.00	
盐业	950	950.00	

续表

收入之部			
会员行名	全年预算数	全年实收数	说明
金城	950	950.00	
四明	950	950.00	
上海	950	950.00	
浙江实业	950	950.00	
中国实业	950	950.00	
大陆	950	950.00	
中南	950	950.00	
中国农工	950	950.00	
中国通商	950	950.00	
中国国货	950	950.00	
中国农民	950	950.00	
历年经费结余		390.33	
本年经费超过预算数		1301.39	
总计	16150	17841.72	

支出之部			
摘要	全年预算数	全年实支数	说明
一、薪缮工食	5652	5963.00	
甲、秘书长一人	2100	2100.00	
乙、事务员二人	1800	2100.00	赵事务员,自本年一月起加月薪十元,孙事务员加月薪十五元,全年共计三百元
丙、顾警两人	456	456.00	
丁、夫役五人	1032	1032.00	
戊、厨房三人	264	275.00	四月上半月祈厨开除,照发一个月工资。又张厨接办下半月,仍支二十一元,故超过十一元
二、邮电费	256	173.19	
甲、电报	100	23.19	
乙、电话	120	120.00	
丙、邮费	30	30.00	

续表

支出之部			
摘要	全年预算数	全年实支数	说明
三、书报费	100	205.84	增加大美晚报、□机报一份,全年共八十元,余为认订捐销书报杂志等
四、公告费	200	389.10	原登两家,后增登三家,故超过
五、印刷纸张文具	600	596.61	
六、房租金	2400	2925.00	二十五年四家保险费252元,本会代付在此,扣抵
七、聚餐费	1390	1217.10	厨房、薪炭全年在内
八、水电薪炭	1256	1725.52	
甲、水电费	1080	1487.52	
乙、火炉柴煤	176	238.00	移老会后,借客、借座等,用煤过多
九、顾警服装	120	123.33	外增二十四年十二月二十一日至三十一日费
十、交际费	500	494.53	
十一、法律顾问夫马费	1200	1200.00	
十二、杂费	1200	990.37	
十三、购置费	250	137.01	器具折旧
十四、临时费	1026	786.92	内清洁公司费128元,又由宝顺移回用费、搭凉棚费、各行组临时救护队用费、装修火炉等
十五、透支利息		914.20	
总计	16150	17841.72	

资料来源:《汉口市银行业同业公会第五年度(1841二十五年份)经费决算表》(1937年),武汉市档案馆藏:171—1—7。

总体上看,汉口银行公会会员银行内部团结协作、经济实力增强、运行机制健全等,是保证汉口银行公会经济活动与社会活动正常运转的良好条件,特别是科学理财、确保财政稳健,是良好条件中的突出项。一个单位的运转如同一个家庭的存续一样,只有紧紧盯住并管好钱袋子,量入为出,开源节流,收支平衡;决不好大喜功,寅吃卯粮,亏空基础,动摇财政根基,才能处变不惊,安定致远。俗话说得好,有一分钱办一分钱的事,没有钱就不办事;有钱好办事,有多大财力就办多大的事业。这既是立身正道、安身之本,也是发展之道、稳妥之本。汉口银行公会在几年的发展中,没有出现财政危机,没有发生财务风险,证明其财务管理之道、理财之道是平稳有序、科学合理的。

第四章　汉口银行公会的社会网络关系

任何一个社会经济组织的生命力,都是社会关系的产物。没有社会联系,就没有相应的社会角色,也就不会产生相应的社会功能。社会联系,并在社会联系中建立的相应的紧密关系,形成一种必然的网络式关系,对于像汉口银行公会的近代经济社会组织而言,意义重大。由古代农业社会进入近代工业社会后,随着社会生产力的发展,人们联系的方式、渠道和方法日益增多,人的联系也因社会生产关系向社会关系延伸、扩大。对于社会组织来说,一方面是内部之间的相互联系日益紧密,越来越牢固;另一方面是外向性联系越来越宽广,日益深入,它为自己的生存和发展创造有利条件。对于像汉口银行公会这样的近代经济社会组织来说,构建一种紧密联系、深度合作的社会网络关系,既是必要的,也是重要的。

仔细看,汉口银行公会的社会网络关系主要是:汉口银行公会与汉口钱业公会、汉口银行公会与其他社会组织、汉口银行公会与外资银行以及汉口银行公会与其他银行公会四类主要关系,这些关系形成一种网络状的联系。通过对这四种社会网络关系的探讨,可以清楚地看到,汉口银行公会在近代社会激烈的商业竞争中所采取的应对措施,以及在与这些社会经济组织建立关系背后的谋略考量与利益走向,深层次揭示汉口银行公会驾驭社会关系的能力和智慧。社会关系是由人建立起来的,是人生存和发展的必要条件;有时候,它又会变成人的束缚,成为人们发展的一种羁绊。"依靠关系谋生存",是一种生活本事;"挣脱关系求发展",是一种生存智慧。

第一节　汉口银行公会与钱业公会的关系

　　近代中国处于一个新旧交替、新陈代谢、新旧杂陈的过渡时代,由旧向新过渡的时代特点很突出,"新旧"问题是时代的标志和符号。在民国时期的金融领域,汉口银行公会代表着新的,汉口钱业公会则沿袭着旧的。在这种特定的时代里,它们不可避免地发生激烈碰撞,产生矛盾性互动,"钱庄不同于银行的特点及长处,使银行、钱庄间既有竞争又存在富有实效的相互支持与合作"①。其关系的变化经历了两个阶段:在20世纪20年代,银、钱业交往日益密切,两会成员之间的关系呈现出异常激烈的矛盾性和冲突性,但是,在矛盾和冲突中又不能不合作、交流,而进一步的合作交流,往往又带来新一轮更深层次的矛盾和冲突,以及不断扩展和深化的矛盾发展态势;从20世纪20年代末到全面抗战前,钱业公会式微,银、钱公会的合作面、冲突面同时出现大幅压缩,汉口银行公会与钱业公会之间虽然表现出合作与冲突并存的关系,但是,深入其中就会发现,合作成为其关系的主流。对于前后迥异的发展变化,人们只能感叹历史的复杂与无情,正所谓,"彼一时,此一时也。"②历史的发展自有其内在的演变逻辑,从来都不以任何的主观愿望为转移,这就是历史的客观性。透过个案,深入经济社会生活中,汉口钱业公会和汉口银行公会的关系是近代中国金融领域新旧关系的一个缩影,是新陈代谢过程中的一种变化状态。从地域空间上看,由于水土、内外因素、条件不同,汉口银、钱公会与上海银、钱公会必然存在同时代的差异性。这也正好说明,近代中国金融业在近代化变迁过程中的激烈程度与强度上,存在多样性、不充分性和非平衡性。从历史的观点看,这就不足为奇了。

一、20世纪20年代前汉口华资银行业对钱业公会的依赖

　　从理论上讲,汉口银行公会依托的是本地的华资银行,汉口钱业公会依托

①　姚会元:《江浙金融财团研究》,中国财政经济出版社1998年版,第78页。
②　吴天明、程继松评析:《孟子·公孙丑下》,崇文书局2004年版,第75页。

的则是本土钱庄;从行业上看,看似一码归一码,"各吃各的饭,各挑各的水","水井各一方,井水不犯河水"。但"同行是冤家","同吃一碗饭,生死挤破头",华资银行、汉口钱庄都从事金融业务,"都在一个锅里吃饭",它们势必在业务上展开竞争,从而引发矛盾和出现冲突;有时候,矛盾是十分尖锐的,冲突是异常激烈的。任何事物的发展都是如此,矛盾和冲突有一个发展、积累和表现的过程。在20世纪20年代以前,由于汉口银行公会依托的华资银行发展相对缓慢,实力相对弱小;同时,汉口华资银行和钱庄在业务上还存在着一定的互补性,因此,两者尚能和平共处。在汉口银行公会成立前,汉口华资银行业与钱业公会之间的关系是以合作为主,尤其是在合作中,汉口华资银行业还在一定程度上表现出对汉口钱业公会的依赖,从本质上说,与其说它们是互补关系,还不如说它们在金融领域表现为一种主从关系。

汉口的钱庄,早在道光年间就已出现①,但当时汉口工商业尚不发达,加之钱庄初创,规模简陋,钱庄资本"少自(至)三四千两,多至四五万两"②。随着对外贸易发展的需要,钱庄业务量获得前所未有的大发展。钱庄从最初的兑换制钱、改铸生银、小额存放逐渐转为向工商业放款和发行庄票。在辛亥革命前,汉口钱庄就与武汉工商业发生着紧密联系。"武汉各工商行业咸赖钱庄,据清理辛亥债务时,钱业公会统计,总额计估平银3000万两。"③辛亥革命时,钱业虽受战火洗礼,颇受打击,但第一次世界大战的发生,却给汉口钱业带来新的发展契机,各帮在汉口竞相设立钱庄。1919年,"汉埠八大行中,以钱业获利为最优"④。汉口钱庄依靠自身发展,在金融领域不断增强实力,在汉口商战中居于领导地位。从1909年到1918年,汉口钱业在汉口商会议董或会董中的席次,少则占据五分之一,多则占有三分之一,行业发言权的声量是巨大的。1920年,汉口总商会进行第9届改选,钱业会长万泽生被推选为商

① 参见姚会元:《近代汉口钱庄研究》,《历史研究》1990年第2期。
② 迈进篮:《汉口金融业之过去与现在》,《汉口商业月刊》第2卷第9期,1935年9月15日。
③ 龚榕庭:《解放前武汉地方金融业溯往》(1959年8月17日),武汉市档案馆藏:119—130—118。
④ 《己未年各业盈余调查录(再续)》,《银行周报》第4卷第9号,1920年3月23日。

会会长，执汉口商会一时之牛耳，可见其地位之显赫。此阶段正是汉口钱业公会的繁盛时期和高光时刻。

相比于钱庄，在这一时期，汉口华资银行虽然处于发展的上升期，但是，其实力却是有限的。汉口的华资银行起步较晚，成立时且多为分行或支行，缺少本土内生性和独立性，天生较弱。虽然早在 1897 年，中国通商银行就在汉口设置分行，但在民元前，华资银行在汉口产生的数量并不是很多。民元以后，汉口的华资银行发展较为迅速，1913 年，汉口已有中国银行、交通银行、鄂州兴业银行、黄陂实业银行、泰丰银行、直隶银行、民国银行、浙江兴业银行、湖南银行、广西银行和浚川源银行等 11 家华资银行。[1] 到 1920 年，汉口华资银行的数量，已然达到 21 家，[2]银行实力无论是资本内涵，还是业务规模，都大为增长。在此阶段，银行之间的合作开始出现。1917 年 4 月，一些华资银行发起组织金融研究会；1920 年 11 月，正式成立汉口银行公会。[3] 即便如此，汉口华资银行业并没有积累到能够挑战钱业领导地位的足够资本和角逐实力。客观上讲，汉口华资银行业为了拓展业务、保持金融稳定，它不得不选择同汉口钱业公会合作共处、追求双赢局面的经营策略和实践模式。20 世纪 20 年代以前，银行公会尚未成立，本土银行处于新生自在时期，这是汉口银行业发展的初始阶段。在此阶段，银、钱业合作有限，银、钱关系还远不如上海和天津等地那样密切。当然，实力决定表现力。由于汉口钱业公会在汉口金融市场上占据的优势，在某些领域，汉口银行业还在一定程度上受到汉口钱业的控制，因此，汉口银行业需要与钱业公会展开合作。这是由客观的生存环境决定的必然选择。

汉口本土的华资银行成立之始，多为分行或支行，因而在银行创办之初，高级管理人员都是直接来自总行设在北京、上海、天津等地的金融家，其经营

---

① 《武汉金融志》编写委员会办公室、中国人民银行武汉市分行金融研究所编：《武汉银行史料》，内部发行，1987 年，第 41 页。
② 《武汉金融之趋势》，《银行周报》第 4 卷第 14 号，1920 年 4 月 24 日。
③ 张克明：《汉口金融机关概况（下）》，《银行周报》第 18 卷第 1 号，1934 年 1 月 16 日。

资本也大抵上是直接依托总行,从中支取。这样一种线索性垂直关系,决定汉口银行业在管理人员和创办资金方面,具有独立性,与本土的亲和力和紧密度不高。因此,在经营上,其业务关系就与汉口钱业交集不多、不紧、不深,也就没有造成矛盾和形成冲突的客观条件和积极动因。

华资银行初来乍到,在业务开展方面,不仅没有对钱庄造成冲击;相反,时常还需要依赖钱庄。由于华资银行的不发达,业务量有限,而钱庄立足本土,世代发展,原有的客户与之存在千丝万缕的关系,它们也多习惯于原有的经营方式和金融通道,与钱庄保持密切金融合作的关系,因此,在放款、发行钞票上,华资银行不得不借助钱庄已有的优势,小心翼翼地扩大自己的业务。钱庄的老主顾,受交易习惯的影响,依然保持着与钱业的业务往来,华资银行受制于此,"以低利放与钱庄,俾期转放各方";在钞票发行上,因"金融完全操诸于钱庄之手,故各银行之钞票,亦须赖钱庄之推行"①。在此时期,我们可以看到,中国银行、交通银行所发行的汉钞虽多,但需要"借船入海",即借助钱庄才能打入市场。因此,汉口众多钱庄成为这些银行的代兑机关。当然,经济关系实质上就是一种利益关系,钱庄也会从代兑钞票中谋取利益,这是必然的,是资本交易的天性使然。从银行方面看,汉口华资银行虽说在业务开展上依存于钱庄,但是,这种短时间的依存状况却为两方造就了双赢的合作局面。这在事物发展之初,平和性大多体现为发展的利好性。

由于汉口华资银行先天性缺乏自己的汇划机关,因而在 1920 年前,钱业公会的汇划所一直是汉口唯一的票据交换组织。这就决定在票据汇划方面,华资银行票款收解需要仰钱庄之鼻息。钱业汇划所除了清理会员钱庄之汇划票据之外,非会员钱庄与各银行间所交接之票据,都需在此汇齐,再由会员钱庄代为交换。② 汉口钱业对票据交换市场的垄断,造成"内国银行与钱业间、与外国银行间及与同业之票款清理,大都须托钱庄为之代理"③。

---

① 《武汉之工商业》,《汉口商业月刊》第 2 卷第 1 期,1935 年 1 月。
② 张克明:《汉口之票据及其清算方法》,《汉口商业月刊》第 1 卷第 4 期,1934 年 4 月。
③ 杨荫溥:《杨著中国金融论》,黎明书局 1936 年版,第 342 页。

　　与华资银行对钱庄的依赖相反,钱业对华资银行的需求反而并不强烈。汉口钱庄经营的放款业务需要大量的资金,而在辛亥革命前,汉口钱业同外资银行已经形成了很好的拆解关系,外资银行"经买办之手,间接而畀之钱庄,复由钱庄流转于市场"①。而华资银行的到来,虽为钱庄带来另外一个借款渠道,但华资银行实力有限,相对弱小,对钱庄拆款并不多。在 1917 年的汉口钱业风潮中,计有 8 家钱庄倒闭,与钱业保持良好合作的浙江兴业银行因此损失 1.2 万两。② 而在清末"三怡"钱庄倒闭中,钱庄共欠汇丰银行 50 万两。可见,在拆款方面,外资银行的地位尚未动摇,在资金上,钱庄对华资银行的依赖性并不强。

　　在 20 世纪 20 年代以前,汉口华资银行与汉口钱业公会的关系在很大程度上表现为华资银行对钱业公会有依赖性。即使在面对金融动荡的特殊情况下,也是如此,钱业公会给华资银行提供的帮助较多。1916 年 5 月,因汉口中国、交通两行纸币信用丧失,汉口市面出现挤兑风潮,"钱业受此影响岌岌可危",汉口商会于 13 日急忙向省政府求助,最后由政府命令"十五日照常开兑",并且由"湖北造币厂拨出十万元,每行五万以为应对之需","且有汇通钱庄、怡大钱庄、集成钱庄等为之代兑"③。在此次挤兑风潮中,汉口中国、交通银行的信用虽然受到影响,但是,它们在钱业的帮助下,多少避免了进一步扩大事态,遭受进一步损失。1917 年 6 月,汉口再次出现金融动荡,当时,"军需课拨现洋 20 万元,会同财政厅存银 30 万元,交由汉钱业公所流通市面,藉以维持",但此举收效甚微,以致"中交两钞无市"。当时就有人感慨道,"钱业公所握金融之枢纽,应诉诸良心,以某种手腕,使奸商不致趁火打劫"④。

　　虽然钱业公会采取的措施并没有很快地缓解中、交银行承受的压力,但是,并不能因此就否定在钱业公会引导下,钱业所努力进行的合作工作。其

---

① 张玉涛:《最近汉口工商业一斑》,1911 年;《武汉金融志》编写委员会办公室、中国人民银行武汉市分行金融研究所编:《武汉银行史料》,内部发行,1987 年,第 26 页。

② 参见杜恂诚:《中国金融通史》第 3 卷,中国金融出版社 2002 年版,第 252 页。

③ 见《武汉金融志》编写委员会办公室、中国人民银行武汉市分行金融研究所编:《武汉银行史料》,内部发行,1987 年,第 59—60 页。

④ 《政变后各埠之金融》,《银行周报》第 1 卷第 4 号,1917 年 6 月 19 日。

实,在金融风潮来临时,银、钱两业因为共同的利益,很容易结成利益共同体。说到底,钱业对华资银行的支持,看似帮助别人,实则是为了自己;归根结底它还是为了避免金融风潮扩大,最终危及自己的利益,故而采取"帮人就是帮自己"的上上之策,在事态开始时就采取成本最小、最易把控的方式予以应对。这种最经济、最便捷、最实惠和最有利的方式、方法,对于经营者来说,既是其思维习惯,也是其本能的第一反应。

汉口钱业公会的职责,主要是指导钱庄交易活动,解决内部纷争,办理对外交涉。① 在此期间,对华资银行而言,汉口钱业公会是在维护市场秩序中不可缺少的合作伙伴和重要依靠力量;反过来,对钱业公会而言,汉口华资银行也并非其主要竞争对手,而是合作伙伴和可以借用的力量。因此,处于汉口金融领域较强势一方的汉口钱业公会,在这种情况下,就能够容忍汉口华资银行在自己身边发展,并且与它有业务上的往来,展开金融合作。但是,一旦这两方中的一方改变了自己的发展地位,特别是出现"由弱变强"式变化,当变强的一方威胁到另一方的发展优势地位时,它们曾经的伙伴关系就走到尽头了,就要由合作共赢的良性互动状态转变为优胜劣汰的竞争搏斗状态,它们由曾经的"两小无猜"②"和平相处"的平和友善关系逆转为"卧榻之侧,岂容他人鼾睡"③的对立冲突关系,因此,围绕经济利益这个关键和核心问题,双方在经济利害上的冲突就无法避免了,摩擦与冲突接踵而至就会成为常态。特别是在汉口华资银行业得到不断发展、经济实力壮大后,成立了维护自身利益的同业组织汉口银行公会后,它就必然会挑战钱业公会与钱庄的传统优势地位,它们的矛盾冲突也将日趋激烈化、紧张化。

二、20 世纪 20 年代银、钱两会的合作与斗争

20 世纪 20 年代以前的历史时期,是汉口华资银行业依赖汉口钱业公会的时段。在此阶段,银、钱业的合作深度和广度还是有限的。进入 20 世纪 20

---

① 姚会元:《近代汉口钱庄研究》,《历史研究》1990 年第 2 期。
② (唐)李白:《长干行》,载(清)王琦注:《李太白全集》,中华书局 2011 年版,第 225 页。
③ (宋)岳珂:《桯史·徐铉入聘》,中华书局 1981 年版,第 3 页。

年代以后,随着汉口银行公会挂牌成立,银、钱两会的交往日益密切,产生互动,两会之间的关系也呈现出合作与斗争的交织,甚至是由合作走向对立斗争。在汉口银行公会成立之初,由于汉口钱业公会在汉口金融市场上占据的绝对性优势,在一些领域,汉口银行公会不能不受到汉口钱业公会的影响,甚至是牵引,无论需要与否,从生存之道的角度看,汉口银行公会都得与汉口钱业公会展开合作,并且采取诚恳的积极态度,以利于打开市场局面,站稳经营脚跟。

1. 共同抵制湖南轻质铜元入境。1922 年 5 月,湖北邻省湖南有轻质铜元流入境内,并进入汉口市场流通,从而吸收现金,败坏币制,扰乱本地金融。汉口银行公会通过调查发现,除此之外,还有从四川、安徽、江苏、江西等省私运而来的轻质铜元,在汉口销售,导致本地市面上官票日渐低落,给本地金融市场稳定带来极坏影响。汉口银行公会联合汉口钱业公会,力请政府予以打压,并倡议各银行、银号、钱庄、商民等一体维护。① 汉口银行公会与汉口钱业公会一道维持金融市场秩序,着力保持经济社会稳健运行。但是,政府出于对市面影响考虑,又对处理邻省关系有所顾虑,因此对两会的请求态度摇摆不定,未能拿出有效办法解决有关问题。到1923 年 12 月,情况更糟,在汉口市面上出现"洋价增高,银拆步涨,系受现洋现银出口过度之影响"②的严重后果。当此之际,汉口银行公会联合汉口总商会、汉口钱业公会,紧急报告湖北省督军及省长,请求采取严厉措施,禁止外地劣质铜元入境,维护金融市场稳定,为工商业发展创造有利的社会条件。金融市场稳定与否,与市面流通缓急有密切关系。早在1923 年 5 月,汉口市面流通就出现洋价低落、商务停滞等消极现象,汉口银行公会遂联合汉口钱业公会,呈请政府弛禁,维护商业市场平稳。面对市场流通中洋价增高带来的市场金融不稳状况,汉口总商会、汉口银行公会、汉口钱业公会三大组织联合向省署请求,"将本省现洋现银一律禁运出口,或有外省来汉,巧借理由,商请特许运现"③。它们表现出为维持汉口金融

---

① 《汉口银行公会致金城银行函》(1922 年 5 月 8 日),武汉市档案馆藏:165—1—92。

② 《汉口银行公会致金城银行函》(1923 年 12 月 20 日),武汉市档案馆藏:165—1—94。

③ 《照钞会上督军、省长呈函》(1923 年 12 月 10 日),武汉市档案馆藏:165—1—94。

市场稳定,竭力合作、竭尽所能的团结精神和面貌。

2. 共同抵制安徽造币厂劣质"民八币"。银圆是在北京政府时期合法流通的货币,它对工商业乃至居民生活、政府财政影响极大。1924 年,在湖北多地发现安徽造币厂所铸"民八币"成色不足,影响市面流通。"民八币"不足标准,贻害金融市场,扰乱经济秩序。各地都深受其害,予以痛斥。汉口银行公会与钱业公会都竭力反对劣质"民八币"进入汉口市场,不断电呈财政部,要求吊销安徽造币厂"民八币"祖模,严令停止铸造、禁止流通。但是,在市面上,"民八币"依然混用,未被禁止根绝,以致影响很广、很坏。为了保持汉口市面金融稳定,减轻"民八币"造成的恶劣影响,汉口银行公会与汉口钱业公会先后于 1924 年 5 月 4 日、5 日,连续两天召开联席会议,商讨对于"民八币"的对策①,以防局势朝更坏方向发展。

在 5 月 4 日的联席会议上,汉口钱业公会派出代表 6 人来到汉口银行公会开会议事。会议推举汉口银行公会董事长王毅灵为主席。会议主要讨论安徽省劣质银圆运入汉口的问题,商讨如何抵制的对策与措施。与会者都意识到,安徽省劣质银圆对市面流通造成干扰和破坏,严重影响银、钱两业正常经营的经济秩序,必须引起足够重视,予以有效解决。1924 年 5 月,正值全国第五届银行公会联席会会议结束之际,会议讨论通过了《抵制皖币办法九条》。会中,汉口银行公会将提请讨论的《抵制皖币办法九条》与汉口钱业公会到会人员一起进行研讨,充分交换意见,以便形成解决问题的思路。经过银、钱两会结合汉口的有关实际情况,针对性讨论出两种初步解决的办法:"一、由银钱两会会同商会呈军省两署,请其饬关监督。函致税务司,将皖省进口银元开箱酌提若干枚,交监督、呈两署、发武昌造币厂化验。如与法定成色相符,始准提载。否则,应候军省两署核办,即由两会函征商会同意后具呈。由银会主稿会核办理;二、银公会表示希望自今日起在皖币成色未经证实合法之前,凡有经售大宗银元,知其实为皖厂经手者,银钱两会各同业均不与之交易,以期杜

---

① 《汉口银行公会致中南银行函》(1924 年 5 月 9 日),武汉市档案馆藏:171—1—114。

绝来源。如有违反此旨,经手此项皖币买卖者,无论其为何项人家,一经查实。我银钱同业即与之断绝往来关系,藉示众弃,而示警惕。"①应该说,汉口银行公会与汉口钱业公会在面对金融市场稳定的共同利益面前,积极协作,态度诚恳,措施有力,这也是符合社会利益的正义之举。在解决问题中,汉口银行公会与汉口钱业公会也意识到,落实解决方案还需汉口商会的积极支持,以便与省署沟通。本次会议后,钱业公会代表表示,赞同上述提议。由于钱业公会有100多家会员,汉口钱业公会代表表示将方案带回公会商讨后,尽快回复,以便同业一致赞成。

在银、钱两会召开联席会议的时候,汉口总商会转述省署函告,安徽省请求运银100万两出境。汉口银行公会与汉口钱业公会意识到,在市面上已经流通安徽省劣质银圆的情况下,这次如果再运皖银入境,其意图明显是想换回劣币。这样做,必将贻害市场,祸害商民,危及社会。为此,5月5日,银、钱两会再次召开联席会议专题商议。一是商讨严厉拒绝汉口总商会转述省署的请求。"勿予生银出境,以维市面。"②二是进一步商讨如何抵制安徽省低色劣质银圆进口。在联席会议上,汉口银行公会与钱业公会形成共识,达成一致意见:两会携手一致办理抵制低劣皖银入境事宜,必将大增效力。它们进一步商议有关具体方法:"就汉言汉,应将皖币送鄂厂化验。但市面民八银元不能逞指为皖厂所造,而皖币进口,或不由皖省直运,或轮船私带而不报关,又或由兵轮,或由铁路均有进口之法,现应俟与钱会联议后,再将检验方法互相讨论。"③汉口银行公会也认识到,安徽省运来的"民八币"可能是通过其他途径运到汉口的,为此,要注意区别对待,以免生疑,破坏省际往来。应该说,这些预判是符合实际的,办法也是有效的。

经汉口银、钱公会以及各地银行公会共同努力,会议将《抵制皖币办法九条》上呈北京政府财政部。北京政府财政部在多方压力之下,派员调查

① 《汉口银行公会钱业公会联席会议记录》(1924年5月4日),武汉市档案馆藏:171—1—114。
② 《汉口银行公会钱业公会联席会议记录》(1924年5月5日),武汉市档案馆藏:171—1—114。
③ 《汉口银行公会钱业公会联席会议记录》(1924年5月5日),武汉市档案馆藏:171—1—114。

情况,得以掌握实情,遂令安徽造币厂呈缴祖模。1925 年 2 月,安徽省财政厅接财政部令,追缴安徽造币厂民八币祖模,送呈财政部,该厂即行停铸。从共同携手抵制劣质银圆事件中的努力可以看出,在维护金融市场秩序方面,银、钱两会本着共同利益,担负了相应的社会责任。这是值得肯定的。

作为汉口金融市场的重要经济团体,汉口银、钱两会在同政府打交道时,保持了良好的互动合作关系。1924 年为了争夺关余,汉口银行公会、钱业公会共同反对广州政府截留关余的企图。两会以"关余关系国债基金"为由,分别致电北京国务院财政部财政整理会、北京总税务司安格联,让其阻止孙中山等提取粤海关余。① 为避免安徽省劣质银圆流入汉口市场,1924 年 5 月 4 日,汉口银钱业召开联席会议商讨解决办法,其中一条就是,要求湖北军、省两署采取有力措施,避免劣质银圆流入。② 1926 年,因为汉口金融市场紊乱,银行公会、钱业公会、汉口总商会以"有商人勾通私运劣币,危害金融等事由",请求军省两署"按照国法惩治,昭示国人",并希望军省两署出面,维持金融市面稳定。③ 可以说,如果单凭银业或钱业一方的力量,必是势单力孤,无力影响政府及有关当局的决策,难以逆转颓势。在危机应对与处理中,为了尽可能地反映汉口金融业及商界的合法利益,银、钱业不仅通力合作,而且大力联合其他团体,共同为维护汉口的金融稳定以及自身的经济利益,敢于大胆向有关当局进行交涉,提出解决问题的可靠办法。其态度坚定,担当有力,办法可行。这是危机应对的可取立场。

为了共同的经济利益,汉口银行公会与汉口钱业公会联合银钱业开展共同投资活动。1926 年 11 月,湖北当局为筹设湖北省银行,向银钱业借款,"银钱两业借款五百万元","中国、交通两银行各认洋五十万元,汉口其他各银行

---

① 《全国商会银行公会力争公债基金》,《银行月刊》第 4 卷第 1 期,1924 年 1 月 25 日。
② 《沪汉银钱业一致防御皖币厂轻质银元》,《银行月刊》第 4 卷第 6 期,1924 年 6 月 25 日。
③ 《汉口银行公会致中南银行函附钞稿》(1926 年 4 月 1 日),武汉市档案馆藏:171—1—42。

认洋二十万元,钱帮共认洋七十万元"①。尽管此次筹设湖北省银行,最后因政局更替功亏一篑,但银、钱业的合作则反映了在资本市场,银、钱两业拥有一定的共同利益。除了共同借款,在钞票推广使用方面,银、钱业也依然保持着与上一阶段同样的紧密联系,而唯一不同的只是,随着"汉钞"发行量日益增多,钱庄代发钞票的数量也随之日渐增加。

综观这一时段的银、钱关系,虽然汉口银行公会在与汉口钱业公会的关系上,表现出一种合作的态势,但它们的合作基础,并不是建立在完全平等、互利之上的。这一时期,对汉口银行公会而言,汉口钱业公会是汉口银行公会在面临维护市场秩序的危机应对中不可缺少的合作伙伴;但对钱业公会而言,汉口银行公会也非其主要的竞争对手,因此,处于汉口金融领域较强势一方的汉口钱业公会,能够容忍汉口银行公会有一定的发展,并且与它展开金融往来。但是,一旦这两个金融机构走向同位竞争时,两者之间的经济利害冲突将无法避免,摩擦与冲突必将接踵而至。特别是在汉口银行公会及其银行成员的实力得到发展壮大后,就会越来越强烈地挑战钱业公会与钱庄的经济地位及其利益获得,其矛盾冲突必定朝着更加激烈的方向演化,这种相安无事的合作关系就要被打乱。

到 20 世纪 20 年代后期,尤其是在 1927 年前,银、钱业矛盾被激化和暴露出来。这一时期的汉口银行公会与汉口钱业公会在合作中也伴随着激烈的斗争。

汉口银行公会与汉口钱业公会因利绝交。20 世纪 20 年代,虽然前期银、钱业合作协同关系发展得好,看似一切都风平浪静,但随着后期汉口银行公会发展加快,实力增长较大,经济社会影响力也随之增强,以前被掩盖和隐藏其中的银、钱业的矛盾就慢慢在激化中暴露出来。其实,早在 1920 年至 1921 年间,就曾发生过汉口银钱业的第一次绝交事件。

1920 年以前,汉口钱业公会的交易市场是汉口银、钱业唯一的交易市场。

---

① 《筹办湖北银行》,《银行月刊》第 6 卷第 11 期,1926 年 11 月 25 日。

当时,银行业的部分交易也必须在钱业主导的市场和规范中进行。这样,原本两者相安无事,然而,到了1920年冬天,钱业突然"援上海成例",停止银行在钱业公会中交易。① 在这次冲突中,汉口钱业公会的借口看似师出有名、冠冕堂皇,其实,在表面光鲜的背后,其直接导火索则是钱业人士不满于银业者的张扬得意。由于"银行人太阔大",以致在1921年2月12日,"钱业中人会议议决,以后钱业公所,不准银行中人入门,亦不收费,该帮跑街如到,则安置门房招待"。并拟出两条措施:"其一,凡属银行钞票,除中、交两行外,其余皆不代兑,以免夺官票势力;其二,银行如需洋银要钱帮辅助,则须较市价高数厘。"②汉口银行公会在1921年2月,不过才成立不到3个月,就发生如此交恶事件,其当然是始料不及的。汉口银行公会为了应对冲突,不得不"另于一码头,设立银行交易所,凡中外银钱业,均可在彼交易"③。当时有人对钱业的这种行为进行批评,指出:"今彼此绝交,不啻自杀而害及其市。前途危险,可胜言哉。"④是否真如批评者所言,钱业"不啻自杀"呢? 其实,汉口钱业公会所代表的钱业不满于汉口银行公会所代表的银行业过分张扬只是矛盾的导火索,也只是表面现象,其真正的原因,还是"逐利"二字。在银行业日益发达的同时,钱业的利益逐渐受到危害,这是不言而喻的事实。钱业为了维护本行业的利益,借助手中控制的汇划所,对银行业进行敲打,断绝两业的往来并不是钱业的根本目的,而是具有惩戒的用意。从钱业最后采取的两条措施看,钱业并没有真正断绝两业往来,只不过是对银行的票据交换进行了限制,并提高其交易成本,维护自己的经济利益。汉口银行公会因1921年发生的纠纷,便设立银行交易处,这既是华资银行业务发展的必然要求,也是迫不得已的求生之道。其主要从事"收交国内汇兑,承受票据贴现,业务盛极一时。对于金融供求之调剂,实与当时钱业市场相辅而行",对汉口华资银行的发展来说,具有

① 方善堉:《统一汉口金融市场及改革银行交易处刍议》,《银行杂志》第1卷第3号,1923年12月1日。
② 《汉口银行钱庄之绝交》,《银行月刊》第1卷第3号,1921年3月5日。
③ 《各埠金融及商况》,《银行周报》第5卷第8号,1921年3月8日。
④ 《汉口银行钱庄之绝交》,《银行月刊》第1卷第3号,1921年3月5日。

积极意义。汉口交易市场的成立,对改变汉口当时的交易习惯,促成交易近代化发挥了积极的作用。

通观 20 世纪 20 年代这一时期,银、钱业的绝交事件并非仅此一例。1924 年到 1925 年间,银、钱两业的绝交事件再次发生。

1925 年初,受百堡垣路地契事件波及,钱庄再次断绝与华资银行的往来。1924 年夏,汉口金融不稳,为救济金融,汉口总商会、银行公会、钱业公会召开联席大会,决定将湖北官钱局所有的股票证券及后城马路地契(百堡垣路地契)作为钱业公会发行流通券之保证,但实际上,股票和地契并不直接交给钱业公会,而是送由银行公会保存。① 年底,钱业公会收回所有流通券,并屡次向银行公会索要地契,但银行公会以官钱局曾在公会借款为由,拒绝归还。银行公会此举,大大激怒了钱业公会。1925 年 1 月 23 日,钱业宣布与银行断交,并拟定三项办法:1. 钱业同人从正月起,不许至银行交易所做生意;2. 如有破坏公约者,得由全体否认该破坏人为同业分子;3. 由全体自动地与破坏人为营业上绝交。而在涉事的另一方,银行公会也针锋相对,打算对各钱庄催收放款,并决定不许钱庄在银行交易所交易。1 月 28 日,汉口银行公会召开会员会议,讨论公会各银行与钱业交易办法,议决"自本日起,凡钱业对于银行之汇票买卖、银洋买卖及银洋放款与拆票等交易,如到在会各银行交易者,均嘱其至银行公会交易处与各本行交易员直接接洽办理。公同遵守,不得违反。但在会各银行临时发生交易,互相接洽,不在此限"②。银、钱业发生的冲突,引起湖北地方政府重视。31 日,两湖巡阅使"萧耀南以两帮内讧,若不迅速调解,恐决裂到不可收拾之地位"为由,邀汉口银行公会会长万泽生到署,面询绝交原因,并和汉口总商会从中斡旋调解。③ 最终,地契事件以钱业公会"手续业已清结",省署"核准销案"而告终。④ 地契事件虽然得到解决,但两

① 《维持流通券已销案》,《银行月刊》第 5 卷第 2 号,1925 年 2 月 25 日。
② 《十四年一月二十八日会员会议(下午一时)》(1925 年 1 月 28 日),武汉市档案馆藏:171—1—117。
③ 《银钱业发生龃龉和好之经过》,《银行月刊》第 5 卷第 2 号,1925 年 2 月 25 日。
④ 《维持流通券已销案》,《银行月刊》第 5 卷第 2 号,1925 年 2 月 25 日。

业的绝交已对汉口商场产生影响。为恢复商场对金融业的信心,由钱业公会出面,登报说明并无绝交一事。[①] 对外虽然说得言辞切切,但当事人对于"绝交"的理解却是心知肚明。故而银行公会为恢复银、钱两业感情,也规定"自今以后,做钱业生意者,准其在公会内做去;做银行生意者,准其往银行交易所。但不能在银行交易所而做钱业生意,以免扰害金融行市"[②]。在政府以及汉口商会的协调下,此次银钱绝交事件,最终得到化解,两业再次握手言和。

通过考察汉口银行公会与汉口钱业公会这两次绝交事件,我们可以发现,事件的发生虽然具有偶然性,但是,发生冲突的原因具有必然性。其必然因素,还是归结为经济利益。由于银钱两业各有各的利益立场,各自代表不同的利益追求,因此,在利益交关之际,随着利益冲突而起,银钱两业必起冲突。客观地说,汉口钱业公会所代表的钱业,是两次争端的挑起者,是主动起事进攻方;而汉口银行公会则是被动方。然而,绝交又是一把双刃剑,"兵法"所谓"杀敌一万,自损三千"正是这个道理。在伤害对方的同时,自己也会损害自身的利益。但是,汉口银行公会为何两次使用这种"自杀"式手段呢? 其实,同为汉口金融市场重要机构的钱庄和华资银行,不仅存在着利益之争,而且存在着广泛的共同利益。可是,在银、钱关系调适的过程中,传统的汉口钱庄还是不能看清近代新生事物兴起的必然趋势,它一时不能完全适应华资银行的兴起,也就不足为怪了。更何况从眼前的现实利益和利益格局来看,人们容易从"一山不容二虎"的传统思维看问题,不容易从社会经济的变革方向着眼思考新事物、新情况。现实地看,银、钱业的竞争从20世纪初的错位竞争,逐渐转变为同位竞争,在吸引存款、票据交换以及银、钱行市的确定上,银、钱业确实逐渐出现了利益竞争。在存款方面,各银行制定多种措施吸引存款,汉口盐业、中南、金城、大陆4家银行,为发展储蓄业务,联合组织储蓄会,以四行资本担保利息,并且在储蓄种类上灵活多样,满足不同层次客户的需要。[③] 银行业

---

① 《银钱业发生龃龉和好之经过》,《银行月刊》第5卷第2号,1925年2月25日。
② 《银钱业约法四章》,《银行月刊》第5卷第3号,1925年3月25日。
③ 黄既明:《汉口之储蓄会》,《银行杂志》第4卷第3号,1926年12月1日。

在开拓存款业务的时候,造成了钱庄流失部分客户。在票据交换上,1921年汉口银行业在前期组织汉口银行公会,壮大自身力量的基础上,团结一致,设立自己的交换所,华资银行在票据交换上开始摆脱钱业的控制,并对由钱业制订银钱行市的状况产生了冲击。如果从发展的观点和近代社会转型的实际来看,这是必然的、不可避免的结果。只是作为汉口钱业的一方,它代表传统老旧经济的势力,对新发展、新变化不敏感、不敏锐罢了,具有"困局其中,当局者迷"的意味。因此,它遇事后,往往就容易从感情出发,而不是从理性出发。因为,人们对于事情的发生所持的理性态度,是需要有时代感和历史感来支撑的。而人们对历史发展的深入观察,正是产生理性思维的深厚基础。

面对华资银行咄咄逼人的发展态势,汉口钱业公会在处理银钱关系上选择了不理智的举动。但是,换一个角度思考,虽然汉口钱业公会采用的绝交方式不够理智,但对钱业而言,因为它还拥有绝交的有力资本,也就是说,它的实力超越了银业。在这一时期,华资银行还需要依靠钱庄的汇划市场进行银钱交易。正因如此,钱庄在面对银行业逐步发展壮大、在自己的利益一步一步被对方蚕食的情况下,敢于使出自己的杀手锏,停止钱庄同银行的交易,希望借此打击华资银行的发展势头,从而维护和扩大自身的利益。当然,汉口钱业公会的利益代表者钱庄,并非没有考虑到自身也会遭受损失的一面,银、钱绝交绝不是最后的目的,而只是一种情绪宣泄和运用情绪处置经济问题的临时性手段;钱业也只是通过这个手段来提醒华资银行,钱业的利益不容侵犯。即便如此,钱业还能找到更好的办法来处理吗? 其实,无论是银业还是钱业,都不能独自承担绝交后对汉口金融业乃至工商业的打击,因此,最终的选择,就是相互妥协,避免同归于尽。这就是生活的法则:为了生存和发展,必须学会妥协,必须运用妥协的方法。

20世纪20年代,汉口银行公会与汉口钱业公会之间的关系出现了一个很奇怪的现象:冲突异常激烈,但合作又不断扩展和深化。这看上去很矛盾,也很复杂,但是,如果结合近代社会转型的历史实际,这种矛盾、这种复杂性,又有着合理的历史逻辑和经济社会逻辑。在这一时期,面对华资银行的异军突起,面对经济竞争,传统的钱庄表现得不知所措,以致出现受情绪支配而导致的过激举动。但是,在社会生活中,利益依然是,而且永远都是维系银、钱业合作的根本纽带。固然它们有矛盾,但在强大的政府和外资银行面前,在遭遇金融风潮或金融波动时,这点矛盾与生存和发展的根本利益和共同利益相比,又算不上什么了! 在更大的压力和社会矛盾面前,银、钱业都不能够独善其身,只有精诚团结、通力合作,才可以达到维护两者共同利益的目的,试想想,除此之外,还有什么更好的办法可以选择呢? 这样看来,近代社会转型大潮中的传统钱业与新生的银行业,可以说是一对相互依存的"难兄难弟"。如果把"绝交"事件看成是两者关系中的"小动作",那么,它们所经历的艰难曲折,则是它们共有的命运。这就不难理解:它们为了共生共存,会不断调整自己的互动方式,以期达到自身利益最大化、发展持续化,并在过程中一直付出各种努力。以 1927 年为分界点,此后,银、钱业发展的客观环境发生变化,特别是其实力对比出现了巨大变动,由此引发两者关系进一步发生微妙的变化,双方都进一步调适自己的立场,以适应客观环境的变化,终于在 20 世纪 30 年代,汉口银、钱业关系形成了较为理性的相互妥协的生存方式和发展模式。这真是,历史无情,也有情啊!

三、20 世纪 30 年代银、钱两会相互妥协

在汉口银行公会与汉口钱业公会的合作与竞争中,竞争是常态,合作得到深化。这主要表现在与外资银行的关系上,汉口钱庄在拆款上从对外资银行的依赖转向了对华资银行的依赖。从 20 世纪 20 年代末到全民族抗战前,钱业式微,银、钱业合作和冲突面同时减少,银、钱关系虽表现为合作与冲突并存,但合作成为主流。① 我们可以从 1926 年 8 月,汉口钱业公会会员钱庄的倒闭清理中看出这一趋势。多家钱庄共计欠款 40 余万两,其中欠华资银行者约合 15 万两,欠钱庄同业 12 万两,而欠麦加利等外国银行者约合 3 万两。②

---

① 刘俊峰:《民国时期汉口钱庄与华资银行关系论析(1912—1937)》,《华中师范大学学报(人文社会科学版)》2009 年第 6 期。
② 李一翔:《近代中国银行与钱庄关系研究》,学林出版社 2005 年版,第 64 页。

这一时期,钱庄对华资银行的拆款状态,呈明显的增长趋势。此外,在钱庄与外资银行业务往来中出现矛盾时,华资银行给予钱庄很大帮助。1924 年 9 月 1 日,因汇丰银行不信任钱庄发行的流通券,要求钱庄必须于当日交付现金。钱业迫不得已,急忙寻求华资银行给予帮助。后在华资银行史晋生等银行家的协调下,外国银团才允许转期。① 随着华资银行逐步发展,银、钱两业的合作基础越来越坚实和宽广。

即使是在金融风潮中,或者是在金融市场出现波动时,汉口银行公会与汉口钱业公会的合作,依然保持良好。不过,它们之间的合作,由单向的钱庄对银行实施帮助,变成了公会之间的互帮互助。在资金通融和钞票兑换上,汉口银行公会组织华资银行为钱庄提供很多方便。在 1924 年的金融风潮中,汉口商会会长周星棠代钱业公会向银行公会借款确数为 30 万两,但这也无法满足钱业的需求。后在汉口银行公会与汉口总商会、湖北官钱局的支持下,钱业公会发行流通券,得以顺利缓解金融风潮对钱业的冲击。②

1926 年,由于受北伐战争影响,广大、宝通、协和等三钱庄于 8 月 20 日同一天关门倒闭,这对汉口钱业造成巨大影响。到 9 月初,汉口银钱各业被迫暂停营业。后来,汉口钱庄复业,但因资金周转困难,遂向华资银行寻求帮助,要求“将收款转作开期,以维现状而资周转”③。虽说推迟收款给银行业带来了一定损失,但钱业的稳定,还是符合汉口银行业的长远利益和发展要求的。因而汉口银行公会最终接受了钱业的这一要求。

1927 年,受武汉政府采取“集中现金”措施的影响,汉口银钱业受到沉重打击,其中钱庄尤甚。“集中现金”令出台后,曾经辉煌的一百多家钱庄,只有五六家能够勉强营业,其余的都已歇业。④ 到 1928 年,虽然在数量上有所恢复,但其资金都比较薄弱,每家只有“一万元至三五千元不等”,而且,营业范

---

① 《汉口金融恐慌维持记》,《银行杂志》第 1 卷第 22 号,1924 年 9 月 16 日。
② 《汉口银行公会往来函件》,载《武汉金融志》编写委员会办公室、中国人民银行武汉市分行金融研究所编:《武汉钱庄史料》,内部发行,1985 年,第 57 页。
③ 《照钞汉口钱业公会来函》(1926 年 12 月 8 日),武汉市档案馆藏:171—1—42。
④ 《湖北金融概况》,《中外经济周刊》1927 年第 230 期。

围大为缩小,"大都不做存款放款,以汇兑兑换为其主要业务,兼营买卖现洋和纸币交易,其势力远不及以前钱庄之雄厚"[①]。由此可见,汉口钱业公会的实力受到重创。此后,钱业虽有所恢复和发展,但遭遇1931年的大水之灾、1933年的"废两改元"和1935年的金融恐慌,尤其是法币政策的实施,使钱业赖以生存的银钱兑换业务彻底被消灭,汉口钱庄业的昔日辉煌从此一去不复返,成为人们脑海中的一种记忆和茶余饭后的一丝谈资;而钱业公会的实力,也随之一落千丈,成为昨夜黄花。在武汉沦陷前,汉口剩下的钱庄只有28家。与钱业相比,虽然同样受到"集中现金"政策的打击,有不少银行歇业,但在1928年,"银行更形发展,加添有十家"[②],呈增长之势。此后,得益于南京政府在政策上对银行业扶植,在20世纪30年代,汉口华资银行呈现稳步发展的上升态势。可以说,汉口华资银行相比于钱庄而言,拥有先天的优势,它们资本雄厚,一开始就采用现代经营管理方式,而且有南京政府的金融政策大力支持,在与钱庄的竞争中得以后来者居上,一跃成为新的金融霸主。在此情形下,汉口钱业公会为了生存和发展,面临一个十分现实的问题:如何调整银、钱关系? 这是一个不可回避的话题。

在这一时期,虽然汉口钱业公会的实力急剧下降,但钱庄在汉口金融市场上,还是拥有一定话语权的,因为它并没有完全退出市场,何况还有历史的惯性因素发挥影响。因此,在维护汉口金融市场的稳定方面,银、钱两会还是拥有巨大的共同利益的。正是因为存在这种共同利益,因此,它们依然能够保持合作互动关系。

维护本土金融市场稳定,既是汉口银行公会与钱业公会合作的前提,也是它们合作的目标,更是其合作的核心内容。在国民政府颁布"废两改元"政策后,金融市场因硬币种类繁多,流通兑换出现问题。为了维护币值稳定,1934

---

① 杜邦纪:《武汉金融业之调查》,《财政月刊》第1卷第5期,1928年12月。转引《武汉金融志》编写委员会办公室、中国人民银行武汉市分行金融研究所编:《武汉钱庄史料》,内部发行,1985年,第88页。

② 迈进篮:《汉口金融业之过去与现在》,《汉口商业月刊》第2卷第9期,1935年9月10日。

年 12 月 4 日,汉口银行公会与钱业公会合作召开联席会,统一银币贴水办法,规定,"凡合法银币……与本省造币一律通用,不得差价贴水。"①此外,为了保证这一措施能够在汉口市场得到顺利实施,不打折扣,不被变通,银、钱两会还一起向汉口商会提出整顿银圆流通的要求。它们要求,对不合法定色量者,加以限制,以视区别;对符合要求者,汉市亦应一律通用不再差价。② 同时,汉口银钱公会还将自己的请求分呈省市政府、财政厅,要求"合法银币应一律通用",并希望省政府"通行本省各级政府暨国税、省税各机关知照,以维币制"③。可见,在汉口金融领域,钱业公会的实力虽有所下降,但依然是一股不能忽视的力量,有很强的经济社会影响力;银行公会只有与钱业公会进行通力合作,才能有效保证金融市场的稳定。

汉口银行公会还积极配合钱业公会处理商人卷款潜逃事件,着力维护正常的金融秩序。1934 年,汉口增大洋油号号东徐敬亭(廷)卷款潜逃,其家属同时隐匿。汉口钱业公会为消除其恶劣影响,减少相关损失,特致函银行公会,"请其分知各银行,如有增大押款或存款,惟予一并扣留,俾维债权而儆刁风"。银行公会同意钱业公会的请求,立即要求各银行"查照办理"。④ 汉口钱业组织同银行公会在金融市场中的这种有力有效配合,是值得称道的。从事件处理的立足点和出发点来看,尽管它是从维护钱业经济利益出发的,但是,处理事件的结果,客观上对维护金融市场的正常秩序,维护经济伦理与经济正义,坚守世道人心,都起到了积极作用,其意义超过了事件处理结果本身。

在应对金融风潮中,银钱公会之间的合作更是十分紧密。维护金融市场稳定,符合银钱公会发展的根本利益和长远利益。1935 年,受到美国白银政策刺激,上海钱业出现恐慌,并波及汉口。6 月 23 日,汉口源裕钱庄破产倒闭,引发经济上的连锁反应。一时间,几乎一半钱庄歇业。当日,汉口钱业公

① 湖北省政府秘书处统计室编印:《湖北省年鉴》第 1 回,1937 年,第 418 页。
② 《汉口市钱业银行业同业公会致汉口市商会函》(1934 年 12 月 20 日),武汉市档案馆藏:104—1—266。
③ 《分呈省市政府财政厅文》(1934 年 12 月 20 日),武汉市档案馆藏:104—1—266。
④ 《汉口市银行业同业公会致大陆银行函》(1934 年 3 月 26 日),武汉市档案馆藏:167—1—10。

会立刻与银行公会交涉,希望其提供资金,帮助渡过难关。银行公会同意其请求,借款 150 万元给钱业公会用作急救之需。① 6 月 24 日晚,汉口市长吴国桢召集银、钱业及商会领袖,开紧急谈话会议,决定三项原则:"(一)银行及钱业分别组织仓库公库,克日成立,凡有欲将货物抵押现款者,可将货物提单送钱庄,加具本票,由公库盖印,负责送由银行贷款;(二)由中央、中国、交通、中国农民、湖北省银行等五行担任无限制放款;(三)有货商人与各银行有来往者,仍可由各银行直接接洽抵押。"汉口金融业各界达成协议后,钱业公会共筹公库基金"一百七八十万元"。② 此后,"中央、中国、交通、农民及省银行等,依照与市府商定之救济办法,联合贷款维持,并推定交通为代表银行,主持办理。自廿八日至月底止,各庄以特货作押之款共约七八十万元,由钱业金融调剂委员会担保贴借"③。在政府协调下,银、钱公会之间紧密合作,确保银行业、钱庄渡过难关。尽管在金融风潮过后,钱业公会的发展和实力再次受到打击,大量钱庄歇业,行业由此一蹶不振,但从其互动合作的角度看,在这场金融危机中,银、钱两会互帮互助的良性互动,则正好反映了这一阶段银、钱两会互动的常态,为我们研究其时行业内部不同经济性质经济机构的互动形态,提供了一个宝贵的样本式案例。

由此可见,在 20 世纪 30 年代,汉口银、钱两会的合作互动,主要集中在维护金融行市正常交易和金融局面稳定上,这是总的、宏观性体相;从业务合作的微观层次上看,它们在互动中时有摩擦。直观地看,银、钱两会的业务合作明显地出现倒退。这种倒退,主要是从业务量的减少来考量。导致发生倒退的倾向,主要归结于更加直接的剧烈竞争。有竞争,就有失败。"废两改元",导致汉口钱庄丧失主营业务之一的银钱兑换;实施法币政策,导致钱庄的最大副业领用钞票的作用被剥夺;剩下的,最后只有吸收存款、放款以及经营股票和公债等业务。而这些业务,恰好都是华资银行的主营业务,两者在经营业务

---

① 陈志远:《汉口之金融恐慌及其归趋》,《经济评论》第 2 卷第 7 期,1935 年 7 月 31 日。

② 《汉口金融恐慌》,《银行周报》第 19 卷第 25 期,1935 年 7 月 2 日。

③ 《汉口:银钱业营业概况》,《交行通信》第 7 卷第 1 期,1935 年 7 月 18 日。

上的同质性越来越强,最容易发生竞争。在吸收存款方面,钱庄"经理者在社会享有相当地位,仍然可以号召吸收存款外,其余大多营业清淡",以致不少实力薄弱的钱庄专门经营公债和股票。由于钱庄资本弱小,放款上只能采取投机手段,"凡利息优厚之押款",钱庄都表示欢迎。为了最大化地逐利,无限的经济动因导致不少钱庄大肆投资烟土。① 面对华资银行在资本市场的大举扩张,汉口钱庄根本没有还手之力,只能在其鼻息下生存。

尽管从总体上看,汉口钱庄已经无力,也无意挑战华资银行在金融界的领导地位了;但是,在银、钱两会往来的一些具体问题上,它们还是时常发生矛盾和纠纷。斗转星移,时易势变。双方在处理矛盾、纠纷的方式、方法上,较之以前,发生了大的变化。深入地看,银、钱两会之间发生的冲突和纠纷,大多是围绕银、钱交易上的细节而展开的。在此时期,银、钱两会的实力对比失去平衡,汉口钱业公会再也无力与银行公会展开激烈的拼搏式竞争,使用传统的"绝交"这种激烈冲突的形式更不符合银、钱两业的根本利益,也不受社会欢迎,因此,无论是在矛盾与摩擦的表现形式上,还是在范围、内容和程度上,都远没有20世纪20年代爆发得那样迅猛,表现得那样突出。此时,银、钱两业在互动上采取了更加理性、更加平和的方式,注入了更多合作的内容。

1933年至1934年,银、钱两会专门就票据问题多次召开联席会议,研究解决其中的矛盾和冲突。1933年11月24日,银、钱两会就银、钱交易中容易出现责任纠纷的8个问题集中展开讨论:1. 电汇收据问题。议定以后电汇一律改正式收据,两会实行后再会同与外国银行交涉。2. 印鉴问题。议定钱业公会先商划一办法通知银行公会,银行公会亦将银行所送印鉴外之印章通知钱业公会。3. 本票责任问题。议决本票当然由发票人负完全责任。4. 汇票承兑问题。议决由两会各再详细研究再行定期集议由银行公会召集。5. 铜牌问题。决议铜牌改为记载张数目之凭条。6. 冲票问题。议决因冲票而发生止兑或不兑时,虽过营业时间亦应设法照付。7. 本行汇票问题。议决本行

① 程序:《汉口钱庄营业之今昔观》,《汉口商业月刊》第2卷第7期,1935年7月10日。

汇票应不问票根到否,按期照付。8. 来人或无记名之汇票问题。应凭票由收款人记载收讫签名,照付无须觅保。① 这8个问题都直接涉及银、钱两会票据交换中经常出现的责任纠纷问题,是金融过程中的"事故频发、多发、易发地段",也是通过双方协商可以及时解决的问题,充分疏通堵点、有效解决难点、对应冷却热点。最后,银、钱两会终于达成解决方案:一时无法定论的,再在实践中摸索好的办法,留待两会日后协商解决。由此可见,这种处理问题的态度、立场、方法和水平,较之以前更加理性、务实、专业和成熟。

1934年3月11日,两会再次召开联席会议,主要围绕票据交换中的汇票票根问题、防止空头支票问题、变更铜牌问题和汇票承兑问题等进行磋商,达成共识,取得实效,并分别通过相关决议。关于汇票票根问题,因需银行商量后由总行再行确定,所以只是制定暂行办法,"由各银行用最稳快方法,将票根寄交付款行;如票根未到,执票人要求付款时,得由执票人签章负责照兑。如认为有觅保必要时,仍得请其觅保,其执票人负责范围;记名汇票,仍照向例负责"。关于防止空头支票问题,决议将票据法关于汇票人应注意之点,刊入支票簿,存户须知,对空头支票过多之存户,结清其往来。关于变更铜牌问题,决议"铜牌改凭条记张数,不记款数"。关于汇票承兑问题,决议"暂行保留,仍由两会各自研究,必要时再集议"。② 此次联席会议不仅对上次会议遗留的汇票承兑问题、铜牌问题,提出了更为完善的解决方法,而且更加明确两会在票据往来中应该承担的责任和义务,尽量避免日后发生不必要的矛盾和纠纷。

1934年9月,银、钱两会就票据代收问题出现纠纷。虽经商会出面协调,但仍未解决。此问题虽在1933年11月的银钱业联席会议上提出,并且已经确定了解决的大致原则,但对于具体措施,尚未形成定论。时至1934年9月,银、钱两会联席会议再次讨论施行细则,并决定委任代收之票据应一律将委任人名及代收人名分别填明,盖用"某某银行钱庄收"图记。至于未能达成一致

① 《汉口市银行业钱业同业公会联席会议》(1933年11月24日),武汉市档案馆藏:104—1—266。
② 《汉口市银行业钱业同业公会联席会议》(1934年3月11日),武汉市档案馆藏:104—1—266。

的"代收票据保证日期"问题,决定双方研究具体办法,再行开会讨论。① 此次联席会议虽然并没有完全解决票据代收问题,但毕竟为银、钱两会妥善处理问题提供了一个协商的渠道。

从银、钱两会多次召开联席会议解决票据交换中的责任问题来看,银、钱两会在经营中虽然存在矛盾和分歧,双方在某些方面尚未达成一致,但终究没有再出现银、钱两会停止往来的激烈冲突,将矛盾和分歧局限在可控、可议的范围之内。可以说,就双方而言,在处理问题的态度上,激烈的冲突变成了友好的协商,两者更加趋向于一种合作理性;在处理问题的方式上,采用银、钱两会协商对话,而不是以"绝交"相威胁,方式和方法更加灵活,具有一定弹性。它们的这种选择,一方面是多年来处理相互纠纷后得出的最优选择,因为激烈的冲突,甚至采取绝交的方式,不仅不利于维护银、钱两会各自的利益,往往会失去更多;另一方面是因为银、钱业实力对比发生变化,以致这时钱业公会实在无力与银行公会展开激烈的竞争。

总体来看,在 20 世纪 30 年代,受汉口钱业公会整体实力急剧下降、银行公会综合实力日益增强的影响,银、钱两会都及时调整了相处的相互关系的方式和方法。对于它们的关系互动,状态与常态是合作与冲突并存;而对于矛盾、分歧,甚至是发生冲突的处理方法,也是在协商、协调中体现合作的愿望,因此,相应地,合作就成为这一时期的主流和主要方面。在抵抗金融风潮、维护金融秩序和金融稳定方面,银行公会的表现虽然最为显著,但它依然离不开钱业公会的协助。在应对经济危机和处理公共突发事件中,它们发挥的作用也是相互依存、相辅相成的。尽管在业务经营方面,由于国民政府金融政策发生变动,汉口钱庄失去了银钱兑换、领用银行钞票两大业务,钱庄经营业务的缩小,削弱了钱业的经济实力,也导致银业与钱业的合作面相应减少,在经营业务上出现同质性,同质性不免产生经营上的正面竞争。但实力决定规矩,决

---

① 《汉口市钱业银行业同业公会第三次联席会议为票据责任印鉴问题决议案》(1934 年 9 月 3 日),武汉市档案馆藏:104—1—266。

定生存和发展方式。钱业只能在这种业务萎缩、同质业务面临经营竞争的夹缝中残喘,无力与华资银行进行正面冲突以争取经营上的主导和主动,只能选择妥协式合作。这种心态和客观现实,使钱业更加主动地采取与银业妥协式合作,而没有别的出路和选项。当然也要看到,传统业已形成的影响力也是一种资本,也是一种可以借用的博弈之力。汉口钱庄虽已丧失了挑战华资银行的实力和条件,但从综合条件和客观环境来看,华资银行不仅无法完全断开与钱庄的合作,而且还必须与它进行真诚的合作。对于处于历史环节和具体环境中的当事者,譬如汉口银行公会和汉口钱业公会及其银行与钱庄,无论其是强者,还是弱者,其思想方式、行为方式、处世谋略等,只能从客观实际出发,而不能从主观想象出发,这就是历史的决定性和现实的规范性。无论是哪一方,身处其中,就会身不由己,只能积极适应它,努力改善它,而不能试图脱离它,更不能超越它。离开了客观历史阶段,超越了现实环境,任何作为都会碰得头破血出,付出惨重代价,直至收到事倍功半的效果。

我们通过考察民国时期汉口银、钱两会的关系,从中可以发现,汉口银、钱两会的关系虽然被定格在合作与竞争、支持与排斥的范畴之中,但是,绝对不能因此简单地、机械地将它们的关系概括为:前期是"合作与支持",而后期则是"竞争与排斥"①。历史地看,本质地看,汉口银、钱两会关系的形成,经历了一个从一般性接触到密切互动,而又寓于有合作有矛盾、有互助有互斥的丰富内涵的不断发展过程;在这个发展过程中,合作是主要的形式和内容,因而是发展过程的主流。由此,我们可以说,合作伴随在汉口银行公会与汉口钱业公会互动过程的始终。可以进一步说,不管它们是否看到或者意识到合作之重,但事实上,合作既是其处理相互关系中矛盾与冲突的有效方法,也是其生存和发展的有利条件。

具体来讲,在不同时间段和不同领域,银、钱两会关系的具体表现并不相同。从时间上讲,在民国初年,银、钱两会关系并不密切,华资银行与钱庄合

---

① 李一翔:《传统与现代的柔性博弈:中国经济转型过程中的银行与钱庄关系》,《上海经济研究》2003 年第 1 期。

作,表现为华资银行对钱庄的依赖或依附;进入20世纪20年代,随着银、钱两会交往日益密切,银、钱两会关系呈现出激烈冲突的面相,但合作又在不断扩展和深化其矛盾发展的态势;从20世纪20年代末期到全民族抗战前,钱业公会式微,银、钱两会合作与冲突面同时减少,银、钱两会关系虽然表现为合作与冲突并存,但是,合作成为主流和主要方面。从领域上讲,在维护汉口金融市场稳定、向政府争取金融利益和处理与外资银行的关系时,银、钱两会都选择了合作;在拓展自身业务方面,如银行对钱庄的拆款、钱庄领用银行钞票方面开展有选择性的合作,当银、钱两会在经营业务上发生竞争时,合作也随之减弱,甚至发生冲突,但冲突并不是其最终的目的。这种矛盾和冲突更多地体现在业务经营的经济利益上,基本上无关总体格局与关系发展走势。从银、钱两会关系互动的结果看,矛盾和冲突都得到有效处理,合作、协商和协调是两种互动的主线和常态,共生共存既是其处理矛盾纠纷、分歧摩擦、冲突撕扯的共识,也是其磨合彼此关系、形成长期依存的出发点,更是其协调关系、保持彼此互动张力的方法论。

透过现象看本质。银、钱两会关系无论是合作还是冲突,都只是状态的表象,而非关系的本质。如果我们把民国时期汉口银行公会与钱业公会的关系放在中国近代汉口金融史中考察,并进而把汉口银行公会与钱业公会放到整个中国近代经济社会史中研究,不难发现:始终影响银、钱两会关系发展的关键因素和核心内容,可以用两个字来概括,这就是商业、商人所全心全意追求的"利益"。这一点,其实早在两千多年前的著名历史学家、思想家司马迁的笔下,就已经予以淋漓尽致的准确揭示:"天下熙熙,皆为利来;天下攘攘,皆为利往。"①没有利益,就不会有人类的经济活动,也就不会有隐藏其间的相互依存与相互矛盾的关系。这是亘古不变的道理。即使是在汉口银行公会与汉口钱庄公会所处的中国近代社会,也是如此。只不过是,它们在互动性相处中采取何种方法和手段决定其存在方式和状态,这就要看双方的实力对比和具

---

① (汉)司马迁撰,(南朝宋)裴骃集解,(唐)司马贞索引,(唐)张守节正义:《史记·货殖列传》,中华书局1959年版,第3256页。

体的客观环境了。前面我们说,没有利益就没有竞争;在这里,我们进一步说,离开了利益的存在条件,也就没有一切。在其最初阶段,汉口银行公会所代表的华资银行实力的确相对显得弱小,由于外资银行同钱庄关系密切,华资银行在业务方面不仅不能对钱业形成冲击之势,而且还要依赖于它。生存状态决定其相处关系。那时,银、钱两会处于和平共处的局面。但是,在20世纪20年代初期,华资银行已经形成一定的气候,特别是在成立汉口银行公会以后,华资银行形成了团队性经营模式,这就不能不在整个金融行业对钱庄造成一定的冲击态势,形成经济环境的巨大压力。由于钱庄尚未做好必要的心理准备,以致反应失措,出现了运用"绝交"的极端方式处理日常经济经营的过激反应。随着华资银行日益发展壮大,华资银行进一步获得处理双方关系的发言权和主动性,并为银、钱两会合作互动进一步夯实、扩大了合作基础,终于造就合作与冲突并存的局面。1927年,在"集中现金"政策的影响下,伴随钱庄的倒闭风潮,汉口钱业公会的实力与影响力在本土金融领域一落千丈,形成了此消彼长、地位互换之势。华资银行进一步实现稳步发展,银行公会实力大增,再加上此后国民政府的金融货币政策几度出现变化,导致银、钱两会同质性经营竞争更加激烈。随着汉口钱业公会及其钱庄的经济实力和社会影响力进一步萎缩,华资银行进一步壮大,在彼此的互动合作上,华资银行终于赢得处理相互关系的主导性和主动权,最终形成汉口银行公会与汉口钱业公会以及本土银、钱两业共生共存的局面和状态。这种局面和状态,把它放到经济史的长河中看,具有近代性意义和价值,它是中国近代社会剧烈的新陈代谢发展变化的一个结果、一种体现。由古代的生死竞争、排他性博弈到近代依存共生性竞争,是人类历史的巨大进步。这在经济关系上的体现,尤其明显,十分深刻。

如果把汉口银、钱两会关系放在近代银、钱两会关系更大的范围予以整体性、宏观性考察,我们还可以发现:汉口银、钱两会的关系具有显著的地域性特点。在初期,汉口银、钱两会关系的出现,互动性并不像上海等地那样紧密。因为汉口银行公会所代表的华资银行,在其早期并不是从汉口钱庄中裂变而来的,而是各总部银行的支行或者分行,其高层管理人员和创办资本多是由北平、上海、天津等地的总行而来。与上海等地比较,汉口银行公会与本土钱业公会产生关系,缺少天然的必然性联系。这就是,两者关系的近代性凸显其地域性;换言之,两者关系的地域性蕴含丰富而本质的近代性。因此,在银、钱两会关系的演变过程中,汉口并没有出现一个前期的"合作与支持"与后期的"竞争与排斥"这样截然的区分或者说是区隔。在民国时期,汉口的社会金融环境并不十分稳定而有利,银、钱两会为了共同生存,必须选择合作。此后,更是为了适应本土社会政治经济环境的影响,当然也从银行业和钱庄业的实际出发,两者最后采取合作共存的协调方式求生存、谋发展。这也体现了与同期外地金融业完全不同的生存与发展方式。这都是区域经济社会状况的综合反映,具有汉口本土区域社会的经济特征和特点。无论是先发性汉口钱业组织,还是后生性汉口银行业组织,它们都是立足于汉口区域社会发展的,因此就不能不带有那个时代区域社会的鲜明特征。这从事物产生和发展的根基性原因上看,显然是合理的,也是符合实际的。

近代中国处于一个新旧更替、新旧并存的时代,起初新生事物依托于旧的事物,新事物往往有旧事物的影子或者是因素。因此,在新事物发展中,常常是旧事物死死拉着新事物的成长之手,制约和影响其发展。这在近代中国社会,由引起其近代化变迁的特殊性特点所决定,这种表现就显得极其明显,十分突出。这样看待近代汉口的社会经济组织,以汉口银行公会及其华资银行和汉口钱业公会及其钱庄为典型个案来剖析,体现在它们身上的新旧交织,并由此引发的关系演进,也具有时代赋予的共性。只不过汉口钱庄和汉口华资银行是在汉口区域社会生存和发展的,它们不处于北京、上海、天津等外地,因而它们除了具有近代性的共性之外,还更多地具有本土性、地域性等方面的个性。这就是人们常说的道理,"出生不一定决定未来,但出生一定在未来发展上打下深厚烙印。"如果这样看,就不难理解汉口银行公会和汉口钱业公会的关系演变所体现的内涵要素和相应的特征、特点了。

第二节　汉口银行公会与外资银行的关系

在近代中国,外国资本与中国经济有着千丝万缕的联系。这对于像汉口这样开埠较早、对外贸易发展较快的内陆城市来说,尤其如此。在金融领域,它突出表现为以华资银行为成员的汉口银行公会与以外国资本为内涵的外资银行产生关联性互动。由于外资银行具有雄厚的经济实力和拥有在华经济特权,因此,在其互动的初期,主要表现为合作与依附关系,依附性大于合作性;但随着华资银行的发展壮大,国民政府在金融政策上加强对民族资本支持的力度,外资银行在华发展的势头得到一定程度的遏制,以致出现汉口银行公会成员企图摆脱外资银行控制的趋势,在独立发展的基础上加强与外资银行进行互动合作。

一、公会成员与外资银行的合作和依附

华资银行与外资银行同属金融领域的经营机构,在经济事务上,它们保持着正常的业务往来。由于外资银行对中国市场并不熟悉,华资银行成为其了解,甚至是调查汉口市场的重要帮手。德华银行曾请求浙江兴业银行帮助其调查贺衡夫的信用,浙江兴业银行复函称,贺衡夫颇殷实,且有诚实商人之誉。[①] 1936 年,浙江兴业银行还帮助其调查大冶源华煤矿公司的信用。[②]

华资银行与外资银行之间保持着金融资讯的正常交流。汉口花旗银行就其旅行支票被伪造事件,致函汉口各大华资银行,要求其保持警惕,避免上当受骗。[③]

---

① 《汉口浙江兴业银行复德华银行函》(1931 年 3 月 5 日),武汉市档案馆藏:168—1—255。参见刘俊峰:《社会变迁中的汉口华资银行页(1912—1938)》,华中师范大学 2010 年博士学位论文,第 185 页。

② 《德华银行致汉口浙江兴业银行函》(1936 年 11 月 16 日),武汉市档案馆藏:168—1—6—1。参见刘俊峰:《社会变迁中的汉口华资银行页(1912—1938)》,华中师范大学 2010 年博士学位论文,第 185 页。

③ 《汉口花旗银行致汉口浙江兴业银行函》(1935 年 12 月 3 日),武汉市档案馆藏:168—1—269。参见刘俊峰:《社会变迁中的汉口华资银行页(1912—1938)》,华中师范大学 2010 年博士学位论文,第 186 页。

为避免客户二次抵押,造成银行之间债权关系出现问题,1930 年,汉口浙江兴业银行就客户刘象曦(音)以模范区地皮及房产的抵押问题,与义品银行沟通,要求债主在还清义品银行债务后,将抵押品直接交由浙江兴业银行处理。①

　　汉口外资银行变更经营时间,也提前告知汉口银行公会。1936 年,汉口外资银行公会将变更后的 7 月 20 日至 8 月 31 日的普通银行时间、国外汇兑交易时间告知汉口银行公会②,为了照顾中国金融业每月比期结算的惯例,"如遇比期,仍照原定时间"③。

　　在银行出现资金运转困难时,相互之间也有帮助。在 20 世纪 20 年代,王毅灵主政汉口金城银行时,"有一个时期,汉口埠际贸易进口多于出口,各业头寸周转不灵,银根奇紧,那时汉口商业上收付,都以银两为本位,竟发生一个现元宝要另贴水若干,连帝国主义办的银行亦不能免。还有一次,花旗银行因出口押汇,急需现银圆 100 万元,如由上海装运,一时赶不及,乃向中央银行求援,最后,只有中央银行和金城银行有现银圆库存,乃各支援 50 万元。"④外资银行与华资银行的这些合作,都不涉及业务竞争问题,它只是为了实现在金融市场中的共赢而出现的一种正常状态。

　　华资银行与外资银行的合作互动,是中外贸易发展的必然。汉口银行公会的华资银行与外国银行之间有着互用关系。在商贸中,汉口外国银行是以在华贸易为主业的。在经济市场上,中外商贸之间,当中国出口贸易顺畅,出现顺超的时候,外国银行就会因超量购置中国货物,其资金大量流入我国金融界,呈现出相当的资金困迫状况;当中国进口贸易发达,出现逆超的时候,我国

---

① 《汉口浙江兴业银行致义品银行函》(1930 年 10 月 17 日),武汉市档案馆藏:168—1—255。参见刘俊峰:《社会变迁中的汉口华资银行页(1912—1938)》,华中师范大学 2010 年博士学位论文,第 186 页。
② 《汉口市银行业同业公会致浙江兴业银行函》(1936 年 7 月 17 日),武汉市档案馆藏:168—1—13。
③ 《汉口市银行业同业公会致浙江兴业银行函》(1936 年 7 月 16 日),武汉市档案馆藏:168—1—13。
④ 程宝琛:《汉口金城银行概略》(1965 年 11 月),武汉市档案馆藏:119—130—91。参见刘俊峰:《社会变迁中的汉口华资银行页(1912—1938)》,华中师范大学 2010 年博士学位论文,第 186 页。

金融界为了支付大量的进口货物款项,使资金批量流入外国银行,外国银行由此呈现润泽现象。"因此,外国银行与我国金融界适呈反对之趋向。如在外国银行金融润泽时,则我国金融必呈恐慌。外国银行金融急迫时,则我国金融必呈优裕。"①中外银行界只有进行合作,才能保证汉口资本正常地流动,从而出现双赢的局面;否则,受损的一定是双方,而不会是单方。

其实,外资银行依靠强大的经济实力和政治经济特权,使华资银行在外汇领域一直处于依附的状态。外资银行控制着汉口的外汇市场,华资银行就不得不屈服于这种局面,任由其掌控。"外商银行所有外汇行情,一向以上海汇丰银行挂牌的行情为准;而汉口外商银行外汇挂牌,又以上海路透社电知汉口汇丰银行作为根据。因而汉口汇丰每天上午 10 时开门后,就有各外商银行跑外汇的经纪人集中在汇丰的大厅里,等待抄录外汇行情。这就无形之中进一步提高了汇丰在商场的地位,为开拓业务创造了更有利的条件。"②汉口的华资银行很少从事国际汇兑,直到 20 世纪 30 年代,汉口中国银行才涉足其中。

由于外资银行在国际汇兑上握有主动权,因而它们在服务上对华资银行表现得十分傲慢。"花旗对待我国的所有银行往来,规定必须具备两种资格:(一)要存放番单(即洋行支票)和现金;(二)事先要由能通外语的负责人与大班直接联系或由买办介绍,才能开始建立存款关系。名为开往来户,却只能存款,而不能欠款。如果开出支票有一点透额,马上退票,并即时用电话予以指责。尽管它如此苛刻,但中国银行界却又有些外汇关系不得不与它打交道。甚至觉得与它没有往来,在'面子上'有点不好看,于是只好'引颈受割'。花旗便摆出帝国主义臭架子,哪怕对再大的当时所谓国家银行,也是不通融一点的。"③这种现象,长期存在于外资银行与华资银行之间。

华资银行与外资银行之间合作与依附的途径,主要是由买办在其中充当

---

① 　周沉刚:《汉口金融恐慌之背影》,《银行杂志》第 1 卷第 22 号,1924 年 9 月 15 日。
② 　余舜丞:《汉口汇丰银行概述》,载寿充一、寿乐英编:《外商银行在中国》,中国文史出版社 1996 年版,第 25 页。
③ 　董明藏:《汉口花旗银行的掠夺》,载中国人民银行金融研究所编:《美国花旗银行在华史料》,中国金融出版社 1990 年版,第 720 页。

中介。外资银行为了便于在汉口扩展业务,雇用了许多华人买办。而这些买办与汉口商场有着密切联系,他们中间有一部分人与华资银行有着很深的私人关系。花旗银行的买办董明藏与汉口上海商业储蓄银行经理周苍柏的关系,就是如此。① 董明藏"在收到上海银行本票支票的时候,不按花旗规定提现,而由我负责盖买办账房的印章付给收款行庄,并用电话关照上海银行不必准备现款,因此与周多有联系。加以同乡关系,周一定要我去当该行副理。我想我是中国人,须替中国的银行办事,故辞去花旗银行的买办而充当上海银行的副理。"②董明藏任上海银行副理后,其助手继任其在花旗银行的买办职务,"1931年,余文卿以我的助手充任花旗银行第四任买办,仍由我做担保人。我到上海银行后,陆续将花旗的一部分外汇业务带到上海银行来,这样互相利用,达三年之久。大班发生疑问,才中止我的担保职务"③。上海银行与花旗银行的关系是汉口华资银行与外资银行之间,比较典型的关系形态。面对外资银行的强势,华资银行只有依靠与其买办的特殊关系,分享外资银行的一些利益。

这种委身于人、让度适量经济利益的依附,虽在合作上处于一种不平等的地位,但它又是中国近代化转型过程中必须付出的代价,也是在局部的经济体相上表现出的一种历史的无奈。当然,不能把它看成华资银行与外资银行互动关系的全部。④ 当它们在经济利益上发生矛盾时,也会表现出竞争与冲突的关系形态。尤其是随着汉口华资银行发展壮大,华资银行除了与外资银行之间保持正常的业务往来与合作之外,也越来越希望摆脱外资银行的束缚。

二、公会成员与外资银行的抗争

没有共同的利益,就不会有合作。这是人类社会永恒的真理。华资银行

---

① 见刘俊峰:《社会变迁中的汉口华资银行页(1912—1938)》,华中师范大学2010年博士学位论文,第185页。
② 董明藏:《汉口花旗银行的掠夺》,载中国人民银行金融研究所编:《美国花旗银行在华史料》,中国金融出版社1990年版,第716—717页。
③ 董明藏:《汉口花旗银行的掠夺》,载中国人民银行金融研究所编:《美国花旗银行在华史料》,中国金融出版社1990年版,第717页。
④ 参见刘俊峰:《社会变迁中的汉口华资银行页(1912—1938)》,华中师范大学2010年博士学位论文,第187页。

与外资银行合作的基础，当然是共同的经济利益；然而，两者之间的利益关联，则是无法完全重合的。"20世纪初期的在华外资银行既是列强侵略中国的经济工具，又是金融企业实体，承担着政府利益最大化、自身利益最大化的双重目标。为实现前一目标，外资银行排斥、打击中资银行，中资银行的反击由此具有维护国家主权的性质，两者之间的关系又表现为对抗；为实现后一目标，外资银行必须与中资银行开展合作和竞争，两者之间的关系又表现为竞争。"①毕竟华资银行与外资银行都是金融组织，处在同一个经营市场上，为了各自的利益取向和目标选择，它们必须面对市场的争夺，这就使之在合作中无法避免地产生竞争与冲突。

第一，华资银行利用政治斗争，削弱汉口外资银行在汉影响力。这种举动，主要出现在北伐以及武汉国民政府存续时期。在此期间，工人运动此起彼伏，"汉口外国银行不承认行员之最低条件，自上星期起，实行罢工，坚持已有二星期之久，非达到圆满胜利不止，外银团关闭多日，洋商已大受金融上之困难，华商银行及钱庄全体，均为后援。对于汇丰、麦加利、花旗、华比等10家外国银行之钞票，拒绝不收，钱摊亦深明大义，与以折扣亦不兑挨，大抵俟将来罢工胜利之日，方可兑现"②。汉口的外资银行普遍受到冲击，到1927年9月，汉口华比银行因经营困难，宣布停止兑现。其他外资银行因受连带影响，普遍遭到挤兑。③汉口外资银行停止兑现，打破了汉口商民对外资银行的迷信，其钞票信用受到严重损害。

1927年，华资银行利用人民群众广泛开展的反英斗争，打击了汇丰银行等外资银行。1月5日，汉口社会各界召开反英集会，汉口市民对英绝交，停

① 颜嘉川、易棉阳：《试论20世纪初期中资银行与外资银行的博弈》，《武汉大学学报（哲学社会科学版）》2008年第6期。
② 《武汉金融志》编写委员会办公室、中国人民银行武汉市分行金融研究所编：《武汉银行史料》，内部发行，1987年，第121页。
③ 《武汉金融志》编写委员会办公室、中国人民银行武汉市分行金融研究所编：《武汉银行史料》，内部发行，1987年，第121页。

止与英国银行和洋行的往来，以致外国银行的国外汇兑几乎停顿。① 然而，英商即采取停业封锁金融的措施，予以反制。"华商存款于汇丰、麦加利者，不能提款，华商定货于英行者不能交割，致营业停顿，大受损失"②。汉口总商会不得不于 21 日向英商会提出抗议，并呈请外交部对英严重交涉，要求赔偿损失。

1927 年，汉口汇丰银行与麦加利银行在中国政府收回英国在汉口的租界时，无故停止运作，将普通华人的存款，置之不理。时间长达一旬，都没有复业的迹象。其中，汉口银行公会成员十有八九与汇丰银行、麦加利银行有业务往来。汉口银行公会作为同业组织代表，为了维护会员银行的利益、维护商民的血本，多次与汇丰银行、麦加利银行进行沟通，试图解决问题。但汇丰银行仅仅回复："敝行忽然休业，各存户未便提款，歉甚歉甚。一俟复业，自当照付也。"③汇丰银行的上述回复，既没有使用正式应用信笺，又没有正式印信，而且态度模糊，语句含糊，显得极不庄重。在汉口银行公会看来，这简直如同儿戏一般。而麦加利银行也是如此简略回复："市面安全，自然复业云。"④对存款没有一个明确的答复，显得极不负责。在此情势下，1 月 22 日，汉口银行公会为了会员利益与商民权益，不得不向武汉国民政府请求协助，指出两家银行"似此居心叵测，若不设法交涉，则商民资产势必为其封锁，于国家主权，于人民资本，前途概可想见。我政府保障民权钧部管理经济，不得已渎呈钧座，伏乞俯赐鉴核。拟恳钧部咨行外交部转饬交涉员，严重交涉，务使该银行迅将吾国商民存款，刻日应付，俾一般商民，不致牵累，全镇金融藉以周转。"⑤在各团体的严正交涉下，英国商

① 《金融消息》，《汉口民国日报》1927 年 1 月 8 日。
② 《汉口商会请外交部抗议》，《汉口民国日报》1927 年 1 月 23 日。
③ 《汉口银行公会为汇丰等银行停止提款请严重交涉呈》（1927 年 1 月 22 日），载中国第二历史档案馆编：《中华民国史档案资料汇编第四辑（上）》，江苏古籍出版社 1986 年版，第 566—567 页。
④ 《汉口银行公会为汇丰等银行停止提款请严重交涉呈》（1927 年 1 月 22 日），载中国第二历史档案馆编：《中华民国史档案资料汇编第四辑（上）》，江苏古籍出版社 1986 年版，第 566—567 页。
⑤ 《汉口银行公会为汇丰等银行停止提款请严重交涉呈》（1927 年 1 月 22 日），载中国第二历史档案馆编：《中华民国史档案资料汇编第四辑（上）》，江苏古籍出版社 1986 年版，第 566—567 页。

会发出通告,所有英商银行洋行一律得于1月24日复业放款。汉口华资银行企图利用政治运动向外资银行施压,没想到搬起石头砸了自己的脚。最终,不得不以相互妥协而告终。结果虽是如此,但华资银行一直以来希望减少外资银行在华特权,摆脱对其附庸的愿望和努力,一直都很坚定,没有发生变化。①

　　第二,呼吁政府,收回外资银行的特权。汉口金融界对于外资银行在汉拥有的特权,都有深刻的认识。汉埠主要的金融机构,分为钱庄、华资银行和外资银行三种,形成三局鼎立的格局。它们在市场上为了各自的经济利益,不惜使出浑身解数,奋力争夺。到了20世纪30年代,汉口钱庄势力被削弱,资本甚微,组织陷入瘫痪,很难恢复到曾经拥有的辉煌。"外国银行资本虽雄,大权(汇兑)独揽,一旦不平等条约取消,我国工商业发达,终虽立足于我国市场,其最有希望者,厥是内国银行,至成功之迟速,胜利之大小,则全视我国银行界之自身努力何如耳"②。其实,汉口银行界不仅有这样的共识,还努力把自己的认识付诸实践。汉口银行公会在全国银行公会联合会议上,大力反对关税存于外资银行。他们指出,外国银行借特权,将我国关税存放在外国银行,借此运作,获利很多。汉口银行公会还曾致电当局,条陈我国宜于关税特别会议席上提出议案,特别是要提出对于关税之存放于最底之限度,"需达到将增加关税即偿还外债外之关税余款,全部存交于华资银行,而资流通,以免完全被外人垄断,政府方面对此项建议,认为颇为中肯,现拟于关税会议中,相机提出此案,以图补救云。"③尽管汉口银行公会的提议很中肯,也很有价值,但是,懦弱的中央政府却既无法,也无力改变历史的既成事实。直到国民政府成立后,中央政府着力实施币制改革、支持中国银行发展国际汇兑等措施,才使得外资银行在华享有的经济特权逐步被收回。④

---

① 参见刘俊峰:《社会变迁中的汉口华资银行页(1912—1938)》,华中师范大学2010年博士学位论文,第188页。

② 张克明:《汉口金融机关概况(下)》,《银行周报》第18卷第1期,1934年1月16日。

③ 《汉口银行公会建议关税存于华资银行》,《银行月刊》第5卷第5号,1925年5月25日。

④ 参见刘俊峰:《社会变迁中的汉口华资银行页(1912—1938)》,华中师范大学2010年博士学位论文,第189页。

　　第三,改善经营策略,提高华资银行的竞争力,改变人们对华资银行的"偏见"。近代以来,国人往往不相信华资银行的商业信用,习惯于使用外资银行的钞票,并把存款投放于外资银行。银行家陈光甫说:"彼国人在我国新设之银行存款利息既低,而国人偏以巨款存入。"①1930年底,陈光甫在天津考察时也说了类似的话,他指出:"彼等(指外商银行)藉帝国主义之权威,能不为我国昏恶官吏、军阀所蹂躏,遂得我国之信用,而能以低利吸收存款,乃得以低利放款,而压迫我国人之银行,昏恶官吏、军阀,对于国人之银行,动加暴行,结果但为外国银行驱鱼入网耳,是故各种事业,欲求发展,必有清明之政治。"②外资银行的钞票,在汉口也拥有很大市场。"汉口汇丰亦于1920年前后,印发过1元、5元、10元3种货币,约10万元,并在我市群众中取得了一定的信誉。大家视同黄金白银,世袭珍藏,不愿随便使用。但后因发现伪钞,才陆续收回,没有继续发行了。"③要改变这种状态,华资银行的确需要付出很多倍的努力。更何况,如陈光甫所指出,如果没有"清明之政治",就算极大地付出了努力,也不一定能够有所改变。历史地看,客观地看,本质地看,经济从来都需要辅以政治的互动和支持。

　　在放款上,华资银行与外资银行缺少合作。"洋大班就利用作为经济侵略的法主,以月息5厘贷放给外商洋行,作为廉价收购我国土特产的本钱。……那时,我国市场上头寸紧张,月息达到1分2厘至2分,他们却一文也不放给中国商号,并且说:'就是有很大的利息,我们是不要在中国市场放出分文的。'"④当时,钱庄是外资银行合作的重要伙伴。华资银行为了提高资金的利用率,时常向钱庄拆放,使银行和钱庄达到一种共赢的局面。"在华资

---

① 上海档案馆藏档案 Q275—1—2564。转引自薛念文:《上海商业储蓄银行研究(1915—1937)》,中国文史出版社2005年版,第81页。

② 陈光甫:《视察日记(1930—1931)》,第34页。转引自薛念文:《上海商业储蓄银行研究(1915—1937)》,中国文史出版社2005年版,第81页。

③ 余舜丞:《汉口汇丰银行概述》,载寿充一、寿乐英编:《外商银行在中国》,中国文史出版社1996年版,第27页。

④ 董明藏:《汉口花旗银行的掠夺》,载中国人民银行金融研究所编:《美国花旗银行在华史料》,中国金融出版社1990年版,第719—720页。

银行势力未曾繁盛之际,钱庄多从外国银行拆得款项,但第一次世界大战以后,外国银行的实力受到严重削弱,华资银行的拆款很快超过了外国银行,最多时有千余万两。由于传统关系的缘故,钱庄与工商业的联系更为密切,当银行资金暂时没有更好的出路时,以钱庄为中介放款给工商业可适当减少资金呆滞所产生的损失,而钱庄也应此扩张了业务,获得可观的利率差。"①可见,这就在一定程度上挖了外资银行的墙角。

在吸引存款方面,努力提高利息。在民国初年和北京政府时期,军阀混战,在一些富商大贾中间,出现了一种很奇特的现象。一旦他们遇到风吹草动,为了自己的身家性命,他们要不搬到租界去居住,要不就是把现金存入外商银行,甚至到后期演变为倒贴付所谓的手续费用或者是保管费用,也在所不惜。"由于汇丰派头大,脖子硬,吸收的存款,为数特巨。有时还要托人疏通买办,才能存入。特别奇怪的是,后来竟逐渐演变成由顾客自动放弃利息,直至汇丰反要索取所谓手续费或保管费。取款时,哪怕相差一天,也不通融。"②外资银行借着在华经济政治特权,端出如此苛刻的存款条件,才使华资银行有可乘之机。金城银行就是抓住了这样的机遇,提出可以在存款时期,即使不用真实姓名,堂名、记名都可以使用,并且可以随时转移,收到了揽存的效果。"定期存款的存户,多为地方官僚资本家和少数富有者,他们嫌外国银行利息太低,找一稳当的而利息较高的中国银行,因此有一部人看中了金城。存款人可以不用真实姓名,堂名、记名均可,他们的存款随时局转移,忽多忽少,不像储蓄存款,有增无减。总的说来,那时金城定期存款,常在 200 万元上下,活期存款,常在三四百万元之间。"③在那样的时代,华资银行不得不在经营上想方设法向外资银行争夺客源。

从华资银行与外资银行关系的发展历程来看,它们表现为此消彼长的关

---

①　李一翔:《近代中国银行与钱庄关系研究》,学林出版社 2005 年版,第 61—62 页。

②　余舜丞:《汉口汇丰银行概述》,载寿充一、寿乐英编:《外商银行在中国》,中国文史出版社 1996 年版,第 25—26 页。

③　程宝琛:《汉口金城银行概略》(1965 年 11 月),武汉市档案馆藏:119—130—91。

系;从其发展定位来看,它们都是以获利为目的而形成互相利用、相互联系的关系;从其合作的形式和体相上看,它们的联系一直都是在明争暗斗中延续的。随着时代的发展,其互动的内容、层次都发生着变化。变化的是经营方式和方法,是吸收时代的内容,为自己的生存和发展赢得主动和条件;不变的则是永恒逐利目的。它们的互动内容几乎是全方面的,从各种金融业务的展开到人员的相互渗透;它们之间的互动,深刻影响着汉口金融市场的正常运行,也深刻影响着区域社会人们的经济生活。值得注意的是,在近代中国社会新陈代谢、激烈动荡的特殊历史背景下,华资银行与外资银行之间的互动,并不只是纯粹意义上的两种金融组织之间的互动,其中还交织着显著的政治、社会等因素。如同我们常说,既没有纯粹的政治,也没有纯粹的社会一样;同样也不会有纯粹的经济,更没有游离于社会、政治之外的经济活动。随着外资银行政治经济特权在华逐步丧失,其在汉口金融市场中的突出地位和强大影响也日益下降;反过来,华资银行便逐渐取得了在汉口金融市场的主导权,越来越发挥重要的社会经济影响力。这既是中国近代社会向前演进的必然结果,也是不以人的主观意志为转移的历史必然发展。

第三节　汉口银行公会与其他银行公会的关系

旧式的行业组织,如行会、商帮等,在社会经济生活中,往往表现出一种分散性与封闭性的特点和特征。它们一方面受限于区域的封闭与交通的阻隔;另一方面受制于行业内部立足于自我保护的行业规定,从而局限其外向型扩展和质量型增长。汉口银行公会则不同,它作为新式的金融组织,是近代社会变迁的产物,它先天地具有开放性和进取性的特征与特点,在发展中,它具有强烈的信息沟通与资源扩张的渴望与需求。为此,它不遗余力地与北京、上海、天津等地银行公会保持着密切的往来,甚至也参与、组织全国银行公会联合会。在这一点上,传统的行会与商帮等经济组织是无法与之比拟的。各地银行公会为了全国的金融稳定、经济发展、社会繁荣,积极加强相互交流与沟通,促进走向联合与合作。

一、各地银行公会之间的信息沟通

信息也是经济资源,在经济领域是一个关键因素。为了在金融领域获得更多的经济信息,各地银行公会重视加强相互之间的信息沟通、信息分享、信息联通。其时,各地银行公会在进行会员组织调整后,就会相应地将最新动态传达到各地银行公会,以便使之知晓,从而促进金融信息交流,提高办事效率。如在 1923 年 5 月,济南银行公会召开会员大会,按照章程进行职员与董事的改选,并将结果告知汉口银行公会,以便汉口银行公会知悉查照。次年,杭州银行公会会员董事任满结束,本应进行职员改选,但是,由于"公会组织之始,入会银行本已甚少。嗣因殖边、华孚两行相继停业,益形寥落,连年商请其他银行入会,均未能成事实。现计在会家数与原订会章不符,以致无法改选。时势既艰,同志又鲜,兹由各会员一致公决,自即日起杭会务,宣告停止"[1]。杭州银行公会便及时将本会所出现的新情况详细告知汉口银行公会,从而有利于汉口银行公会与会员银行知晓,并开展相应的工作。

需要指出的是,在北京政府时期,作为地处首都的北京银行公会立足于在全国范围内协调内外银行同业组织,做好沟通、联络工作,甚至在国际上接洽有关事务。1923 年 8 月,北京银行公会接美国纽渥克博物院协会函。美国纽渥克博物院预计于当年 10 月 11 日,在美国纽渥克城召开一次中国文化展览会,委托北京银行公会与国内各地银行公会接洽,将我国银行事业历史上的各种材料等寄送去,以便供陈列。[2] 所需之物开列有"一、周刊或月刊;二、钱庄内外部之照;三、□银行钱庄内外部之照;四、大银行内外部之照;五、不用之新旧钞票;六、不用之钱庄账簿;七、现在之存款凭单支银簿支票及汇票等;八、银行家之照;九、贵会房屋之照;十、贵会职员之照"[3],北京银行公会便联系汉口银行公会,如有以上物件,则直接寄到北京银行公会,以

---

① 《汉口银行公会致中南银行函》(1924 年 12 月 10 日),武汉市档案馆藏:171—1—115。
② 《汉口银行公会致金城银行函》(1923 年 8 月 31 日),武汉市档案馆藏:165—1—94。
③ 《汉口银行公会致金城银行函》(1923 年 8 月 31 日),武汉市档案馆藏:165—1—94。

便汇总。作为在国外举办的展览,国内银行公会响应北京号召,积极参与协助。他们深知美国纽渥克博物院协会"开设此项展览会之宗旨,欲使敝国人士知悉中国近年以来文化事业之进步"①,这对于扩大中国经济组织的国际影响是有益的。

1921年7月初,中法实业银行宣布停业清理。此后,北京银行公会、上海银行公会和汉口银行公会等组织联合参与协调。1923年,北京银行公会以正式的公函敦请中法实业银行归还现款,"中法实业银行复函内开,照该行整理规则,可按票面原额赎回,惟须法庭认许。"②在接到北京银行公会的函告后,汉口银行公会积极参与进来,知悉中法实业银行按照其本行整理规则第8条规定,"凡敝行钞票均将按票面原额赎回,惟收赎手续,须俟赛纳省商务法庭将该项整理规则认许后实行,至贵会前岁之援助,敝行因十分感谢"③。在此基础上,采取一致对外的行动。

1931年6月,上海银行公会就机器抵押权问题与汉口银行公会进行沟通交流,并将法院的判决书复印1份,寄送汉口银行公会,以便会员银行查阅,减少金融纠纷。上海银行公会指出,我国产业落后,在资本的运作方面时常感到困顿,所以在市面上,很多厂家都会将机器向金融界进行抵押,从而维持资金的周转。但是,在法律诉讼的时候,机器实际上是被视为动产或者不动产的,在当时的民法物权编没有施行以前,它是没有分别的。后来《民法》施行规定,机器只有质权,非移转占有就不发生效力,从而与银行之间产生了关系。上海银行公会就此在法院法律顾问处"抄得关于机器抵押讼案之最高法院判决书一件,文中对于机器权限分析至为详明解释,亦极透澈,大可为金融界借镜用"④。这对于汉口银行公会知情后处理类似事务大有裨益。汉口银行公会在收到这分判决书后给会员银行分阅,并要求各会员银行一体照办,以规范

① 《摘译美国纽渥克博物院协会来函》(1923年7月7日),武汉市档案馆藏:165—1—94。
② 《汉口银行公会致金城银行函》(1923年7月□日),武汉市档案馆藏:165—1—94。
③ 《照抄译中法实业银行复北京银行公会函》(1923年6月22日),武汉市档案馆藏:165—1—94。
④ 《汉口银行公会致金城银行函》(1929年6月17日),武汉市档案馆藏:165—1—101。

金融界秩序。

相对于上海银行公会来说,汉口银行公会的实力较小、社会经济影响力也较弱。对于有关金融方面的事务,汉口银行公会会与上海银行公会及时沟通,寻求有力支持。1930 年 6 月,汉口银行公会因会员银行接到上级指令,银行之间的往来电报禁止使用密码。公会认为此事影响很大,"此事有关金融甚大,电请沪会会同电部,仍照向例密电检查办法,一律收送"①。汉口银行公会认为,禁用电报密码,实际上与金融全局、金融安全关系太大,不能不充分予以重视。所以,它积极与上海银行公会沟通,以便采取更有经验、更加合理的办法应对。

1931 年,汉口银行公会因为汉口通商银行、汉口垦业银行在汉口尚没通汇机关,为此致电上海银行公会,请求上海银行公会转达两家银行及时在汉设立通汇处,以便确保银行往来、金融交易顺畅。随后,通商银行委托汉口源裕银号进行代理汇兑,收到了便于开展业务的效果。垦业银行因为发行额度有限,认为暂时没有设置通汇机关的必要,一并告知汉口银行公会。② 及时沟通情况,也便于消除误解,防止因误解而造成交流、合作不畅。

1931 年,国民政府颁布《银行法》,对全国银行实施普遍的规制。汉口银行公会与各地银行公会在上海银行公会的领导下,坚决反对《银行法》关于最低资本、股东责任、营业范围的有关规定。虽然政府坚持公布《银行法》,但由于银行公会联合起来加以抵制,实际上,法令就没有得到有效执行。1925 年,汉口银行公会对于政府即将召开的关税会议委员会公议,认为银行界应该有一到二人参与列席。于是,就请求北京银行公会就近组织各会呈明政府核办,并请求天津银行公会、北京银行公会、上海银行公会一起赞助。上海银行公会在悉知关税会议与我国财政前途关系很大的情况下,对于汉口银行公会提议"甚为赞同,惟委员已见明令,恐难追加,鄙意拟请参加,顾二三人要求政府允

---

① 《汉口银行公会致中南银行函》(1930 年 6 月 25 日),武汉市档案馆藏:171—1—124。
② 《汉口银行公会致中南银行函》(1931 年 1 月 16 日),武汉市档案馆藏:156—1—610。

准。"①像这样的联动推进,协力谋事,艰难成事,效果还是蛮明显的,它充分彰显了社会经济组织参与社会事务的角色和担负相应的社会经济责任,具有积极的社会意义。

二、银行公会之间为共同利益的协调

汉口银行公会与各地银行公会联系密切,各地同业间行动也较易协调。上海、天津两城市在国内的经济贸易地位较高,其银行业发展较早,银行公会的综合势力及影响也较其他地区银行公会突出。上海银行公会、天津银行公会与汉口银行公会的互动联络,相较其他同业而言,更为密切。②

1923 年,报载内债基金动摇,商民惶惑。汉口银行公会为维持内债基金安稳,致电北京总税务司,表达担忧。电文说:"债无内外,均关国信,决难偏重。况名为内债,实为外人所有者正多,内债之基金巩固,即外人之利益亦同保全,岂可因名忘实,夺此与彼。各债务有专案,中外具瞻,苟破坏其一,牵动何可胜言?"③汉口银行公会还大力加强与安徽蚌埠银行公会、上海银行公会和北京银行公会的联系。蚌埠银行公会也积极与汉口银行公会互动,将其致财政整理会及总税务司函稿告知汉口银行公会,以便互相知晓事件进展,"北京财政整理会颜会长(惠庆),鉴近闻报载,有外债攘夺内债基金之说,市面大多恐慌,请转达财当局,务必将内债基金原票终始维持,一面迅筹整理外债方法,以安人心,而维国信"④。蚌埠银行公会在致函北京总税务司公文中,一面强调问题的严重性,市面上对于外债十分关心,疯传内债基金有动摇后,市面上大为惊骇;一面提醒政府应当履行职责,予以重视:"总税务司对于内债基金担负保管之责。商民信仰素深,务乞始终坚持,至外债各有原案自当由政府,另筹整理方法,若有任意扰夺,致牵动已定之基金,敝会绝对不能承认,应

---

① 《汉口银行公会致中南银行函》(1925 年 9 月 12 日),武汉市档案馆藏:171—1—116。
② 参见王晶:《上海银行公会研究(1927—1937)》,上海人民出版社 2009 年版,第 57 页。
③ 《照钞本会致北京总税务司电镐》(1923 年 1 月□日),武汉市档案馆藏:165—1—94。
④ 《照抄蚌埠银行公会来函》(1923 年 11 月 14 日),武汉市档案馆藏:165—1—94。

请严重注意。"①蚌埠银行公会与汉口银行公会一道,对事件表达了严重关切,痛陈利弊,警醒当局,语气诚恳,态度强硬,不失为一篇关心民生福祉、维护行业合法利益、利国佑民的好文章。适值1923年4月,第4届银行公会联合会议召开之际,北京银行公会在会议上提出,组织国内债权人组织。后经大会议决,委托北京银行公会组织总会,委托各地银行公会同时设立分会,形成一个全国性行业组织,以便一同维持内债债权人的利益。随后,在北京银行公会的组织下,修订《内债债权人会组织大纲》11条,以维护内债债权人的权益为责任,倾力共同应对内债的动摇。②

　　1930年,汉口银行公会就印花税条例储蓄会有关问题,函询上海银行公会,征求其意见:"印花税条例储蓄会单据,每件贴印花一分,本会前以银行办理储蓄,其储蓄凭折与单据性质相同。若存款零星,而凭折须贴花一角,殊与储蓄前途有所妨碍。"③上海银行公会便对财政部提出《对于印花税暂行条例应行修改之意见》,而财政部也就此做出回应,针对储蓄单据问题指出,"查该公会所拟与条例无甚出入,无修改之必要"④,从而有效稳定印花税法案的执行。

　　为了金融市场稳定及银行业的共同权益,汉口银行公会与上海银行公会等进行有效沟通、密切互动、有力协调,成效十分显著。1931年初,汉口市营业税局强行征求银行业营业税。对此,汉口银行公会致电上海银行公会,嘱咐转呈财政部察核。财政部察核后,即致函上海银行公会转汉口银行公会:"汉口市营业税局,以汉口各银行在中央未征所得税以前,暂照征营业税等语。如果属实,殊属不合,应令行湖北省财政厅转饬制止,以符成案。"⑤

三、协力共同维护金融市场的安定

　　汉口银行公会协同其他地方同业组织,共同抵制劣币,维护货币市场秩

① 《照抄蚌埠银行公会致北京总税务司》(1923年11月□日),武汉市档案馆藏:165—1—94。
② 《内债债权人会组织大纲》(1923年8月),武汉市档案馆藏:165—1—94。
③ 《汉口银行公会致中南银行函》(1930年6月17日),武汉市档案馆藏:171—1—124。
④ 《照抄财政部核实意见》(1930年2月7日),武汉市档案馆藏:171—1—124。
⑤ 《汉口银行公会致金城银行函》(1931年5月20日),武汉市档案馆藏:165—1—610。

序,维护金融市场安定。银圆,在北京政府时期,是合法流通的货币。因此,银圆对工商业、居民生活、政府财政影响极大。1919 年,安徽造币厂开铸"民八币",所有银、铜两币成色,系由天津造币厂发给标准银、铜化验照铸,根据该厂呈报重量配合,悉依定制计。自 1919 年 12 月至 1920 年 7 月,共铸一元银币 1217068 枚。1921 年以后,铸币数目未报财政部,曾经旧部严令,按期填送,未据呈复。1924 年,多地发现安徽造币厂所铸"民八币"成色不足,影响市面流通。各银行公会及商会,以该厂私铸银铜辅币成色甚低,又以"民八币"祖模所铸银圆亦极低劣,群请政府吊销祖模,令其停铸。6 月,南京银行公会、天津银行公会、北京银行公会和上海银行公会都紧随函报财政部,呈请财政部,严肃币政,正本清源,吊销祖模,责令停铸。7 月,汉口银行公会联合汉口钱业公会,派员对皖厂铸币情状进行调查,以便追究。

安徽造币厂所铸"民八币",成色低劣,标准不足,贻害金融市场秩序,各地都深受其害。银行公会与钱业公会都竭力反对劣质"民八币",纷纷呈电财政部,要求吊销安徽造币厂"民八币"祖模,严令停止铸造。但是,在市面上,"民八币"依然混用,未能禁止根绝,影响很坏;甚至连外国银行也啧啧烦言,提出不再收用"民八币"。面对市场焦躁情绪与金融混乱状况,11 月,上海银行公会致电汉口银行公会,痛斥"民八币带来的危害","国币信用扫地,良用痛心。"[1]但是,按照金融市场货币使用惯例,在市面上,凡是在良币、劣币一起混用的环境中,就分不出优劣等差。长此以往,良莠不分,良币就会遭到恶劣的祸害,逐渐被劣币逐出市场,不能幸免;更为严重的后果则是,劣币的泛滥造成金融市场混乱。这就是"劣币驱良"的道理。安徽省所铸的"民八"银币成色与法定标准大相径庭,存在偷工减料、以次充好、浑水摸鱼的投机行为。如果让其在市面上任意与良币同时使用,市面上的良币将会出现如上海银行公会所指出的灾难性后果:"若任其与合法良币同时流通,市面诚恐数年之间,良币将悉数熔尽。"[2]上海银行公会赞同汉口银行公会提出的抵制方法,一致

① 《照钞复上海银行公会函》(1924 年 12 月 8 日),武汉市档案馆藏:171—1—115。
② 《照钞复上海银行公会函》(1924 年 12 月 8 日),武汉市档案馆藏:171—1—115。

要求对于劣质"民八币"一概不受,一致驱除劣币,力图补救,从而还市场以清净,做到正本清源。

在外国银行收用"民八"银币、造成市面金融混乱时,汉口银行公会照样予以强烈谴责。为了更好地处理"民八币"事件,汉口银行公会按照"内外有别,区别对待"的原则和方法,在对待外国银行的处理态度上,保持适当谨慎,做到外柔内刚、有礼有节。1924 年 12 月 10 日,汉口银行公会在复上海银行公会的公函中指出,"以现在情势,对于拒绝一节,似仍有应加审慎之处,在皖币化验不足成色之际,各地银、钱两业虽迭经反对鼓铸,而已铸之币流行市面已非一日,混合使用,初未区分。"①汉口银行公会考虑到,在市场上无论是商人还是普通民众,手中难免存有"民八币",如果一时不收用,一旦银行集体拒绝收用,恐怕会引起市场波动,发生扰乱的情形,对于市场、商民、金融都不利,损失可能更重,其至会造成金融业之间的纠纷。为此,汉口银行公会提出,"由各地酌察时机,逐渐据用,使此种'民八'劣币隐受无形之淘汰,不能同等以流通,则拒绝之方或有不期而然者,互防范币制之紊乱,抵制他厂之效行,则本届联合会议即呈请财部通饬遵照部定成色于前。"②对于市面上的劣币,作为民间组织的公会,对它的约束有限,如需要根绝,尚需财政部对造币厂进行有效的管理与督促,从根源上吊销安徽省造币厂的"民八币"祖模,才能在根本上维持金融的良好秩序。

为了有效地提出解决安徽造币厂铸造劣质"民八币"并向外省倾销的策略,同年 12 月 25 日,汉口银行公会还专门成立由秦开、史致容、洪钟美、曾慎基、李春楷等 5 人组成的审查委员会,对安徽造币厂劣币进行审查,并讨论如何禁绝的问题。审查、讨论结果分为治本、治标两种办法。所谓"治本。(一)由联合会重提第 5 届议案,陈请财部,将所领皖省'民八'祖模立予吊销,并饬查明皖省所铸'民八'轻币确数,通令总厂及宁鄂各厂,一律按例改铸。一面由中、交银行收换其改铸办法,仍照从前掉换旧币办法办理。(二)陈请执政

---

① 《照钞复上海银行公会函》(1924 年 12 月 10 日),武汉市档案馆藏:171—1—115。
② 《照钞复上海银行公会函》(1924 年 12 月 10 日),武汉市档案馆藏:171—1—115。

严惩皖厂以前经手各人，以儆将来。治标。该项'民八'轻币既已入境，若遂行拒用，恐生市上扰乱，反有碍于金融。不如暂准通行，如治本办法陈部能实行后，即可肃清。惟急应对于沪公会及汉外国银行公会用函声明。（一）沪公会函。应告以'民八'轻币联会有案，应重提前案，请部实行，为正本清源之计，不应遂然拒用，汉口对于该项皖币早已通用，沪会办法易生扰乱，不得不仍暂过行，一面照治本办法进行。（二）外国银行函。应告以皖币通行汉埠已久，若遂行拒用，易生扰乱。本公会方面已议有正本清源计划，陈请政府实行改铸，在未接奉政府通令以前，仍应一律通用。"①"民八币"成色恶劣，经银、钱联合会议议决，大家一致拒绝使用。汉口银行公会更是呈请财政部，勒令安徽造币厂停铸。

经各地银行公会共同努力，将意见书上呈北京政府财政部。北京政府财政部在社会多方压力之下，派员调查，获得实情，遂令安徽造币厂呈缴祖模。1925 年 2 月，安徽省财政厅接财政部令，追缴安徽造币厂"民八币"祖模送部，该厂即行停铸。

在安徽造币厂生产劣质货币的同时，江西省南昌造币厂也出现同样的问题。1925 年，南昌造币厂所铸"民十银币"成色不足，中国银行汉口分行与交通银行汉口分行经过化验师的依法化验，查核该项银币的成色不足法定标准，上市即引起市场恐慌。武昌造币厂为了市面安宁，请求湖北省省长令江汉关行税务司，日后每遇新铸银币，进口每箱酌提数枚送厂化验。如有成色不足，分量减轻，即全数扣留充公。12 月 24 日，上海银行公会、钱业公会也称，在市面上查出有低劣的"民十币"流通，系由江西九江等埠转运而来。经过查验，成色不足。上海方面随即电函财政部暨孙传芳联军总司令江西方督办严查。作为同业组织，上海银行公会也请汉口银行公会一并向政府呈告实情，"请汉会一并分电彻查严究等情前来，查'民十'劣币，近来仍有在汉埠混行使用，其成色不足，有化验单存案。可凭前据本埠报告及现据上海银行钱业两会来电，

---

① 《审查报告》（1924 年 12 月 25 日），武汉市档案馆藏：171—1—115。

均称系由九江等埠输入,其事殆非无因,似此扰乱金融于市面,商务关系甚巨"①。汉口银行公会电告中央财政部查照,严令全国查禁,请予取缔赣厂劣币。汉口银行公会还以近来发现"民十"劣币甚多,妨害币制,扰乱金融,特呈请军省两署,请求通饬严禁,并将原呈抄送商会,转知各帮。查禁办法是:"(一)劣币进口,私运为多,应请钧署饬派水陆警队,于轮船抵岸时,查明有无银元数在五千元以上,未经报关即行起坡者,如经查得,准即扣留,报送钧署,发交造币厂化验。倘有成色不足,一律充公,以二成充赏,以八成办赈,并追求私运之来历,处以国法,其外商轮船,亦请令行交涉特派员,转商所属国领事,协同办理。(二)请严饬江汉关,转知税务司严密检查进口各轮有无私运银元数在五千元以上之情弊,取缔扞巡,不得任意疏忽,或多同舞弊。倘查出实有私运,即由税务司送交关监督,送厂化验,果系劣币,一并充公处治。至报关进口之银元,并由税务司逐日报知关监督备查。(三)商人贪利,人类不齐。应请钧署严令汉口银行公会、钱业公会及汉口商会一体凛遵,倘有商人勾通私运劣币,危害金融等事。即由各该会据实报告,请求按照国法惩治,昭示国人,以悬炯戒。"②上述办法既有惩罚,也有奖励,同时考虑到市场上可能存在的不配合现象,为此特提请汉口银行公会、钱业公会、商会一体遵照,从而加大配合力度。特别是有政府水陆警队出动检查,可以有效地对劣币进行查处,以防扰乱市场。

在抵制劣币、维护流通市场安定中,汉口银行公会积极地与上海、北京、天津等地银行公会沟通,共同应对,成效明显。特别是它们协同一致,力请各地政府严厉查封劣币,这就有力地维护了货币市场的健康与金融市场的稳定,从而维护了国币信用,有利于商业贸易往来,保持经济平稳运行。

在与其他各地银行公会的往来中,汉口银行公会同各地银行公会联合起来,通过组织力量的协作推进,在一定程度上对政府形成经济决策、制定金融法规等发挥了影响力。1921年初,汉口银行公会与北京、上海、天津等地银行

① 《汉口银行公会致中南银行函》(1925年12月25日),武汉市档案馆藏:171—1—116。
② 《汉口银行公会请禁民十劣币》,《银行周报》第10卷第14号,1926年4月20日。

公会联合反对北京政府财政部新发元年公债,支持上海银行公会电请政府取消新发公债。"元年公债,发行额为数甚巨。卒致市价低落,影响于金融前途,至深且巨。前次银行公会联合会议曾函请大部截止发行在案。乃近阅政府公报,又有一千万元号码之公布,逖听之余,毋任惶惑。除已通知沪埠各银行,遵照前次议案,不再收押,并通电各埠公会,一律照办外,所有此次公布之号码,应请迅予取消,以免枝节,而整金融。"①面对安徽"民八"劣币,汉口银行公会同各地银行公会联合呈请财政部收缴,以稳固金融市场秩序。"本埠银行公会、钱业公会,因皖造币厂所铸八年银币,成色不足,于日前召集全体会议,讨论办法,结果,议决致电财政部及皖币厂,请其停铸,并分电汉口、蚌埠、南京各埠银行公会、钱业公会,协力进行。"②在国民政府时期,汉口银行公会与上海、北京、天津等地银行公会联合起来,积极影响金融法规的制定,与政府金融法规进行博弈,其中既有成功,亦有失败。1928年,政府公布《工商业同业公会法》,银行公会改为商会的下属会员。汉口银行公会与各地银行公会联合要求颁布单行的金融业公会法规。银行公会的要求终致失败,政府依法推行公会改组。1931年,国民政府颁布《银行法》,对全国银行实施普遍的规制。汉口银行公会与各地银行公会在上海银行公会的领导下,反对《银行法》关于最低资本、股东责任、营业范围之规定。最后,政府虽然坚持公布了《银行法》,但在实际中,却未得到有效执行。1934年,南京国民政府颁布《储蓄银行法》,以保证储蓄存款安全。各地银行公会组织起来,在上海银行公会的引领下,一致对其中规定的存款准备比率、股东责任、资金运用等条款进行交涉。最终,由于各地银行公会共同施压,迫使政府法令的大部分有关条款都按照银行公会的意见,进行了修改或调整。③

---

① 《银行公会反对新发元年公债》,《申报》1921年1月29日,第17223号,第10版。
② 《金融界电阻皖厂铸八年模币》,《申报》1924年6月13日,第18423号,第13版。
③ 汉口银行公会与上海、南京、杭州等地银行公会维护市场,稳定金融,亦详见:吴景平主编:《上海金融业与国民政府关系研究(1927—1937)》,上海财经大学出版社2002年版,第334—371页;郑成林:《从双向桥梁到多边网络——上海银行公会与银行业(1918—1936)》,华中师范大学出版社2007年版,第302—327页;王晶:《上海银行公会研究(1927—1937)》,上海人民出版社2009年版,第68、177—168页。

四、参与全国银行公会联合会议

辛亥首义之后,全国华资银行业借助政府支持与国际环境改善的机遇,步入快速发展时期。为谋求银行所在行业的共同利益,各地银行家纷纷按照政府条例有关规定,结合银行发展的实际需要,发起组建银行公会。继上海银行公会成立之后,先后在北京、天津、汉口、蚌埠、济南、杭州等地成立银行公会。1923年,全国已有银行公会10余家。

尽管华资银行业发展迅速,国内金融市场还是要受到外国银行的制约。想要拥有自身力量,抵抗外国银行势力,与政府协调金融政策,这就需要各地银行组织联合起来,统一各地的意见、意志,达到一致对外的效果。这就是所谓"团结力量大"的道理。从全国范围来看,在成立银行同业公会之前,已经有总商会、教育会全国联合会等先例,银行公会完全可以参照其做法,成立全国联合会,增强同业实力,凝聚行业力量,一致反对外部干扰。有鉴于此,上海银行公会于1920年发起成立全国银行公会联合会,并相应地明确组织的职责、功能和作用:对内研究银行业的利弊,对外调查社会的需要,促进同业交流,整合行业力量,促进行业发展。由于种种因素的牵制,联合会未能成立。[1]但是,从1920年至1924年,全国银行公会联合会议则举办了5次常会,每年1次。汉口银行公会从参加第1届开始,届届都积极参加。特别是第4届全国银行公会联合会在汉口举办,由汉口银行公会承办,汉口银行公会积极服务大会,展示了务实团结的好形象,扩大了自己在全国同业的影响。在全国银行公会联合会议上,汉口银行公会提出了具有积极意义的提议案,譬如,《拟请用联合会名义,严促政府维持公债基金已成立之优先权,并正式宣言,嗣后政府发行新公债,非经联合会公认,各地公会不得单独承募案》《拟请财政部,援照整理公债先例,指定的款,收回国库券案》《请就上海银行公会设银行公会联合会事务所为执行议案之机关,又各公会应行公告事项,请上海银行周报为公告机关案》《有奖储蓄券流毒社会,应请政府严行禁绝案》等,并得到通过议

---

① 吴景平:《中国近代金融史研究对象刍议》,《近代史研究》2019年第5期。

决。尤其是在 1923 年第 4 届银行公会联合会议上,汉口银行公会对于银行重要的债权、有奖储蓄券提出讨论和建议,得到与会者一致赞同。

汉口银行公会参加历届全国银行公会联合会议的代表,都经过了认真挑选。他们既具有职业能力,更具有职业情怀,能够在会议中发挥积极作用。第 1 届为史晋生、秦禊卿;第 2 届为钱琴西、王毅灵、陈如翔;第 3 届为王毅灵、秦禊卿、宋仪章;第 4 届为洪苓西、曾务初、史晋生、李瑞生、何绍伯、王毅灵、秦禊卿、陈如翔、龚寿征、宋仪章、陈健庵、陈澄中、梁俊华、刘艾唐、陆梦芗。① 对于参加全国银行公会联合会的人选,汉口银行公会是通过民主的方式选举出来的。1924 年第 5 届全国银行公会联合会于 4 月 15 日在北京举办。汉口银行公会于 3 月 26 日即选举出参会人员,"昨于三月二十六日开会员会会议,讨论结果,代表定额五人,用投票法选举。惟五人如为职务所羁,未能全行赴议,至少赴议者,应有三人。倘三人中仍有为事所羁,即以得票次多数者补之。至川资旅费,每人限以二百元等语,议决照办"②。后经会员 17 行民主投票选出王锡文、洪钟文、秦开、卓焌、宋凤翔 5 人为代表。

在北京举行第 5 届全国银行公会联合会时,上海银行周报社特将历届联合会议提的议案及议决案汇总制表,以便与会者通盘了解。需要说明的是,在全国银行公会联合会议第 1 届召开的 1920 年 12 月,汉口银行公会才刚刚成立,故未能及时提出议案。而在 1922 年第 3 届全国银行公会联合会议上,汉口银行公会也未提出议案③。汉口银行公会在历届联合会议上的提议案及议决案,详情见表 4-1。

① 《历届联合会议集议地点、主席及列席代表姓名与提议案、议决案件数表(上海银行周报社赠)》,武汉市档案馆藏:171—1—114。
② 《汉口银行公会致中南银行函》(1924 年 3 月 27 日),武汉市档案馆藏:171—1—114。
③ 依据汉口银行公会与汉口金城银行往来信件,在第 3 全国银行公会联合会议上,汉口银行公会提出过议案,名为《在外国注册之银行,拟入中国银行公会应,如何变通办理案》(依据"银行公会第五届联合会议纪念历届联合会议提议案及议决案一览表"),该议案提出者为"津会",实际应为"汉会"。参见《照抄本会至上海银行公会函》(1923 年 3 月 6 日),武汉市档案馆藏:165—1—94。但是,依据会议提供的统计表,又没有见到汉口银行公会提出的这个议案。

表 4-1　1921—1923 年汉口银行公会在历届全国银行公会
联合会上的提议案及议决案一览表

案名	内容摘要	出席者	提议届别	时间	执行方法及审查报告与议决事由
请政府确定发行制度案	我国发行制度迄未明确规定,拟请政府详究单一发行制度,与多数发行制之利弊,速定发行制度,以垂国家久远之规。	汉	第 2 届	1921 年	呈财政部币制局,请予确定发行制度。
在外国注册之银行,拟入中国银行公会,应如何变通办理案。	上年汉口工商银行,拟加入汉口银行公会,因该行系在香港政府注册,碍难照办,此后有非在中政府注册之银行,有何变通办法,可以入会。	汉	第 3 届	1922 年	付长期审查,由各公会悉心研究,提出下届讨论
拟请用联合会名义,严促政府维持公债基金已成立之优先权,并正式宣言,嗣后政府发行新公债,非经联合会公认,各地公会不得单独承募案。	认募新债,其标准有三:(一)新公债条例依法由国会通过,(二)新公债本息须确实可靠之担保,(三)应以旧债已经完全各照原案办理为前提。	汉	第 4 届	1923 年	通告各公会不再购买或抵押政府新债券,以期警促政府早日从事财政根本上之整理。
拟请财政部,援照整理公债先例,指定的款,收回国库券案	政府发出各种国库券,既乏流通效力,又无抵押价值,若不切实整理,直接足以妨害人民资产,间接足以影响市面安宁。银行业首受其累,拟请指定的款,分别收回。	汉	第 4 届	1923 年	国库券种类繁多,恐难全部整理,应将汉口各银行所执国库券,由联合会议呈请政府先行整理。
请就上海银行公会设银行公会联合会事务所,为执行议案之机关,又各公会应行公告事项,请上海银行周报为公告机关案	历届会议之案,无一执行专责之机关,今请就上海公会为联合会事务所以,专责任,又银行界尚无特设之公告机关。上海银行周报风行全国,即指为公告机关,甚为合宜。	汉	第 4 届	1923 年	公会公告事,指定上海《银行周报》、北京《银行月刊》为送刊公告机关,刊费迳向各该社结算事务所,暂不设立,每届议案,仍由该地公会于议决后,继续执行。

续表

案名	内容摘要	出席者	提议届别	时间	执行方法及审查报告与议决事由
有奖储蓄券流毒社会,应请政府严行禁绝案	银行发行有奖储蓄券,流毒甚大,储户有行同赌博之害,银行亦有诱导赌博之嫌,应请公同讨论防止方法,以杜流弊。	汉	第4届	1923年	呈请政府严行禁止,并奉财政部指令,准即转行所属,一体遵照。

资料来源:《历届联合会议提议案及议决案一览表》(1924年4月),武汉市档案馆藏:171—1—114。

结合上表可以看出,汉口银行公会在历届银行公会联合会议期间所提议案概况,并考评其参与程度和质量。其提案相对上海银行公会、北京银行公会较少。但是,所提的内容,都关系到银行业的切身利益。尤其是在1923年第4届银行公会联合会议上,对于银行重要的债权、有奖储蓄券等问题,汉口银行公会提出议题进行讨论,得到与会者一致赞同办理。

汉口银行公会不仅作为成员参与联合会议,还作为组织者,承办第4届全国银行公会联合会议。1922年,在第3届银行公会联合会议上议决,第4届银行公会联会会议在汉口举办,并由汉口银行公会承办。汉口银行公会接此重任后,积极谋划,认真筹备。1923年2月28日,公会会员会议决,组织第4届联合会组织委员会,选举闻信之、孟调臣、张竹屿、张承谟和盛栖生等5人为联合会筹备委员,专班着手筹备第4届全国银行公会联会会议事宜。在会14家银行一体列席会议,从而使汉口各银行有均等机会参与会议讨论,明确会务重点以及注意事项,体现了公会的民主性与团结性。《银行公会联合会简章》第2条明确会议讨论的议案,要求"以研究同业之利弊及讨论与金融界有关系之事项为范围"①。为此,汉口银行公会提前告知各会员积极提出议案,选送会员会议讨论,并议决最终选送联合会议的议案。

随着会期临近,公会事务渐有增加。"本届银行公会联合会议在汉会举行,为日已近,而文牍较繁,印刷事尤络绎而至。即以各公会议案论,每案至少

---

① 《汉口银行公会致金城银行函》(1923年3月4日),武汉市档案馆藏:165—1—94。

须油印五十份,以备开会讨论前者。"筹备会的工作量大,造成会务准备工作进展稍缓。为此,公会积极发扬团结协助精神,"由各行派以书记为公会书记处帮忙。兹拟先将印件,请托各行代办一二件,不揣冒昧"。① 在会议成员的共同努力下,第 4 届银行公会联合会议在 1923 年 4 月 15 日如期召开。

作为一次全国性的银行公会联合会议,这既是汉口银行公会一次重要的经济参与活动,也是一次有意义的社会参与活动,既履行了会议成员的职责,又面向同业、同行展示宣介了自己。因此,这是一次难得的角色展示之旅和宝贵的价值实现体验。在参与联合会议时,各代表表现出非常活跃而又积极的参与态度。他们在提出议案时,既针对当时的经济社会状况提出问题,又积极贡献解决问题的智慧和方案,表现出一种负责任的社会担当。通过全国银行公会联合会议,各地银行公会还努力表现争取共同经济利益的实业家精神,这也是难能可贵的。但在 1925 年以后,由于国内政局不稳,军阀混战,社会动荡,经济萧条,各地金融发展受阻,银行业颇受影响,其中渐有停业或倒闭者。由此影响各地银行公会的生存与运作。1926 年初,除上海、北京、天津、汉口等地银行公会外,其他银行公会因为会员人数不足法定人数,或者因会费缺少,难以支撑运作而纷纷解散。② 此后,全国银行公会联合会议召开至 1924 年第五届后,就再也没有召开。身处其时,工商业很难得到发展的悲惨命运,正是中国近代社会在艰难曲折中行进的真实写照。

第四节　汉口银行公会与其他社会组织的关系

汉口银行公会作为同业公会组织,其活动范围所及,与金融业的钱业公会、外国银行组织有着千丝万缕的关系。作为银行的同业组织,汉口银行公会在近代武汉经济社会发展中,又与地方商会保持着微妙关系。商会作为商业

---

① 《汉口银行公会致金城银行函》(1923 年 2 月 28 日),武汉市档案馆藏:165—1—94。
② 郑成林:《从双向桥梁到多边网络——上海银行公会与银行业(1918—1936)》,华中师范大学出版社 2007 年版,第 118 页。

组织团体,汉口银行公会在北京政府时期,与商会没有隶属关系。待到国民政府对同业组织进行调整时,汉口银行公会才作为商会的一员,确定了隶属关系。在民国社会,除了汉口银行公会,还有北京、上海、天津、杭州等地的银行公会组织。这些银行公会在维护全国的金融稳定与银行利益上,时有往来,从而存在一定的联系与关联。这些联系,主要是经济的,也相应地涉及社会事务。

一、公会与商会的网络关系

商会作为民国时期跨行业的商人团体组织,与同业性质的同业公会具有不同之处。但是,商会的组织却是以商人团体组织为其基础的。汉口银行公会在1931年改组以前,与商会不存在任何隶属关系,而是作为财政部直接管辖下的金融组织,受到财政部直接管辖和指导。国民政府在成立之后,为加强对商业领域的有效管理,要求全国同业公会进行改组,使之一并作为各地商会管理下的会员。汉口银行公会于1931年前后,被迫进行改组。汉口银行公会改组后的全称是汉口市银行业同业公会,并于1932年1月1日开始,隶属汉口商会。汉口商会在国民政府进行同业公会改组前后,有所不同。在1931年前,汉口商会的全称是汉口总商会,本文统称为"汉口商会"。1928年,依照湖北省政府颁布的《暂行整顿商会条例》之规定,恢复汉口总商会,改用执监委、常委及主席制。1929年8月,南京国民政府颁布《商会法》及《工商同业公会法》,规定"总商会"一律改组为"商会"。汉口总商会经过筹备,于1931年2月改组,新成立"汉口市商会"。从总体上看,汉口银行公会与商会的关系表现,是这样的状态:

1. 改组前,汉口总商会协调汉口银行公会与地方政府的关系。作为汉口重要的工商业团体组织,汉口总商会为地方政府传达政令,协助地方政府传达各项政策,督促有关政策、法令在其所管辖的公会中有效实施。在北京政府军阀时期,战争频发,地方政府频繁地要求汉口总商会向各商业团体募集军费,累积越来越多,而且是"肉包子打狗,有去无还"。作为金融组织的代表,汉口银行公会更是地方军阀势力"借款"的主要对象。一方被强借,一方"借"了又不还,由此形成银行公会与地方政府之间的矛盾。对此,汉口总商会作为湖北省政府的下属团体,不得不协调两者的矛盾关系。由于汉口银行公会在北京政府时期与汉口总商会不是隶属关系,因而在协调银行公会与地方政府的关系时,它是以第三方协调者的身份介入的。虽然汉口总商会居中进行了各种努力,力求达到双方利益最大化、分歧最小化、矛盾冲突平缓化,但是,由于其身份的局限,调解的力度有限,因此,收效甚微。

袁世凯去世后,全国陷于军阀割据状态。湖北连连征战,为了解决军用之需,地方政府频频向各商业团体"借款"。1924年10月11日,因战事需要,湖北军、省两署召集汉口总商会开会,要求汉口总商会向各公会团体垫借60万元以应战需。其中,汉口银行的认款数是25万元。然而,由于湖北地方军署频繁借款,且多系有借无还或是"借钱容易还账难"的"死账",因而在此次借款中,汉口银行公会在召集会员行商议时,大家都不愿意认募。同时,自1924年8月下旬开始,江浙战争影响上海金融,汉口受其影响,大量现银流入上海,导致银根吃紧,出现了金融恐慌。在此经济社会形势下,汉口银行公会成员银行既要考虑到银根紧张,又要考虑到外界借款可能无法偿还,因此,根本就不愿意认募此次借款。汉口总商会在明确汉口银行公会不愿意认募的态度后,随即于10月12日将他们的决定上呈军省两署。面对军需捐募的紧迫性,湖北军、省两署又督促汉口总商会转达汉口银行公会,口称:"目前防务孔殷,饷需吃紧,帑藏告匮,应付无资,环顾险象,悉焉如擣。本督军、省长负有保境安民之责,督饬财政厅勉支危局,暂行举债,印行省库借券二百四十万元,按商埠繁简,暨各县赋额大小,平均摊借,利率周年一分,还本付息,以扣足第一、第二两年,分半还清,指明各县田赋作为担保,银行公会募额系二十五万元。"①汉口银行公会在收到督促函令后,一方面感到湖北军、省两署微词严厉,又指明以各县田赋为担保;另一方面又出于维护自身利益的考虑,认识到不能不认募。于是,就要求由汉口总商会请财政厅暂由官钱局出立拆票,分向银、钱两

———
① 《十三年十一月十五日会员会议(下午二时)》(1924年11月5日),武汉市档案馆藏:171—1—115。

会各垫借洋 25 万元,期订一个半月,利息五厘,到期由官钱局本利如数归还,即要求用官钱局担保及堡垣地契 45 万元产业作抵押。因军饷急需,在汉口总商会的斡旋下,汉口总商会接省长、督军公函:"以鄂省军饷需款甚急,拟发行省库券,嘱由敝会转商贵公会暨钱业公会分别认销以资维持。此项借款二十五万元,但请财政厅将官钱局及堡垣地契为抵押,期订一个半月,利息一分五厘。"①最后,在汉口总商会的努力斡旋下,由汉口总商会负本次借款完全责任,到期官钱局按本息如数偿还;汉口银行公会也借此提出,今后省政府如有借款,商会不得再向汉口银行公会各会员另行摊派。这样,就确定了明面上是借给官钱局,实际上是借给军、省两署,而由官钱局偿付的"借还"机制,军、省两署与汉口银行公会终于达成一致协议。

然而,由官钱局借用的这笔 25 万元债款,最终并未如期偿还。1925 年 2 月,汉口银行公会请予还款,因官钱局借款既已到期,自应收回,这才符合原已达成的协议。但是,由于此项借款全部是由商会磋商,允予照转期 3 个月,汉口银行公会不得已将这批借款再转一期。条件仍然是以堡垣地契为抵押,手续照例由汉口银行公会出具押品、收条给商会。然而,此前商会来函称,信函往来势恐不及,现既经转期应由商会收汉口银行公会原出给与钱业公会的收据交回,同时由汉口银行公会出具押品收条,交给商会等。② 汉口银行公会在不得不转期情况下,答应官钱局缓期 3 个月的交还要求,并将转期抵押收据予以更换,从而避免将来在还本付息的时候,再生麻烦。汉口总商会将汉口银行公会的意见转达财政厅后,财政厅对于汉口银行公会答应续转,表示感激。同时,要求官钱局在到期之后,将本银 25 万元期票 4 张,连同应付到期利息 6750 元,一并函送汉口银行公会。至此,针对财政厅欠款到期无以偿还、汉口银行公会催还借款这一矛盾,汉口总商会终以双方转期 3 个月、利息照付为结果,使围绕借款与还款的纠纷暂且画上句号。

---

① 《总商会来函(十一月四日下午十时二十分到)》(1924 年 11 月 4 日),武汉市档案馆藏:171—1—115。
② 《照钞复汉口总商会函》(1925 年 2 月 4 日),武汉市档案馆藏:171—1—117。

在转期 3 个月后,1925 年 6 月 19 日,汉口银行公会接汉口总商会函,似又有不便于偿还的意向。需要指出的是,在发生 25 万元借款时,湖北省财政厅原厅长郭厅长出面,为了筹措军费,向汉口银行公会挪借 25 万元。但到了 1925 年 5 月,郭厅长调任,又因财政经济困难,遂提出:"郭前厅长任内筹措军费由贵会挪借银,叁拾万元,中交两行挪借银拾伍万元,指由库券借款归还,前因募集需时,曾商请展期三个月,并经官钱局分别出具期票作为担保在案。兹查前两项借款本息晌次第到期,而劝募库券借款七十万元,尚未集有成数。兹再商请酌量展缓期限,一面劝募借款,积极进行,俟募集足数,即行划拨清付。值此财政厅窘困之际,拟请再续转两个月……"①湖北省财政厅因财政困难,请汉口银行公会再缓两个月归还 25 万元借款,并又向各商界劝募 70 万元。汉口银行公会立即复函汉口总商会称,明为官钱局借款,实为当时军、省两署因战需而由财政厅借款 25 万元,银行公会为方便还款,转借于官钱局,此项借款早已到期,因汉口总商会调解,一再转期,但现财政厅又以官钱局向汉口商界各团体再募集 70 万元,汉口银行公会故此严词拒绝。

不仅欠款未还,湖北省财政厅又向汉口银行公会再借新款。1925 年 7 月 10 日,汉口总商会又来函,湖北省财政厅公函开,前与汉口总商会会长面议,此次金库券 70 万元变通办法改为押借,并拟将汉口征收局鄂、豫火车货捐局作为还款机关,以堡垣地契作为此次押借金库券之连带担保,各节业已据情呈请省长核准。在汉口总商会的争取努力下,汉口银行公会关于此项金库借券押款一案,经与汉口总商会协商,所有议决情形如下:1. 此项库券押款,既以前次押款 45 万元担保品之堡垣地契连带担保,但两种押款之本息须全行还清,方可将该契约取回;2. 此项库券押款,虽以汉口征收局,鄂豫火车货捐局两部税收作为偿还基金,但届期基金不足偿还,应另拨现款清偿,如无现款,即将各种担保品自由处分;3. 押款人须以湖北财政厅长兼官钱局总办名义办理;4. 合同须立 3 份,财政厅与汉口总商会各有 1 份,其余 1 份即当呈报省署

---

① 《照钞复汉口总商会函》(1925 年 3 月 27 日),武汉市档案馆藏:171—1—117。

备案;5.合同成立后,应先将堡垣地契前次钱业公会所出之收条取回,并此次汉口总商会应出之收条当付给手续完毕,始可将押款交付。① 最终,汉口总商会与湖北省财政厅兼官钱局按照上述要求,订立押款合同,汉口总商会募捐28万元,其中,10万元来自汉口银行公会各会员银行。

纵观汉口总商会经手湖北省政府与汉口银行公会借款一案,即"堡垣路地契"借款,是具有代表性的借款案例。在汉口总商会的协调下,地方政府一再展期,又一再地拖延,表现出汉口银行公会在权力面前的无奈。当时正值北京政府统治时期,湖北也处于军阀混战中,政权更替频繁,每一个军阀到鄂,都会以各种名义向商界借款。而汉口总商会作为当时湖北经济领域的总代表,覆盖全省经济事务,因而它就成为湖北军阀首选的募集捐款对象。面对种种摊借,汉口总商会只得向各会员转达指令,并进行劝捐。但面对一而再的借款,而且往往难以索还,汉口银行公会在本意上,当然也是不愿意认借的。但是,出于官商之分、稳定政局、促进各业发展的社会现实要求,同时也是出于商人在商言商的本性,汉口银行公会往往在汉口总商会的协调下,协助湖北省政府募集到借款。但事与愿违,汉口银行公会的催还款往往并不能如愿。1926年,湖北官钱局倒闭,该局所欠汉口银行公会借款,直至国民政府时期,汉口银行公会仍未要回。

2.改组后,汉口商会积极协助政府,加强对汉口银行公会的管理。改组后的汉口银行公会隶属汉口商会,汉口商会至此可以直接管理汉口银行公会,并将政府的有关指令,以上下级的关系下达,确保政府对公会有效管控。

首先是对行政法令的传达。1935年,有关新旧印花税调换票据法开始施行。同年8月22日,汉口商会接湖北印花税局函告,要求对汉口市办理登记旧印花税票的申请书册在审核完毕后,进行调换。为此,汉口商会协助政府向汉口银行公会说明订定调换旧印花税票办法六条,要求汉口银行公会按照印花税局调换旧印花税的办法施行。此外,湖北省政府还要求汉口商会传达

---

① 《照钞本公会复汉口总商会函》(1925年6月10日),武汉市档案馆藏:171—1—117。

1935 年颁布的《商人债务清理暂行条例》《破产法》《内销商品检验法》等法令,予以贯彻施行。

其次是对经济指令的协助。1933 年,为清理北京政府时期湖北省政府官钱局欠下的旧债,湖北省政府要求各商业团体应募"民国二十一年湖北善后公债"。为了加强商业团体对湖北省政府民国二十一年善后公债的应募,汉口商会特意函告汉口银行公会,要求汉口银行公会成员按照财政厅要求,积极认募湖北财政厅发行的"民国二十一年湖北善后公债"。1935 年,汉口商会为了商业团体的利益,为汉口市茶叶行业公会会员郎兴泰担保,向汉口银行公会的会员银行中国银行借款 16300 元。

再次是对救济指令的支持。自汉口银行公会成立后,因特殊的时代背景,汉口区域频遭各种自然灾害,故汉口商会还积极协助政府传达社会救济指令,对汉口银行公会提出要求。1933 年,汉口商会接受朱子桥将军电告,请各界同胞、同业公会支持战事:"浃旬以来,前方战事剧烈,为从来所未有,经过情形,迭见各报。斩获固多,我方损伤亦复不少……前方应需裤褂鞋袜,除由本会尽力购置分送外,尚望广为征集,俾得接济。"①电告要求汉口商会转令各银行、钱业公会募集战事所需款项。1935 年,汉口又发生水灾,汉口商会传达汉口市政府指令,要求汉口商会召集各银行公会、钱业公会等救济灾情,"今夏江襄暴涨,鄂省受灾,达四十余县,田庐洋国,人畜漂流,极目洪涛,劫祸瞬息,灾区之广,灾情之重,较二十年水患,实有过之无不及……筹办急赈为目前刻不容缓之举。"②此外,在 1937 年的汉口市冬赈募捐及妇女慰问委员会慰劳伤兵募捐的活动中,汉口商会协助汉口市政府传达政令,召集各地公会给予极大支持,有效缓解灾情向四处蔓延之势。

3. 汉口商会协调汉口银行公会与钱业公会的关系。作为汉口金融市场

---

① 《汉口市银行业同业公会致中南银行函》(1933 年 4 月 3 日),武汉市档案馆藏:171—1—126。

② 《汉口市银行业同业公会致中南银行函》(1935 年 7 月 14 日),武汉市档案馆藏:171—1—65。

的两大重要金融同业组织,汉口银行公会与钱业公会之间的关系,总是随着时局的变化、实力的消长以及经济的发展而此消彼长,彼此之间总因为一些经济利益产生纠纠葛葛,理不清,斩还乱。金融组织如果出现较大的矛盾冲突,就会影响市场秩序。市场秩序的和谐与稳定,总是商人最为关心的问题。因为市场秩序的好坏,直接影响着商业活动能否正常进行。因此,作为商人的组织团体,在保持区域市场秩序稳定方面,汉口商会对正常的商业往来都给予特别的关注,总是采取各种措施和办法,尽力维持市面稳定和社会安定,确保区域市场机制正常运行。调解行业纠纷,是经济社会赋予商会的一项重要职能。在传统社会,政府一般不随便干预商务。它向来都是由行帮、行会自订规章,约束会员,并协调、处理会员之间发生的纠纷;如果商家不服,则上诉县衙处置。1904 年,商部颁行《商会简明章程》,规定:"凡华商遇有纠葛,可赴商会告知总理,定期邀集各董,秉公理论,从众公断,如两造尚不折服,准其具禀地方官核办。"①可以看出,商会在调解商业纠纷、处理经济矛盾、维护市场秩序方面具有重要地位和作用。

随着汉口银行公会实力的增强与汉口钱业公会实力的消减,两会之间的纠葛不断加深。在堡垣路地契事件处理中,我们就可以明显看出,双方所代表的利益不同,所持有的立场也会完全不同。在不同的历史时期,汉口银行公会与汉口钱业公会和汉口商会的隶属关系不同。汉口钱业公会在 1931 年同业公会改组之前,就已经是汉口总商会的会员。20 世纪 20 年代,当汉口钱业公会与汉口银行公会出现矛盾纠葛时,汉口总商会虽然站在调解的立场上,但它总是偏向汉口钱业公会,这种"拉偏架"的现象,是由其共同的经济利益造成的。这就印证了人们常说的"没有无缘无故的爱,也没有无缘无故的恨"的道理。

1924 年,汉口金融市场因受到北京、上海等地公债的影响,继而又受到江浙发生战事谣言的影响,出现了金融恐慌。钱业陷入困局,在汉口总商会的担

---

① 《奏定商会简明章程二十六条》,《东方杂志》第 1 卷第 1 期,1904 年 3 月。

保下,汉口银行公会借给钱业公会 30 万元,但是,借贷到期后,钱业公会未能照还。作为汉口总商会会员的钱业公会,在汉口总商会的担保下,实有拖延之嫌。银行公会及时与汉口总商会沟通,期望协调解决。"银根紧张之象,已达于极点……窃谓银、钱两帮,原为各业之枢纽,平日各帮赖以周转,与共往来,灵则俱灵,滞则俱滞,势本相因也。曾忆七月二十七日总会与银、钱两公会联席会议时,银行公会王会长宣言有曰:银行之维持钱帮者,即所以维持银行;而钱帮之维持外帮者,亦系所以维持钱帮。言名至论,闻者同钦。经过情形,昭然共见。不意八半八底两比,各帮搁浅之事,仍复时有所闻。详加调查,多因周转不灵所致,尚无有心停顿之嫌。诚能补救于事前,不致纠纷之如此。且一经摇动,牵累必多,后患之来,何堪设想? 及今思之,不能不佩。"①汉口总商会意识到汉口银行公会与钱业公会之间的紧密联系,尤其是共生共存,互相影响。于是,汉口总商会决定:"分函两公会查照,协力筹维,同深感祷等。"②当然,在金融风潮或金融市场出现波动时,汉口银行公会与汉口钱业公会在汉口总商会的协调下,依然保持着良好的合作关系,共同维护了金融市场的稳定。

1935 年,在上海金融危机的波及下,武汉市场险象环生,各行各业纷纷陷入水深火热之中。为了解救危机,汉口市商会不仅密切与银钱业之间的联系,与之"商讨调剂金融、稳定市面办法",而且对近百家同业公会和 5000 余家商号进行调查,并在此基础上,向政府提出 3 条稳定金融和发展工商业的建议:(1)由钱业组织公库,凡有欲将货物抵押现款者,可将货物提单送钱庄,由公库盖印,负责向银行贷款;(2)由中央、中国、交通、中国农民、湖北省银行等 5 家银行担任无限制放款;(3)有货商人与各银行有往来者,仍由各银行直接接洽抵押放款。③ 商会的建议,不仅获得政府肯定,而且也得到银钱业的支持。银、钱业公会在上述办法出台后,相继组设仓库,积极筹集贷款资金。不仅如此,汉口市商会还向政府提出了具有针对性的意见和建议,主要是:要求政府

---

① 《照钞汉口总商会来函(十月三日到)》(1924 年 10 月 3 日),武汉档案馆藏:171—1—115。
② 《照钞汉口总商会来函(十月三日到)》(1924 年 10 月 3 日),武汉档案馆藏:171—1—115。
③ 《函各业公会转知救济金融办法》,《汉口商业月刊》第 2 卷第 7 期,1935 年 7 月。

降低税率、取消苛捐杂税、阻止外埠货物倾销等。由于参与调查的人员都是商会的中坚骨干，他们对工商界相当熟悉，能够"以孚洽之情感洞彻其状况"，所以，商会提出的意见与建议，也就具有相当的针对性，因而成为政府修订经济政策的主要参考。

二、公会与其他非金融同业组织的关系

作为新式的金融组织团体，汉口银行公会以汉口华资银行为基础，与地方政治、经济、社会发生着密切的联系。其在参与地方政治活动、经济活动与社会活动中，形成一个广泛的社会网络。如在社会政治活动中，间接或直接参与国是会议、关税会议，提出一系列经济利益方面的要求。

"国是会议"是在1921年10月，由全国商联会与全国教育会联合会联合举行的商教联席会议上提出的。提出国是会议的目的，是力图解决国家统一、废督裁兵、制定宪法、地方自治等重大内政问题。它以"共和国家，主权在民"为依据，以联合全国各省议会、各省区商会、教育会、农会、银行公会、律师公会、报界联合会和工会等八大界团体共同集议为方式，试图组成一个"较大之组织"，广泛吸收民意，"本互助之精神，筹救亡之大计"，以达到"策群力以拯颠危，集众思以谋国是"①。1921年底，商教联席会决定，拟于1922年2月召集国是会议。全国商会联合会通函各地银行公会，咨询意见。汉口银行公会作为"八大界"团体之一，对国是会议的召开表示赞成。② 1922年2月，汉口银行公会推举汉口中孚银行行长秦禩卿、汉口四明银行副行长陈如翔两位代表参加国是会议。他们表示，准于2月28日开会以前，到达上海参会。③ 2月17日，汉口银行公会所推代表陈如翔，因事不能赴上海参加国是会议，于是，改推四明银行汉口分行行长洪彬史和已推举的代表秦禩卿一同赴会。④ 1922年2月28日，国是会议第一次谈话会召开，已到之各省区及侨埠各代表，计九

---

① 《商教联席会议第六次开会纪》，《时报》1921年10月18日。转引自虞和平：《商会与中国早期现代化》，上海人民出版社1993年版，第325页。

② 《国是会议之促进声》，《申报》1922年1月1日，第17554号，第14版。

③ 《国是会议之进行观》，《申报》1922年2月11日，第17587号，第14版。

④ 《国是会议之昨闻》，《申报》1922年2月18日，第17594号，第14版。

省区十六团体又侨埠三团体,总共十九团体,二十五名代表。秦楔卿则代表汉口银行公会列席会议。会上议决,于 3 月 15 日召开大会讨论一切。① 汉口银行公会积极参与国是会议,与参会者沟通交流,扩大自身组织的社会影响;同时,在整理财政上,加强与北京、上海、天津等地银行公会的沟通,取得合作共识。

在关税会议之际,汉口银行公会因关税的存款问题关系到国家经济发展,特别积极发声。经过汉口银行公会会员会讨论,大家一致主张收回关税自主权。1925 年 12 月 21 日,汉口银行公会致电北京段祺瑞执政府外交部、财政部、农商部、关税特别会议委员会,表明自己的立场、态度和主张,"辛亥所订关税存款办法,本属暂时权宜。今民国成立已十有四年,自应将税款保管权收回,由政府主持办理。俾免外人操纵,久假不归,此为关税主权之最先问题。即祈誊核提前会议,此外有所贡献再行续呈"。关税特别会议委员会于 12 月 25 日复电汉口银行公会,"关款存放问题,本会至为重视,现正妥拟办法,期达目的"②。

1926 年 5 月,汉口保险公会禁止非火险公会会员分保,认为此项损害了汉口银行公会会员银行权利。为维护会员权利起见,银行公会陈行会长去函意旨张肇元,请汉口保险公会解释禁止非火险公会会员分保条件事宜。③

张肇元为汉口银行公会的法律顾问。在汉口银行公会成立初期,因事务较少,故未聘请法律顾问。此后,随着公会壮大,事务增多,尤其是在应对债务时,常遇相关法律问题亟待处理。为此,1925 年 3 月,汉口银行公会拟聘请律师为常年法律顾问。经 3 月 28 日会员会议议决,法律顾问的人选问题及薪水数目,俱由董事部照办。4 月 4 日,董事部会议议决,"以律师张肇元于中外法律学士皆优,可聘为常年法律顾问,每年致送薪水四百元"④。随后,在征得张肇元律师的同意后,聘请其为汉口银行公会法律顾问,聘期一年,负责处理银

① 《国是会议第一次谈话会纪》,《申报》1922 年 3 月 1 日,第 17605 号,第 14 版。
② 《照钞关税特别会议委员会复电(十二日二十五日下午二时到)》(1925 年 12 月 25 日),武汉市档案馆藏:171—1—116。
③ 《汉口银行公会致中南银行函》(1926 年 6 月 10 日),武汉市档案馆藏:171—1—42。
④ 《汉口银行公会致中南银行函》(1925 年 4 月 9 日),武汉市档案馆藏:171—1—117。

行公会及会员银行的法律事宜。1926年3月，张肇元律师聘期届满，经汉口银行公会董事部讨论续聘，自1926年4月起至1927年3月止。[①]

　　1927年1月，因张肇元律师服务国民政府，事务繁多，故张肇元将所有法律事务特聘请律师萧镶、廖作梅继续办理。[②] 继之，任耀光为公会法律顾问。1933年4月，因火险保护登记问题，公会请法律顾问任耀光律师详加研究。任律师还参加票据背书责任问题研究。"背书责任问题，前经公推五研究委员会同研究，并函请各行提出意见参考在案。嗣准交通、浙江兴业、浙江实业、大陆、金城五行先后将所提意见，书面函报到会，即交由五委员暨法律顾问任律师并案讨论。"[③]1938年6月，汉口银行公会部分会员银行搬迁至法租界，法国租界对此提出，需要办理通行手续。由于人流大，事务异常繁忙，银行公会会员遂委托任耀光律师设法办理。[④]

　　汉口银行公会的网络关系构建，是以公会为平台，通过银行家群体来实现的。在关系辐射中，它以银行家为主体，形成人与人、公会与组织以及公会与政府之间的关系载体。这些关系载体，又成为网络关系支撑的主体力量。正是通过这些载体，汉口银行公会网络关系有了深度拓展。银行家在汉口银行公会的组织网络关系中，他是与个体、组织之间的联系主体。银行家需要提出金融方面的战略、策略、思路和办法，深度参与相关经济决策；同时，对于社会方面的有关活动，银行家也要积极参与其中，尤其是当地方政府对汉口银行公会加强管理、整合时，其就要在关系网络中发挥影响力。银行家在网络关系中，代表银行公会成员，与社会人士与组织进行交流往来，对于提高银行的社会信誉、提升行业公会的社会影响，承载着很大责任。例如，马寅初与曹庆五两位学者、德国实业团两位博士受邀在汉口银行公会发表演讲，其目的在于培

---

① 《汉口银行公会致中南银行函》(1926年5月1日)，武汉市档案馆藏：171—1—42。
② 《汉口银行公会致中国实业银行函》(1927年1月14日)，武汉市档案馆藏：98—1—63。
③ 《汉口市银行业同业公会致中南银行函》(1933年10月16日)，武汉市档案馆藏：171—1—126。
④ 《汉口市银行业同业公会致中南银行函》(1938年6月12日)，武汉市档案馆藏：171—1—131。

养金融人才。这种学术活动体现了银行公会的文化自觉,对于建立企业文化很有意义。也要由此看到,邀请名流学者入会演讲,本身就是一种社会关系的延伸,是银行公会社会关系网络的进一步放大,组织、运行和取得积极成果,则是由以银行家为代表的组织者承当的。在银行公会与政府人员往来,与政府建立通道,形成政治关系网络方面;在银行公会处理大量有关社会事务,面对债券募捐、社会救济等问题时,银行家要具有相应的政治敏锐、现实敏感和社会关切,积极沟通,深度参与,通路搭桥,疏通管道,为行业公会以及会员银行的生存和发展营造良好的社会生态和经济环境。

关系是个体的,关系网则是整体的;关系是死的,关系网则是灵动的。透过汉口银行公会在历史时期为了维系生存和发展,不遗余力地适应社会、改善经济环境,在形成经济社会关系网络上的林林总总,深入认识其经济社会触角的势能、动能与效能,进一步揭示汉口银行公会在历史时期经济社会关系的本质和本能。

第五章　汉口银行公会与地方经济

汉口银行公会的成立,主要是为汉口华资银行服务的。但是,作为社会金融组织集团,它来自地方,立足于地方,就不能不与地方社会特别是地方经济产生千丝万缕的密切联系,起到服务地方的作用。俗话说得好,"一方水土,养一方人物"。汉口银行公会的人(银行家及其员工)是地方人(总体上),事是地方的事,因此,从情感因素来说,它具有深深的地方情结,那就是:促进地方经济发展,守护一方水土安宁。虽然不能武断地说,汉口银行公会及其成员银行是地方经济的一部分,但是,其存在发展却也在很大程度上深刻地影响地方经济社会发展,具有举足轻重的分量。这种影响,主要体现在汉口银行公会对地方经济社会的深度参与,形成紧密的互动关系上。两者互动的结果,是维护了区域社会金融稳定,促进了区域社会工商业发展,推动了区域社会繁荣进步;反过来讲,地方社会经济的发展进步,也为汉口银行公会的存在和发展赋予良好的地方社会资源,提供了积极的经济社会条件,注入奔涌向前的前进活力。

第一节　金融知识的传播与金融人才的培养

汉口地处长江中游地区,是中国内陆的金融中心。汉口金融市场对周边地区有着强大的辐射功能,对周边经济发展影响很大。汉口银行公会具有较强的经济责任意识,从它成立之日开始,就主动融入地方社会,积极参与地方经济事务。汉口银行公会组织设立学术研究会,交流金融大势,研讨银行发展。还创办《银行杂志》，传递金融信息，传播金融知识，提高员工业务水平。由于银行业的发展需要人才，尤其是具备新知识、新观念的，掌握现代金融专业知识的专门人才。因此，汉口银行公会在培养人才方面下了不少功夫。除了各银行形成了培养人才的一整套方法外，作为银行业的公共团体，汉口银行公会在培养银行业人才上发挥了积极作用，创办银行夜校，培养专门的银行人才。这些都有利于地方金融发展，对于推进地方经济社会可持续发展也具有积极意义。

一、传播金融知识

银行，作为近代新式的金融组织之一，并不是中国土生土长的新事物，而是受到外来银行的影响，在政府的倡导下产生的。历史地看，它是中国近代化在经济领域"追慕西方"的结果。从1861年第一家外国银行在华成立，到民国初年，50年左右时间，银行知识在中国还未得到广泛传播。受到中国传统金融机构，如钱庄、票号、典当等影响，汉口银行业并非一枝独秀。为了传播银行金融知识，汉口银行公会积极采取了一些措施：一是成立有关学术研究会，对银行有关事宜进行专门研究；二是创办专业银行期刊《银行杂志》，通过纸质媒体，传播银行知识，扩大汉口银行公会影响。总体上讲，这些措施，在实践中还是有积极成效的。

首先是设立汉口银行公会学术研究会，讨论金融事宜，推进金融发展。1922年8月，时任汉口银行公会会长王毅灵与黄襄成、张纳川、陈行、何玉良、张竹屿等诸位先生，应世界经济的变迁与发展，为着"研求银行学理之精义，增进银行同人之智识起见"[1]，一同发起组织汉口银行公会银行学社，或称学术研究会。这一建议得到公会其他成员认同，"卓识闳裁，本会同人同深钦仰"。为此，公会内部组织讨论是否符合《汉口银行公会章程》后认为，银行学社或学术研究会虽在《汉口银行公会章程》中没有明确规定，但是，在《公会章程》第2条第5项有相关规定：联合在会各行研究及调查国内外金融状况。会

---

① 《汉口银行公会致金城银行函》(1922年8月30日)，武汉市档案馆藏：165—1—92。

议讨论结果认为,名目隐相符合,可以成立。

　　会上确定,拟在公会中设立研究部组织委员会,成立汉口银行公会研究部委员会,负责学术研究会章程的拟定及拟议办法。学术研究会暂拟时,就被寄予很大希望,"将来人材济美,在同业中必发异彩"。研究部委员会以开怀的态度面向公会所有银行成员,所有委员会会员不限定公会会员及评议员。其在会各行的行员都可以由本行自行推定。9月,各行推定研究部委员会委员共计27人,如表5-1所示:

表5-1　1922年汉口银行公会研究部委员会委员名单

行名	委员姓名
中国银行	黄襄成、何虞、葛焕、沈沅、陈隆垣、李声铭
交通银行	曾季镛
浙江兴业银行	闻云韶、王烈煊
聚兴诚银行	马述文、张茂芹
盐业银行	詹葆初、李义明
金城银行	王锡文
中孚银行	张家淇、秦开
四明银行	陈如翔、盛櫄生、盛溶和
上海商业储蓄银行	谢德良、龚榕庭
华丰银行	方炳炎
中华懋业银行	陈行、黄世材
工商银行	陈澄中、贺一雁、张纳川

资料来源:《汉口银行公会致金城银行函》(1922年),武汉市档案馆藏:165—1—92。

　　从表5-1可以看出,成立汉口银行公会研究部委员会的倡议,得到大部分公会成员积极响应,他们纷纷参与学术研究会。1922年10月,学术研究会送交《研究会章程草案》,并于10月15日,各委员到会,审议通过该《章程》。公开选举王毅灵为委员长,陈健庵为副委员长兼教育组组长,秦楔卿为讨论组组长,沈诵之为调查组组长,贺一雁为书记委员,张纳川为会计委员。①

① 《汉口银行公会致金城银行函》(1922年10月16日),武汉市档案馆藏:165—1—92。

　　至此,汉口银行公会学术研究会正式成立,并建立健全组织体系。这为日后传播金融知识,奠定了组织基础,畅通了渠道,建构了平台。汉口银行公会大厦建成之后,在楼内特设一间办公室,作为学术研究会办公地点,以便其讨论金融事宜,推进金融发展。

　　其次是创办《银行杂志》,传递金融消息,传播金融知识。汉口《银行杂志》创办前,我国银行业出版物不多。在此之前,较为突出的是上海银行公会创办的《银行周报》和北京银行公会创办的《银行月刊》,这两者一个在我国的金融中心,一个在我国的政治中心,得区位之优势。我国幅员辽阔,在经济社会发展上,区域之间很不平衡,只是北京、上海有专业报刊,对于面向全国发布和传递经济信息,加强全国范围内经济资讯交流,这则是远远不够的。更何况,这两家报刊受区位局限,往往对内陆地区工商事情鞭长莫及,只能是"犹付阙如"。因此,在内陆地区,特别是中部地区,有开办像北京、上海发行的报刊那样强烈的意愿,放眼世界,辐射全国,立足武汉,通过登载经济特别是金融方面的研究成果,持续传播金融知识,以满足服务地方经济社会发展之需。

　　汉口银行公会于1923年9月,正式成立汉口银行杂志社。银行杂志社是汉口银行公会的附设组织,确定编辑负责人为李孤帆、周沉刚。成立之初,由于银行公会没有自己独立的办公地点,杂志社暂设临时办事处于歆生路泰安里21号。《银行杂志》的创办者在办刊之初就认识到,杂志与日报有所不同:日报重在报道消息、动态,评论得失与研究学理为次之;杂志则重在介绍学说、阐明理论,报道时事、传达新闻乃是次要。① 对于汉口银行业自己创办的杂志,汉口银行家寄予很高的期望,秦开指出:"银行家之欲求一般舆论之趋向,以为业务上之借鉴者,何所得而知焉,是故非有银行专刊之发行不为功。于是而汉口《银行杂志》乃应运而生,《银行杂志》之组织,李君孤帆为之首创,汉口银行公会会员,协力以赞成,以潘君士浩总编辑之务……银行杂志理论之必精辟,消息之必真确,调查之必周密,记事之必详备……杂志为公会之耳目,而

---

① (潘)士浩:《发刊旨趣书》,《银行杂志》1923年第1卷第1号。

公会为杂志之驱干,二者互有同舟共济,深切不解之关系。"①张嘉璈也曾期望,"吾人所企望于汉口银行杂志者,在能调查内地工商各业之情形,灌输欧美最新工商业之学识,为之比较评骘其盛衰兴废之迹,俾内地工商业者有所取镜。庶几财政、金融、工商三者,咸有其南针,与《银行周报》《银行月刊》鼎足而三焉,同为我国经济界之明星,斯亦银行界之荣也。"②这已经几近鞭策了。

汉口银行公会在成立三周年之际暨汉口银行公会大厦开幕之时,《银行杂志》于1923年11月1日正式出刊发行第1号。此后,每半月出刊1期。到1927年9月16日,《银行杂志》总共出版4卷94期。由于受时局影响,第4卷第23、24两期未出刊。《银行杂志》大量介绍汉口,特别是国内外的金融行情,包括有关经济、金融信息以及有关金融理论探讨,受到同业喜爱和读者欢迎。

作为公会主办的杂志,它具有身份认同,直接面向同业,服务行业。杂志的宗旨是,以"批判经济事情,宣传工商消息,讨论银行问题,指导事业经营,征集金融商况,编制经济统计"为职志,力求事实与理论之接近,凡所论列,一以"朴实说理,切中时弊"为指归;杂志积极面向读者需要,满足读者对了解近代金融知识的渴望,"以'批判经济事情、研讨经济学理'为职志,专供一般银行界、实业界及经济学者之阅读","本志所载文字,凡及经济、法律、财政、商业,内容分为论著,译述,本埠商业金融,外埠商业金融,经济新闻辑要,调查统计,经济法令,专载等八门"③;银行杂志社在编辑、发行时,征求内部银行的广告与文章,"贵行将广告底稿仿照他行办理,如有著作及关于银行事宜并可钞件送交该社刊入,以期传布"④。为扩大《银行杂志》影响,杂志社还在其他报刊、期刊上登载《银行杂志》广告。广告费在1923年8月27日会员会议议决,

① 秦开:《勖汉口银行杂志》,《银行杂志》1923年第1卷第1号。
② 张嘉璈:《述对于汉口银行杂志之希望》,《银行杂志》第1卷第2号,1923年11月16日。
③ 《本志启事一》,《银行杂志》第1卷第1号,1923年11月1日,第3页。
④ 《汉口银行公会致中南银行函》(1924年1月25日),武汉市档案馆藏:171—1—114。

由会员银行每月每行资助杂志社广告费洋 25 元。① 后因武汉国民政府金融政策的影响,汉口银行业遭受巨大打击,《银行杂志》不得不停刊。此后,也一直未能复刊。尽管如此,汉口《银行杂志》在中国近代报刊史、中国近代经济思想传播史上,都具有重要地位和意义。

最后是积极参与世界金融知识交流,拓宽经济知识面。1923 年 8 月,汉口银行公会接北京银行公会函称,美国纽渥克(纽瓦克)博物院协会将于 10 月、11 月在纽渥克城召开一次中国文化展览会,将在会上展示我国银行事业历史上的各种材料。后接纽约华商银行来函,亦同前因,但所需要的物品开单更加详细,包含十大类:"(一)周刊或月刊;(二)钱庄内外部之照;(三)□银行钱庄内外部之照;(四)大银行内外部之照;(五)不用之新旧钞票;(六)不用之钱庄账簿;(七)现存之存款凭单,支银簿支票及汇票等;(八)银行家之照;(九)贵会房屋之照;(十)贵会职员之照。"②为此,汉口银行公会传达到各银行,希望各银行有可供陈列的物品或者照片时送达,以便汇转。

德国实业视察团于 1930 年 5 月来华考察实业。汉口银行公会提前接到铁道部与汉口特别市政府通知,会同组织招待。于是,银行公会公推贺一雁、杨季谦两人参与接待。德国实业视察团途经汉口时,需要考察汉口金融事业,汉口银行公会各会员行集体商议,搜集汉口金融方面的材料,以供筹备招待德国实业视察团委员会参考。公会决定,收集 1925 年至 1929 年,分上、下期,共十次决算中的"一、资产之余额总数及该期内之积数;二、负债之余额总数及该期内之积数;三、各种存款之余额总数及该期内之积数;四、各种放款之余额总数及该期内之积数……一、汇出款之进出总数;二、汇入款之进出总数"③。1930 年 5 月,德国实业视察团到达汉口,并查看汉口银行业与金融状况。汉口银行公会于 5 月 8 日,请德国实业视察团团员石佩耳、雅各比两位博士到汉口银行公会演讲,阐述有关德国金融知识。为了便于汉口银行公会成员理解,

① 《汉口银行公会致中南银行函》(1924 年 1 月□日),武汉市档案馆藏:171—1—114。
② 《汉口银行公会致金城银行函》(1923 年 8 月 31 日),武汉市档案馆藏:165—1—94。
③ 《汉口银行公会致中南银行函》(1930 年 4 月 14 日),武汉市档案馆藏:171—1—124。

特邀请懂得德语的金井羊对两位博士的演讲进行同声翻译,这也足以说明汉口银行公会对国际金融知识的重视与关切。

二、培养金融人才

汉口银行公会于1924年创立银行夜校,利用闲暇时间,邀请教师,对会员银行的工作人员进行专业的银行知识培训,提升专业素养。在前文的论述中,已经对汉口银行公会银行夜校的创立背景、创立经过以及运作,进行了较为详细地阐述,在此仅就银行夜校在培养金融人才方面的作用、价值和意义予以论述。

银行夜校的创办,是汉口银行界重要的事件,它是汉口地区在近代意义上金融专业人才培养的首家专门机构。其开设的学科也都与银行知识直接相关。但是,它在开办之后,却遇到众多阻碍,如学员旷课、学员迟到、学员请假等现象突出。夜校是对会员银行分配名额,如一学员旷课、迟到,则会耽误他人名额,以致与夜校办理初衷大相径庭。这表明夜校在办校之初,由于没有过办校经验,又没有政府支持,因而学员学习懒散,夜校缺乏组织管理经验。"本校成立已逾两月,深愧教授及管理方法多未完善。因思各贵行创办此校,通力合作,不遗余力,其属望于本校者至深且切,若不研求精良之法以管理而教授之,不足以收实效,而副雅意,兹特征求意见为改良方法之标本。"同时,学员也遇到不易掌握所学内容的实际困难,"开学以来,所订课目,诸生互觉有过不及之憾,不独教授极感困难,即学业亦难臻进,并算术为然,英文尤甚"①。针对学员旷课情况,夜校特按照姓名、学科、到校钟点、缺课钟点、请假钟点、迟到钟点、备考等制作了汉口银行公会夜校学员每周考勤表,于每周登记报告学员所在银行。对学员管理的改进,也产生了强制学员学习的约束力。

银行夜校于1926年停办之际,汉口钱业公会创办汉口钱业商人补习学校。钱业补习学校创办后,名称几经改变。最初定名为"汉口钱业补习学校",但由于政局动荡,不久就停办。民国十七年(1928),学校重新备案。"至

---

① 《汉口银行公会夜校致中南银行函》(1924年5月□日),武汉市档案馆藏:171—1—115。

十七年,政局底定,乃于是年十月,呈准湖北省政府教育厅备案,正式成立,定名'汉口钱业补习学校'。"民国十八年(1929)九月,由于"前汉口特别市政府教育局为便于管理督察起见,令本校校名冠以汉口特别市字样,以昭划一",学校又改称"汉口特别市钱业补习学校"。但是在民国十九年(1930)九月,"前汉口市政府教育局颁发本校钤记一颗,文曰'汉口市第一商人补习学校',令饬启用",但汉口钱业补习学校以"颁到钤记之印文与校名不符,失却职业性,即将钤记呈缴注销。旋奉指令,准予所请",最终校名改为"汉口市钱业商人补习学校"。① 民国十九年(1930)春季,学校创办附属小学,定名为"汉口市钱业补习学校附属小学校"。其宗旨为根据三民主义,按照儿童身心发展之程序,培养国民之基本知识技能,以适应社会生活。而钱业补习学校主要招生对象是"汉口钱庄之学习生徒,及钱业界之子弟拟继续世业,年在十三岁以上,有志补习者"②。从这个意义上而言,钱业补习学校附属小学的培养目的不仅限于行业内部,而且它开始面向社会,承担起基础教育的责任,实现了从职业教育到基础教育的转变。当初,汉口银行公会在创办银行夜校期间,教育重点在职业培训,培训对象为公会会员银行的职工,教育触角局限在系统内部,而不得延伸到行业外部。汉口银行公会还捐资支助汉口市筹办图书馆。在汉口银行公会大厦特设图书馆,即使在公会受到挫折时,也不忘将书籍捐赠给武汉大学图书馆,并与武汉大学商议"移赠武汉大学之举,与之订约,书籍由其保存,而本会得随时入学观书,并可借回阅看,仍订学额四人。"③这种善举、义举,真是泽惠后人,流芳百世。

银行员工素养是银行得以持续发展的关键。银行家陈光甫就银行发展指

---

① 刘巨川:《校务述要》,汉口市钱业商人补习学校编:《汉口市钱业商人补习学校五周年刊》,1933年,第5页。
② 《本校简章》,汉口市钱业商人补习学校编:《汉口市钱业商人补习学校五周年刊》,1933年,第178页。
③ 《汉口银行公会致中南银行函》(1930年5月14日),武汉市档案馆藏:171—1—124。

出:"吾人须知任何银行,必须有健全之人才,方能日趋发展。"①周作民就银行行员遴选重要性指出:"凡百事业之策进,端赖得人。"②汉口银行公会创办银行夜校,着力培养服务行业的专门人才,在办学中不断探索创新办学管理、人才培养、服务社会的途径与办法,取得极大成功。这在中国近代职业教育史上是一个创举,开了行业依托自身优势,培养行业骨干人才的教育先河,为产业与教育融合提供了近代模式和经验样本。

汉口银行公会夜校在办学时间上,持续时间较短,仅仅从1924到1926年,两年多时间;办校期间,教育重点在职业培训,培训对象为公会成员的职工,教育触角局限在系统内部,而未延伸到行业外部。而由汉口钱业公会所创办的汉口钱业商人补习学校办学时间持久,从启办直到1938年终止,持续了12年,远远超过银行夜校开办两年多的时间。在培养金融人才方面,汉口银行公会银行夜校与钱业商人补习学校存在着管理与经办上的差距。汉口银行公会夜校在内部的团结性、管理的科学性、资源配置的合理性上,都值得总结和反思。但不管怎么说,夜校也好,补习学校也罢,它们都是由金融业同业公会开办的学校,都是围绕人才培养目标,其实际作用都起到了为行业输送人才、为地方经济社会发展扩大人才总量的积极作用。这在中国近代社会曲折前进的历史过程中,的确是闪光的一页。特别是,汉口银行公会办银行夜校,重视金融教育,重视金融人才培养,重视教育与产业融合,靠知识、人才支撑产业发展,这在当时是有高度和厚度的。其高度和厚度,不仅表现在以行业联动教育,以人才支撑产业上,还表现在以汉口银行公会成员所组成的银行家群体,对教育文化事业的高度重视和大力支持上,他们对此洋溢的热情更是难能可贵的。靠提升员工知识技能促进事业发展,拓宽银行的社会空间,正如评论者所言:"拥有称职技能和职业道德的个人,可以影响客户的去留或者判断一

① 上海商业储蓄银行编辑:《陈光甫先生言论集》,上海商业储蓄银行编印1949年版,第193页。
② 中国人民银行上海市分行金融研究室编:《金城银行史料》,上海人民出版社1983年版,第268页。

笔贷款是否能够获利。"①

　　纵观汉口银行公会夜校的设立,它是在办校实践中不断进行自主探索的一个过程,从运行管理的委员会制至董事会制再到教务会制,没有模板可以借鉴,没有底板可以复制,没有母版可以放大,完全靠自己感知、体会和制作。它与上海银行夜校不同,前者是银行公会成员银行组织性成立的夜校,运作经费摊派至成员银行,学员名额是根据经费摊派而所配备的定额;后者是上海银行界银行家同人自主性成立的夜校,向社会公众开放,乃至以校长马寅初的名义,在报纸上登载招生广告。② 但汉口银行公会夜校是民国四大银行公会(上海银行公会、北京银行公会、天津银行公会、汉口银行公会)第一家由银行公会组织创办的银行职业培训夜校。其筚路蓝缕之功,实在可圈可点,足可彪炳史册。

　　客观地说,汉口银行公会夜校举办时间仅两年半,并不算太长,但留下的办学精神和办学经验,却在历史上留下了浓重的一笔。诚如人民教育家陶行知所言:"职业学校:有生利之师资、设备、课程、则教之事备;学生有最适之生利才能兴味,则学之事备,前者足以教生利,后者足以学生利"③。在两年多的时间里,公会为夜校办学竭尽其能,用心用力,围绕人才培养质量这个根本问题,统筹谋划,配置资源,优化管理,多次对夜校进行整顿并修改夜校章程,使夜校渐趋完善、日渐规范,学习之风洋溢校园。汉口银行公会通过举办银行夜校,提高汉口银行业职员知识素质,培养了汉口银行人才,服务了汉口银行业发展。④ 银行人才被视为银行之本,"银行业,其好榜样也,盖以人才而起者,则其信用厚,资本虽乏,而吸收存款以充实营业资力者较易……银行营业之盛衰,均系乎人才,不尽系乎资本。资本者末也,人才者本也。"⑤可惜,由于受到

————————

① (美)程麟荪著;徐昂,袁煦筠译:《近代中国的银行业》,社会科学文献出版社 2021 年版,第 188 页。
② 《银行夜校招生广告》,《申报》,1922 年 9 月 7 日,第 17795 号,第 4 版。
③ 陶行知:《生利主义之职业教育》,《教育与职业》第 3 期,1918 年 1 月 15 日。
④ 参见魏文享:《中间组织——近代工商同业公会研究》,华中师范大学出版社 2007 年版,第 355 页。
⑤ 沧水:《银行杂感》,《银行周报》第 3 卷第 30 号,1919 年 8 月 19 日。

政局的不利影响,汉口银行公会夜校黯然退出历史舞台,不免令人扼腕叹息,亦影响到汉口银行业人才的可持续培养,以致1932年时任上海中国银行副经理居逸鸿在汉口执行稽核任务,临别时叹息道,"我们很感到缺乏人才的痛苦,很希望在支行、办事处中提拔杰出的人才,将来要添办机关,或向河南方面发展,总要有人。"[1]奈何政局动荡影响到汉口银行公会夜校的持续,甚至未能复办。由此看来,一个好的社会政治环境,对于干事创业来说,是至关重要的!这在汉口银行公会夜校的兴办始末上,再次印证了影响事业兴衰的事情物理。

第二节　汉口金融市场的经营与维护

汉口银行公会为完善同业经营,自发性参照上海银行公会的行业经营经验,制定符合汉口华资银行经营实际的行业规则,并设立汉口银行公会直属的交易处,最大限度地降低银行对钱业汇划处依赖的程度。在维护同业利益方面,汉口银行公会积极应对金融风潮,大力维护金融秩序,勇于抵制市场上流通的劣币,担负自己应尽的义务,为同业发展作出了贡献。

一、完善银行业经营制度

汉口银行公会从一成立起就明确地意识到,极力扶助各会员银行发展,坚决维护各会员银行利益,促进汉口银行业健康稳定发展,这就是其天职。具体来讲,汉口银行公会在汉口银行业规则的制定、推进银行业会计制度健全、完善银行休假制度、筹办征信所等方面,都付出了很大努力,收到了积极效果。

制定行业规范,是银行公会的职责所在。这在《汉口银行公会章程》中有明确规定。在1925年9月修订的新《章程》中,关于公会宗旨有一条,"订立对外对内各种共同规则"[2]。历经此后多次修改《章程》,这一条规定一直都没有发生多大的变化,保持了相应的稳定性。

应该看到,规范银行业内的行业规范和秩序,这既是汉口银行界的共识,

---

[1]　钱仰之:《居逸鸿先生之临别赠言》,《中行生活》第9期,1933年1月15日。
[2]　《汉口银行公会章程》(1925年9月8日),武汉市档案馆藏:171—1—116。

也是其普遍的要求。同业者对汉口银行公会在制定行业规范中的作用,看得很重。《银行杂志》曾发表《银行公会效能之发挥》一文,它指出:"(一)同业规约,往往未尽实行,会中之议决案,亦有一再拖延者;(二)对于会员银行之未能尽维护纠正之责,对于会外银行,更无充分之援助,其关于同业发展上之必须的补助机关,尤多缺如;(三)金融大局,尚未能完全指导,进取之道,尚欠请求;(四)对于国家及地方财政,尚无妥善之政策,同业步调,颇不一致。"①规则大于一切,"没有规矩,不成方圆"。制定规则,执行规则,维护规则,意义重大。而对于藐视规则、践踏规则的行为,则要坚决予以鞭挞;当然,对于维护同业规则权威不力的言行,也要毫不客气地予以指责。

在汉口银行公会中,运用规则管人、管事、管同业,影响较大的则首推《汉口银行公会交易处规则》。这个规则,全面系统地规范了汉口银行业之间交易行为,为正常交易,做到买卖公平,提供了准绳和遵循。其内容如下:

汉口银行公会交易处规则②

第一章　总　则

第一条　本处由汉口银行公会设立,故定名为汉口银行公会交易处。

第二条　本处设在会通路银行公会内。

第三条　本处交易时间自上午十时起,至下午一时止,如于规定时间内,交易未毕,得延长之。

第四条　本处休息如左:一、星期日;二、国庆日;三、端午节;四、中秋节;五、阳历新年;六、阴历新年。认为必要时,得于休息日开场交易,并得另定休息日。

第二章　交　易

第五条　本处交易之种类如左:一、各路汇款收交;二、银洋买卖;三、贴现;四、拆票;五、铜元买卖;六、台票买卖。

---

① 士浩:《银行公会效能之发挥》,《银行杂志》第1卷第2号,1923年11月16日。
② 《汉口银行公会交易处规则》,《银行月刊》第3卷第11号,1923年11月25日。

第六条　本处交易种类有增加时,须经银行公会核定公布。

第七条　本处交易除拆票及贴现外,买卖两方应互用议单。

第八条　本处各种行市,收盘逐日悬牌公布。

第九条　本处每比前预定拆票行市,由本处先二日公定,先一日悬牌公布,但临比拆票行市之高下,不在此限。

<h3 style="text-align:center">第三章　交易员</h3>

第十条　本处交易员如左:一、在会银行所派出者;二、未入会银行所派出者;三、钱庄银号所派出者;四、其他金融机关所派出者。

第十一条　凡派交易员在本处交易者,一体函达本处,以资记录。

第十二条　凡交易员在本处做定交易,由各派出者完全负责。

第十三条　未入会银行在本处交易者,每月应纳费洋五十元。

第十四条　凡交易员,均应遵守本规则。

<h3 style="text-align:center">第四章　管理员</h3>

第十五条　本处设管理员,由在会银行之交易员分组轮流任之,其分任人员,应开单陈报银行公会备案。

第十六条　管理员之职业如左:甲、设备及整理;乙、公布行市;丙、纠察秩序。

第十七条　管理员不支薪津。

<h3 style="text-align:center">第五章　附　则</h3>

第十八条　本规则如有未尽事宜,由银行公会会员随时修改之。

此外,还制定了具体的经营活动规范,如存款办法等。1928年,汉口银行业果断对存款办法予以改良,做到精细、准确、简化、易行。在以往,汉口银行各银行收存外来钱款,无论是现银,还是钱庄的票据,都可以办理。存款的程序、办法等得到改进后,情况就发生很大变化:"现在则改良,凡外来存款,如存款人亲自送去者,一律现银;如交以庄票则不收;如存款人手有庄票,欲存放者,须先会同该庄,向银行方面说明,此种庄票,银行方可照收;如存款人亲自持庄票迳向银行请求存款者,一律不收。盖取慎重之意。又银行办事,经公会议决,每日至下午一时为止云。"①汉口银行公会在制定行业规范上的地位,是无人能够取代的,体现了它的行业权威性。

汉口银行公会还组织成立汉口银行公会会计科目名词研究会,促进会计科目名词统一、完善,便于使用。银行业迟在晚清,才在中国出现。银行作为外来的新式行业,本国人在银行经营中的用语并不统一,中外用语杂糅,传统与现代概念并存,不便交流,难以理解,容易造成错讹。这对银行交易常常带来各种营业上的困扰,阻碍金融业务顺利推进。1921年5月,全国银行公会第2届联合会在天津举行。会上,上海银行公会尖锐地指出会计科目名词不同存在的问题以及带来的危害,"内不足以资整理,外不足以期统一",并振臂一呼,在上海设立名词研究会,主要研究各行名词使用,以致统一便利。但是,由于当时人们在认识上存在局限,这一提案被暂时搁置起来,没有取得积极成果。

在1922年4月举行的第3届联合会上,上海银行公会再次重申设立名词研究会。会议讨论的结果认为,会计科目名词需要进行学术上的研究,而不能仓促地进行。因此决定:"各公会悉心研究,并各推一员接洽。以六个月为期,作成书面,送交上海银行公会名词研究会汇定审查,报告于第四届会议时,提出大会讨论。"②于是,汉口银行公会推举王毅灵为接洽员,办理汉口银行公会会计科目名词研究会事宜。汉口银行公会会计科目名词研究会也旋即成立。5月6日,王毅灵与秦褉卿一同前往公会报告,并决定由各行指派熟悉会计的职员,于每周日下午集合,在公会共同研究,名单见表5-2:

表5-2　1922年汉口银行公会会计科目名词研究会名单

行名	人名
中国银行	程继高、许世琳
交通银行	梁睿甫、陈德明

① 《汉口各银行改订存款办法》,《银行月刊》第8卷第2号,1928年2月25日。
② 《汉口银行公会致金城银行函》(1922年),武汉市档案馆藏:165—1—92。

行名	人名
兴业银行	罗友生、姚芥湘
聚兴诚银行	张孟芹、成访莘
盐业银行	李义明、张和甫
金城银行	陈师容、秦伯厚
中孚银行	姜绍圣、李尔安
四明银行	盛樾生、陆仰乔
上海银行	赵树荣
华丰银行	施芹舟、裴恢之
懋业银行	张仲和、章竞民

资料来源:《汉口银行公会致金城银行函》(1922 年),武汉市档案馆藏:165—1—92。

会计科目名词研究会成员本着负责任的态度,根据学历、从业资历和经验,参酌习惯,各就定义、性质、用法 3 项逐一诠释,最后汇编成册。至 10 月,会计科目名词研究会将科目名词审查竣事。10 月 16 日,提交研究者共同审阅,以便定稿。

1923 年 4 月 15 日,第 4 届全国银行公会联合会在汉口如期召开。在会上,议决以汉口、上海两会所编之会计科目名词及上海银行公会的审查报告书为根据,再由京、津、沪、汉四大银行公会,共同推荐精通会计业务的人员,在北京银行公会进行审定。9 月,银行会计科目名词审定会议在北京银行公会举行。汉口银行公会推荐熟练、熟悉会计业务的秦禊卿、贺一雁、何玉良 3 人参加。会议审议内容较多,工作量很大,任务艰巨。从 1923 年 9 月 17 日至 22 日,审定会为期一周,3 个人才将普通一般银行所用会计科目名词的中文名词审定齐全。其名词说明、名词用法、英文名词,由于时间问题,暂时没有来得及讨论。但是,会议决定,由京、津、沪、汉四大银行公会分别负责尚需继续推进的各项任务。会计科目的说明及用法,由北京与上海两会的干事负责;英、中文名词则归天津与汉口两会的干事负责,待此项工作齐全之后,再交北京银行公会进行汇合,并且进行审查;之后,才可分别寄到津、沪、汉 3 家银行公会干事审查,并将有关意见告知北京银行公会,而由北京银行公会复印文本,送到全国银行公会联合会审定。此时,银行联合会办事机关正好在汉口,则由汉口银行公会分送给各银行公会,再由各银行公会分送给各银行。

在此次科目名词审查会上,汉口银行公会干事还提出统一会计制度的意见。由于涉及各银行的组织法,关系甚大,不能一时定案。因此,参会人员决定会后再行讨论,于下届召开全国银行公会联合会时提出。

1924 年,第 5 届全国银行公会联合会会议对审定会的结果进行了审定,决定由上海银行周报社公布最后审定的《银行会计科目名词》;并规定,各地银行公会会员银行自 7 月 1 日起,一律准予通行。有人对 1924 年各会员银行营业报告书进行分析后指出,除了中国通商银行依然采用旧式账略和少数银行之科目,显得比较怪异之外,"余亦尚大致相仿",而且浙江兴业、浙江实业等银行完全是根据全国银行公会联合会会议颁行的《银行会计科目名词》公布营业报告的;同时认为,尽管各银行之营业报告"仍不免有参差之处,此殆由于习惯相沿,一时难于骤然更张","苟能稍加改革,殊不难收统一之效也"。①

金融是经济的血液,银行事关工商业的健康运行和居民生活的安稳。银行休假虽说是一个行业内部的管理问题,但跳出行业看,它实在关乎社会生活正常开展。因此,银行安排休假,切不可随意,更不能马虎行之。首先要与社会生活秩序接轨,科学论证,合理安排;其次要信息公开,在休假之前,提前统一公布具体安排,让商号、民众提前知晓,有所准备,以便应对。

在银行公会成立之前和初期,汉口各银行的休假制度并不完善,主要是没有统一的规制和规则,"各吹各的号,各打各的锣",各银行都有自己的休假时间安排,互不沟通。以致在交易时,容易造成麻烦。1922 年,汉口银行公会在汉口中国银行所送休假表的基础上,斟酌津、沪两会所定假期并参合汉口情形,拟定各行休假表,并征求各行之意见,以便每年休假先期登报公告。1924

---

① 详见朱英、郑成林主编:《商会与近代中国》,华中师范大学出版社 2005 年版,第 130 页。

年,汉口银行公会会员银行休假表,在 17 家银行中得到统一,元旦新年、春节、夏节(端午)、中秋节是休假日;其他时间,则应各银行不同习惯自行安排,休假时间可以不一。① 1925 年,遵循前一年安排,如表 5-3 所示。这种休假不一致的情况,在此后得到统一整合,各行执行统一的休假制度。这对于银行经营与社会生活有机结合,形成良性互动,是一个极大的利好,也体现了汉口银行公会在现代文明程度上的极大提高。

表 5-3　1925 年汉口银行公会会员银行休假表

阳历	阴历	星期	事由	各行休假异同考
1 月 1 日	甲子十二月初七日	四	新年	中国、交通、浙江兴业、聚兴诚、盐业、金城、中孚、四明、上海、华丰、懋业、工商、浙江实业、中国实业、大陆、广东、中南,17 家银行休假 1 天
2 日	初八日	五	同上	同上
24 日	乙丑正月初一日	六	春节	同上
26 日	初三日	一	同上	同上
27 日	初四日	二	同上	同上
4 月 10 日	三月十八日	五	耶稣节	中国、交通、盐业、金城、懋业、工商、中国实业、大陆、广东、中南,10 家银行休假 1 天(其他 7 家银行无假)
11 日	十九日	六	同上	中国、交通、盐业、金城、懋业、工商、浙江实业、中国实业、大陆、广东、中南,11 家银行休假 1 天(其他 6 家银行无假)
13 日	廿一日	一	同上	中国、交通、盐业、金城、懋业、中国实业、大陆、广东、中南,9 家银行休假 1 天(其他 8 家银行无假)
5 月 6 日	四月十四日	三	立夏	四明 休假半天(其他 16 家银行无假)
6 月 1 日	闰四月十一日	一	耶稣节	中国、交通、盐业、金城、懋业、中国实业、大陆、广东、中南,9 家银行休假 1 天(其他 8 家银行无假)
25 日	五月初五日	四	夏节	中国、交通、浙江兴业、聚兴诚、盐业、金城、中孚、四明、上海、华丰、懋业、工商、浙江实业、中国实业、大陆、广东、中南,17 行休假 1 天

① 《民国十三年份汉口银行公会会员银行休假表》(1924 年),武汉市档案馆藏:171—1—114。

续表

阳历	阴历	星期	事由	各行休假异同考
7月1日	十一日	三	息夏	中国、交通、浙江兴业、盐业、金城、中孚、上海、华丰、懋业、工商、浙江实业、中国实业、大陆、广东、中南,15家银行休假1天(其他2家银行无假)
2日	十二日	四	同上	同上
8月3日	六月十四日	一	息秋	中国、交通、盐业、金城、懋业、中国实业、大陆、广东、中南,9家银行休假1天(其他8家银行无假)
10月2日	八月十五日	五	秋节	中国、交通、浙江兴业、聚兴诚、盐业、金城、中孚、四明、上海、华丰、懋业、工商、浙江实业、中国实业、大陆、广东、中南,17家银行休假1天
10日	廿三日	六	双十节	同上
14日	廿七日	三	至圣诞	中国、交通、盐业、金城、懋业、工商、中国实业、大陆、广东、中南,10家银行休假7天(其他7家银行无假)
26日	九月初九日	一	重阳	四明 休假半天(其他16家银行无假)
12月22日	十一月初七日	二	冬节	中国、交通、盐业、金城、华丰、懋业、工商、浙江实业、中国实业、大陆、广东、中南,12家银行休假1天;四明休假半天(其他4家银行无假)
25日	初十日	五	云南起义纪念	中国、交通、盐业、金城、懋业、工商、中国实业、大陆、广东、中南,10家银行休假1天(其他7家银行无假)
26日	十一日	六	耶稣节	中国、交通、盐业、金城、懋业、工商、浙江实业、中国实业、大陆、广东、中南,11家银行休假1天(其他6家银行无假)
附记	本年阴历正月初二日春节及阴历三月十三日清明植树节,因适逢星期例假,故不列表			

资料来源:《民国十四年份汉口银行公会会员银行休假表》,《银行杂志》第2卷第11号,1925年4月1日。

随着各会员银行不断完善经营的时间安排,以及汉口银行公会从中进行有力协调,到1933年,汉口银行公会会员银行休假得到统一:"本会会员银行二十二年度放假日期,业经各行公同商议,并参酌沪银会办法,决定全年假期,共计十四天,由会制表。"[①]休假总计14天,分别是:国历新年4天,春假3天,

---

① 《汉口市银行业同业公会秘书处致中南银行函》(1933年1月21日),武汉市档案馆:171—1—126。

夏假 1 天,上期结算利息 1 天,上期决算 2 天,秋假 1 天,国庆 1 天,下期结算利息 1 天。但是,对于休假的具体日期,公会则留有灵活的余地,以便各行在统一的前提基础上,结合各行自己的营业实际灵活处理。"其他各行例假由各行分别自定,并自行登报公告。遇有中央规定或地方习惯,须放假者,临时酌定通知。"①

汉口银行公会还建言禁止有奖储蓄,着力维护金融市场秩序。民国时期的有奖储蓄,始于 1915 年,源于外国商人创办储蓄会,而经财政部、农商部两部特许。到 1918 年,国内有的银行援例试办有奖储蓄,一切办法都是参照外国商人的规则进行。在政府的默许之下,试办有奖储蓄吸引存款的后继者越来越多。北京政府财政部曾设法予以限制,规定:连续开幕 1 年以上的银行,不得试办有奖储蓄来吸引储蓄。因为,有奖储蓄被认为是与彩票同一性质,"有奖储蓄自近年以来,风起云涌。名为引起储户之储蓄心,而实际则与彩票无异"②,愈演愈烈的有奖储蓄,引起越来越多的银行不满。趋利之下,必有勇夫。后起的小银行更是变本加厉发行奖券,利用有奖储蓄之名,实行其彩票政策。1923 年,第 4 届全国银行公会联合会在汉口举办。汉口银行公会在会上提议,请求政府禁止有奖储蓄,以杜绝此类流毒之症。

在提议之先,汉口银行公会分析论证了有奖储蓄兴起的原因:一是银行自身实力问题;二是银行与存户间解决偿还多寡问题;三是存户间愿否退本问题;四是利权外溢问题。在第 4 届全国银行公会联合会上,与会者一致认为,有奖储蓄券妨碍银行正当储蓄,决定由联合会议提议,请求政府严行禁止。随后,财政部有鉴于银行界经办有奖储蓄者,实有骑虎难下之势,终未便自动执行停办。为调和银行与存户间利害关系,并保持社会安宁,计已拟定退本办法数条,永远停止办理有奖储蓄。③"凡各处发行之储蓄奖券,无论用何名称,并

① 《汉口市银行业同业公会会员银行民国廿二年假期一览表》(1933 年 1 月),武汉市档案馆:171—1—126。
② 《财政部请禁储蓄奖券》,《申报》1924 年 1 月 8 日,第 18273 号,第 7 版。
③ 《财政部将禁止有奖储蓄》,《申报》1923 年 10 月 22 日,第 18196 号,第 6 版。

已未呈部有案。一律饬由本部及各省区军民长官查明,从严禁止。其各银行或储蓄会办理长期有奖储蓄,并未发券者,即由本部随时考察,另拟取缔办法,呈明办理。"①

汉口银行公会为禁止有奖储蓄作出的努力,有利于银行健康运行与存户利益,从而给银行创造平等的吸收储户环境,也有利于存户利益保护。但是,有奖储蓄却并没有从根本上得以解决,直到国民政府时期才被正式取消。

1934年,国民政府立法院颁布《储蓄银行法》,规定有奖储蓄应禁止之。办法颁布前,已办之有奖储蓄,应即停收储蓄存款,其结束办法由财政部拟定、呈请行政院核定。早在1930年6月,国民政府即开始交涉取缔外国储蓄会有奖储蓄业务事宜。《储蓄银行法》公布实施后,1936年国民政府又发布《中央储蓄会整理中法储蓄会有奖储蓄办法》,将各储蓄会和银行之有奖储蓄业务由中央储蓄会接收,规定存户可以凭有奖储蓄单向中央储蓄会办理退会、领现及换单;换单者可以享受中央储蓄会的各种优厚储蓄待遇,并在换单后可向中央储蓄会申请借款。自此之后,有奖储蓄业务被以法律的形式正式取消。②

二、维护银行利益

汉口银行公会作为汉口华资银行的代言人和代理人,是汉口华资银行的利益代表者和维护者。汉口银行公会坚持"互相协助,促进同业之发达"的宗旨,笃实维护各会员银行的利益。

应该看到,银行利益是建立在金融市场健康稳定秩序之下的,有序、常态,是银行利益的根本所在。1921年7月初,中法实业银行宣布停业清理。"中法实业银行停业的消息传开,各埠金融顿起恐慌,该行纸币流通受到了严重阻碍,火车站拒收,各饭店拒收,各钱庄商店对于该行纸币则自由定价,或以五分计算,或以一折计算,持有该行纸币的商民纷纷要求兑现。一些不法奸商乘机制造谣言,蛊惑人心,蓄意投机,进一步扰乱金融市场,天津及上海很多银行受

① 《财政部请禁储蓄奖券》,《申报》1924年1月8日,第18273号,第7版。
② 财政部财政科学研究所、中国第二历史档案馆编:《国民政府财政金融税收档案史料(1927—1937年)》,中国财政经济出版社1997年版,第600—602页、第744—748页。

此影响,也发生了严重的挤兑现象。"①11 日,汉口银行公会就在汉口开始收兑。这是全国开始最早、行动最力、见效最快的地方,极大地维护了汉口金融市场的稳定与经济社会的健康发展。在 2 天内,它就兑回 235400 元;至截止日,共兑回 34.5 万余元。② 可见,成效很明显。银行公会及时出手代兑,从而避免了因一银行的停业而给其他银行造成挤兑潮的风险,有效地避免一次金融挤兑风潮。次年 5 月,邻省湖南有轻质铜元流入湖北境内,劣质货币流入市场就会吸收现金,败坏币制,扰乱地方金融。湖北省督军、湖北省省长命令严禁,并予以查获。湖北省财政厅"通令各局转饬各卡,严行查禁在案。""并转致各银行、银号、钱庄、商民人等,一体遵照。"③汉口银行公会与政府一道,尽力维持金融市场秩序,保障经济社会稳健运行。

1928 年 4 月,湖北省财政厅提议将废止湖北金融、财政两项公债条例。汉口银行公会接此消息后,认为这将影响政府的经济威信,也会妨碍金融市场的前景。于是,在 4 月 26 日呈请国民政府财政部湘鄂临时政委会、湖北省政府、武汉临时财政整理委员会取消湖北省财政厅提案,从而便利商民。公会指出,"国家要素,首在立法,财政方略最重信用。政府法令一经公布,上下共守,不容废止……废止发行之公债条例,动摇人民信仰之心,实与国家地方财政前途均有莫大之关系"④。公会还认为,如果政府法令朝令夕改,民众则无所适从。这是很有道理的。5 月,汉口银行公会再次呈请南京政府财政部、湖北省政府和武汉临时财政整理委员会,要求维持金融,整理中央、中国、交通三银行钞票及国库券。汉口银行公会对于整理中央、中国、交通三种钞票与国库券事业,试图屡次设法进行,但是,无奈政府当局一拖再拖,久拖不决。由于受到 1927 年"集中现金"政策的影响,在执行"集中现金"政策时,禁止使用汉口

① 张百霞:《中法实业银行停兑风潮及其影响》,《河北师范大学学报(哲学社会科学版)》2011年第 5 期。
② 湖北省志·金融志编纂委员会编:《湖北省金融志》上卷,1985 年版,第 52 页。
③ 《汉口银行公会致金城银行函》(1922 年 5 月 8 日),武汉市档案馆藏:165—1—92。
④ 中国人民银行金融研究所编:《中国货币金融史大事记》,人民中国出版社 1994 年版,第171 页。

中央、中国、交通三家银行钞票以及发行定期的国库券。不料,在"集中现金"政策宣布废止之后,现金来不及解放而钞票和国库券突然就失去了流通的信誉与功效,价值也一蹶不振,武汉的金融受到"集中现金"政策反复折腾,便由此停滞,直到1928年都没有恢复。汉口银行公会为了同业的利益,认为政府在"训政"时期,尤其需要体察民意,与民众更始新犹,对于商民之间的债务关系,政府需要高度重视,谋划解决的办法。对于中国银行、交通银行的损失,应该进行一个较为慎重的调查。经济的健康发展离不开金融秩序的有序,金融与国家的财政有着密切的关系,如果武汉的金融不振,就会直接影响到其他区域经济"盖以金融一端,与国家财政,地方元气消长之间相关密切,非从根本以维持,难期现状之恢复。公会仰体斯旨,默察时艰,重以本身利害之深益,盼政府挽救之切"。对于有关新旧债务,汉口银行公会几次援案,请求偿还。但是,中央、中国、交通银行的钞票与国库券停兑以来,已经长达十几个月,数目达到了几千万,不仅仅是商民受到损失,而且政府的财政也深受影响。"所谓因噎废食,事有必然。查中央钞票及国库券未能兑现,现无可讳言。所以中、交两行而论,亦因债务关系,久经停顿,似已无可自顾。唯有呼吁政府,统筹全局,彻底整理。始足以维持金融,顾全市面。"①汉口银行公会为了维护会员银行中国银行汉口分行与交通银行汉口分行的利益,积极与政府协调,尽力挽回有关损失。

作为同业组织的汉口银行公会,其首要宗旨就是维护会员银行的合法利益。在民国北京政府时期,政府负内外之债务,头绪纷繁。其中虽有内外债表公示,但是,不免也有遗漏、错讹。这与债权人的关系尤为密切,如不调查清楚,财政金融将会受到不利影响。对此,在1923年4月举行的第四届全国银行公会联合会会议上,北京银行公会提出,组织内债债权人会。经过大会议决,委托北京银行公会组织总会并委托各地银行公会同时设立分会,予以调查。在联合会结束以后,北京银行公会立即着手组织内债债权人会,并公布

① 《汉银公会电请维持金融》,《申报》1928年5月20日,第19819号,第10版。

《内债债权人会组织大纲》11条。内债债权人会确定"调查内债数目,研究整理方法,协力请求政府实行"的宗旨,指导这项工作;而总会设于北京银行公会,分会设于有银行公会的地方。①

当年7月,汉口银行公会在收到北京银行公会所寄组织大纲及中央活期、定期内债调查表之后,在公会内设立内债债权人汉口分会。并于8月2日,分别函致武昌、汉口、汉阳各商会暨钱业公会告知。如有银行、公司、行号与中央政府存在直接、间接借款关系,赞成内债债权人会宗旨者,均得为本会会员。入会时,即照本会订定表式,将中央政府借款填送至汉口分会。② 汉口设立内债债权人分会,将分散债权人利益集合在一起,使债权人的权益得到有效保障。

1927年1月,汉口银行公会因为汇丰、麦加利银行停止提款,损害华资银行与汉口商民利益,提请政府严重交涉。由于受到1926年汉口金融风潮以及政府收回英租界的影响,1927年初,汇丰、麦加利两家银行,无端停顿,将华人存款置之不理。停止时间长达半月,到1月底,两家银行仍没有开业意向。有近10家银行公会成员与汇丰、麦加利银行有存款关系,必将遭受损害。银行公会为了维护商民及成员的血本,曾正式致函两家银行,但是,得到的答复却是敷衍了事。汇丰银行仅仅回复:"敝行忽然休业,各存户未便提款,歉甚歉甚。一俟复业,自当照付也"③;而麦加利银行也是简略回复:"市面安全,自然复业云。"④没有明确的态度。两家银行"非应用信笺,又无正式印信,形同儿戏,语涉含糊"⑤。对此,公会认识到,两家银行居心叵测,毫无诚意;便设法予以交涉,请政府出面保障商民利益,呈请外交部转饬交涉员严重交涉,务使两

① 《内债债权人会组织大纲》(1923年),武汉市档案馆藏:165—1—94。
② 《汉口银行公会致金城银行函》(1923年8月2日),武汉市档案馆藏:165—1—94。
③ 武汉市地方志编纂委员会办公室编:《武汉国民政府史料》,武汉出版社2005年版,第368页。
④ 武汉市地方志编纂委员会办公室编:《武汉国民政府史料》,武汉出版社2005年版,第368页。
⑤ 武汉市地方志编纂委员会办公室编:《武汉国民政府史料》,武汉出版社2005年版,第368页。

家银行迅将本国商民存款,刻日应付,使得商民利益不致牵累,利于汉口全镇金融正常周转。[1] 1 月 22 日,汉口银行公会正式向武汉国民政府请求帮助,指出:两家银行"似此居心叵测,若不设法交涉,则商民资产势必为其封锁,于国家主权,于人民资本,前途概可想见。我政府保障民权,钧部管理经济,不得已渎呈钧座,伏乞俯赐鉴核。拟恳钧部咨行外交部转饬交涉员严重交涉,务使该银行迅将吾国商民存款,刻日应付,俾一般商民,不致牵累,全镇金融藉以周转。"[2]在银行公会等团体的交涉下,两家银行最终不得不妥协。英商会发出通告,所有英商银行洋行一律于 24 日复业。

1927 年,武汉政府的"集中现金"政策造成汉口商场债务交错。无奈之下,1928 年 4 月,汉口银行公会便成立理债事务处予以应对,暂借中国银行 3 楼为办事地点,并制定《银行公会理债处办事细则》。《细则》明确了理债事务处的主要职责:对 1927 年 12 月 12 日以前的债务,分门别类,研究解决方法,交由银行公会讨论。[3] 这不失为一种有效的应对方案。

银行安全有时受到威胁,则需汉口银行公会与政府有关部门加强联系,提升银行安保。1931 年 7 月 25 日,汉口聚兴诚银行发生入室抢劫事件。银行公会立即请政府各当局保护,设法维护治安。公会道明白天发生入室抢劫银行事件,危害治安,市途恐慌,人人战栗,请求当局设法保护,从而安定市场、商民,维护地方事务。汉口市银行与商店鳞次栉比,考虑到市面的安全因素,随时随地都可能出现发生类似聚兴诚银行的危险事件,尤其是银行的出纳,在进行交易的时候,都是使用钞票、现洋,数目累万成千。而顾客受到市面的干扰,存在恐慌情绪,不知道如何保障与银行之间的往来。汉口银行公会会员银行在听闻聚兴诚银行白天出现抢劫的音信后,更是诧异,表示要"共同筹划,认为人人自危,市途莫测。若不设法保护,将无以安商市而靖闾阎。除缉匪法

---

① 武汉市地方志编纂委员会办公室编:《武汉国民政府史料》,武汉出版社 2005 年版,第 368 页。

② 武汉市地方志编纂委员会办公室编:《武汉国民政府史料》,武汉出版社 2005 年版,第 368 页。

③ 《银行公会理债处办事细则》(1938 年),武汉市档案馆藏:104—1—84。

办,应由该行呈请外,事出离奇,难安缄默,理合缕陈危险情状"①。为了安定市面情绪,汉口第三特别区市政管理局因公会各银行大多数均在当局管辖境内,决定根据各银行的临时需要,加派警员,轮流巡察,进而保护银行安全,维持市面安宁,保障社会稳定。

1935 年,国民政府币制改革后,汉口银行公会在维护汉口华资银行营业平稳过渡中,再次发挥重要作用。1935 年 11 月 6 日,汉口银行公会主席浦心雅主持召开银行业同业会员大会,讨论法币实施后的各项具体事宜。这次会议主要讨论库存钞券种类数目及现金数目备案问题、关于票据契约书写名称问题、掉换法币其库存数目问题、同业往来户头归并问题、市面铜元日形缺乏如何补救问题和中央、中国、交通银行对于通汇钞票应不限于各本行钞票以期便利等问题,在经过充分讨论后,一起制定了相应的解决办法。② 银行公会研究制定的一些措施,保障了币值改革后汉口金融市面的问题。

民国时期,汉口银行公会在维护会员银行的利益与存户的利益时,总是尽心尽力的。虽然有时受环境影响,公会在扶助银行业发展上发挥作用有限,但是,在复杂的政治环境和多变的经济环境中,汉口银行公会努力作为、尽力排解的精神状态和不懈奋斗,还是值得肯定的。

1924 年,为了争夺关余,内债基金动摇。汉口银行公会、钱业公会共同反对广州政府截留关余的企图。汉口总商会、银行公会、钱业公会特别召开联席会议,以关余关系国债基金,基金破坏,则内债信用即失,金融将受其绝大影响为由,决定联名分电京、沪,协调立场,一致力争。它们分别致电北京国务院财政部、财政整理会、北京总税务司安格联合上海总商会、银行公会、钱业公会,指出不能提取粤海关余,破坏内债基金。③ 1926 年,银行公会等团体要求湖北省政府对货币市场进行整顿。银行公会、钱业公会、汉口总商会以"有商人勾

① 《汉口聚兴诚银行被劫》,《申报》1931 年 8 月 1 日,第 20950 号,第 11 版。
② 《汉口银行公会致上海市银行业同业公会电》(1935 年 11 月 7 日),上海市档案馆藏:S173—1—87。
③ 《汉口三公会电争内债基金》,《申报》1924 年 1 月 9 日,第 18274 号,第 7 版。

通私运劣币,危害金融等事由",请求军、省两署"按照国法惩治,昭示国人",并希望军、省两署"俯赐垂察,迅予分别严令饬遵,以维持金融而安市面"。①同年,省财政厅为改良辅币,拟定平市铜元局,决定:"由省党部特别市党部、省政府、汉口总商会、商民协会、省总工会、省农会、银行公会、钱业公会、省农协、省学联,各推举代表一人,共同组织。"②可以说,银行公会是汉口金融领域的一支重要力量,政府的相关政策在出台前常常需要参考其意见,并得到其支持和配合。利用银行公会这个平台,汉口银行公会各会员行扩大了自己在金融界以及社会生活中的影响力,充分体现了它在经济社会中的价值意义。

三、维护金融秩序

在1920年至1938年之间,汉口银行公会为平息金融风潮,维护同业利益,应募政府公债,稳定金融市场,推动金融业发展作出不少实际成绩,并且还积极参加全国性的银行公会联合会议,推动了全国银行公会的相关工作。其积极履行经济责任,维护武汉金融稳定,尤其在金融风潮时期,以大局为重,受到社会尊重。它还与北京、上海、天津等地的银行公会一道,为完善银行会计科目名词而积极努力,促进全国银行业形成一个紧密联系的大市场,进行有效经营,作出了突出贡献。

汉口银行公会在近代汉口发生的几次金融风潮危机中,扮演着重要角色,发挥了积极作用。近代以来,由于中国原有金融业的基础十分薄弱,金融体制不完善;进入民国时期,金融与财政和与社会经济的关系发展都日趋紧密,金融本身发展迅速,金融市场规模扩张,信用关系膨胀并且呈现多样化。这一切都使得货币信用关系日益密切,信用风险随之累积放大,金融风潮频繁发生,影响越来越大。③尤其是在遇到战争、天灾和市场波动的时候,金融市场就会出现恐慌,导致本土金融行业出现经营困难,并引发金融风潮,发生金融机构倒闭,货币贬值,物价飞涨,造成经济萧条。在多事之秋,汉口金融界也发

① 《汉口银行公会请禁民十劣币》,《银行周报》第10卷第14号,1926年4月20日。
② 《省财政厅改良辅币之进行》,《汉口民国日报》,1927年5月21日。
③ 参见吴景平:《近代中国的金融风潮》,东方出版中心2019年版,第1—2页。

生过几次较大的、有广泛社会影响且与银行业有密切关系的金融风潮,如1921年的挤兑风潮、1924年的金融恐慌、1926年的金融变动、1927年的金融动荡、1931年的金融风潮、1935年的"白银风潮"等。其中,以1921年、1924年、1935年的金融风潮最为典型。面对历次不同的金融风潮,汉口银行公会采取相应措施予以应对,尽心尽力地维护金融稳定。首先是在金融风潮来临之时,积极面对,毫不退缩。对于以上几次金融风潮的具体情况、汉口银行公会应对的具体措施,以及其在应对金融风潮过程中所体现的作用与地位,刘俊峰的博士学位论文已经详细论述,①本书在此不再赘述。需要指出的是,应对金融风潮,从表面上看,它直接是为了维护汉口银行公会成员的利益,但是,深层次地看,只有金融稳定,才能使地方社会乃至全国经济社会健康持续运行。因此,汉口银行公会勇于面对金融风潮,积极参与应对,不仅具有局部影响和意义,而且还具有影响全局的战略意义和重要价值。在面对历次金融风潮时,汉口银行公会都及时与汉口其他金融组织展开积极有效地合作,如与钱业公会合作等。它在政府支持的主导下,官商通力合作,共同抵御危机,最终渡过金融风潮难关。

汉口地处中国内陆交通要地,是内陆重要的商品集散地,发达的商业带来了金融业的繁荣发展。在第一次世界大战期间,由于欧美国家忙于战争,汉口工商业和金融业获得巨大发展空间,汉口钱庄与华资银行都得到迅猛发展。"一战"后,汉口作为内地金融网络中心的地位愈加巩固。在20世纪20年代初,汉口金融业发展欣欣向荣,但在繁荣发展的背后,也潜藏着巨大的危机。汉口金融业的兴盛发达,在很大程度上依赖于汉口转口贸易的发达。汉口作为货物集散的中转码头,只能被称为"虚码头"。货币只是通过汉口这个中转站流向沿海贸易港口和内陆原料产地的一种渠道,而一旦这根贸易链条被打断,汉口金融业的资金链就必然会发生断裂。在此情况下,如果没有外来资金的救助,汉口发生金融风潮的危险也就在所难免。不能幸免的是,在20世纪

---

① 刘俊峰:《社会变迁中的汉口华资银行业(1912—1938)》,华中师范大学2010年博士学位论文,第161—165页。

二三十年代,由于受战争、自然灾害和金融市场变动的影响,汉口金融业多次发生了资金链断裂事件,直接导致爆发数次金融风潮。

在这个社会转型发展的多事年代,汉口金融界发生了几次较大的、有广泛社会影响且与银行业有密切关系的金融风潮,主要是:

1921 年 11 月汉口中、交两行的兑现风潮。因上海英文报刊《字林西报》报道北京中、交两行停闭。汉口中国银行、交通银行两行受此谣言影响,突然于 15、16 两日发生挤兑风潮。武汉商界与银行公会于 16 日召开紧急会议,讨论维持两行钞票稳定问题,后在湖北地方当局及武汉商界的紧密配合下,风潮迅速得到平息。①

1924 年的金融恐慌。这年 8 月下旬,江苏、浙江两省军阀掀起内战,上海金融市况顿现紧张,多家钱庄倒闭。受上海影响,汉口商店相继倒闭,汉口银、钱业放出去的款项无法收回。而在此时,汉口外国银行却落井下石,拒收庄票、纸币,改收现银。由此,金融恐慌愈演愈烈。在农历 8 月的比期,汉口钱业几乎难以度过。

1926 年的金融变动。因受北伐战争影响,汉口水陆交通长期受阻,贸易呆滞,上海对汉口的金融业只收不放,商业萧条,银根奇紧。再加上北洋军阀吴佩孚向汉口银、钱业强借数百两,难以收回。8 月 20 日,钱业虽然勉强开兑,但立刻导致广大、宝通、协和等三个钱庄同日倒闭。由于道胜银行停业,买办刘子鸿的"中华、隆记两蛋厂亦同倒歇"②,并拖欠汉口钱庄百万之巨,市面岌岌可危。到 9 月初,局势更加紧张,汉口银、钱各业多暂停营业。

1927 年的金融动荡。这年 4 月,武汉国民政府为解决财政困难,颁布"集中现金"的命令,封存银行、钱业现银共 1000 余万元;与此同时,上海银行业暂时停止与汉口各银行的往来,顿时引发汉口金融市场动荡不安,汉口银行、钱业几乎全部歇业。

1931 年的金融风潮。夏季的武汉大水灾,导致市场萧条,钱业活动困难,

① 《金融风潮之经过》,《银行月刊》第 1 卷第 12 号,1921 年 12 月 5 日。
② 《上海商业储蓄银行汉口分行致湘处函》(1926 年 9 月 29 日),武汉市档案馆藏:61—1—8。

再加上"九一八事变"爆发,"辽、吉、黑、热,都入战事状态,各业停滞,人民流离迁徙,内地粮产,无法运出,商业钱庄相继动摇,以致东省欠各埠款项,不能到期偿还,并牵动汉口金融,陷于呆滞的状况"①,由此可见金融情势惨烈。

1935 年的"白银风潮"。受美国白银政策刺激,上海金融动荡,上海银行业采取紧缩主义,上海钱业因应付恐慌而无暇西顾。贸易上,四川货物"近年来则直输上海",导致上海与汉口金融"不如昔日之密切"。汉口工商业受此沉重打击,"大规模商店纱厂,纷纷歇业"②。汉口金融市场出现恐慌,钱庄收歇过半。

汉口金融业在极不确定的环境下,对资金进行跨期配置。但由于这种做法本身就蕴含着潜在危险,稍有不慎,就会出现配置脱节;再加上汉口作为货物集散的中转码头,仅仅是银、钱过往的地方,而非银、钱流动的目的地,极易受到市场波动的不利影响。这些因素都加剧了脱节风险的发生。因此,在政局动荡不安、市场变幻莫测和民生凋敝的情况下,汉口出现金融风潮,只是社会经济呈现的一种必然的、真实的写照。在金融风潮来临时,作为社会行业组织的汉口银行公会,义不容辞地必然成为抵御和化解金融风潮的重要力量。③

面对屡屡发生的金融风潮,汉口银行公会责无旁贷地采取了积极有效的措施。面对变幻莫测、来势汹汹的金融变局,汉口银行公会积极应对,尽力化解金融风潮带来的风险,力图规避极大损失,维护华资银行根本利益,并在客观上稳定了汉口金融市场,促进了汉口地方社会的发展。

汉口银行公会是本土银行的利益代表者。在金融风潮来临时,银行业的确不能独善其身,但是,单凭银行业自身的力量,也是无法充分有效地开展应对的。因此,汉口银行公会往往还需通过与钱业公会、汉口商会以及各级政府相互配合,力图减轻金融风潮带来的风险和危机。由于金融风潮爆发的原因

① 迈进篮:《汉口金融业之过去与现在》,《汉口商业月刊》第 2 卷第 9 期,1935 年 9 月 10 日。
② 谭秉文:《汉口钱庄业之动向》,《钱业月报》第 15 卷第 8 号,1935 年 8 月 15 日。
③ 以上关于汉口金融风潮的梳理内容,参详刘俊峰:《社会变迁中的汉口华资银行业(1912—1938)》,华中师范大学 2010 年博士学位论文,第 161—162 页。

各不相同,因此,汉口银行公会所采取的措施,在不同情况下,也就不大相同。

在涉及银行业切身利益时,汉口银行公会是政府平息汉口金融风潮的重要力量和可以依赖的助手。1921年11月,爆发于华资银行内部的金融风潮,就是因为中国银行汉口分行、交通银行汉口分行两行受到外界的谣言影响,突然于1921年11月15日发生挤兑风潮,后因两家银行实力较为雄厚,准备充足,又有其他商业银行以及钱庄的相互砥砺、扶持,才得以很快平息了挤兑风潮。这次风潮,虽然来得突然,但平息得也快。在金融风潮平息过程中,不能不说得益于银行公会与钱业公会,以及政府等各界开展的有效合作。"鄂省各界于原因明白之后,对于某国极为愤慨,银行公会钱帮公所,以及各大商店,多有提议拒收该外商钞票,凡有存款于外人银行者,一律提取,借厚库存。"武汉两商会,"通知各商店,勿听外人谣言,大会协进会除通告外界,谓当此华会开幕,我国生死存亡关头之时,切不可妄听谣言"。湖北省省督萧耀南亦于18日午前7时,召集官商大会,汉商会会长万泽生、武副商会会长张则先、汉口中国银行副行长洪苓西、交通银行行长曾务初、兴业银行行长史晋生、中孚银行行长孙荫庭、工商银行行长陈伯庄、四明银行行长孙衡甫、盐业银行行长李瑞生、金城银行行长陈巨川、懋业银行行长丁志兰等18人参加会议。会议决定办法6条:"(一)由汉口各银行,委托造币厂,多铸银元,以为现银发生恐慌之预备;(二)江汉关及同地军警,于舟车出境时,应切实检查,防止现银输出;(三)银行公会、钱业公所及官钱局,随时在汉口开联席会议,维持营业信用,以免纸币发生拥滞;(四)由军民两署出示禁止武阳夏三镇钱商,任意压抑票价,如违则永远停止其营业;(五)由陈交涉员非正式向汉口外交团声明,汉口各银行资本雄厚,营业稳健,决无以外之虞,请勿为谣言所惑,丧失从前好感;(六)由汉口银团,电请京、津、沪各埠银行,从速召开全国银行联合会,共商自决办法,开会地点,主张在天津。讨论至十二时始散,使以上决议,果能一一见诸实行,则此次风潮,适足为我国金融界之好印象,是在国人之觉悟耳。"①由

①《汉口金融风潮之经过》,《银行月刊》第1卷第12号,1921年12月5日。

于谣言被戳破，风潮很快平息。

1924年，汉口金融风潮的平息，也有赖于汉口银行公会与湖北省政府、商会的通力合作。后因外国银行不信任流通券，汉口商界"公推汉商会会长周星棠、银行公会王毅灵、钱业公会杨俊山即时渡江，谒见萧使，请求设法维持"，最终"国外银行团允为转期"①。在湖北省政府的支持下，官商通力合作，最终渡过了难关。在1935年的"白银风潮"中，汉口市市长吴国桢为安定金融，于6月24日晚紧急召集钱业及商会领袖、汉口各银行的代表商讨解决办法，最后决定三项原则：一是银行及钱业分别组织仓库公库，克日成立，凡有欲将货款抵押现款者，可将货物提单送钱庄，加具本票，由公库盖印，负责送由银行贷款；二是由中央、中国、交通、中国农民、湖北省银行等五行担任无限制放款；三是有货商人与各银行有来往者，仍可由各银行直接抵押借款。② 在政府主导下，汉口金融业各界达成协议后，银、钱业密切合作，共同抵御危机。在1921年、1924年和1935年的金融风潮平息过程中，地方政府虽然起着协调作用，但银行公会则是重要的参与者之一，其功不可没，共与荣焉。

在全面抗战爆发前，日本银行在汉猛吸现银，以兵舰装运出口，汉口市银根因之转紧。日本人在汉吸收现银，装运出口，殊足扰乱金融，关系甚巨，汉口银行公会要求各会员银行严密防止，严密监视，以防卫为要。

在金融风潮中，其波及面主要危及钱业。在银行业损失不大的情况下，银行公会则采取隔岸观火的姿态。1926年，"恒和钱庄忽然倒闭，本行有拆票五千两，又往来户存六千一百五十余两，共计一万一千一百五十余两。闻有六十万账面，银行方面计银二十八万余两，洋一万五千元，以大陆、广东、四明等数家数目为最巨，……唯恒和经理余德馨系钱业公会会长，股东如周星棠等均极有身价，故银行方面日昨开会一致主张严厉对待，不能打折头，以防效尤"。③

---

① 沉刚：《汉口金融恐慌维持记》，《银行杂志》第1卷第22号，1924年9月15日。

② 《武汉金融志》编写委员会办公室、中国人民银行武汉市分行金融研究所编：《武汉钱庄史料》，内部发行，1985年，第110页。

③ 《汉口浙江实业银行致上海总行函》（1926年11月22日），载邢建榕、冯俊均、张斌整理：《1926年汉口浙江实业银行致上海总行函件选辑》，《档案与史学》1999年第1期。

可以看出,在钱业受到巨大打击时,汉口银行业只是在想方设法降低自己的损失,而没有为钱业设身处地着想。当然,银行业维护自己的合理利益不致损失,这也无可厚非,但在钱业面临巨大危机的时候,它不仅缺少同情与关心,反而采取紧逼催款的姿态,这就有点落井下石的味道了。

在面对因政府金融政策变化而引起的金融风潮时,银行公会也只能是委曲求全。1927 年,武汉国民政府出台"集中现金"政策,造成汉口市面恐慌。在此情急之下,银行公会不仅不能帮助银行业排危解难,而且自己的活动都受到一定程度的管控,甚至是威胁,因而也就无所作为了。当然,这种恐慌只是一时的,它并不是经济社会发展的一种常态,平息之后也就过去了。

总的来看,在近代中国的特殊年代,汉口银行公会是化解金融风潮的积极组织者,是平息汉口金融风潮的一支重要社会力量,是稳定金融的一根重要杠杆。在金融风潮中,汉口银行公会借助政府、钱业公会等外部力量,积极开展自救,这当然是其应尽的职责之一;同时,银行公会又是政府调控经济、管理市场、维护金融稳定的重要中介组织。[1] 在金融风潮来临时,银行公会也是政府化解金融风潮的重要助手和有效的工具。

在 20 世纪二三十年代,汉口金融风潮频发。银行公会在化解金融风潮中所发挥的积极作用是明显的,体现了它忠实地维护银行业利益的经济社会角色;反观政府在维护金融稳定过程中的作用和表现,它却时常处于被动地位,体现了政府职能的缺位或者乏力。[2]

汉口银行公会作为经济社会的一个行业团体性组织,在化解金融风潮、维护银行业利益中具有不可替代的重要地位。公会作为一个利益集团代表者和代言人,在经济社会的发展和变动中,力图保护其成员的根本利益和整体利益,这是其最明确的职能。在历次金融风潮中,汉口银行公会利用工商业团体

---

[1]　虞和平:《改革开放以来中国近代经济史研究的主要发展路径》,《中国社会经济史研究》,2019 年第 4 期。

[2]　关于汉口银行工会在化解金融风潮中的作用,参详刘俊峰:《社会变迁中的汉口华资银行业1(921—1938)》,华中师范大学 2010 年博士学位论文,第 162—164 页;张艳国、刘俊峰:《汉口钱业公会在化解金融风潮中的作用》,《光明日报》理论周刊 2009 年 7 月 30 日。

性组织的优势,积极同政府和非政府组织,如商会、钱业公会等进行沟通协调,互动合作,共渡难关。银行公会作为非政府组织、民间工商业团体,它对行业内部进行协调、管理和整合,具有独特的优势:在金融风潮来临的时候,单个银行必定无力应对,正所谓"独木难支";只有发挥集体的力量,才能有效应对,公会能够担当重任,把行业组织起来,群策群力,众志成城,一致行动。同时,在政府与其他社会组织开展互动协调上,银行公会更具有沟通的便利,它能够代表钱业发出自己的声音,提出行业主张和办法。毫无疑问,从维护银行业的根本利益、整体利益和长远利益上讲,银行公会始终体现为对同业绝对领导的突出地位。

　　然而在汉口金融风潮中,钱业公会毕竟只是政府化解金融风潮的一个中介,它在政府与社会组织的互动中,则又处于被动地位。在影响整个金融市场方面,银行公会往往受制于政府决策限制,不能大行其道,为所欲为,大刀阔斧,往往是小心翼翼,谨小慎微,隐忍而行。在金融风潮中,政府制定和实施的一系列政策,为银行公会参与应对创造了一个特定的政策环境。一般来讲,银行公会的活动常常只能体现在具体实践政府既定的方针和政策上,而不能破规出矩;但是,如果政府积极支持社会力量参与化解金融风潮,那么,银行公会就能够在其中挥拳舞脚,积极作为,发挥作用。但如果政府本身就是金融风潮的诱因或主导者,那么,银行公会就在维护金融市场的稳定上,不能有所作为。因为,从根本上讲,涉及银行公会与政府的关系,两者只能同向而行,而不能相向而行。如1926年发生的金融风潮,从很大程度上讲,是由于湖北当地军阀对银、钱业巧取豪夺,盘剥大量资金用于军费而引发的。这就使银行公会只能旁观自保,"无可奈何花落去"。如果说还有更为突出的案例,那么,就应该要算是1927年爆发的金融风潮了。其时,武汉国民政府在推行"集中现金"政策和措施中,表现得更为明显。由于武汉国民政府施行"集中现金"政策予以金融管制,切断了各地银、钱业与汉口金融业的联系,这就致使汉口金融业在市场上完全丧失信用。在强势政府面前,银行业只能俯首听命,而不能有所作为。在此限制下,汉口银行公会由于受到政府政策环境的限制,就只能处于被动地位,成为执行政府金融政策的工具。因此,它在发挥市场经济功能时,只能是一个社会需要的参与者角色。

在金融风潮来临时,面对银、钱两业的利益之争,汉口银行公会在坚定维护本行业利益的同时,就会陷入两难境地,顾此失彼,而不能兼顾汉口金融业的整体利益。

通过仔细考察汉口银行公会在化解金融风潮中的所作所为,可以发现:作为一个金融行业组织,汉口银行公会履行着同业公共组织的经济社会职能,是银行业抵御和化解金融风潮的重要组织者和领导者,发挥着主力军作用;但是,如果把汉口银行公会放在维护整个金融市场稳定的作用上考察,我们则又可以发现:银行公会的社会能力具有一定的局限性。在汉口历次金融风潮中,银行公会能否为稳定汉口金融市场作出贡献,其贡献究竟有多大,这就要具体问题具体分析,从当时当事的实际和条件出发,不可一概而论。具体地说,关键要看政府当时的财政金融政策,看政府对银行公会的"宽容度""允许度";如果没有政府的准许和支持,银行公会的作用就只能在银行业内部发生一定的作用,而对于改善整个金融大环境,也就很难产生实质性的作用;此外,作为同业组织来讲,它过多地专注于本行业的利益,也会影响它在维护金融稳定中发挥更大的作用。汉口银行公会在化解金融风潮中的作用和地位,恰好反映在近代中国经济社会变迁过程中,近代工商业团体发展的一种尴尬处境和难以逾越的时代困境。归根到底,汉口银行公会在当时经济社会中的处境和作为,正是近代中国所处时代的深刻映现,它具有时代的经济标本性意义。同业公会当然不单是一个行业自治和自律性组织,而是政府调控经济、管理市场的重要中介组织。[①] 把这两种不同的社会角色结合起来、协调起来,有机整合其功能,就能充分实现社会组织与政府之间的良性互动,就能极大地有利于解决经济社会发展过程中遇到的困难和问题,甚至是重大风险;否则,就会造成两者对立,形成功能内卷化、作用反向化,阻碍并破坏经济社会健康发展。

---

① 虞和平:《改革开放以来中国近代经济史研究的主要发展路径》,《中国社会经济史研究》2019 年第 4 期。

第三节　汉口银行公会与工商业的发展

汉口银行公会从成立初期起,就立足于本土工商业,扎根于本土工商业,服务于本土工商业,与武汉工商业发展发生紧密的联系,形成密切的互动合作关系。汉口银行公会的成员银行不仅经营堆栈业务,维护自身利益,而且还重视对工商业放款,提供资金支持,尤其是与政府组成小本借贷处,有力地促进工商业发展。汉口银行公会在运行中,也不免与其他行业组织形成关系。在对其他行业放款上,汉口银行公会也是尽力支持,维系各行各业保持在金融稳定之中的有序运转,从而为经济社会发展提供助力。

作为区域社会近代化的重要组织者和有力推动者,汉口银行公会将分散在汉口的银行机构组织起来,形成行业性社会经济组织和利益集团,全面参与区域近代化之中。汉口银行公会对外与政府、团体、个人之间构成一种桥梁性通道关系,政府有关银行的法令和政策通过它来传播和施行,有关政策还要借助它的参与和支持,其他团体需要通过它来加强同各银行之间的合作与沟通,地方金融市场的情况以及团体组织成员的意见和建议等则需要通过它来反馈和协调。因此,发挥上下沟通、左右协调,内联外通、中和内外,做好内部治理、发挥社会影响,汉口银行公会就成为有力推进区域社会近代化的中坚力量和合理因素。

一、经营堆栈业务

1922 年 8 月,汉口银行公会内部就在考虑设立汉阳公栈的问题。但是,由于当时没有得到会员银行一致认同,决定之后再行讨论。[①] 后由汉口银行公会会员中国银行、金城银行、中孚银行、四明银行和大陆银行五家银行按照公会议决案,决定先行设立汉口、汉阳两栈。汉口栈设在特别区三码头(宝亨栈旧址),汉阳栈设在生生林(森森栈旧址),地点均极适中,交通亦甚便利,栈

---

① 《汉口银行公会致金城银行函》(1922 年 9 月 1 日),武汉市档案馆藏:165—1—94。

址宽敞,房屋坚固,对于保管照料尤为周到。如蒙各宝号堆存棉花、杂粮等货物,均极欢迎,顾客如需用款项并可代做押款,手续简便,利息克己,倘蒙惠顾,请移玉各该栈接洽可也。[1] 这虽是实情,但在客观上讲,此时堆栈业务并不发达。

随着汉口华资银行业抵押贷款数目逐步增加,堆栈业日益兴盛起来。汉口是著名的商贸码头,货物往来频繁,货物的堆存本身就是一个很值得投资的产业。1927 年,通孚栈首开介绍银行放款与客商之先例,其他堆栈遂起而效尤。"彼时客商之欲应用银行现金者,非因市场之金融周转不灵,乃在欲以少数之现金资本,作数倍以上之营业,迨民国二十年大水为灾以后,市场金融遂感周转不灵之苦,贩运货物之客商,几有非赖银行之现金,即有不能营业之势,堆栈业为本身营业计,遂纷纷投靠银行。"[2]正因为堆栈又赖于银行资金周转,而银行又因有货物抵押,放款风险小,堆栈业和银行业在 20 世纪 30 年代就迅速结合在一起,形成产业链。汉口堆栈业由于得到银行业大力支持,快速发展起来。其中,有相当数量是由银行公会会员银行投资设立,如中国银行堆栈、聚兴诚银行堆栈、上海银行仓库等。

堆栈事业受 1931 年水灾影响甚大。供客户存放货物的堆栈仓库在此次劫波中受雨水冲刷浸泡,其中如淮盐,全部溶于水中,银行不得不赔偿客商。到 1936 年,在汉口设立的 31 个堆栈中,有 17 个是银行主办的。即便有些堆栈非由银行主办,但它们大多也依赖银行放款。这就印证了"货物无资金周转不灵"的营商之道。

汉口银行公会部分会员银行之所以乐于经营堆栈产业,主要是因为银行货物押款日益增多,银行不得不设置堆栈,以备储藏;同时,只要严格加以管理,还是可以减少放款中的风险,并从中获利的。需要指出的是,汉口银行公会虽然没有直接以组织名义经营堆栈业务,但是,其中有相当实力的会员银行都经营着堆栈业务,正是因为这些会员银行有汉口银行公会这一银行集体组织作为后

---

① 《汉口银行公栈广告》,《银行杂志》第 1 卷第 20 号,1924 年 8 月 16 日。

② 《武汉之工商业》,《汉口商业月刊》第 1 卷第 11 期,1934 年 11 月 10 日。

盾,一些商家更安心地进行货物押款。如果用"品牌的力量"来形容汉口银行公会在这一经济活动中起着支撑作用,亦无不可。这种经营上的"间接性"保证和保障,正是来自在工商业领域具有号召力、影响力的"汉口银行公会品牌"。

二、设立小本借贷处

汉口银行公会多次协助政府维护汉口工商业发展。1931年武汉大水过后,市面日益萧条,许多商店、工厂倒闭歇业。汉口市政府当局为了方便工商业发展,设立合作推进委员会,着力促进汉口商业的发展。汉口市政府认为,近年来,汉口商业凋敝,堕应补救,并拟设立汉口市合作推进委员会。汉口市临时参议会参议长吴国桢在《拟请设立汉口市合作推进委员会以资活动金融促兴市面案》中指出:"汉市凋敝,倒闭踵接,固由于农村衰落,及国际经济侵略,(咸)与恐慌;而占大多数之中小工商业,得不到金融机关扶助,亦为最大原因,若不亟图补救,势必全体破产。在银行的任务,原为发展社会经济,但对于资金之融通,现时莫不以抵押为原则,而中小工商人不易,提供抵押品;至一般之钱庄业,虽以信用放款为原则,而中小工商人又不易取得其信用,遂致有款者难放,欲借者无门,百业阻滞,上下交困,欲求挽救,莫如提倡合作。"①汉口市政府"令市商会,银行业同业公会,钱业同业公会会议拟意见,限期呈核",但在最终成立合作推进委员会时,"拟由本府(汉口市政府),市党部,市商会及银行公会共同组织一合作推进委员会"②。在政府和汉口银行公会以及其他工商业者的共同努力下,汉口市合作推进委员会顺利成立。它的成立,在一定程度上方便了汉口中小工商人获得低息贷款,便于汉口商业的恢复。③

小本借贷,是民国时期政府试验并推广,为民提供小额、低息贷款的国家制度,先后在北京、南京、上海等地开展。为促进汉口地方社会工商业发展,1936年2月,汉口特别市政府借鉴北京、南京的经验,与各银行合作,开办官

---

① 《本市筹设合作推进委员会》,《汉口商业月刊》第1卷第4期,1934年4月17日。
② 《本市筹设合作推进委员会》,《汉口商业月刊》第1卷第4期,1934年4月17日。
③ 张启社:《民国时期的汉口商人与商人资本(1912—1936)》,华中师范大学2009年博士学位论文,第112页。

商合办的小本借贷处。据《申报》(汉口)1936年2月10日载,"为救济工商业",汉口特别市政府"商得银行界同意,举办小本借贷"①。在创立借贷处时,汉口市政府与银行公会积极磋商,多次来往交涉修改借贷章程,并征询各银行意见。通过《汉口市小本借贷处组织规程》;依照规程第十条之规定,又订定了《汉口市小本借贷处贷款章程》。此次小本借贷处暂设基金共计20万元,汉口市政府承担其中四分之一,计5万元;汉口银行公会成员承担其中四分之三,计15万元,具体分配各行数额如下:中国银行1.4万元、湖北省银行1.4万元、交通银行1.4万元、中国农民银行1万元、浙江兴业银行8000元、盐业银行8000元、金城银行8000元、大陆银行8000元、中南银行8000元、上海银行8000元、浙江实业银行8000元、中国农工银行8000元、聚兴诚银行8000元、中国国货银行8000元、四明银行6000元、中国实业银行6000元、中国通商银行6000元。政府与汉口银行公会合作,合力推进汉口市小本借贷处成立,并务实开展业务,取得成效。

　　1936年4月1日,汉口市小本借贷处正式开幕,汉口银行公会赠送礼物致贺。在成立汉口市小本借贷处时,汉口市政府与各银行签订合同,以担保信誉。"今因扶助本市小本工商业,便利融通资金起见,由甲(汉口市政府)、乙(汉口各银行)两方合资组织汉口市小本借贷处。"②汉口市小本借贷处的资金主要来源于各银行,而各银行又在汉口银行公会的组织下成为一个团体。如此,在最初组建时,汉口银行公会发挥着维护同业利益的积极作用,组成一个以王稻坪、浦心雅、南经庸、董明藏、赵仲宣5人为成员的委员会,专门负责审定小本借贷处的规程、章程、合同等。在借贷管理中,建立民主管理体制,设立理事会。理事会由甲方(汉口市政府)指派2人,由乙方(汉口各银行)推举3人,共同组成负责机构,主持处理小本借贷处的一切事宜。理事会设置常务理事一人。常务理事是由汉口市政府指派的理事其中一人担任。但是,具体

---

① 《汉市府举办小本借贷》,《申报》1936年2月10日,第22549号,第7版。
② 《汉口市银行业同业公会致浙江兴业银行函》(1936年3月31日),武汉市档案馆藏:168—1—13。

的日常事务,则由"银行公会推荐秉承理事会办理"①。小本借贷处于每年6月30日、12月31日各决算一次,制表分送汉口市政府与汉口各银行,并指派会计师审查核对。对于贷出的款项,如果遇到当事人不履行契约,则由政府按照行政处分的要求追偿。这就打消了各银行的顾虑,有益于银行积极放款,推进汉口商业发展。

汉口市小本借贷处开办以后,在其"成立两年间,贷出总额达659110元,凡12630户,其间已收回者,亦达495737.59元",而"借款人之成分,以杂货贩卖业、人力车业、五金机器业、针线手工业、洋货杂货业、生铁业等为最多"②。由此可见,汉口市小本借贷处在汉口银行公会大力协助下,支持平民创业立业,搞活社会经济,促进物尽其用、货畅其流、钱生其利、本有所依、人立其业,取得了显著成效。

三、支持地方商业贸易

1933年春季,适值春季新茶登场,按照往常的惯例,各茶商本应积极开展业务,忙得不亦乐乎。但在这年的商季,各省茶商,却迫于种种困难,而不敢入山采办。茶商不进行茶叶贸易,时间一长,造成迁延,不仅误了商机,而且也影响了国际茶叶贸易。4月,国民政府财政部考虑于此,派员到上海协助汉口市茶叶出口业同业公会与洋行接洽,责令洋行出具相当担保,确定数目,以打消茶商顾虑;并指派国营银行,准许茶商随时持票向银行贴息折现,"以维茶业贸易,而裕农村经济"③。汉口银行公会接到财政部与汉口市茶叶出口业同业公会的函告后,积极设法商酌办理。

5月,茶叶贸易依然不振,尤其是对俄茶叶贸易不畅。财政部调查发现,"我国运俄茶叶,占华茶出口额十分六强。近因印度、日本茶商与俄交易,均

---

① 《汉口市银行业同业公会致浙江兴业银行函》(1936年3月31日),武汉市档案馆藏:168—1—13。
② 《难民小本经商》,《申报》1938年1月29日,第23228号(汉口版),第2版。
③ 《汉口市银行业同业公会致中南银行函》(1933年5月15日),武汉市档案馆藏:171—1—126。

用期票兑现,有半年八九月不等。我国茶商因贷款难于兑现,资本不易周转,故多畏缩不前"①。因此,茶叶出口贸易大受影响。政府为救济起见,故特由财政部令汉口银行公会与武汉市商会会同茶商团体商讨办法,以及时扭转不振局面。汉口银行公会经会员银行商议后,各会员银行一致同意,准许茶商随时持票向银行贴息拆现,并允予筹款支助,以维护茶叶出口贸易运作。在得到充足的资金保障后,汉口市茶叶出口业同业公会遂开始进行茶叶收购,畅通茶叶贸易管道,使茶叶贸易不振情况渐而得到好转。

　　为了抗战需要,国民政府于1935年初,禁止各地商民携运巨额现金出境。这项措施因没有从实际出发考虑不同地方的实情,以致影响地方的商业贸易。1月,汉口银行公会及汉口市商会先后陈明湖北省财政厅,政府禁止现金出境,造成金融停滞,农商交困。由此,汉口银行公会提出,"嗣后凡正当商业行为,必须装现金赴乡采办农作物者,请赐填发护照,以维商业等";并核定商民领运现护照办法,计有两项:"一、商民确因正当商业行为,必须装运现金向各县镇及外省采办货物者,由汉口市商会或汉口银行公会转请本厅核发护照;二、汉口市商会或汉口银行公会转请填发运现护照,须负责证明所运现金,系采办货物之用,担保决不转运出洋及长城以外。"②这两项办法,有力地维护了当地农商互市,有效地促进了正常的商业交往,从而维护了地方经济稳定发展。

　　1935年8月15日,汉口市商会出面担保汉口郎兴泰茶行,以老茶与花生两宗货物,向银行公会各银行押款16300元。由于郎兴泰茶行确有困难,押款到期为11月15日,后展期3个月,至1936年2月15日满期。1936年2月,汉口市商会特转郎兴泰茶行声明,"先将到期利息付清,同时并偿还本金二千三百元,赎取老茶乙一千包。其余押款,仍请展期三个月"③。为此,汉口银行

---

①　《运俄华茶贸易不振》,《申报》1933年6月3日,第21601号,第7版。
②　《汉口市银行业同业公会致中南银行函》(1935年1月9日),武汉市档案馆藏:171—1—65。
③　《汉口市银行业同业公会致浙江兴业银行函》(1936年2月20日),武汉市档案馆藏:168—1—13。

公会于 2 月 15 日开会洽商,考虑到郎兴泰确有困难,为支持茶商,专门对它采取支持措施,允许再展期 3 个月。5 月 15 日,郎兴泰押款第二次展期到限。此次,郎兴泰通过汉口市茶叶出口业同业公会转呈汉口市商会,声明"此次五月十五日转期届满,拟将全部利息付清,并筹还本金三千元,共余押款一万一千元,仍将原有押品如数作质,再请展期三个月"。为此,汉口银行公会再次就郎兴泰茶行押款展期问题进行商议,议决"佥以郎兴泰老茶押款,前次勉允展期,原经约定不再续转。今又准商会商展前来,对于该茶行所称困难或属实情,不得已再为勉予照办。惟此次转期至八月十五日,务请如期将全部本息一并清偿,不及再事延宕,俾维信用,至本届应付本息,一切转期手续仍烦代表银行,偏劳办理。"① 。汉口银行公会对于郎兴泰多次展期押款,妥善协调,表明其对茶商贸易的大力支持。汉口银行公会在居中调解时,抱着同情共感的态度,而又不失维护商业信誉的立场,充分理解茶商实际困难之情形,深表同情,不以强求还款,而是从实际出发,力所能及,想方设法,勉予支持,体现了商业道德至上的现代营商精神。

四、稳定市面物价

1935 年 11 月,在武汉币制改革后,市面交易比较正常。但是,由于物价飞涨,铜元滞兑,极大地影响了武汉正常的金融秩序。为此,武汉警备司令部、汉口市政府、汉口银行公会、钱业公会、总商会于 10 日紧急召开联席会议,议决组织武汉物价评议委员会,研究措施以限制武汉三镇物价过度高涨。汉口银行公会派员参会,随时调查物价。该会认为,在有些货物价格过度高涨时,得请主管官厅切实取缔。有某项货物缺乏时,亦商由主管机关会同当地商会设法集资采购,以资调剂。② 在各方有效努力之下,武汉物价飞涨的乱象得到控制,金融市场恢复正常。

---

① 《汉口市银行业同业公会致浙江兴业银行函》(1936 年 5 月 13 日),武汉市档案馆藏:168—1—13。
② 《鄂组物价评议委会》,《申报》1935 年 11 月 10 日,第 22466 号,第 9 版;《武汉党政军商会同评议物价》,《申报》1935 年 11 月 10 日,第 22466 号,第 10 版。

国民政府财政部于 1937 年 8 月 15 日颁布抗战时期《非常时期安定金融办法》7 条:"(一)自八月十六日起,银行、钱庄各种活期存款,如须向原存银行、钱庄支取者,每户只能照其存款余额,每星期提取百分之五,但每存户每星期至多以提取法币一百五十元为限;(二)自八月十六日起,凡以法币支付银行、钱庄续存或开立新户者,得随时照数支取法币,不加限制;(三)定期存款未到期者,不能通融提取,到期后如不欲转定期者,须转作活期存款,但以原银行、钱庄为限,并照本办法第一条规定办理;(四)定期存款未到期前,如存户商经银行、钱庄同意,承做抵押者,每存户至多以法币一千元为限,其在二千元以内之存额,得以对折作押,但以一次为限;(五)工厂、公司、商店及机关之存款,为发付工资或与军事有关,须用法币者,得另行商办;(六)同业或客户汇款,一律以法币收付之;(七)本办法于军事结束时停止。"①8 月,汉口市商会函告各行业公会转知"安定金融办法"。汉口银行公会接此通告,及时转函各会员银行,以配合国民政府财政部颁布的金融政策,推进金融安定。

为安定战时武汉粮食市场积极作为。1938 年 7 月 5 日,汉口市政府暨武汉市民政厅、财政厅、建设厅联合汉口市商会、汉口银行公会,武昌市政处及各与粮业有关系的机关团体,共同组织成立武汉市粮食调剂委员会,调剂武汉粮食。调剂委员会设委员 11 人至 15 人,以民政、财政、建设三厅厅长及汉口市市长、武昌市政处处长、汉口市商会主席、汉口银行公会主席为固定委员,其他则由省政府聘任为委员。调剂委员会设常务委员 3 人,以汉口市市长、汉口市商会主席和汉口银行公会主席担任,主持会务。调剂委员会还设总务、调查、购销、运输和保管 5 个小组,各小组主任则由委员互相推选后出任。按照规则,汉口银行公会主席浦心雅则担任本次武汉市粮食调剂委员会常务委员。调剂委员会规定,"武汉粮商应尽量贩运囤积大宗米粮,如资金缺乏,得请求调剂会转商各银行办理押借。运到武汉米粮,如粮商确系无力继续囤积,致市

---

① 《财部公布安定非常时期金融》,《汉口商业月刊》新第 2 卷第 4 期,1937 年 9 月 10 日。

场滞销,价跌亏本时,得由调剂会按照适当价格收买"。① 在有关组织的协调下,调剂委员会暂筹 10 万至 20 万元,作为收买粮食的运输资金,从而购存粮食;待到武汉市出现市民需求粮食紧张时,再进行出售,予以接济。调剂委员会还应随时调查武汉粮食存储的来源、消费、运输和价格等各种情况,从而确保武汉市粮食供应稳定,人心安定。粮食供求是一个天大的问题,俗话说得好,"民以食为天""人不可三日绝粮,一日断炊"。如果粮食市场出现供应链断裂问题,就会导致社会秩序混乱,甚至导致社会动乱发生,这不仅只是政府在社会治理中丝毫不可大意的重大问题,也是全社会都密切关心的日常问题。汉口银行公会所为,看似只是一件很具体的实务,实则关切重大。它做了,人们常常不以为然;它不做,或者做不好,后果就严重了。因此,汉口银行公会在武汉粮食市场勇于担当,积极有为,其所起的作用与意义,其实早已超出经济领域,实则其社会政治意义与价值高于经济本身很多、很多。

---

① 《调剂武汉民食暂行办法》,见武汉市档案馆、武汉市政协文史学习委员会编:《武汉文史资料》1998 年第 3 期,第 110—111 页。

第六章　汉口银行公会与地方政府

　　同业公会是民国初期工商业者成立的新式行业组织,在近代中国经济发展进程中发挥了重要作用。它既要继续采取与行会类似的维护同业垄断利益的非常举措,对官府也同样存在着较强的依赖性,乃至需要借助官府的权威达到保护本业和限制他业发展的目的。① 汉口银行公会作为近代新式行业组织,亦是如此。汉口银行公会以"维持增进同业的公共利益及矫正营业弊害"为宗旨,是一个自主、自立、自为和自律性同业经济组织。在其活动中,它与地方政府也发生必然的联系,存在着紧密的互动关系。地方政府作为区域社会的管理主体,在很大程度上延续着其对会馆、公所等旧式经济社会组织既控制又利用的传统,一方面,地方政府通过法制建设和相关章程、条例的实施,将汉口银行公会纳入地方政府可管、可控的强制轨道,同时在政治上加强渗透,尤其是在南京国民政府成立后,政府将汉口银行公会纳入党治范畴,进行整顿与改造;另一方面,它又给予汉口银行公会一定的自主权、自治权,使其在维护同业利益与行业自律方面,有相当的权威行使其权力,以保护其"合法性自治",维护其权益。汉口银行公会要维持其在银行业中的突出地位与相应的权威性,有赖于政府的扶持,并一改过去"在商言商""只管自己事,莫操他人心"的传统商业组织的经商观念,积极参与地方政治、经济和社会建设工作,与政府进行"宽口径、细落点、很务实"的深度互动,在政治、经济、社会公益上,也给予地方政府有力支持。这是其和谐关系的一面;当事关其切身利益时,政府与

---

① 参见朱英:《近代中国同业公会的传统特色》,《华中师范大学学报(人文社会科学版)》2004年第 3 期。

公会的关系也有紧张的时候,有时候还会处于一定程度的对立状态,汉口银行公会往往不惜向政府抗争,坚定争取并维护自身利益。

我们通过对汉口银行公会所处时局背景的深入分析,揭示汉口银行公会与地方政府的双向互动,看一看地方政府是如何保障汉口银行公会发挥其同业组织的作用,将其纳入政府管辖范畴之内,从而实现与政府"和谐相处"的;而在另一方,也看一看汉口银行公会对政府是如何给予支持和帮助的,从而阐述其互动中的必然环节和微妙之处。

第一节　汉口银行公会与地方政局变化

汉口银行公会在 1920 年至 1938 年间,历经了北京政府、武汉国民政府、南京国民政府三个政权。而在每个阶段上,地方社会的政局因执政者不同,都会有明显的差异。汉口银行公会作为银行同业组织,是在政府的倡导和银行家的努力下建立的社会自治组织。汉口地处长江中游地区,区域地理位置十分重要。在汉口银行公会存续期间,汉口是各方势力争夺的要地。因此,汉口区域社会在此时也处于政权更迭、政治动荡、社会不安、政局不稳时期。在这里,重大政治斗争多发、频发、高发,地方政权更迭如"走马灯似的"频繁,加之汉口与北京、南京、上海等政治、经济中心相距甚远,更显其政局变化的特殊性和复杂性。诡谲多变的地方政局,使汉口总商会与地方政府的关系常常会伴随政治环境的变化而变化,呈现"随风起舞、如影随形"的状态,这与北京银行公会、上海银行公会、天津银行公会、杭州银行公会等地的银行公会比较起来,更具有汉口区域社会的特点。

一、军阀统治时期的自保

汉口银行公会的酝酿与成立,都是在北京政府统治时期。在此时期,军阀混战,政局不稳,社会动荡。

中华民国成立以后,政治运行实行军民分治。在地方,任命民政首长为省行政长官,设省议会为立法机关,仿照西方的"三权分立"体制,因而地方也是实行资产阶级民主共和政治。但在实际上,武昌首义的革命果实落入代表地方封建势力的军阀手中。首义后的湖北省,虽然废除了清王朝所推行的总督、巡抚制度,建立了军政府的都督制,但在 1914 年,北京政府由袁世凯掌权,其在地方又废除都督制,实行将军制,把将军府放在北京,从而削弱了地方的军阀势力。袁世凯死后,黎元洪上台,又把将军制改为督军制,在湖北建立督军公署。1924—1925 年,督军制又被改成督办制。在北京政府时期,无论湖北地方政府采取何种统治制度管理,它始终都是军阀掌控军事、民政大权,形成武人专制。这如同陈独秀在《军人与官僚》一文中所抨击的:"野蛮的军人,腐败的官僚,都是国民的仇敌。但是两样比较起来,军人更觉可怕,可厌。"①

　　袁世凯死后,北洋军阀分裂为直、皖、奉三系。属直系的军阀王占元,以湖北督军身份兼湖北省省长,控制全省之军政大权。他与其后恢复活动的、代表湖北地方势力利益的省议会,围绕争夺湖北地方控制权,不断发生冲突。1920年 8 月、9 月间,双方在湖北省省长人选上发生激烈争执。王占元要求北京政府任命其姻亲孙振家为湖北省省长;然而,在"鄂人治鄂"口号下,在京任职的湖北人和省议会要求由湖北籍人士夏寿康为湖北省省长。迫于压力,北京政府改任夏寿康为湖北省省长;可是,王占元不满意,进行多方刁难,并暗中指挥"倒夏运动",迫使夏寿康任职仅半年就离职,由受王占元支持的湖北籍人士刘承恩接任。在北洋军阀的统治下,省议会成为北洋军阀与湖北地方势力之间争夺地方控制权的政治工具。但是,在其时的政治格局与角力中,省议会本身却常因政党派系间的暗斗与纷争,难以同代表北洋军阀势力的湖北省军省博弈,与政府抗衡。来自内部的纷争,使省议会常常无所作为,即或通过一些有关省府的议案,政府方面不是予以否决,就是置之不理。省议会既不能代表或反映民意,自然被民众鄙视和社会轻视,很难产生强大的政治影响力,左右地方社会政局。

　　1921 年 2 月、6 月,沙市、宜昌、武昌等地相继发生兵变。湖北地方势力借

① 只眼(陈独秀):《军人与官僚》,《每周论坛》1919 年第 4 号。

机发动"驱王运动"。湖南军阀赵恒惕和四川军阀刘湘,以"援鄂自治"为名,分别先后从鄂南、鄂西攻入湖北。王占元被迫于 8 月 9 日辞去湖北督军职务,并于 8 月 11 日逃离武昌。直系军阀为与川、湘军阀争夺湖北地方控制权,派兵援鄂,并以湖北籍直系军阀萧耀南接任湖北督军。萧耀南为争取湖北地方势力支持,以"援鄂不援王"为口号,收买湖北人心,并声称赞成"鄂人治鄂"主张,以取得省议会中的地方势力支持,反对湘军、川军进入湖北,最后,他在直系大军阀吴佩孚支持下,取得对湖北的控制权。吴佩孚在汉口组建了 14 省联军司令部,建立起比王占元时期更为庞大的武人专制,湖北省议会便成了形式和躯壳。

在此期间,汉口银行公会与地方政府的联系较为密切。1921 年,萧耀南开始执掌湖北,为两湖巡阅使、湖北督军兼省长。1924 年 3 月 20 日,萧耀南举办五十大寿活动。汉口银行公会积极参加祝寿,特书写《恭祝炳武上将军、两湖巡阅使、湖北督军兼省长萧公五秩大庆》颂词。3 月 17 日,汉口银行公会会员银行共同送寿屏 16 轴,并配备蜡烛、爆竹、酒以及寿序稿。[①] 汉口银行公会积极与地方行政长官保持一种微妙的关系。从实际出发,观察汉口银行公会此时的心态,一方面,它是期望地方政府稳定金融市场;另一方面,也表明在华资银行势力并不稳固的情况下,它需要得到政府支持。

1926 年,因受北伐战争影响,汉口政局处于动荡之中,水陆交通长期受阻,贸易停摆,上海对汉口的金融业只收不放,商业萧条,银根奇紧。加上北洋军阀吴佩孚向汉口银、钱业强借数额较大,有去无回。1926 年 8 月 20 日,钱业虽勉强开兑,但立刻导致广大、宝通、协和等三个钱庄同日倒闭。由于道胜银行停业,买办刘子鸿的"中华、隆记两蛋厂亦同倒歇"[②],并拖欠汉口钱庄百万之巨,市面汹汹。到 9 月初,局势更加紧张,汉口银、钱各业多暂停营业。可见,在这一时期,地方政局的起伏对汉口金融市场的影响有多大!

此时湖北政局不稳定,军阀混战,战事频仍。地方长官更替频繁,还常常

---

① 《汉口银行公会致中南银行函》(1924 年 3 月 16 日),武汉市档案馆藏:171—1—114。
② 《上海商业储蓄银行汉口分行致湘处函》(1926 年 9 月 29 日),武汉市档案馆藏:61—1—8。

出现军阀推脱还款,强行借款的现象。汉口银行公会为了自保,对于军阀强征性的所谓"借款",一直是会采取拒绝不合作的态度。但是,汉口银行公会终究是"胳膊拧不过大腿",最后在强权压力下,被迫违心地给予军阀"借款"。1921年9月,湖北省督军向汉口银行公会借款,汉口银行公会考虑到会员多次被借款,总计数目之巨大,已经难以负荷;再加上省署借款到期又展期,致使银行业经营困难,实难支撑。遂于1921年9月5日致函湖北督军公署,"数年来,汉埠中国、交通、盐业、金城四银行,垫借军费,至再至三,每家为数均约五十万左右。去年第三师过境,在会各银行又共垫兑,屡次展期,至今未还之国库券九万八千元。本年春间,又应募鄂省公债十二万五千元。上月督军莅位,又因军饷急需,敝公会筹备八万元,综计各银行前后垫借鄂省军需数,约二百万元以上,直已筋疲力尽。虽借款各定有期限与抵押,然断非急切所能清还,以致银根异常支绌。当此多事之秋,两月以来,汉市恐慌万状,提存兑现,各行应付维艰,实无余力以应公家之急。来函谓拟援照成案,在三关借款合同内,加借四十万元,继续履行。查王前督军以三关关税押借中、交、盐、金四行六十万元,黄陂商业银行三十万元,楚兴公司六十万元。按三关岁共收款不过五、六十万元,押至一百五十万元,连利计算,恐非二、三年不能抵清。若再继续作押加借,则收归,势必遥遥无期。素稔督座体恤商艰,试为设身处地着想,各银行在先所借之款,如上所述,数目似不为不巨。以区区营业机关,如何禁得起偌大担负?设至周转呆滞,无法因应,匪特银行受其苦,恐市面牵动,其贻忧于督座者,亦非浅鲜。……惟是在会各行,均处于分行地位,凡有巨数借款,照章应请示总行办理,除已飞函请各总行核示外,先此肃复"[①]。汉口银行公会向省署表达拒绝增加借款的理由,实乃款项太多,负担太重,严重损害了各行的经济利益,影响银行正常运转。但是,即便言辞切切,正气浩然,最终在军阀的屡屡高压之下,此次仍然照借。

对于部分会员银行未在公会与军阀达成借款的一致意见下,达成借款关

[①]　《汉口银行公会致湖北督军公署函》(1921年9月5日),参见中国人民银行上海市分行金融研究室编:《金城银行史料》,上海人民出版社1983年版,第136页。

系,汉口银行公会于 1923 年 8 月 13 日,特发表宣言,坚决予以反对:"汉口银行公会议决,在宪法未成,正式政府未产生前,禁止各银行投资于任何军阀。"①作为一个集体,团结协作是一个组织掌握对外话语权的有力盾牌。汉口银行公会以集体利益为重,会员银行在公会协调下,尽管十分艰难,但公会还是尽力应对所遇问题。在军阀大势"借款"时,汉口银行公会对于内部部分会员银行在公会未与军阀达成一致的借款协议下,不堪威逼,擅行其事,汉口银行公会立即发布宣言,表达立场和态度,既表示愤慨,也表示反对,对事态的发展予以扭转式引导,坚决反对军阀强行借款,保护银行同业利益。

二、武汉国民政府时期的选择

1926 年 9 月,国民革命军占领汉口。次年 4 月,湖北省政府在武昌成立,它成为武汉国民政府下属的地方政府。② 湖北省政府成立之初,行政体制仍然沿袭北京政府时期的做法,各厅除受本省行政长官领导之外,还分受中央政府各有关主管部门的领导。各厅、处与国民政府对口各部、会之间直接行文,成为中央各部、会的直属机构。实行各厅合署办公后,各厅、处首长直接对省政府主席负责,省政府主席对中央政府负责,变行政上的多元统属体制为一元统属体制。

1926 年 10 月,国民革命军攻克汉口、汉阳、武昌后,沿用北洋时期的体制,建立市政办公处——武昌市政厅。1927 年 1 月,国民政府由广州迁到武汉,下令由武昌、汉口、汉阳三镇组成京兆区,定名武汉,作为临时首都,意图建立一个统一三镇的政府。经国民党三届二中全会议决后,由国民党中央党部和省、市党部酝酿协商,决定接管办理三镇合并事宜。4 月,国民政府下令武昌、汉口、汉阳三镇合并为国民政府直辖的武汉特别市。4 月 16 日,武汉三镇在历史上第一次成为一个统一的行政单位。③ 武汉建市以后,改变了以往武

---

① 《时事日志》,《东方杂志》第 20 卷第 17 号,1923 年 9 月 10 日。
② 湖北省地方志编纂委员会编:《湖北省志·政权》,湖北人民出版社 1996 年版,第 139 页。
③ 湖北省地方志编纂委员会编:《湖北省志·政权》,湖北人民出版社 1996 年版,第 229—230 页。

昌、汉口、汉阳三镇的狭小建置格局,三镇开始形成一个统一的整体。武汉作为临时首都,其国民政府政治中心的地位与功能得到了极大提高。

宁汉对峙后,蒋介石对武汉国民政府除采取军事包围、政治颠覆、外交孤立之外,还下令对武汉实行经济封锁,造成武汉社会"百业萧条"的局面。由于经济萧条,财政收入锐减。1927年4月江汉关所收的税款比上年同期减少27万两,5月又减少34万两,而驻军由8个军扩大到30个军,庞大的军费、政费开支,进一步加深了湖北的财政危机。[①]

为了打破经济封锁,阻止现金外流,武汉国民政府采取了一系列紧急措施。1927年1月通过发行公债等办法,向汉口各商业银行借款;在汉口成立中央银行,先后发行兑换券和国库券等近2亿元。与此同时,颁布《整理湖北财政公债条例》及《整理湖北金融公债条例》,拟定发行金融公债2000万元及财政公债1500万元。1927年4月,武汉国民政府成立战时经济委员会,拟定《国民政府集中现金条例》[②]。该《条例》只许中央银行、中国银行、交通银行3家银行发行的纸币流通,一律封存武汉各银行所有的现金,并宣布取缔外币。南京政府方面针对汉口"集中现金"政策,当即发出通令,凡票面印有汉口字样者,不得在其他省市的中国银行、交通银行以及其他商业银行兑现。上海银行公会则通知各会员银行,与汉口各银行暂时停止往来,对武汉实行经济封锁。随即,武汉国民政府加紧对汉口银行公会实行监管,封存各会员银行银两。4月20日,武汉国民政府要求财政部巩固财政,做好打击奸徒乘机渔利,吸收武汉地区的现金,扰乱金融市场的准备工作。对于汉口银行公会,武汉国民政府要求汉口银行公会通知各个会员银行,严禁现银流通。

武汉国民政府集中现金令颁布后,南京方面迅即作出反映,通令所管辖区域内,此后如果使用的中国、交通2家银行纸币面上印有"汉口"字样的,不得向其他省的各埠中国、交通2家银行兑现。同时,上海银行公会也发出通知,

---

① 皮明庥:《武汉近百年史(1840—1949)》,华中工学院出版社1985年版,第233—234页。
② 《国民政府集中现金条例》,《银行杂志》第4卷第13号,1927年5月1日。

"与汉口各行,暂行停止往来"。① 为了在两难处境中寻找解决办法,汉口银行公会与汉口总商会、钱业公会不得不开会讨论金融问题。会议组织 20 人专题讨论,商议"集中现金"管制后,湖北金融出现混乱的应对办法,以及各公会、商会如何经营抉择。

面对上述武汉国民政府"集中现金"管制后的新情况,以及面对南京国民政府的经济封锁,汉口银行公会各会员银行都面遇艰难,步履维艰。汉口银行公会为恢复武汉金融常态,作出积极努力,联合各商界组织对金融有关状况进行讨论,寻找对策。随着时局的进一步恶化,武汉金融不仅未能得到好转,汉口银行公会各会员银行反而面临生存的艰难窘境。为自身利益计,汉口银行公会各会员银行有的暗中与上海各总行往来汇兑,努力维持分行金融生计;有的干脆停止营业,以求相对减少损失。由此可以看出,在地方政府威胁到汉口银行公会的切身利益,特别是生存之计时,汉口银行公会被迫选择"迂回"策略,避免与其发生直接冲突,艰难地尽力维护银行业的利益。

宁汉对峙,造成汉口出现金融风潮、商品流通阻滞、工厂停工待料频发等情况,随着失业人口愈来愈多,进一步激化了劳资矛盾。武汉国民政府面临的经济形势十分严峻,资产阶级政治集团内部进一步分化,一部分人由开始惧怕革命到最后彻底脱离革命,内部矛盾日益激化,不得不重新进行政治力量组合。1927 年 7 月 15 日,汪精卫公开叛变革命,9 月 15 日,宁汉合流,对峙结束,汉口银行公会及其金融形势面临新的机遇与挑战。

三、宁汉合流后的抉择

1927 年 9 月,在宁汉合流不久,由于国民党集团内部争权夺利,分赃不均,唐生智遂于 1927 年在武汉以"护党"为名,通电反对南京政府,自行独立。10 月,南京政府组织由程潜、李宗仁组成的总指挥讨伐唐军。李宗仁以新桂系中湖北籍人士胡宗铎和夏威等部为讨唐主力,利用该两部官兵大部分为湖

---

① 《武汉金融志》编写委员会办公室、中国人民银行武汉市分行金融研究所编:《武汉银行史料》,内部发行,1987 年,第 133 页。

北人的特点,成功于 11 月占领武汉。胡宗铎掌握湖北地方实际控制权后,也高唱"鄂人治鄂"口号,推出本省籍人士张知本出任湖北省政府委员会主席,拉拢地方势力,排挤桂系军阀中的广西籍人士。

1927 年 11 月,以程潜、李宗仁等人组织的西征军击败拥兵割据两湖的唐生智,攻占武汉后,在 12 月由周星棠、李翔东等人接管武汉特别市政府。1928 年 1 月,经改组的湖北省政府成立后,收回武汉市市政管辖权,由建设厅厅长石瑛任主席。湖北省政府"当局为求市政设施敏捷,及统一市制起见,特于一月二十三日第七十七次政务会议,议决遵令改武汉市市政委员会为武汉市市政府,一切根据市组织法第十条办理,同时并决定委任潘宜之先生为市长"。① 1929 年,蒋桂战争爆发,驻守武汉的桂系势力溃败,武汉市市长潘宜之弃职逃离武汉。4 月,蒋介石率部进入武汉后,任命其亲信湖北籍人士刘文岛接任武汉市市长,并对武汉市政府进行改组,改武汉市为直辖市,由刘文岛负责组建武汉特别市政府,以武昌、汉口、汉阳为特别市辖区。国民政府后又于 6 月下令武汉分治,设置汉口为特别市。1931 年后,再次改汉口市为省会市,隶属于湖北省政府管辖。汉口市政府设市长 1 人,简任②,综理市政府一切事务。并指挥监督所属职员及机关,其下设机构有公安、社会、财政、工务、土地等局和秘书、卫生管理两处。

南京国民政府建立之后,政局相对稳定。汉口银行公会对于政府的合理借款,则会应允,以支持政府工作。1929 年 6 月,汉口特别市政府成立以后,也面临经费短缺的掣肘,"关于经费支配,务以增加事业费,减少行政费为主旨。但以积极努力之故,未迨兼筹并顾,几令市库濒于破产"。外欠债款,截至 1930 年 9 月,总计达 42 万余元,"其原因系努力建设,增进事业之结果"。所有借款,由武汉特别市政府成立前 1929 年 4 月的原武汉市政机关所借,经特别市政府承认者,计鄂北工贩委员会的 8 万元,各银行旧欠本息 87784.268 元(内计交通银行本息 13740.69 元,上海银行本息 58043.578 元,四明、聚兴

① 《潘市长宣誓就职典礼》,《武汉市政公报》第 1 卷第 4 号,1929 年 3 月,第 42 页。

② 1931 年 7 月 1 日,汉口特别市改为湖北省辖市,由直接隶属于中央政府的管理转变为湖北省直接管辖,湖北省政府重组汉口市政府。汉口市市长则由湖北省政府选任,称为"简任"。

诚 2 家银行本金各 5000 元,浙江兴业、实业 2 家银行本金各 3000 元),中国银行本息 20040 元,汉口总商会借款 15000 元。有特别市政府成立以后所借者,计禁烟协会的 4 万元,特业清理会的 1 万元,汉口总商会的 4 万元,银行公会五一借款未还余额 12215.732 元(原借 15 万元内有上述旧债 8 万余元,又 8 月还 5 万元),又八七借款未还余额 12 万元。以上欠款大部分借自银行和商会。同时,政府内欠经临各费,自 5 月至 8 月,共积欠至 28 万余元,或系购物价款,或系员役薪津。于是,整理财政,一方面,整理各税以裕收入;另一方面,限制临时费支出,以减少开支,精减机构人员,减少行政经费,在财政十分困难的情况下,以确保事业费的增加。①

宁汉合流,政局渐趋稳定,经济渐趋恢复,商业得以发展,银行业也渐趋好转。1931 年汉口银行公会在与各地银行公会未能改变政府态度后,不得不服从改组规定,正式改组为汉口市银行业同业公会,成为汉口商会一员。此后,在政府的推动与组织的发展下,公会成员不断增加,到 1937 年底成员达 23 家银行 1 家信托公司。1938 年初,新华银行加入公会,成员达 25 家。

纵观 1920—1938 年期间,汉口银行公会面对地方社会政局的不断变化,在经济社会活动上都能够作出符合自身利益的抉择。无论是在军阀统治时期的自保、武汉国民政府时期的选择,还是在宁汉合流后的抉择,汉口银行公会总是站在自身利益的角度,综合政治因素与经济因素,作出最终决定,没有出现重大失误,影响行业发展。面对复杂的局面与变化的政局,汉口银行公会能够作出顺应时代潮流的抉择,有力保证公会存续与正常运作。汉口银行公会能够如此作为,这的确是不容易做到的事情。

第二节　地方政府对汉口银行公会的管控

汉口银行公会作为汉口华资银行的同业组织,在组织开展活动时,离不开

---

① 涂文学:《"市政改革"与中国城市早期现代化——以 20 世纪二、三十年代汉口为中心》,华中师范大学 2006 年博士学位论文,第 105 页。

与地方政府之间的沟通与协调。作为金融团体性社会组织,它关切地方金融秩序与地方经济发展。在北京政府时期、宁汉对峙时期、南京国民政府时期以及抗日战争全面爆发后,地方政府对汉口银行公会的管控,一直都没有放弃。但是,在表现形式与程度上,并不是一张面孔黑到底,而是有所变化,有张有弛的。从总体上讲,政府的管控,呈现一个逐步得到加强的趋势。具体来说,就是表现为对汉口银行公会的监督、规范,隶属关系的改变以及成立直属银行联合机构。汉口银行公会在某种程度上扮演着政府与其他银行间的中介角色。① 在有效实现对汉口银行公会管控的前提下,政府对公会也给予合法权益的保障,以形成与汉口银行公会一同维持汉口金融秩序的互动,一同完善管理办法,保障经济常态运行。

一、对公会的管理

汉口银行公会是遵照财政部发布的《改订银行公会章程令》进行组织的,具有合法性。在公会酝酿之际与成立初期,地方政府较少直接干预汉口银行公会的内部事务。但是,随着地方政府认识到汉口银行公会在地方经济中具有举足轻重的地位和作用,也就对公会的活动愈益重视起来。在宁汉对峙时期,汉口银行公会甚至成为武汉国民政府在金融领域对抗南京国民政府的桥头堡,作出了很大牺牲。待南京国民政府成立后,政府对同业组织的管控愈加严格,将汉口银行公会也纳入汉口商会的管理中,成为汉口商会会员之一,试图让汉口银行公会成为政府政策的执行者和配合者。

1. 北京政府时期。由于政局动荡,军阀割据,中央政府无法对湖北地区实现有效管辖,这就给予汉口银行公会较大的自主性、主动性。综观北京政府时期,政府对汉口银行公会的管理可概括为:对汉口银行公会内部机制的整顿与监督;对汉口银行公会的经济调查与监督;对汉口银行公会的经济行为进行规范三个方面。

第一,对汉口银行公会内部机制的整顿与监督。汉口银行公会成立于

---

① 王晶:《上海银行公会研究(1927—1937)》,上海人民出版社 2009 年版,第 58 页。

1920 年,是严格遵照财政部发布的《改订银行公会章程令》成立的。然而,随着经济社会发展的需要,财政部对其进行整顿。1922 年,财政部发布第 509号批文,关于修改汉口银行公会章程呈请查核批准:"查所拟修改章程大致尚属妥洽,惟第一条,但书纯粹华资设立之银行,因特种关系,暂在外国政府注册者,以下应加'应将该银行详细章程呈报财政部核准立案并'十九字,仰即遵照改正,呈部备案。"[①]而对于银行公会有关银行业入会资格也予以要求、规定。到 1924 年,对于汉口银行公会迁址一案,财政部又下批文:"财政部第二一号批,本公会修正汉口银行公会章程,呈请将公会章程第一条原定会所地点删去",使财政部能有效管理。[②] 后又连续几次在会员入会资格、会董选举上,政府介入进来,进行管理。在 1926 年汉口商会的第十一届会董选举会上,为加强对汉口商会的管理,湖北省省长、督理委派政务厅厅长、江汉道周道尹莅会监督检票,并当众声明,如所选董事未能立即就职,就会另选贤能之士来维持公会正常运行,要求所选董事要认真负责等。政府对其管理深入到公会董事选任上,这是拿捏得很精细的。

第二,对汉口银行公会的经济调查与监督。1925 年,湖北实业厅奉北京政府财政部、农商部命,要求派大员调查各省财政事宜。在此之前,已手令派凌文渊前往各省调查财政事宜,所以此次调查,专门注重各省财政上的具体状况,与以往专查或查办案件,显得有所不同。同时还设办事处于湖北,以方便调查,并通告各行通力合作,以做好准备。后因湖北省幅员辽阔,调查员难以周历,便呈请加派调查员先行赴湖北省进行调查,并下令湖北省地方长官、各厅局,要求各商业公会做好经济调查表,以方便财政部下放委员进行调查。汉口银行公会根据要求,制作经济调查表三份上交财政部。后财政部又对各财政厅及各省区省长都通函要求,将我国商民因俄乱收存俄钞等损失查报在案:"所有各商民积存俄钞数目,除前已报部外,如有续经查出未报者,务于电到后一个月内,赶速造报";又对汉口银行公会提出要求:"如有积存俄钞数目,

---

① 《汉口银行公会致金城银行函》(1922 年 10 月 23 日),武汉市档案馆藏:165—1—92。
② 《汉口银行公会致中南银行函》(1924 年 1 月 23 日),武汉市档案馆藏:171—1—114。

希于函到后,十日内查报"等。①

　　第三,对汉口银行公会的经济行为进行规范。1922 年,湖北省财政厅接函省长、督军对湘省轻质铜元流入湖北境内扰乱金融进行管理函告汉口银行公会:"省长、督军令饬严禁节,经本局通令各局,转饬各卡,严行查禁在案。乃近查川、皖、宁、赣各省,私运轻质铜元来汉销售,仍复不鲜,吸收现金,败坏币制,以致官票日见低落,影响金融,良非浅显,函应查照原案,严切查禁,以维金融"②,要求银行公会拒收轻质铜元,以维护湖北金融稳定。1924 年 5 月,对于俄人在库伦设卡征税洋商装运现金出境一事,财政部第 908 号公函致汉口银行公会,酌定限制汽车携现洋出境办法,要求汉口银行公会每次运送,每辆不得超过 300 元,每人不得超过 50 元等,以此规定来防止洋元外流。后湖北军、省两署又对京汉铁路段汉口银行公会运现洋出境,明令不允放行。最后,经汉口银行公会以运输现洋调剂市面金融,反复请函才允出境。

　　2. 宁汉对峙时期。在武汉国民政府与南京国民政府对峙时期,政府对汉口银行公会的禁令就达 16 条。它一面为武汉国民政府加强对各金融领域的管辖;一面又为南京国民政府禁止所辖区金融机构向湖北境内输送现洋,禁止与湖北各业进行商业往来,拒收"汉钞",对湖北境内进行经济封锁,如"南京国民政府财政部奉蒋总司令命电禁现洋出口湖北境内"等。与此同时,武汉国民政府发布"集中现金令",在南京国民政府已限制出师北伐之际,首在巩固财政部并须严防奸徒乘机渔利,吸我政府所在地现金,以扰乱金融,因此特颁布《国民政府集中现金条例》。自颁布之日起,凡完纳国税流通市面,均以中央银行所发行纸币及中国、交通 2 家银行钞票为限,禁止现银、现洋出口。各银行营业收付仍一律照常,但不得以现金出入。凡我民众应绝对遵守,不得自相破坏。如有拒绝收中央、中国、交通 3 家银行所发钞票或破坏我政府经济政策,一经查获,按律严办,决不宽恕。又复电告各银行,一律禁止买卖银

---

① 《汉口银行公会致中南银行函》(1925 年 9 月 9 日),武汉市档案馆藏:117—1—116。
② 《汉口银行公会致金城银行函》(1922 年 5 月 8 日),武汉市档案馆藏:165—1—286。

元。① 两边政府各自颁发一系列有关对金融业、银行公会的禁令,实际上为争夺在湖北地区的统治权,并乘机搜刮金融业,掌控社会经济。这给宁汉对峙时期的湖北银行业以沉重打击。仅一年时间,汉口各银行纷纷停业、倒闭,它给湖北经济造成灾难性损失。

3. 南京国民政府时期。南京国民政府在完成形式上的统一后,湖北省便受南京国民政府管辖。由于湖北在此前深受重创,南京国民政府为尽快恢复经济,把一些权力下放给湖北省政府,如营业税的征收、印花税的贴用、有关《逆产》等,都划归湖北省政府管辖。汉口银行公会作为同业公会组织,为使其有效运行,参照有关法令,对公会组织进行了有效整顿。

首先,对汉口银行公会内部运行予以整顿。在南京国民政府初期,涉及汉口银行公会管理规制的有 1928 年的轮值委员任期案,1930 年的汉口银行公会临时规约修改案。1931 年,汉口银行公会又改组为汉口市银行业同业公会,本市汉口银行公会会员行 13 行:"前因依照中央规定,人民团体组织方案,会同申请中国国民党汉口特别市党部临时整理委员会核准,组织汉口市银行业同业公会……将筹委会成立日期及启用图记,分别呈报市党部整理委员会暨汉口市政府备案。"②备案之后,再按照有关法令要求,各业同业公会无论发起或改组,都要按照中央党部之要求,于 1931 年 12 月底前完成。汉口银行公会也无例外地进行改组,成为汉口商会成员之一。

其次,对汉口银行公会的经济情况进行调查。南京国民政府成立之前,湖南、湖北两省由于政局不稳,造成经济状况向来都没有一个精确统计,无法进行有效的经济计划。1928 年,奉中央政治会议武汉分会财政委员会要求,有关方面开始对湖南、湖北两省经济状况进行调查。武汉财政委员会在收到上述命令要求后,立即着手编制湖南、湖北两省经济统计方案,以便对有关经济情况进行调查。在调查之中,不免要对照要求广泛收集各项材料。汉口作为

---

① 《汉口银行公会致中国实业银行函》(1927 年 4 月 20 日),武汉市档案馆藏:98—1—63。
② 《汉口市银行业同业公会筹备委员会致金城银行函》(1931 年 12 月 11 日),武汉市档案馆藏:165—1—101。

内陆地区的金融中心,成为调查的重要区域。武汉财政委员会特制定汉口各商业银行及武汉钱庄统计调查表样本,分发到各个银行与钱庄要求填写调查表。汉口银行公会作为汉口商业银行的大型组织,武汉财政委员会给它发放30份调查表,要求汉口银行公会分发给会员银行,并转知各会员银行参照样表格式,限期填写完毕。这一调查,可以客观、如实地掌握汉口经济状况,便于政府决策经济发展事项。

汉口银行公会在改组之前,是由财政部进行直接管理的。但是,公会每年的年终结账都是依照有关法令进行,并对各项结账情况造具各项营业簿册,由会计师查照与审核,再呈送给工商部进行查核,登载工商信息,以便公认公告。1930年1月,汉口特别市社会局对汉口银行公会进行调查。年底,正是年终结账之时,工商部督促道:"各公司应饬迅速依法将应报各项簿册编就,呈送本部,立应由各该公司取具会计师审核证明书呈部,以凭查核,而符法令。"[1]汉口特别市在接到命令后,迅速安排社会局进行督促,要求汉口银行公会遵照办理。

最后,对汉口银行公会实施有效管理。1931年汉口市水灾严重,街道被淹,灾情严重。在水灾面前,为了加强对汉口的管理,以便社会经济生活有序进行,1931年7月,汉口市政府准予武汉警备司令部对汉口市进行戒备。由于大水淹没街市,市场秩序混乱,有人乘机干扰社会生活环境。对此,武汉警备司令部特别指出:"宵小乘机妨害安宁,不无可虑,亟应严防。经呈奉陆、海、空军总司令,武汉行营主任何,准即施行特别戒备,入夜断绝水路交通。汉口、武昌、汉阳三区市街及警备区外沿,自二十九日起,均于每夜十一时之翌晨五时止,一律断绝交通。"[2]并这一通告专门通告汉口银行公会。作为银行业的同业组织,在进行有关汇票交易与信息往来时,不免在上述禁令时间内,进行有关公务活动,这就造成与通告相冲突。汉口银行公会考虑到夜间有时会有临时公务,特申请准许领取临时通行证,以便夜间出行,方便金融信息沟通,

---

① 《汉口银行公会致中南银行函》(1930年1月14日),武汉市档案馆藏:171—1—124。
② 《汉口银行公会致金城银行函》(1931年8月1日),武汉市档案馆编:165—1—610。

稳定经济市场。在夜间进行公务时,为有效配合国民政府"训政"要求,汉口银行公会尽量在其辖区内开展有关公务活动。

4. 抗日战争全面爆发后。1937 年 7 月 7 日,全面抗日战争爆发。国民政府针对"内地各都市,市面资金之流通,仍应设法维持。而内地银钱业之组织,既多不健全,其营业方法又多,未能悉合法定。上海银、钱业同业汇划办法既万不可放行于内地,而各地情形又各不尽同"①。为了安定整个金融市场,结合各地金融市场特点,进一步维持各地金融市面流通,经过国民政府财政部与中国、中央、交通、中国农民 4 家银行协商,决定在以上 4 家银行设有分支行的城市,设立联合办事处,统称"四行联合办事处"。1937 年 8 月,汉口市政府接国民政府与湖北省政府命令,结合汉口市情况,召集汉口市中国银行汉口分行、交通银行汉口分行、中国农民银行汉口分行、中央银行汉口分行 4 家银行,会同商定发布需要执行的《非常时期安定金融办法》②10 条。《非常时期安定金融办法》第一条就明确规定,上述 4 家银行成立联合办事处。

随着抗日战争旷日持久、愈演愈烈,战争给当地的工商业、金融业,甚至农业,都带去巨大创伤,部分银行与钱庄纷纷倒闭。尤以沿海地区受到冲击最为明显,部分银行与钱庄说散就散、说倒就倒;不想就此垮掉的钱庄、银行,就想方设法部分搬迁到内陆地区;有的则拼起命来搬迁到租界区域。

但在此时,出现了一个怪现象,汉口银行公会成员不降反增。在 1937 年 11 月、12 月,在短短的两个月内,先后有广东银行汉口分行、农商银行汉口分行、川康平民商业银行汉口分行和中一信托公司汉口分公司先后加入汉口银行公会。这就壮大和增强了汉口银行公会的实力与势力。尤其是中一信托公司的加入,扩大了汉口银行公会入会的范围。公会将证券公司也含纳组织之内,这在以前是没有的。汉口银行公会此时增加成员、增强实力,一方面是得益于沿海城市的银行向内陆地区搬迁,它们落脚汉口;另一方面是来自于政府促进。政府为了加强对金融业监管,要求银行必须加入同业组织,"国家对战

① 《汉口市政府公告》(1937 年 8 月),武汉市档案馆藏:171—1—74。
② 《汉口市政府公告》(1937 年 8 月),武汉市档案馆藏:171—1—74。

时金融业实施严格管制是必要的"①。于是,在两个月内,汉口银行公会就出现会员增加与实力增强的现象。

二、保障公会合法权益

政府部门既要求汉口银行公会遵守有关法令,履行有关义务,同时政府也尽量维护公会的合法权益。政府对汉口银行公会权益的维护,不仅表现在提供社会公共产品上,突出的是社会外部环境营造,为汉口银行公会努力提供一个良好的市场环境;而且还体现在增加政府杠杆作用,加强对公会内部各构成要素进行整合式指导、规范,如社会参与、法制参与、合理维权、市场规范养成,等等。在北京政府时期,由于政局动荡,政府对汉口银行公会的维护则主要表现在肃清金融市场乱象、驱逐伪币等方面,此外,还包括公会参与票据法的制定等。在南京国民政府统治时期的湖北地方政府,由于法制体系较为完善,法治环境相对改善,这就给汉口银行公会维持自身权益提供了良好环境,政府与市场在经济社会发展中形成双轮驱动态势②。

1. 严防伪币,整顿币制市场。在北京政府时期,政局动荡,中央政令难以下达,币制混乱。其时,在湖北省商业市场上,时常发现使用伪币现象,以假乱真、以次充好的现象,屡见不鲜,严重影响湖北金融业的健康发展。在汉口银行公会成立以后的1922年5月,发现有湖南省轻质铜元流入湖北省的现象。武汉市场上出现湖南省轻质铜元流通,就会冲击正常的金融交易。汉口银行公会发现这一现象后,及时报告政府有关管理部门。湖北省财政厅进而将这一扰乱金融秩序的严重事件及时报告湖北省政府,以便引起重视。在北京政府时期,地方政府实行的是军、省统辖体制。面对扰乱金融市场的严重事件,湖北省省长、督军下令,要求财政厅通令全省严查。于是,省内各钱局及时转告各关卡,严厉查禁湖南省流入的轻质铜元。同时,还要求对四川、安徽、江苏

---

① 易棉阳:《民国时期金融监管演进的新比较经济学分析》,《云南财经大学学报》2012年第5期。

② 温锐、周海燕:《政府主导下的经济发展——1927—1937年南京国民政府与市场调适关系分析》,《江西财经大学学报》2014年第3期。

和江西各省往来的货物进行查验,调查周边省市有无私运轻质铜元来汉销售的情况。由于轻质铜元败坏币制,以致官票日渐低落,从而严重影响金融市场稳定。故省政府要求财政厅督促各银行进行遵照,协同严禁湖南省轻质铜元流通。湖北省财政厅根据指令,对湖南省轻质铜元拟具了相应的取缔办法,下发到汉口银行公会,要求转达各会员银行。首先是运入湖北境地湘省铜币,如未报名军署或私在他处起卸,一经查获扣留并悉数充公;其次,为杜绝私运维持金融起见,铜元究属国币,其与其他物品不同,故所查获铜元要求币制局进行化验;最后是分函各银行业、商界配合,拒绝行使轻质铜元。① 通过财政厅的整顿,特别是在金融行业的大力配合下,1922 年的湖南省轻质铜元事件暂时得到解决。但是,对于根治轻质铜元流通的社会经济问题,还是没有得到有效解决。

1924 年,在汉口多处发现安徽造币厂所铸的"民八币"成色不足,影响市面交易。各银行公会及商会,以该厂私铸银铜辅币成色甚低,又以"民八币"祖模所铸银元亦极低劣,群请政府吊销祖模,令其停铸。6 月,南京银行公会、天津银行公会、北京银行公会、上海银行公会都紧随函报财政部,呈请财政部,严肃币政,正本清源,吊销祖模,责令停铸。7 月,汉口银行公会联合汉口钱业公会派员对皖厂铸币进行调查。12 月 27 日,汉口银行公会还专门成立由秦开、史致容、洪钟美、曾慎基和李春楷 5 人组成的审查委员会,对安徽造币厂劣币进行审查并讨论如何禁绝的问题。审查讨论结果,是分为治本、治标两种办法。经各地银行公会共同努力,上呈北京政府财政部。北京政府财政部在多方压力之下,派员调查,据实严令安徽造币厂呈缴祖模。1925 年 2 月,安徽省财政厅接财政部令,追缴安徽造币厂"民八币"祖模送部,该厂即行停铸。

1925 年,南昌造币厂所铸"民十银币"成色不足,流入汉口市场,引起市场恐慌。1926 年初,汉口银行公会以"民十银币"成色不足、市面颇起讹言为由,函告军、省两署。1926 年 1 月,湖北省长公署第 106 号指令,根据江西新铸银

———————
① 参见《汉口银行公会致金城银行函》(1922 年 6 月 13 日),武汉市档案馆藏:165—1—92。

币成色不足,据情转咨江西督办、省长彻查严禁,并令江汉关监督查照办法,同时委托汉口中国、交通 2 家银行的化验师依法化验。如若分量不足,悉数充公,不得留情。

通过以上措施,湖北境内的劣币流通现象有所好转。但在当时社会政治条件之下,不通过全国范围的币制改革,统一币制,是无法彻底肃清劣币、伪币的,也无法根除滥币产生的社会经济土壤。在国民政府进行币制统一前,湖北境内先后又连续出现过几次劣币流通现象。除了本国的劣币外,外国的劣币也时不时流入湖北金融市场,对湖北经济市场造成了一定的冲击与危害。

2. 参与法制建设,保护其合法权益。1925 年,湖北省政府为了规范经济市场,增加税收,拟修订票据法。10 月 7 日,汉口银行公会接到修订法律馆来函,请求银行公会予以支持,“前准贵银行公会复函,对于票据法草案,请展三个月,俾得从容签注意见等因,具见贵会,不厌精研,至为感激”[1],要求汉口银行公会协助票据法修订,向银行公会征集有关意见。由于事关收回法权,关系甚大。汉口银行公会认识到兹事体大,不得含糊,于是在了解修订法律馆希望汉口银行公会对票据法草案提出的意见后,于 10 月内送到修订法律馆。财政部早在 1922 年就需要汉口银行公会的协助。“近年,社会经济日渐发达,票据使用日见其繁,亟应编订专法以资遵守。”[2]财政厅要求汉口银行公会,将内地各处票据之种类、形式及形式习惯情形分别调查,并将所有意见以及各项材料,收集完后,送到财政厅,以做参考。为支持票据法的制定,汉口银行公会在收到有关通知要求后,立即分函各会员银行进行调查登记。

此外,政府也对汉口银行公会“逆产”给予相当维护。宁汉合流之后,国民政府为了加强对全国的统治,要求对以往清王朝与北京政府留下来的财政进行登记。于 1928 年 7 月 25 日成立国民政府中央逆产处理委员会的专门机构,该委员会直属于国民政府。其主要功能是,集中处理清王朝或北京政府时期遗留之财产,当时的法律用语称为“逆产”。武汉市也相应地成立了审查逆

① 《汉口银行公会致中南银行函》(1925 年 10 月 15 日),武汉市档案馆藏:171—1—116。
② 《汉口银行公会致中南银行函》(1922 年 11 月 7 日),武汉市档案馆藏:165—1—92。

产委员会，对有关组织的财产进行审理、调查和清理。汉口银行公会作为汉口地区具有影响力的银行业组织的代表，成为审查逆产委员会的一员，同时又是被审查的对象。

为了保障债权的安定，维护汉口银行业与存户的利益，汉口银行公会提出，对于债权的审查应该有特定办法，这样才能保障债权。银行的营业范围除了日常的存款与放款之外，还有大量的抵押放款。在进行抵押放款的时候，需要款项的人就会将其所有的房地产或是货物、或是股票作为担保品，向银行抵押借款。1928 年 7 月 25 日，政府提出的审查逆产一案，是国民政府为了革故鼎新，进行财政登记改革的举措。凡涉及贪污豪劣之财产，按照 1927 年 5 月 10 日颁布的《处分逆产条例》规定，对于军阀、贪官污吏、土豪劣绅及一切反革命的财产即逆产，一经发觉，即予没收，并在革命战争期间，所得全数收为军事及政费之用，这就在经济上彻底打击了反对国民革命的反动势力。按照《处分逆产条例》，凡是被审查逆产委员会认定属于贪污豪劣的财产，基本上就被认定为"逆产"，就会予以查封或者没收。

汉口银行公会对于查封"逆产"的做法，有自己的看法和认识。它指出，登记"逆产"，很可能会严重危害到债权人的合法利益，而债权人与银行之间的关系密切，这就会间接影响到银行业。湖北省根据南京国民政府 1928 年指令颁发《处理逆产条例》，应该依据湖北地方情况进行修订，对关系汉口各银行抵押放款之担保品遇有"逆产"关系制定特定的办法，从而保障合法债权。湖北省政府对于汉口银行公会提出的以上意见和建议，一直保持着"不知则已，知之不得，不善其后"的态度。在汉口银行公会的多次督促下，审查逆产委员会终于予以回应："管理机关核准处分后，即按照该产所负抵押债务本息数目，准其分别偿还，再将余款造册报解，以免周折。"①如此说来，其解决的办法是：湖北省财政厅首先是对关系汉口银行公会抵押债权与"逆产"是否有关进行调查登记；其次是根据调查，如若有关，即没收财产，先就银行抵押货物偿

---

① 《照钞分呈武汉政治分会财政委员会、湖北省政府、又函湖北财政厅（十七年七月二十五日发）》（1928 年 7 月 25 日），武汉市档案馆藏：171—1—121。

还本息,以维护债权人利益,然后进行没收充公。这样处理,体现了对票据法制定的参与及抵押债权人利益的客观维护,保护了汉口银行公会的合法性,发挥了汉口银行公会作为一个民营组织的权能作用。这就使汉口银行公会与政府关于"逆产"处理的意见纠纷,有了一个圆满的处置结果,既顺应了民意,符合实情,又有效维护了银行业的合法利益。政府和汉口银行公会都坚持这样的态度和运用这样的办法处理问题,解决纠纷,从大处看,这对于维护社会经济稳定,也是有益的。

第三节　汉口银行公会对地方政府的支持

汉口银行公会作为汉口地方政府所在地的社会经济组织之一,在金融行业有很大影响,受到政府的重视与民众的关注。为了与地方政府保持一种良性互动关系,利于会员银行的经营与公会的组织活动,汉口银行公会在力所能及、权益责任方面,一般都会支持和配合地方政府,如地方政府为了促进经济社会发展而发行的地方公债,对民众进行劝募,也支持政府进行的币制改革,相应地还会参与地方政府组织的经济社会调查,维护地方政府出台的有利于民生福祉的政策、措施等,积极与政府一道维护地方经济社会健康、有序发展,把自己的利益与愿景和政府与社会民众一起协同起来。

一、公会与地方政府公债

所谓公债,是指中央政府以国家信用为基础,以某种收入为担保或抵押,通过一定的债权、债务凭证形式,包括公债、库券、合同契约等,向本国债权人,如金融业等,筹募或举借资金。一般而言,公债有国债与地方债之区别,前者为中央政府所发行,后者为地方政府所发行。[1] 这里论述的则是汉口银行公会对地方政府所发公债的支持。自从 1920 年汉口银行公会成立至 1938 年武汉沦陷,湖北地方政府一共发行影响较大的公债总计 11 起。不管是北京政府

---

① 蒋立场:《上海银行业与国民政府内债研究(1927—1937)》,上海远东出版社 2012 年版,第2页。

时期,还是南京国民政府统辖内的湖北省公债,汉口银行公会作为一个社会金融团体,它按照政府的要求,积极劝告并引导其会员银行进行应募,大力支持湖北地方公债的施行。民国时期的银行公会作为重要金融业同业组织,在政府内债发行、承募乃至整理过程中亦积极发挥其民间金融组织职能,旨在寻求行业债权利益的维系以及国家债信的稳固与秩序。①

1. 应募地方公债。在北京政府时期,公债与库券集中于财政部发行,其名目达数十种之多。有关湖北的专项库券计有:修堤经费库券、汉阳兵工厂库券、湖北军费库券等。其中,在北京政府时期,军阀为争夺地盘而发行的军费库券是最多的。面对湖北地方政府发行的公债,为安定湖北地方政局,也适当从中赚取利息,汉口银行公会有时是积极应募,有时则是被动应募。

1921 年王占元督鄂时,因欠军饷过多,湖北发行地方公债 200 万元,分派所属劝募,以供军需。公债以武昌造币厂盈余为偿还基金,年息 1%。票面分为 5 元、10 元、100 元、1000 元 4 种,定于第 3 年起开始还本,分 4 年还清。因战事频仍,汉口银行公会又刚成立,为了安定局势,发展经济,并通过应募公债赚取利润,汉口银行公会会员银行中的中国、交通、金城、盐业 4 家银行应募公债 60 万元。因由武昌、新堤、宜昌三处关税作保,所认募金额差不多都得到收回,银行返本得利。但是,到了萧耀南统治时期,因军事需款,便将三处关税扣留不发,故后续未还之款项,也就不了了之。

1924 年 11 月,湖北又发行湖北省金库借券 240 万元,按各县赋额和贫富情况摊借,限时一个月内募足,到期借券本息,准作现金抵纳田赋和厘税。11 月 5 日,军、省两署下公函至汉口银行公会,要求对会员银行劝募。"目前防务孔殷,饷需吃紧,帑藏告匮,应付无资。环顾险象,怒焉如捣,本督军、省长负保境安民之责,督饬财政厅,勉支危局,暂行举债,印行省库借券二百四十万元,按商埠繁简暨各县赋额大小平均摊借。利率周年一分,还本付息,以扣足第一第二

---

① 参见刘杰:《行业利益与债信秩序:上海银行公会与国民政府公债(1927—1937)》,《国际金融研究》2015 年第 10 期。

两年,分半还清,指明各县田赋作为担保,银行公会募额二十五万元。"[1]汉口银行公会集体议决,凡增加人民负担之借款,决不承认。然唯军饷无着,关系地方安危,暂向各行周转,其势亦难坚拒,于是讨论再三,汉口银行公会因库券按数摊借,手续较繁,而军饷待用,又复急如星火,故别筹他法。请财政厅由官钱局出立拆票作保,由官钱局在一个半月内,以利息1分5厘,如数归还,由中、交2家银行认借15万元,其余10万元由在会各银行按数公摊认借。

国民政府成立后,为恢复地方经济,于1927年7月重新划分财政收支系统,除财政部发行国债外,经批准,允许地方发行公债。不同于以往的是,除了应募公债外,汉口银行公会还参与了公债偿还的监督工作。

在对有关市政公债的应募方面,情况是这样的。1929年4月,汉口划为特别市,为了促进汉口市市政建设,自1929年至1938年,汉口作为特别市共发行市政公债3次。第1次是1929年10月发行的市政公债150万元。专充汉口市市政建设工程费,以各种市税为付息基金。以土地税为还本基金。市政公债票面分为1000元、100元、10元、5元4种,年息0.8%,前3年只付利息,第4年起分5年还本付息。1929年7月,行政院函令汉口银行公会,要求其进行认购。刚开始,其要求汉口银行公会认购40万元,但因汉口银行公会资金紧张,且汉口特别市刚成立不久,百废待兴,无力应募,所以在汉口市财政厅几经劝募之下,到1930年底,汉口银行公会竭力应募15万元,予以支持汉口市市政建设。[2] 第2次是1933年7月,省财政厅发行汉口市第2期市政公债150万元,年息0.8%,以汉口市税收为偿还基金,前3年仅付利息,自1935年12月开始还本付息,分5年还清,本息合计219万元。因所筹款项用于军事及地方善后急需,遂于1935年改为"民国二十一年湖北省续发善后公债"。其中,汉口银行公会各会员银行应募40万元。第3次是1935年5月,汉口市

---

① 《十三年十一月五日会员会议(下午二时)》(1924年11月5日),武汉市档案馆藏:171—1—115。

② 皮明庥主编;涂文学本卷主编:《武汉通史·中华民国卷》(下),武汉出版社2006年版,第63页。

发行"民国二十四年汉口市建设公债"150万元,用于修建市立学校、学舍及道路,债券面额分为1000元、100元、10元、5元4种,年息0.6%,从1935年开始还本付息,分12年还清,本息合计189.75万元。汉口银行公会响应汉口市政府号召,召集各银行应募。① 汉口银行公会除了对汉口市所发行的公债配合进行应募之外,还参与其还款监督工作。自1929年汉口市政府发行第1次公债始,汉口市政府即成立"汉口市市政公债基金保管委员会",负责汉口公债偿还事宜。其中,汉口银行公会应邀,派代表参与委员会还款工作的实施。

除了市政公债外,自1929年开始,湖北省政府还发行了5次省公债。首先是1931年2月、1932年10月发行的两项善后公债,分别为300万元。1931年发行的是"民国二十年湖北省善后公债",以湖北象鼻山矿铁砂收入和纱布丝麻四局租金为还本付息基金。公债票面分为1000元、100元、10元3种,年息0.8%,自1932年6月至1941年6月,分10年还清,本息合计447万元。汉口银行公会于2月6日,接湖北省银行总行公函第41441号文件,要求进行应募。汉口银行公会向各会员银行劝募20万元,要求以洋行机车为第一担保品,湖北省银行为第二担保品,并签订合同。② 1932年,湖北省因上一年各县与武汉同受水灾,遍地疮痍,税源枯竭,而赈济善后与军需刻不容缓,10月又发行"民国二十一年湖北省善后公债"300万元,以营业税收入为还本付息基金,自1933年12月起开始还本,分6年还清,本息合计396万元。在1931年武汉水灾后,汉口银行公会接到湖北省政府何(成濬)主席来函,"以水灾奇重,税收断绝,军警各机关火(伙)食无法维持,拟向各银行借款六十万元,自本年十月起至二十一年四月底止,由特税协款项下,分期拨还"。③ 汉口银行公会在接到来函后,立刻召集会员商议。会员银行经一再商议,要求省政府对押品、还款期限等,妥善订拟合同。最终,答应应募60万元给予省政府应急之用。

① 《汉口市银行业同业公会致中南银行函》(1935年5月27日),武汉市档案馆藏:171—1—65。
② 《汉口银行公会致中南银行函》(1930年12月30日),武汉市档案馆藏:171—1—124。
③ 《汉口银行公会致金城银行函》(1931年9月□日),武汉市档案馆藏:165—1—610。

其次是 1934 年 3 月,湖北为整理 1926 年以前地方旧债和赎回汉口生成里房户,发行"民国二十三年湖北省整理金融公债"400 万元,票面分为 1000元、100 元、10 元、5 元 4 种,年息 0.6%,从 1934 年 6 月起还本付息,分 12 年还清,本息合计 557.64 万元。公债以省公产租金收入及省银行股利为还本付息基金,不敷之数,由营业税收入补充。由于是对 1926 年以前之公债进行偿还,汉口银行公会作为其之前应募者之一,即参与湖北金融公债基金保管委员会监管,协助湖北省政府进行旧债清偿。[①]

1935 年、1937 年,湖北省政府发行债券分别为"民国二十四年湖北省建设公债"600 万元,"民国二十六年湖北省建设公债"500 万元。这两项公债,都是为修建公路、建设湖北市政而拟定的,票面分为 1000 元、100 元、10 元、5元 4 种,年息 0.6%,以省营业税收入进行偿还。前者从 1935 年 6 月开始还本付息,分 12 年还清,本息合计 846.46 万元;后者自 1938 年开始还本付息,12年还清,本息合计 703 万元。汉口银行公会接湖北省财政厅训令后,进行应募。尽管它只是应募了 1937 年建设公债 40 万元,但这两次公债的监督还款管理工作都参与了。

2. 参与政府公债的管理。民主管理公债,有利于保护各银行的利益,维持公债的信誉。汉口银行公会作为汉口华资银行的利益代表,积极参与对公债的相关管理。1927 年,汉口银行公会推举上海银行经理唐寿民、中国银行行长王子鸿、金城银行经理王毅灵、四明银行经理洪彬史 4 人为湖北金融公债基金保管委员会委员,进入湖北金融公债基金保管委员会。[②]

1929 年,汉口市发行市政公债,组织市政公债基金保管委员会。委员会由 13 名保管委员组成,市长委派 1 人、市党部 2 人、汉阳商会 1 人、汉口银行公会 2 人、钱业公会 1 人、汉口业主会 1 人、汉阳业主会 1 人、财政局局长为当然委员,由市政府指定委员 3 人为常务委员,处理会务,并执行委员会决议案件。汉口银行公会参与其中,并推定方振民、张承谟 2 人代表汉口银行公会为

---

① 《汉口市银行业同业公会致中南银行函》(1934 年 4 月 6 日),武汉市档案馆藏:171—1—128。
② 《汉口银行公会致中国实业银行函》(1927 年 3 月 28 日),武汉市档案馆藏:98—1—63。

市政公债基金保管委员。后因张承谟离汉,汉口银行公会重新推选殷惠昶继任其职。①

汉口银行公会还对公债积极维护。1923年1月,报载内债基金动摇,商民惶惑,汉口银行公会为维持内债基金安稳,致电北京总税务司。"债无内外,均关国信,决难偏重。况名为内债,实为外人所有者正多,内债之基金巩固,即外人之利益亦同保全,岂可因名忘实,夺此与彼。各债务有专案,中外具瞻,苟破坏其一,牵动何可胜言。"②汉口银行公会还积极加强与上海银行公会、北京银行公会的联系。③

3. 汉口银行公会在主持召开第4届全国银行公会联合会议之际,适值财政当局有破坏内债基金计划。于是,汉口银行公会会长暨第4届全国银行公会联合会会议主席王毅灵,提请会议讨论,维持公债基金及整理内外债问题。与会者拟以联合会名义,严促政府维持公债基金;并宣言,日后政府发行公债,非经联合会公议,各地方会不得单独承募。随后北京银行公会、上海银行公会都提出支持意见,维持内债基金。上海银行公会代表各省银行公会发表《全国银行公会力争基金宣言》,"我国自民国元年以至今日,所发各种内国公债,不下四万九千八百万元。除已还本者,约计二万一千九百万元外,在市面流通者,尚有二万七千九百万元。所恃还本付息者,阙惟基金,基金之可靠者,阙惟关余,保管基金之尽职者,阙惟总税务司安格联君。近年来,公债流通日广,调剂金融,未始非计。前者北方军阀屡次觊觎关余,全国人民不惜竭全力以争。自民国十年三月整理案成立后,已成铁案,讵可动摇。近又闻南方军阀,有争夺关余之说,试问此项关余为内国公债之基金,已为全国人皆知。无论何方,无论何人,不得攘夺,或以不正当方法挪用一时,否则必与国民共弃之。况债票流通市面,中外持票人,不知凡几。如有人攘夺关余,即攘夺我国民财产。

① 《汉口银行公会致中南银行函》(1930年1月8日),武汉市档案馆藏:171—1—124。
② 《照钞本会致北京总税务司电稿》(1923年1月□日),武汉市档案馆藏:165—1—94。
③ 详见郑成林、刘杰:《上海银行公会与1920年代北京政府内债整理》,《华中师范大学学报(人文社会科学版)》2014年第3期。

倘国民财产,军阀可以攘夺,国将何以立? 敝会为全国金融枢纽,沪市尤为中外商业总汇,惟恐公债基金动摇,必致牵及中外金融及商市命脉,不敢缄默不言。除电请安格联君,自始至终,严重保管外,用特宣言,以尽天职,各国各省,其各注意"。① 针对整理内外债问题,汉口银行公会还提出,请财政部援照整理公债先例指定款,收回国库券。

总税务司司长安格联被免职后,内债价格狂跌,社会金融影响巨大。上海银行公会与钱业公会感受到影响巨大,鉴于公债基金关系到国家的信用,坚定不受个人影响的决心,并认为,我国税务决不能完全操纵在外国人的手中,借此机会,急需改组公债基金保管人员,进行改组,从而组织成立共同保管公债基金的机关。1924 年 5 月 6 日,汉口银行公会致电上海总商会及银行、钱业两会,指出:"公债基金,关系国计民生至重且钜。原不应以保管存储之责,委诸一二客卿,致有安氏免职,债价暴落之危险现象。若不亟谋救济,后患何堪设想。贵会所议组织共同保管基金机关,系根本办法,敝会深表赞同。"

北京政府时期,时常出现延迟公债还本现象,有违信用。1923 年,汉口银行公会催询赈灾公债还本。"北五省赈灾公债四百万元,订明每年五月三十一日,十月三十日付息还本一次。乃第一次还本,已愆期两月。第二次竟未举行,现又届第三次还本之期,政府尚未公布,此项公债颁有条例,且指定货物税,及常关税,加征一成赈捐,为还本付息之的款。款既有着,又且明颁条例,信誓昭昭,若竟不克覆行,试问以后,如再有灾赈募借,何以能强人信仰? 近日人民持此项债票向银行问讯者,络绎不绝,事关国家信用,应请政府迅将第二次还本抽签,即日补行,并将第三次抽签还本,依照原定日期办理,仍先行分别公布,以昭大信。"②

经过 1927 年的政局动荡,1928 年 4 月,湖北省金融业破产日益加剧。于是,汉口商界电呈国民政府中央,请求救济,以资维持。在北京政府时期,武汉经济受到军阀搜刮盘剥,苦不堪言,继又因以东南清党,对武汉实行经济封锁,

---

① 《全国银行公会力争基金宣言》,《银行杂志》第 1 卷第 6 号,1924 年 1 月 16 日。
② 《汉口银行公会催询赈灾公债还本》,《银行周报》第 7 卷第 19 号,1923 年 5 月 22 日。

而使武汉财政陷于罗掘具穷的境地。虽然武汉财政当局曾以增发纸币,发行国库券,实施现金政策,召集联系会议,对商民进行整治教育等方法,来谋求解决,但却收效甚微,财政上依然困难,经济萧条,金融受其影响甚大。

1927年4月3日,日本在汉口制造了一起空前的血案,史称"四三惨案"。惨案造成10人死亡、8人重伤、数十人轻伤,在当时激起社会各界的强烈反响,民众仇外情绪高涨,以致对时局也产生了较大影响。案发后,外国商人因被当时武汉工人强烈的仇外心理所吓阻,而不敢复工复业,他们将资金转往上海等地区,致使武汉各区失业人数徒然剧增,高达二三十万人。而资金的大量外流,亦为湖北财政造成无可弥补的创伤。武汉财政竭蹶,金融不振的情形更加严重。武汉财政当局虽然采行新的外交与经济政策,给予外侨在武汉政权辖区内有不受限制的经商权利,想借此来减轻经济与外交压力,由于社会不稳,外侨虽想复业,但实际上也不可能做到。这种经济停滞状况,一直持续到1928年下半年以后,仍旧无法予以突破。于是,武汉市面,就愈加显得萧条,库券中钞,均大幅度惨跌,而物价却日日上涨,终致人心惶惶,金融几乎无法维持。

汉口银行公会所从事的组织活动与政府发生密切关系,尤其是进入国民政府时期,政府逐渐加强对同业公会的管控。汉口银行公会行业性经济团体,是合法的民间社会组织。它在进行组织活动时,需要同官方联系,形成一种"亦民亦官"的互动格局。在北京政府时期,汉口银行公会的组织活动,大多是自发性质,受政府束缚较少。到国民政府时期,情况就不一样了,政府管控趋紧:一是1931年汉口银行公会进行改组,变为汉口市银行业同业公会,成为汉口商会之下的成员之一。二是国民政府陆续出台一系列有关金融业、银行业法律法规,通过发布政策、法规、法令等形式,不断干预金融业,如1929年的《公司法》《票据法》、1930年的《票据法施行法》、1931年的《银行法》、1934年的《印花税法》《储蓄银行法》、1935年的《中央银行法》等。虽说是从法律法规层面上加强对银行业规范,实则是为了加强政府管控。[1] 即便是政府管控

[1]　易棉阳:《近代中国两种金融监管制度的比较:基于交易费用视角的研究》,《财经研究》2014年第1期。

逐步加强,但是,汉口银行公会在维护地方金融稳定方面的作为,依然还是受到政府重视;同时,公会在维护金融稳定时,也需要政府给予支持。应对几次金融风潮的爆发,在平息过程中,政府就联合汉口银行公会,做到与商会等一同紧密配合协同,收到较好效果。如1924年遭遇金融恐慌,湖北省政府与汉口钱业公会、银行公会、商会通力合作,最终在湖北省政府的支持下,渡过难关。1935年出现"白银风潮",汉口市市长吴国桢为安定金融市场起见,便紧急召集钱业负责人、商会领袖以及汉口各银行的代表,一起商讨解决办法。在政府主导下,汉口金融业各界在达成协议后,银、钱业密切合作,共同化解危机,转危为安。1927年的"集中现金"政策出台以后,汉口商业债务纠纷案件增加,工商贸易发展受到不利影响。为解决纠葛,益于武汉三镇经济的恢复发展,1929年6月,国民政府公布《武汉临时商事法庭条例》,处理武汉国民政府以来的债务纠纷。汉口银行公会作为武汉三镇的重要金融组织,积极参与其中,协助政府一同解决债务纠纷,收到实效。

二、对两次币制改革的支持与应对

币制改革,需要在政府政令统一的条件下进行。在北京政府时期,军阀混战,政局混乱,币制无法适应经济发展形势。国民政府在完成全国形式上的统一后,对混乱的币制进行了两次改革,主要是1933年的"废两改元"、1935年的法币政策。在这两次改革中,汉口银行公会为了稳定金融业的发展,营造良好经济环境,在推进改革方面,都积极支持和配合。

1. 支持"废两改元"改革。从晚清以来,中国货币制度一直是很紊乱的,经济发展受到掣肘。在湖北社会流通中,长期使用的有银两、银元、制钱、铜元等金融货币。此外,还有官钱局发行的官票、华资银行发行的兑换券,以及外国银行发行的洋钞等。其中,银两因各地的平码、成色、熔铸形式差异而有不同的计算单位,折算起来,既繁且难;制钱、铜元业经历年烂铸、减重而减成色,加上一些外省流入的劣质铜币,使市场上的货币流通成分十分复杂。就拿银元来说,它有黎(元洪)像币、孙(中山)像币、袁(世凯)像币、晚清龙洋,以及海外流入的一些银元等,不仅样式不统一,而且其重量、成色也参差不齐。官票在开始发行时,信用尚好。但是,在辛亥革命后,由于滥发无度,货币贬落,终至 1926 年被清理出市。但是,一时之间,它们并不能被清理干净。直至 20 世纪 30 年代初,仍有不少数量的官票散落在民间不能兑现。紊乱的币制,银铜并行,两元并存,不仅给人们在使用中带来不便,而且在很大程度上也阻碍了商品经济正常发展。因此,早在北京政府统治时期,就已有人提出"废两改元"的主张。但是,由于那时的中国在政权上是军阀割据统治,政令不能统一,市场被分割,特别是在经济上,金融界及帝国主义极力反对统一货币,因此,"废两改元"的主张根本无法施行。1928 年以后,中国在形式上已为国民政府所统一,全国性统一的大市场已经形成,特别是在金融界,官僚资本银行和民族资本银行已占市场优势,再加上货币虽仍以银两为单位,但银元已被广泛使用,为人们所普遍接受,这样,"废两改元"的时机已然成熟。

1933 年 3 月 10 日,国民政府发布《废两改元令》,规定所有公私款项收付、契约、票据,以及一切交易,一律改用银币,不得再用银两。"废两改元"的政令推行后,汉口银行公会即召集各会员银行进行商讨。针对"废两改元",汉口银行公会关于存、欠、收、付等内容,决议的办法总共有如下 5 项:"(一)自即日起,本会各行遵照财政部哿电,实行废两用元,无论何种进出款项,一律以银元收付;(二)自即日起,银两换算率,应遵部令,按四月五日申汇折合银元,即六九三九〇七五;(三)各行对于银两存户,自即日起,应一律以银元折合支付,不得以库存银两,瞻徇通融;(四)各行对于存欠各户,应遵部令照第(二)条四月五日换算率折合银元为转账之标准;(五)外商(包括外国银行而言)有银两存在各行者,一律以银元折付,其各行有银两存在外商银行者,亦应折合银元收进,遇有外商银行只付银两时,应将此项银两转向中央、中国、交通三银行。"①议决案一出,汉口银行公会立即将决议对外公布,自 4 月 6 日起,各行遵照财政部及公会议决案,一律改用银元为本位,其具体提议:"对于四月六日以前收存或开出之各种银两票据,应按,四月五日本埠申汇行市(即

① 《汉口市银行业同业公会致中南银行函》(1933 年 4 月 6 日),武汉市档案馆藏:171—1—126。

九百七十两零五钱)先行折合规元,再以规元七钱一分五厘,折合银币一元为标准收付银元(即洋例银六钱九分三厘九毫零七忽五微,折合银币一元);对于四月六日以后各种收付票据,如仍有用银两为本位者,应商顾客依照前条换算率,改用银元计算,方可照行收付;对于银两存欠各户,应仍照第一条换算率,一律折合银元转账,除业经登报公告并分致外,相应函达。"①汉口银行公会不仅把"废两改元"分告各会员银行,除例行遵照外,还进行登报申明如何进行履行。可见,汉口银行公会对中央政府这一币制改革,立场是支持的,态度是积极的,行动是扎实有力的。

2. 配合执行法币政策。1935 年,国民政府再次进行币制改革,即实行法币政策。1929 年至 1933 年,资本主义在世界范围内爆发了空前的经济危机,英、美两国先后于 1931 年和 1934 年放弃金本位制。1934 年 5 月,美国颁布《白银法案》,将白银收归国有,禁止白银出口,提高白银收购价格。美国发布白银政策,引起国际市场的白银价格迅速上涨。中国当时仍是银本位国家,但中国并不是产银国,而是用银国。世界银价的上涨,导致中国白银大量外流,造成严重银荒,在全国范围内掀起了一次"白银风潮",动摇了中国银本位的基础,迫使国民政府开始考虑币制改革的问题。1935 年 11 月 2 日,国民政府颁布了《法币政策实施办法》,主要内容为:(1)自 1935 年 11 月 4 日起,以中央、中国、交通 3 家银行所发行的钞票定为法币(1936 年 2 月又增加,中国农民银行所发行的钞票视同为法币),所有完粮,纳税及一切公私款项收付,概以法币为限;(2)禁止白银流通,将白银收归国有,充作外汇准备金;(3)法币的汇价规定为 1 元等于英镑 1 先令 2 便士半,并由中央、中国、交通 3 家银行无限买卖外汇。②

由于 1931 年受到武汉大水的打击,武汉工商业损失惨重,直到 1935 年,元气尚未完全恢复。1929 年,世界资本主义经济危机爆发后,因英、美等资本

---

①　《汉口市银行业同业公会致中南银行函》(1933 年 4 月 6 日),武汉市档案馆藏:171—1—126。

②　《财政部关于施行法币布告(1935 年 11 月 3 日)》,见中国第二历史档案馆等编:《中华民国金融法规选编》上册,档案出版社 1989 年版,第 401—403 页。

主义国家转嫁危机,武汉的工商业更加步履艰难。此次"白银风潮"发生后,更是雪上加霜。由于银根奇紧,物价下跌,市场萧条,工商业倒闭风盛极一时。国民政府的《法币政策实施办法》颁布以后,湖北省政府随即予以转发,并制定有关具体规定,强调照章执行,不得有误。汉口银行公会也积极响应,闻令即行。1935 年 11 月 3 日夜 10 时许,汉口市金融界即已接到上海金融界非正式电告的法币办法,当即由汉口银行公会召集各会员银行集体商议。议决由银行公会呈请市政府发帖布告,令仰一体,遵照实行。关于债务契约以及收交等手续,复于 11 月 6 日下午 2 时召集开会讨论,议决主要内容是:"(甲)关于部电通令,银钱业将截至十一月三日止,库存钞券种类数目及现金数目,报由中央银行转报财政部案。决议:各行将十一月三日止营业,储蓄发行各库存现洋及钞票种类细数各分列三表,送由银行公会转报市政府及中央银行。钞票种类,分申钞、汉钞、辅币券,现银分生银、银元、铜元,如有代人保管者,照上列办法另单开报,均尽十一月七日午前送至公会;(乙)关于票据、契约书写名称案。决议:以后各银行号开出票据及契约,一律书写'国币'字样,其以前开出之票据契约及以后顾客所开票据、契约,仍用洋、大洋、银元、申钞、汉钞等字样者,一律看作国币,以中央、中国、交通三行钞票及财部核准三行以外,照常使之钞票收付之……"①汉口银行公会的积极响应,有利于湖北币制改革的顺利进行。

成立于1920年的汉口银行公会,在时间上正属于北京政府统治时期。由于政府的权威尚未全面建立起来,此外,武昌作为辛亥革命首义之城,其民主思潮对一江之隔的汉口银行公会影响深刻,"在商言商"的传统观念逐渐被削弱,"重商主义"思潮受到追捧。银行公会为维护本行业利益,积极参与湖北地方政府的经济社会活动。然而,到了国民政府时期,由于政府管理变得相对规范,汉口银行公会也在其法制管理下日益发挥作用,虽然其自主性大受影响,但是,也不能由此忽视其作为民间同业组织的社会功能。在北京政府统治

---

① 《本市推行法币经过情形》,《汉口商业月刊》第 2 卷第 12 期,1935 年 12 月 10 日。

时期,社会不断遭遇金融恐慌和金融危机,可谓"天灾人祸"相交织,灾祸不断,但政府在金融币制改革中,对汉口银行公会在政治、经济、社会方面均给予关怀和支持,这也为其在政府提供法律依据的前提下,建立并形成较大自治权力机制,提供了便利和有利条件。当然,这并不意味着,政府与公会的关系是单一的合作配合式的,它们在互动中当然也有矛盾和对立,有时冲突起来还是很激烈的。譬如,在遇到"集中现金"这一危害银行公会利益的事件中,汉口银行公会对政府进行了有力抗争,其场面还是较大的。因此,总体上看,在1920—1926年的北京政府时期、1927年的宁汉对峙时期,再到1927—1938年的南京国民政府时期,在与政府的关系构建与互动上,汉口银行公会始终走在一条合作与抗争相交替、相协同的"二元路线"上。不能不承认,这也是汉口银行公会在与政府行为协同中,体现出的一种深邃智慧和高超艺术。

三、公会与地方政府之间的离合

汉口银行公会与地方政府之间的离合,表现为合作与冲突。从总体上看,两者离合是其对地方经济的发展以及互相之间的利益平衡。在北京政府时期,由于政局混乱,中央无法在实质上统治湖北。湖北地区军阀混战,今天是这个军阀主持湖北政务,进行一番勒索;明天又是那个军阀占据公署,下达各项指令进行搜刮。汉口银行公会在前期,与地方政府来往密切,军阀在政治、军事上进行你争我夺,"你方唱罢我登场",汉口银行公会则立足于经济领域在金融行业上发展,虽然两者看似互不相关,但是,汉口银行公会却受尽军阀盘剥勒索,尤其是表现在军事认捐上,军阀一般是通过"借款"方式进行巧取豪夺,使银行没有利润积累,只是成为一种"献金"的工具,失去经济造血功能。因此,在北京政府时期,汉口银行公会与军阀政权的冲突比较多。到南京国民政府统治时期,湖北政权隶属于南京国民政府管辖,地方政府要想使汉口银行公会服从其管辖,使其政令有效施行,稳定地方政局,而且能够促进湖北金融乃至经济发展,就必须使汉口银行公会心悦诚服,让公会在情感、心理上舒坦,而不是难受。这样,汉口银行公会才会乐意与地方政府一路同行、相互协同,共同担负起维持武汉金融稳定,促进经济平稳的责任,发挥双方互动协调的作用,一起合力推动湖北经济社会发展。

1. 汉口银行公会与地方政府之间的合作。甲债,是国民政府在迁都武汉之前,湖北地方军、省两署主要以湖北官钱局产业为抵押,向汉口总商会、汉口银行公会、汉口钱业公会所借而未完全偿还干净的债务。1929 年 8 月,国民政府财政部核定武汉新、旧债务,分作三类整理:以属于地方的旧债为甲债,属于国家的旧债为乙债,自国民政府迁都武汉后新借的债为丙债。

1920 年到 1927 年,汉口银行公会以湖北官钱局产业为抵押,借款给湖北当时的军、省两署机关,总计近 200 万元。1922 年 1 月,北京政府财政部以战事为由,筹集军需,发行公债 1400 万元,向湖北省募集 150 万元。湖北地方政府以官钱局产业作为抵押担保,要求汉口银行公会认募 40 万元。1923 年冬,因四川、湖南内战相继发生,汉口货物外运受阻,加上当年秋收时期,收购农副产品需要大量银元,汉口银元大量减少,汉口金融市场的形势顿时紧张。为此,1923 年 12 月 20 日,湖北省财政厅为保障金融市场稳定,以官钱局产业作为担保,特向汉口银行公会借款 15 万元。1924 年秋,因江浙战争影响,湖北再次引发金融恐慌,各商业团体为了保证还款有着落,地方政府以官钱局的产业汉口堡垣内外总地契作保,所以,军、省两署以官钱局产业作抵押,前后两次要求各公会团体认垫银元共 260 万元。8 月,汉口银行公会认垫 45 万元,要求地方政府以官钱局产业汉口堡垣内外总地契作抵。[1] 1925 年,湖北军、省两署又因军需以官钱局产业以及湖北省金库券作保,向各界劝募 70 万元,汉口银行公会借款 28 万元。然而,在这些借款中,有些本息已偿还部分,有些还未来得及偿还,在 1926 年 3 月,官钱局既已倒闭,对于官钱局的抵押品汉口堡垣内外总地契的产权归属问题,则引起争论。在北京政府时期,深入考察汉口银行公会认募地方政府的多次借款,从中即可发现,汉口银行公会始终与地方政府保持着一种友好的合作关系,而不是在矛盾面前呈现出僵化消极的不配合状态。

---

[1] 《汉口银行公会致中南银行函》(1924 年 9 月 18 日),武汉市档案馆藏:171—1—115。

官钱票倒塌于 1926 年。当时在市场上,银根吃紧,舆论一片哗然。湖北省地方政府当局为了应付群情激动,安抚民心,开始办理登记持票人手中持有票额的工作,但是,它却并没有决定具体的办理方法与清理程序。适值国民革命军北伐,并于 1926 年年底占领武汉,结束了湖北军阀割据的状况。1927 年 1 月,国民革命政府对湖北地方金融进行整理。方案议定,以官钱局原有产业作为担保,发行金融公债 2000 万元。其中,拨出 700 万元,按官钱票每 1 串兑换金融公债 1 角的比例,收回官钱票。

为此,1927 年 3 月 14 日,国民政府特组织成立"整理湖北金融公债基金管理委员会",由它来具体负责管理此次金融公债借本还息工作,从而换回官钱局所作抵押之产业。委员会专设委员 9 人,除由财政部委任的 3 人外;其余者,则由财政部加聘,其中,具体配额是,汉口总商会 2 人,汉口银行公会作为武汉地区重要的金融团体,则安排了 4 人参加。委员会具体议事的细则、办事的规则和流程,则由财政部核定。[①]

根据整理委员会组织条例,汉口银行公会召开会员会议,通过选举,推举上海银行经理唐寿民、中国银行行长王子鸿、金城银行经理王毅灵、四明银行经理洪彬史 4 人代表汉口银行公会参与整理湖北金融公债基金。他们则于 1927 年 3 月 24 日上任履职。1928 年 3 月 1 日,国民政府、整理湖北金融公债基金管理委员会函致各债权人,说明整理湖北金融公债第一期利息于 1927 年 6 月 30 日开始,由委员会在拨款基金项下,先后拨付给中央银行汉口分行;第二期利息于 1927 年 12 月 31 日开始。但是,到 1928 年 3 月,第二期利息依然没有支付。委员会认识到,需要保障公债的信用以及人民的权利,并以第二期利息逾期已久,不容再缓为由,经过委员会商议,湖北省各口内地税局遵照有关条例,将"二五税归公,六成收入一款,自本年二月一日起,逐日解缴敝会,交由上海银行保管暨委托该行代理付息事宜,付息期限至三月一日开始,并议由委员会届期派员会同办理,用维债信"[②]。整理湖北金融公债基金管理委员

---

① 《汉口银行公会致中南银行函》(1927 年 3 月 20 日),武汉市档案馆藏:171—1—128。

② 《汉口银行公会致中南银行函》(1928 年 3 月 1 日),武汉市档案馆藏:171—1—121。

会自成立起,就开始筹划偿还本息,向官钱局债权人收回官钱局的产业。然而到了 1928 年 6 月,官钱局的产业并未完全收回,汉口银行公会作为债权人的偿款也未完全还清。这就说明,在地方上的政府行为中,其权力运作往往会出现现任政府不买前任政府账的事情,从而导致金融业随政局演变、政权更迭而跌宕起伏的情形。

1928 年 6 月,汉口银行公会收到湖北妇女慰劳北伐将士会来函,为发起游艺会,募集捐款,以备慰劳北伐将士之用。特送游艺券 200 张,由公会分销各会员银行。6 月 6 日,会员银行会同商酌,决定允予应募 100 张,按 17 家银行分配。①

1929 年 6 月 1 日,国民政府在南京举行孙中山先生葬礼,史称"奉安大典"。为隆重举行此次葬礼,国民政府特成立"总理奉安典礼筹备委员会",简称"筹备会"。筹备会成立后,开展各项筹备工作,筹备经费就是其中的重要工作之一。筹备会在全国范围内,广泛募集捐款。而汉口银行公会作为武汉地区重要的金融机构,不可避免地参与捐款。筹备会汉口分会直接函告汉口银行公会,谓"烦请捐洋 2000 元"。5 月 27 日,汉口银行公会开会讨论捐款额度,以此项捐款事关奉安荣典,商议同汉口商会一起商酌办理。同日,筹备会汉口分会派樊自型、甄海清持函到会,"坚欲立以前款,并有刻不容缓之势"。由于此前商会已交 1000 元,财政所 4000 元、财政局 2000 元亦均如数交到。于是,汉口银行公会参照商会所交数目,为表尊崇孙中山之诚心,经会员一同会商,捐洋 1000 元。奉安典礼结束之后,除开支外,尚有余款。总理奉安典礼筹备委员会派樊自型到银行公会,退还洋 304 元,又懋业银行单独捐款退还 3 元。由此,银行公会除将懋业 3 元另送外,余下还款计 304 元。在此基础上,公会另行凑添 2 角,再由 13 家银行分摊,每家银行得 23.4 元。②

1931 年春夏,武汉地区爆发百年一遇的大洪水。9 月初,武汉三镇积水退去,但因水灾奇重,政府税收断绝,军警各机关伙食无法得到保障。湖北省政

---

① 《汉口银行公会致中南银行函》(1928 年 6 月 7 日),武汉市档案馆藏:171—1—121。
② 《汉口银行公会致金城银行函》(1929 年 6 月 12 日),武汉市档案馆藏:165—1—101。

府乃由省主席何成濬出面,"向各银行借款六十万元,自本年十月起至二十一年四月底止。由特税协款项下分期拨还,并以善债120万元作抵,除饬财厅派员商洽合同外,揣此函达"①。汉口银行公会接函后,及时转知各行,并在9月5日公会会员聚餐后,集体共同讨论。但是,会议对于此次政府押品与还款期限问题,没有达成一致意见。9月7日,各行继续集议,就湖北省政府借款,关于押品与还款期限继续详细讨论,并与政府接洽。最后,在湖北省政府主席何成濬的保证下,同意借款60万元,以支持政府机关维持运作。这样做,汉口银行公会维持了社会稳定,有利于地方经济恢复和发展。

2. 汉口银行公会与地方政府之间的冲突。作为湖北地方政府与汉口市政府管辖区域的同业团体组织,汉口银行公会在有关经济社会事务上与地方政府会出现冲突与矛盾和纠纷,这是必然的,也是不可避免的。但是,两者之间的冲突样式,又不可能是剧烈的、针锋相对的。在同业团体组织与地方政府之间产生摩擦和矛盾时,同业组织往往通过一些柔性的方式争取自身的合理权益。汉口银行公会如果一时无法改变地方政府的决策、决定,则往往会借助于其他组织进行权衡,以协调的方式方法中和分歧、化解矛盾,最大限度地减少自己的损失,而又不伤和气。

1927年,武汉国民政府推行"集中现金"制改革。在此过程中,汉口银行公会为了生存与发展利益,被迫进行抉择。1927年1月,武汉国民政府面对较为严峻的金融形势。首先,武汉金融业经过1926年的金融恐慌后,元气尚未完全得到恢复,银、钱业银根偏紧,加上官票倒塌,军阀吴佩孚在溃逃前又从武汉向银、钱业强行勒索了数百万银两,金融业一时显得很不景气。其次,由于战争影响,市场受到严重打击,各行各业都遭受很大损失,市场一蹶不振,经济低迷,税收大为减少。豪门巨富为了避免损失,纷纷将现金存入外商银行,或者干脆把资金、财产转移到上海等地。汉口银行公会各会员银行的存款量剧减,业务凋敝。"四一二"政变后,南京国民政府对武汉实行经济封锁,武汉

---

① 《汉口银行公会致金城银行函》(1931年8月□日),武汉市档案馆藏:165—1—610。

的现金来源断绝。在此情况下,武汉国民政府只有依靠汉口中央银行增发纸币,以维持庞大的军政开支。1927年4月17日,武汉国民政府颁布《集中现金条例》7条,寄希望以此维护武汉的金融秩序,但适得其反,"集中现金条例"一经公布,立即引发市面恐慌,社会陷入动荡不安状态之中。

面对情况恶化,武汉政府随即加紧对汉口银行公会实施监管,封存各会员银行银两。4月20日,武汉国民政府要求财政部巩固财政,做好打击奸徒乘机渔利的投机倒把,吸收武汉地区的现金,扰乱金融市场行为的准备工作。处于风口浪尖的汉口银行公会,很难有所作为。武汉地方政府要求汉口银行公会通知各个会员银行,严禁现银流通。武汉国民政府"集中现金令"颁布后,南京政府方面立即作出反映,它通令所管辖区域内,此后如果使用中国、交通2家银行纸币面上印有"汉口"字样者,不得向其他省的各埠中国、交通2家银行兑现;与此同时,上海银行公会也发出通知,"与汉口各行,暂行停止往来"。[①] 为了在两难处境中寻找解决问题的办法,汉口银行公会与汉口总商会、钱业公会开会讨论金融问题,组织金融讨论会。按照总商会代表5人,商民协会代表5人,银行公会代表5人,钱业公会代表3人,中央银行行长、中国银行代表1人,交通银行代表1人的名额分配,总共20人组成讨论会,商议"集中现金"管制后,应对湖北金融出现混乱局面的有效解决办法,以及各公会、商会在严峻形势下如何进行取舍抉择。实行"集中现金"管制后,武汉政府下令,不准汉口银行公会各会员银行现银出境;同时,由于南京国民政府对武汉国民政府全面实行经济封锁,汉口金融业面临严峻考验。

尽管如此,汉口银行公会还是为恢复武汉金融活力作出积极的努力。它极力联合各商界组织对金融现状和经济形势进行讨论,寻找对策。随着时局发展,武汉金融形势还是未能呈现好转迹象,而汉口银行公会各会员银行的现实处境也是步履维艰。为同业计,为自身利益计,汉口银行公会各会员银行有的暗中与上海各总行往来汇兑,试图维持分行金融现状;有的干脆停止营业,

---

① 《武汉金融志》编写委员会办公室、中国人民银行武汉市分行金融研究所编:《武汉银行史料》,内部发行,1987年,第133页。

努力减少相对损失。通过情状分析可以看出,在地方政府威胁到汉口银行公会生存和发展的切身利益时,汉口银行公会会尽量选择避免与其发生直接冲突,迂回地维护银行业利益。

作为银行业的同业组织,汉口银行公会在地方融资方面也起着很重要的作用,因此,它与地方政府的公债发行有着密切的关系。政府发行公债,一是要通过银行进行融资,扩大总量;二是要通过银行进行承销,畅通出口。汉口银行公会从成立之时到全面抗战爆发之际,多次与地方债券募集产生关联,并在金融公债中,不免与地方政府产生分歧、纠葛,甚至是冲突。

1928年,汉口银行公会与湖北财政委员会为偿还旧债、发放新债发生争论。在武汉国民政府时期,为应对南京国民政府的全面经济封锁,避免其对湖北金融业的全面打击;同时,为偿还前军阀政府的借债款,武汉国民政府发行《整理湖北财政公债条例》《整理湖北金融公债条例》以缓解当时严峻的经济形势。《整理湖北财政公债条例》发行公债所用银元额度1500万元,本债利息指定湖北省出产运销二五特税为担保本公债还本基金,利息定为周年4厘,以每年6月30日、12月31日为给付期;《整理湖北金融公债条例》发行公债额度2000万元,本债利息指定湖北省出产运销二五特税拨付,指定湖北官钱局的全部财产为第一担保,湖北省出产运销二五特税为第二担保,利息为周年8厘,以每年6月30日、12月31日为给付期。然而到了1928年,经过宁汉合流,湖北已经隶属于南京国民政府管辖之下,为恢复湖北地方财政金融秩序,国民政府把湖北公产划归湖北省政府所有。于是,在1928年4月16日,湖北省政府呈请国民政府中央明令废止《整理湖北财政公债条例》《整理湖北金融公债条例》,同时希望,应许湖北省政府发行地方公债,定额为1500万元,仍然还是指定官钱局全部产业为担保,并以湖北省出产运销二五特税作为偿还湖北地方公债的本息。

作为《整理湖北财政公债条例》《整理湖北金融公债条例》的主要承募者,汉口银行公会在听说湖北省欲废止上述两公债后,深感惶恐。于是,1928年4月27日,由汉口银行公会出面,向湖北财政厅提议废止金融、财政两项公债条例一案,分别呈请国民政府财政部、湘鄂临时政务委员会、湖北省政府、武汉临时财政整理委员会及湖北财政厅函:"废止公债条例,影响国家威信,恳请撤销议案,以安人心,而尊法令……国民政府公布整理湖北金融、湖北财政两项公债条例,为国民军发展至中部,第一次财政根本计划,其时武汉金融正值蹶竭之际,条例公布后,咸以为中央财政有所规划,商民新旧债务,亦得有所抵偿。故一方仰体政府整理之苦衷,一方希冀本身债权之稳固,不得不竭尽绵薄,勉为其难,良以国家法令施行,必予人民以保障流通周转,无所怀疑。乃金融公债,尚未按照条例完全支配,财政公债正待印行,忽有废止之提案"①,朝更夕改,无所适从。汉口银行公会以事实为请求,态度诚恳,言辞恰当,建议有参考价值。

随后,汉口银行公会又向南京第二届中央执行委员会第五次全体会议、国民政府财政部、湖北省政治分会财政委员会、武汉市政治分会财政委员会以及中央执行委员会最高领导机关提出申诉,请求取消废止《整理湖北财政公债条例》《整理湖北金融公债条例》的决议。汉口银行公会尽管付出了最大的努力进行呼吁、建议,但是,这一切都还是无济于事。财政部在回电中说:"前因详纸译读,始恍然于行政系统上,公会确有误会之点。谨按全国财政会议系财政部召集之会议。财政部为国府行政机关之一部,至整理湖北金融公债乃中央发行之公债,亦即财政会议通过。"②财政部认为,公会所陈各节,似有误会;在中央财政计划未有明令实施之前,以发行两项公债条例为中央政府发行为由,不予受理。

为此,汉口银行公会又于1928年11月30日,联合其他同业组织,会同南京总商会、上海全国商会联合会、上海银行公会、北京总商会、北京银行公会等组织,再次申诉《整理湖北财政公债条例》《整理湖北金融公债条例》的重要性,期望不予废除。在1928年之际,正值全国统一,全国总体经济形势向好,然而,武汉金融却日益困苦。武汉作为内陆经济中心,关系到南北实业纵横互

---

① 《汉口银行公会致湖北财政厅函》(1928年4月26日),武汉市档案馆藏:171—1—121。
② 《照钞分呈政分会财委会呈稿》(1928年10月6日),武汉市档案馆藏:171—1—121。

动,经济状况不仅影响一隅,还影响到其他地区与组织。特请求上海银行公会
或商会派代表赴南京请愿。商会决定推举蒋镕卿、方少岩、王森甫 3 人协同汉
口银行公会的史晋生、沈季宣、孟调臣等一起赴中央请愿。行前作出交代,可
以适当并作出退步:如中央对于新旧官欠,另以与两公债基金利率相等,其他
公债变通办理,自当答应。对此,财政部回应:"前颁布《整理湖北财政公债条
例》暨《整理湖北金融公债条例》两项条例,对于新旧债务,规定偿还办法,原
为体恤商艰起见,嗣以军事影响,未能实行。兹据前情,自应仍照原旨,继续整
理,仰即汇集单据,开列清册呈送,到部以凭查核办理。"①最后,持续近 6 个月
的两项公债废止案,以汉口银行公会的反复请愿不予废止而告终,殊为遗憾。

　　上述事件表明,汉口银行公会在与政府互动中表现为一种无奈。作为同
业组织的公会,汉口银行公会总是因为政局的更变,而受到前后地方政府给予
的不同待遇。前后政府各自站在自身利益的角度,不会理睬银行的生死或金
融是否持续,往往以地方政府的眼前利益作为政策制定的原则,从而忽视银行
公会等社会组织的利益以及经济的发展。这也是近代中国社会团体在面对政
局更替时,普遍存在的"疲软无力"现象,它们在夹缝之中生存与发展,实属
不易。

　　汉口银行公会作为同业组织,更多具有社会性、经济性,不具有政治性,它
在与官方互动中,更多体现为"民"对"官"的身份。汉口银行公会在社会身份
上的局限,是不足以与政府进行实质性互动的,因为公权在政府手上,因此,政
府在与社会组织的互动中,就掌握着主动权和决定权。在北京政府时期,汉口
银行公会组织的活动大多具有自发性质,受政府束缚较少。然而到国民政府
时期,政府加强对民间组织管控,在法律法规层面上对银行业加强规范,使政
府与公会的关系和互动有相应的社会政治规范,这本身就体现政府处于推动
互动的强势一方,而公会则处于比较弱势的一方,而互动的结果就由此可以推
断。不可否认,即便政府逐步加强对公会的管理,但是,这并不意味着,政府对

---

① 《汉口银行公会致中南银行函》(1929 年 1 月 4 日),武汉市档案馆藏:171—1—121。

于像汉口银行公会这样的社会经济组织在维护地方金融稳定方面所起的重要作用不予重视、在行动上不予支持。事实上,在平息几次金融风潮的行动中,政府就联合汉口银行公会,其他商会等一同紧密互动,相互配合,相互支撑,共渡难关,共同抵御经济危机,收到了很好效果。这就体现了政府与汉口银行公会互动性合作的诡谲性。至于在其他历史时期,地方政府与汉口银行公会的互动关系,也还在一定程度上体现出互动合作的脆弱性,暴露出它们在特定的历史条件下,其合作还具有各有盘算的隐秘性和诡异性,鲜明地打下了特定时代的历史印记。因此,我们不能一般性地讨论汉口银行公会与地方社会,特别是与地方政府的互动关系,更不能试图抽象地将两者的互动性概念化、模式化。我们始终不要忘记,在进入历史场景之后,历史所提供的内容总是远比我们主观想象要丰富多彩得多,因而,历史的内容也总是要比经验性的表达显得精彩得多。

第四节　汉口银行公会与地方市政

地方市政建设的好坏与汉口银行公会自身的经济利益密切相关,汉口银行公会作为当时社会的主要利益群体之一,自然对市政建设具有一定的积极性和责任感。汉口银行公会参与近代武汉市政建设,推进了武汉近代市政发展。

一、应募市政公债

汉口银行公会应募市政公债,间接参与市政。市政建设离不开财政支持;没有财力支撑,任何公共设施都建不起来。随着国民政府建立后,重视社会事业,武汉市政建设加快,对资金的需要也随之增大。武汉市政府当时主要是依靠发行公债或借款来维持建设。1927年,武汉施行"集中现金"政策以后,汉口在"经历丧乱之余,汉市商民,疮痍满目","旧有税捐复多疲滞",对"工程建设诸端又均积极进行不遗余力"的情况下,为落实建设所需经费,市政府以发行市政公债专用于工程建设。"本市建设事业,范围至大,需款极繁,而市库又形拮据,非发行市政公债不足以资周转。"①1927 年,政府就准备发行市公债 200 万元,充全市工程建设之用,并有将刘歆生故生产业接收作发行公债基金之议,因时局变化化成"画饼"。1928 年,武汉市政委员会、财政局开始筹办发行市政公债,原拟发行 300 万元,并在 1929 年初的武汉市政府时期印制了公债债券。1929 年 4 月,特别市政府决定继续办理发行公债,以原定债额为数过巨,一时恐难募齐,复经呈准于 1929 年 7 月 1 日暂先发行 150 万元,以应建筑工程需要,并指定汉口既济水电公司市税为付息基金,土地税及各种市税为还本基金。政府制定并发布《汉口特别市市政公债条例》《市政公债发行简章》《市政公债基金保管委员会组织章程》《汉口特别市财政局偿还市政公债本息基金保管规则》等法规,以保证执行。债券票面额价值不等,分为 1 元、5元、10 元、100 元、1000 元 5 种。

政府设立市政公债基金保管委员会。保管委员由 13 人组成,其中,市长委派 1 人、市党部 2 人、汉口商会 2 人、汉阳商会 1 人、汉口银行公会 2 人、钱业公会 1 人、汉口业主会 2 人、汉阳业主会 1 人,市财政局局长为当然委员。由市政府指定委员 3 人为常务委员,处理会务并执行委员会决议案件。汉口银行公会依照《公债条例》之规定,派两人参与市政公债基金保管委员会,参与对 150 万元公债基金进行保管。

该公债于 1929 年 7 月奉行政院令,批准发行。于是,管委会召集汉口市各法团代表,一起议定认借数额,计汉口总商会 25 万元,汉口业主会 25 万元,汉阳商会、业主会共 5 万元,纱厂联合会 15 万元,汉口特业清理会 15 万元,既济水电公司 15 万元,汉口棉业商会 10 万元,余下 40 万元由汉口银行公会认借。其中,汉口银行公会认借的数额,无疑是最多的一家。但因市面清淡,认借各家多未如数照缴。经财政局极力联络,多方劝导,尚可渐次推借。至1930 年 5 月底止,汉口商会、业主会共缴洋 340253 元,汉阳商会、业主会两会共缴洋 9285 元,汉口银行公会缴洋 15 万元,纱厂联合会缴洋 6639 元,汉口特

---

① 汉口市政府编纂:《汉口市建设概况》第 1 期,汉口武汉印书馆 1930 年版,"财政"第 10 页。

业清理会缴洋 16 万元,既济水电公司缴洋 2 万元,职员认购洋 16750 元,公债掉换室缴洋 138 元,财政局第三科搭发民权路拆迁费洋 133332 元,共计 836397 元,完成总额的 55.76%。①

1935 年,汉口市政府再次发行汉口市建设公债,并公布《民国二十四年汉口市建设公债》条例。此次是因汉口市政府为建筑市立校舍及办理各项重要工程之需而发行的公债,定额为 150 万元,其中 40 万元用于建筑汉口市市立校舍,110 万元用于建筑道路及各项重要工程。债券票面分为 1000 元、100 元、10 元、5 元 4 种,概为不记名式。利率定为周年 6 厘。按票面实收国币,不折不扣。定于 1935 年 5 月 1 日发行。公债还本付息基金以汉口市税收入为担保,由市政府依还本付息表所定,按月拨交湖北省债基金保管委员会兼代保管,专储备付。以每年 6 月 30 日及 12 月 31 日为还本付息之期。公债自发行之日起,至 1936 年 12 月 31 日止,只付利息。自 1937 年 6 月底,用抽签法开始还本,每年还本两次,每次抽还量为总额的 1/10,至 1941 年 12 月 31 日止,全数偿清。还本期前 20 日在汉口举行抽签,由财政部、审计部、湖北省政府及财政厅、教育厅、汉口商会、汉口银钱两会等各派代表莅场监视。指定中央银行汉口分行暨湖北省银行为经理支付本息机关。公债得自由抵押、买卖,并得作为汉口市公务缴纳保证金之担保品,中签债票,到期息票,并得抵纳本市一切租税。公债有伪造及损坏信用之行为者,由司法机关依法惩治。② 汉口银行公会作为监视员,随即派代表参与政府建设公债的使用。

二、支持地方市政建设

基础设施的建设,更是离不开资金支持与银行业参与。汉口银行公会一方面支持政府的基础设施建设;另一方面,自身也积极投资武汉基础设施建设。1925 年 10 月,湖北省政府因建设之需,令汉口电报局、电话局及京汉铁路局南段办事处三机关,向汉口、武昌两总商会商定借款银洋 100 万元。汉口

---

① 汉口市政府编纂:《汉口市建设概况》第 1 期,汉口武汉印书馆 1930 年版,"财政"第 10 页。
② 《民国二十四年汉口市建设公债条例》,《法令周刊》1935 年第 252 期,法令(甲)法规,第 1 页。

总商会分担 90 万元,武昌总商会分担 10 万元。汉口总商会接政府令后,即与经汉口各帮磋商分担数目,一开始要求汉口银行公会分担近半,而汉口银行公会与会人员考虑到公会经济利益,再三与商会议减,答应在会 17 家银行共分担 36 万元。① 公会经多次会议讨论后,除中国银行、交通银行 2 家银行合计认领 15 万元之外,余下 21 万元按 15 家银行平均摊认。

汉口银行公会还参与武汉民用航空事业,是武汉民用航空协进会发起人之一。1928 年 11 月,武汉民用航空协进会为提倡空中交通,发展航空事业起见,专门成立武汉民用航空股份有限公司。先筹集股款举办粤汉航线,再次第推广。汉口银行公会认识到航空事业便利民众,与商业有密切关系,乃召集会员会议,参与武汉民用航空发起活动。按照武汉民用航空协进会集股章程,每位参与人应募集 5000 元股款。银行公会推举 3 人,为此应募集股款 1.5 万元,并经议决,在会各银行中,除中孚、华丰因暂时停业不予摊认外,其余 15 家银行,每行摊认股款 1000 元。② 汉口银行公会推举张承谟、程顺元、卢焕卿 3 人为银行公会代表发起人。由此,他们 3 人即为武汉民用航空股份有限公司董事。③ 至 1930 年,汉口王家墩机场建设已经初具规模,它开辟了通向各地的多条航线,满足日益扩大的贸易需求。

汉口既济水电公司由宋炜臣于 1906 年开办,它是湖北省最大的水电企业。其在经营过程中,多次向银行公会各会员银行借款。如在 1935 年 6 月、7 月,先后向银行公会各会员银行连同中国银行、交通银行、中央银行 3 家银行在内,共借洋 111.5 万元。1935 年 8 月 7 日,订立有关合同,截至当年 12 月底,尚欠息洋共计 700009.93 元。1936 年 2 月 3 日,既济水电公司函达有关银行,"及至废历年关,因需款应付,又向中央、中国、交通三行借洋五十万元。此项借款,拟请并入二十四年八月七日所立借款合同内,即在原合同后,附订条款,自二十五年三月一日起,仍照原合同之规定,每日归还国币三千五百元。

---

① 《汉口银行公会致中南银行函》(1925 年 11 月 6 日),武汉市档案馆藏:171—1—116。
② 《汉口银行公会致中南银行函》(1928 年 11 月 16 日),武汉市档案馆藏:171—1—121。
③ 《武汉民用航空股份有限公司集股章程》(1928 年 11 月),武汉市档案馆藏:171—1—121。

按照贵各行承借数额及中(国)、中(央)、交三行新旧承借数额,平均推还。因敝公司收入有限,只有每日还款三千五百元力量"①。对于既济水电公司的要求,汉口银行公会以及会员银行考虑到事关武汉市政,经商议后,既济水电公司的要求得到一致同意。

平汉铁路交通的建设与运营,同样也离不开巨大资金的支持。1931年9月3日,平汉路局为恢复交通,向银行界借款150万元用于建设。其中,分别为中央银行60万元,汉口银行公会40万元,北京金城、盐业40万元。②汉口银行成为第二大借款单位,它有力支持了平汉铁路的建设管理,为维护武汉交通运输与对外联系、维持交通正常运行与铁路局正常运作,作出了贡献。

1932年,汉口市政府和市公安局颁布重新修订的《汉口市政府火险保户登记规则》③。其增补修订的内容,主要集中体现在下列几处:第一,对堆栈保险业务有了更为明确的规定。堆栈作为商品货物囤积场所,比其他地方更容易发生火情,特别是存在纵火图赔的可能性隐患,前次章程中将堆栈作为一般商业对待,明显存在不足。因此,在本次《规则》中,对堆栈事务进行分类管理。《规则》要求各堆栈对栈内各商户存放的货物进行清点,限期通知各商户"携带保单及保费收条"前往公安局火险保户登记处请求登记。在登记时,保户须在专门的堆栈循环登记表或登记簿上,填写自己的姓名、住址、保险种类、金额、期限、投保时间、保险公司;同时,还要注明具体办理保险的代理人姓名和地址,并送至公安局审查。在审查中,如果公安局发现保险金额与事实不符,或认为有其他疑问时,可以要求保险业同业公会、堆栈业同业公会、银行业同业公会保险部共同查询。确属不实者,交由公安局严审,并勒令保户向保险公司更正,再行办理登记。第二,在登记手续上,更为细致。公安局对审查属实的保户,重新发给登记证。手续的收取规定,在前次章程的基础上增列了两项,即保费在50元

① 《照钞水电公司来函》(1936年2月14日),武汉市档案馆藏:168—1—13。
② 《平汉路局进行借款》,《申报》1931年9月3日,第20983号,第13版。
③ 《汉口市政府火险保户登记规则(二十一年十二月八日第四次市政会议修正通过)》,武汉市档案馆藏:171—1—74。

以内者,缴手续费5角,及堆栈业之登记费按保费1%缴纳,既细化了收取标准,也对堆栈业等特例进行了分类管理,并要求公安局按月将登记费收支数目,呈报市府备案,以便于统一加强管理。第三,对保户的限定也更为严格。《规则》中明确规定,各保户凡已经投保足额之财产不得再向其他公司投保。① 这也符合保险作为社会救济制度的特质,以及现代保险制度中关于"保户不得借保险不当获利"的原则;对不按规定登记的保户,除按前次章程中"勒令照章补足登记外并处以登记手续费十倍之罚金"的处罚外,还规定这类保户失火后,保险公司的赔偿金额应全数上缴公安局,"拨充本市消防设备费用",以示惩罚。②

在支持武汉市政建设时,汉口银行公会联合会员银行应募政府公债,并积极参与政府公债的管理。应募公债时,亟须财力支撑;对市政建设的直接支持,往往更需财力。如汉口既济水电公司于1935年6月、7月,先后向银行公会各会员银行连同中国银行、中央银行和交通银行3家银行在内,共借洋111.5万元,就是极好的案例,能够充分说明问题。对于汉口银行公会来说,也是如此。假如公会会员银行没有足够的经济基础,是难以支持市政水电事业的。经济支持靠的是硬实力,"踮起脚来做不了长子"。因此,没有相应的经济实力,就没有参与公共事业建设的显示度和贡献率。这条定律,即使在现代社会也不过时,更何况是在近代社会;用诸近代,它在近代社会就更能折射出企业的社会影响和在行业中的话语力了。

---

① 胡启扬:《民国时期的汉口火灾与城市消防(1927—1937)》,华中师范大学2012年博士学位论文,第128页。
② 汉口市政府编:《市民须知》,《汉口市政概况》1932年10月至1933年12月,1933年。

第七章　汉口银行公会的社会活动

任何一个社会经济组织,都是社会关系的产物;任何一个社会经济组织,都总是在社会活动中为其存在创造条件,并在社会活动中实现和体现着自己的价值。对于汉口银行公会来说,也是如此。汉口银行公会的存在和发展,离不开产生它的经济土壤和社会环境,它也必然地与地方社会发生密切关联。汉口银行公会立足于、植根于、依赖于地方社会,其社会活动,不仅仅表现为它从事必要的经济活动,而且还体现为它从事相应的社会活动,如社会救济、社会公益、爱国活动等等。

汉口银行公会作为地方性金融同业组织,它必然是经济社会构成的重要组成部分,尽管它是一个以营利为目的,以获利为其存在方式,以追求利益最大化为其发展动力的经营性行业集合体,但是,它的存在方式和获利手段,也一定要在社会允许的范围和程度之内,如果它突破了这条底线,违背了这条铁律,那它就要从社会之中"出局",从而陷入被淘汰的命运。因此,如果它要从社会中获得生存与发展的必要资源,唯一的办法就是与社会形成互动关系,建构良性互动渠道和机制。其有效的方法和途径就是:它来自于社会,必须反哺社会,或者说服务社会。它越是为社会服务,服务社会越是好而又好,那它就越能赢得社会认同、认可,甚至是得到社会支持;它就越能赢得社会活动更大的空间,获得自己存在和发展的力量,就越能书写精彩的社会活动篇章。对此,在汉口银行公会的发展历程中,它是有这种自我意识和社会认同意识的。汉口银行公会在参与社会活动时,一方面,它立足于自己的社会意识,能够承担相应的社会责任,面向社会,服务社会。研究认为,中国近代银行家"无论是服务社会的理念、以人为本的管理模式,还是俭素为美的生活方式,虽然是中国近代银行家适应社会环境和追求利润的策略之举,但其在提升银行业的竞争力的同时,也展现其极强的社会责任感和历史使命感"①;另一方面,在近代社会转型发展过程中,它把自己的触角与社会、与时代紧密地联系在一起,紧紧地依靠社会来发展、壮大自己,通过一系列的社会活动证明了自己在社会、在时代中的地位和价值。

第一节 汉口银行公会的社会救助活动

"义",是我国优秀传统文化中的一个重要的社会规范。孔子从道德规范的意义上使用"义"字,表示合理、合乎道理及有道理,体现道义。在《论语》中,"义"字出现过 20 多次,都是在"合理""有道理""讲道义"这层意义上使用的。孔子用"义"来规范和限制"利"。他要求人们在社会交际中,以"义"率"利",用公义克制私利,先义而后取,绝不能接受不义之财。他说:"君子喻于义,小人喻于利。"②这就足以表明,在社会上,在人的价值取向上,存在义与利的分界线,人们要树立并站稳义利之辨的根本立场。孔子说:"不义而富且贵,于我如浮云。"还说:我最担心的情况之一,就是人们"闻义不能徙"③。他教导人们"见利思义""义然后取"。孔子认为:"君子义以为质""君子义以为上"。在孔子看来,就人的价值地位来说,义高于利;就轻重来说,义重于利。因此,他建立义与利的道德价值范畴,主张求义而不求利。汉口银行公会在经济社会活动中,积极践行中华优秀传统文化中"急公好义"的伦理道德。无论是在对难民的赈济、对社会团体组织的支持、对教育的扶持上,还是民族危亡时期中,急公之义,汉口银行公会都表现出一种担当有为的社会责任感与积极进取的历史使命感。

---

① 郑成林:《中国近代银行家的企业文化观与实践》,《晋阳学刊》2012 年第 4 期。
② 张艳国:《〈论语〉智慧赏析》,人民出版社 2020 年版,第 63 页。
③ 张艳国:《〈论语〉智慧赏析》,人民出版社 2020 年版,第 115 页。

为了维系组织的团结协作,保持银行业正常的经营秩序,汉口银行公会将扶贫助弱、赈济救灾视为济世为公、担当道义的重要方式和渠道之一。它积极组织参与公益活动,采取赈灾、扶贫、捐助等手段,帮扶黎民百姓,在一定程度上有利于促进社会稳定,也有利于同业银行的经营活动。汉口银行公会组织参与社会救济活动,认真扮演沟通政府与银行家群体之间联系的桥梁和纽带角色,不断扩大活动范围与规模,传递积极的社会影响,"通过积极从事各类慈善活动,借以赢得荣誉和尊重,改变自己的社会形象"①,这也是近代以来银行家群体社会地位提高与银行地位意识增强的一种时代体现。

一、日常惯例的社会救济

惯常性的社会救济,是相对于临时性、突发性的社会救济而言。汉口银行公会在组织运作中,作为武汉地区社会经济组织的一员,积极参与到武汉地区的日常惯例救济之中,其中以冬赈为主,每年都按照惯例开展冬赈捐助活动。

常年捐资武汉冬赈。冬赈即在冬季开展的社会赈济。简单地说,就是接济或者救助穷人。在每年冬季,武汉都有客籍灾民大量涌入,导致城市的难民增加。他们衣衫褴褛,饥寒交迫,嗷嗷待哺。加上汉口冬季寒风大,气温低,江风倒灌,令人苦不堪言;冬季又临近年节,更需要关怀穷人生计,他们急需棉衣、棉被、食物、食料、日常用品等赈济物资。为此,汉口地方当局自清末以来就形成了发动社会力量组织参与的、以冬赈为主的社会救助长效机制。入冬以后,即在汉口各地设粥厂、施衣铺,施以紧急的救济物资,广泛开展以"扶危济困"为社会主题的冬赈。民国以后,时局时有不稳,往往突然大量增加灾民、难民和无业流民。开展冬赈,就更需要充足的生活物资。地方当局组织社会组织、群体和个人进行捐赠救济,汉口银行公会也是其中一员,它每年都按惯例,投入冬赈行列。

1923 年 1 月 6 日,汉口银行公会会员会议议决,当年冬赈捐款,"计总数五千串,中国、交通两行各认捐五百串,浙江兴业、盐业、金城、懋业四行各认捐

---

① 朱英:《近代商人与慈善义演》,《史学月刊》2018 年第 6 期。

四百串,聚兴诚、中孚、四明、上海、华丰、工商、浙江地方实业、中国实业八行各认捐三百串,业经议决分认"①。1924 年 12 月,武汉冬赈事务所在汉口总商会开会募捐。会上,事务所当局以"本年钱价较去年低,而米价又较去年贵,且难民逃来甚多",要求银行公会多捐。银行公会的代表王锡文在会上陈述公会的爱心,表达参与之意志,"本会从前每年系捐三千串……以各机关捐款踊跃,均较前有加,而当局有如此一再要求,不便较去年减少,当即照允,仍照捐五千串"②。12 月 17 日,汉口银行公会会员会议议决,仍照上年认捐 5000 串,由会员 17 家银行分认。中国银行汉口分行、交通银行汉口分行两家银行各捐 400 串,浙江兴业银行汉口分行、聚兴诚银行汉口分行等 15 家银行各捐 280 串。

1929 年冬,在地方政府的支持下,汉口、武昌地方政府会同武汉善堂、红十字会和商界等共同组成"冬赈委员会",由它主持每年的冬赈。汉口银行公会在冬赈委员会成立之后,大力支持其开展相关工作,每年援例照捐冬赈赈款。在 1934 年汉口市的冬赈活动中,汉口银行公会"照例捐洋五千元,业经依照成案,按十六行摊派,具备临时收据,托由交通银行代收"③。中国银行汉口分行、交通银行汉口分行两家银行各捐洋 330 元,浙江兴业银行汉口分行、聚兴诚银行汉口分行等 14 家银行各捐洋 310 元。此后,在 1935—1938 年,汉口银行公会在汉口冬赈中都捐款 5000 元。当然,随着公会成员发生变化,各行的捐数也会有所变化。在 1935 年冬赈中,中国银行汉口分行、交通银行汉口分行两家银行各捐洋 400 元,其余 14 家银行各捐洋 300 元。④ 1936 年,中国银行汉口分行、交通银行汉口分行、中国农民银行汉口分行 3 家银行各捐洋 572 元,浙江兴业银行汉口分行、聚兴诚银行汉口分行、盐业银行汉口分行、金

① 《汉口银行公会致金城银行函》(1923 年 1 月 10 日),武汉市档案馆藏:165—1—94。
② 《十三年十二月十七日会员会议(下午二时)》(1924 年 12 月 17 日),武汉市档案馆藏:171—1—115。
③ 《汉口市银行业同业公会致金城银行函》(1935 年 2 月 15 日),武汉市档案馆藏:171—1—65。
④ 《汉口市银行业同业公会致浙江兴业银行函》(1936 年 1 月 17 日),武汉市档案馆藏:168—1—13。

城银行汉口分行、上海银行汉口分行、中南银行汉口分行、浙江实业银行汉口分行、大陆银行汉口分行、中国农工银行汉口分行、中国国货银行汉口分行 10 家银行各捐洋 285 元,中国实业银行汉口分行、四明银行汉口分行两家银行各捐洋 145 元,中国通商银行汉口分行捐洋 144 元。①

抗日战争全面爆发之后,武汉市难民数不断增加。1938 年 1 月,汉口市政府召集各界举行 1937 年汉口市冬赈扩大募捐会议。议决仍照向例,将募捐事宜交由救济委员会办理,并指定汉口市商会会计处代收捐款,成立"非常时期难民救济委员会汉口市支会"。"以本年适值全面抗战期间,各地到汉难民为数甚众,复至又增无已,际此严冬,在后款救济,借维需方安全,希望于历届例捐数外,多多增加,以利灾黎。"②汉口银行公会经例会提出讨论,最后决定:仍由本会全体会员合捐 5000 元,声明各行公司及个人捐数一并在内。至 1937 年底,汉口银行公会会员已经达 23 行 1 公司,实力大为增强。但冬赈数目却未得到增加。这是因为:一是抗战全面爆发之后,汉口银行公会已经多次捐助难民及男童,甚至资助政府机关,经济状况已呈疲于应付状况;二是汉口银行公会考虑会员银行经济利益,如未按成例增加捐款,则会逐年增加,有损各行经济利益,不利公会团结协作。

二、天灾时期的社会救济

民国时期的社会可谓是内忧外患,多灾多难,千疮百孔,民不聊生。面对这种社会状况,汉口银行公会引领汉口银行业履行应有的慈善责任,急公好义,救灾赈济。1926 年,湖北水灾甚重,各行怀有"悯恻之心",捐铜元一万七千六百串又洋一百元。1931 年水灾,汉口银行公会以"此项赈款与其将来必不能免,不如先行自由捐集,以尽一份义务",13 家银行共捐 5 万元。③ 1935 年夏,武汉再次爆发水灾,"各地灾民,居树攀梁,餐风宿露。饿则无以为食,病则无以为医。浩劫余生,旦夕莫保,呼号沉痛,惨不忍闻。而各地法团,求救

---

① 《汉口市银行业同业公会致中南银行函》(1937 年 2 月 6 日),武汉市档案馆藏:171—1—74。
② 《汉口市银行业同业公会致中南银行函》(1938 年 1 月 27 日),武汉市档案馆藏:171—1—131。
③ 《汉口银行公会致金城银行函》(1931 年 8 月 19 日),武汉市档案馆藏:165—1—610。

之电,又复纷至沓来,是筹办急赈为目前刻不容缓之举。闻武汉各团体及个人散粮施药者,亦不一而足,具见人类互助,均有同情。本会各行,本义不后人之旨,似应先其所急,举办急赈,由各行合筹赈款"①。在会16家银行合筹急赈5000元。1922年4月,汉口银行公会为湖南平江捐款,以"救灾恤邻,以拯灾黎"。1923年9月,日本大地震,汉口银行公会捐弃前嫌,赈济日本,捐助一万元。1931年夏季的洪水后,不忘接济邻省,为江西捐洋4000元。作为法团之一的汉口银行公会践行优秀传统商德,经世济民,仁爱济世,超越省界、国界,表现出一种同情共感、体恤民众、关爱人类的深厚情怀。

1. 湖北水灾救助。汉口位居长江中游,是汉水与长江的交汇处,处于沟通上下游的枢纽位置。每逢夏季雨水连绵之时,汉口便面临江水泛滥、破堤侵入的危险。晚明以降,在汉官员已然明了江水对汉口形成的危害,接连修筑防护堤以抵御江水泛滥,如崇祯年间袁焻所修"袁公堤"、晚清张之洞所修"张公堤"等,都是如此。但是,长江流域河水暴涨,常常导致江水突破这些防堤,给汉口带来巨大灾难。在1920年至1938年间,汉口历经3次较大水灾,尤其是以1931年水灾最为严重,造成的社会危害也最为突出。②

1926年,湖北各地发生水灾,情势甚重。在湖北省政府组织下,汉口银行公会作为发起人之一,参与湖北水灾义赈会的募捐活动。各行悲天悯人,公会会员银行一共认捐款铜元17600串又洋100元。③

1931年入夏之后,长江流域普降暴雨,连绵月余,江水暴涨,洪水横溢。在洪水冲击下,武汉沿江堤坝多地多点出现溃坝、决堤、垮塌事件,汉口、武昌、汉阳三镇成为汪洋一片的泽国,水漫成灾。汉口市区几乎全部被淹,乃"六十年未有之浩劫",全市灾民达35万,每日死者数十名,惨状难以形容。在此劫波中,汉口商业萧条,由此引发金融业衰退。据记载,"沪埠金融界,向来与汉

---

① 《汉口市银行业同业公会致中南银行函》(1935年7月24日),武汉市档案馆藏:171—1—65。
② 朱志先:《1931年汉口水灾述论——基于民国报刊为中心的考察》,《武汉科技大学学报(社会科学版)》2014年第1期,第48页。
③ 《照钞致湖北水灾义赈会函》(1926年7月28日),武汉市档案馆藏:171—1—42。

埠金融界及各商业往来款项,进出甚巨。夙仰商货流通,银根赖以周转,此次汉皋全埠水灾,商业中辍,大好商埠已成泽国,对于银款,势无往来之可能。据调查所得,放与汉埠往来,定期及不定期之款项,不下五六百万之巨。现距年关,虽然尚远,而光阴荏苒,转瞬即届,不知可能清偿否? 依照沪埠金融中人之希望,如能有半数归赵,已觉非常庆幸。就此可见汉埠营业困难之一斑焉。"①武汉"各路货物,来源中断,商业停顿,市况清淡已极。一旬中,拆息竟有数日无市;月底比期,银钱收交,并不踊畅"②。"汉口自遭水灾后,百五十家钱铺中,倒闭者已有三分之一。"③"汉市各银行之业务,在放款方面,多以货物押款为大宗,民国二十年大水灾之发生,汉市各银行,多半损失不资,尤以一般自设有货物堆栈者,受患更巨。"④在这次水灾中,上海商业储蓄银行汉口分行因货栈所放货物被水淹没,损失在 1000 万元以上;而重庆聚兴诚银行汉口分行的损失,也在 100 万元以上。⑤

然而,汉口银行业在自身受灾十分严重的情况下,还依然帮助灾民,赈灾捐款,接受借款。"此次水灾,除敝会各银行全体同人,关于废船徙避,膳粥救饥诸事宜,力所能及,均经个人互相组合分别进行。"⑥"本省水灾情形奇惨,急赈会经已成立,所需赈款势必甚巨。我银行同业既居汉市,殊难忍置。日前,各银行在会集议,金以此项赈款与其将来必不能免,不如先行自由捐集,以尽一分义务等语。众意相同,因由会备具捐款单,分交各行随意签认捐数,结果计十三银行共捐洋五万元。"⑦详情见表 7-1:

---

① 《汉水灾影响沪金融界》,《银行周报》第 15 卷第 32 号,1931 年 8 月 25 日。
② 《汉口金融大势》,《中央银行旬报》第 3 卷第 23 号,1931 年。
③ 《汉口日货贸易商完全破产倒闭》,《中行月刊》第 4 卷第 6 期,1932 年 6 月。
④ 鲍幼申编:《湖北省经济概况》,《汉口商业月刊》第 1 卷第 12 期,1934 年 12 月 10 日。
⑤ 何瑞宝:《1931 年汉口大水期间的金融业》,载《文史资料存稿选编·经济》(上),中国文史出版社 2002 年版。
⑥ 《照钞本会致急赈会函》(1931 年 8 月 14 日),武汉市档案馆藏:165—1—610。
⑦ 《汉口银行公会致金城银行函》(1931 年 8 月 19 日),武汉市档案馆藏:165—1—610。

表 7-1 1931 年水灾汉口银行公会成员捐款详情表 （单位:元）

序号	行名	数目
1	中国银行	6000
2	交通银行	6000
3	金城银行	5000
4	上海银行	5000
5	盐业银行	4000
6	大陆银行	4000
7	中南银行	4000
8	四明银行	4000
9	浙江兴业银行	4000
10	浙江实业银行	3000
11	中国实业银行	2000
12	聚兴诚银行	1500
13	广东银行	1500
汉口银行公会总计		50000

资料来源:《汉口银行公会致金城银行公函》(1931 年 8 月 19 日),武汉市档案馆藏:165—1—610。

　　水灾接踵而至。1935 年夏,武汉再次爆发水灾。此次水灾,湖北受灾多达 40 余县,田庐泽国,人畜漂流,极目洪涛,一片惨状。灾区之广,灾情之重,相较于 1931 年的水患,有过之而无不及。7 月 24 日,汉口银行公会紧急开会,到会 12 家银行,临时动议赈济灾民,"以今夏江襄暴涨,应如何赈救之处,将来自有统筹办法。惟现在各地灾民,居树攀梁,餐风宿露。饿则无以为食,病则无以为医。浩劫余生,旦夕莫保,呼号沉痛,惨不忍闻。而各地法团,求救之电,又复纷至沓来,是筹办急赈为目前刻不容缓之举。闻武汉各团体及个人散粮施药者,亦不一而足,具见人类互助,均有同情。本会各行,本义不后人之旨,似应先其所急,举办急赈,由各行合筹赈款。就各行同人中,见义勇为者,公推若干人,负责办理。以期用得其当,款不虚糜"①。随后,经到会 12 家银行一致赞同,先由在会 16 家银行,合筹急赈洋 5000 元。中、交两家银行各担

_____

① 《汉口市银行业同业公会致中南银行函》(1935 年 7 月 24 日),武汉市档案馆藏:171—1—65。

400元,其余14家银行各担300元,由公会出具收条,委托四明银行代收保管。会议还推举中国银行的张慈荫、交通银行的徐悦安、盐业银行的孙寿宽、四明银行的张幼之和聚兴诚银行的汪克裁5人一起组成一个专班,负责商洽急赈事宜。5人会商之后,他们就积极制定急赈方案,以备克日施赈。8月1日,汉口银行公会还组织每个会员银行都抽派3人,一起前往汉阳七区施放急赈,主要是救济亟须救助的灾民。

洪水退却后,武汉市政府组织水灾救济总会,筹募赈款。汉口银行公会经会员会议议决,各行依照1931年水灾赈款5万元的标准,由在会各行分担。但1931年汉口银行公会会员只有13家银行,1935年共有16家银行,经各家银行共同磋商比例后,由各行陈请各总行核示,商定分担捐额。中国银行5700元,交通5600元,上海4500元,金城4500元,浙江兴业3600元,盐业3600元,大陆3600元,中南3600元,四明3600元,浙江实业2700元,中国农工2000元,中国通商1400元,中国国货1400元,广东1400元,聚兴诚1400元,中国实业1400元,共计5万元整。①

纵观在水灾中汉口银行公会的表现,可以看到,汉口银行公会在灾害肆虐时,积极践行急公好义、慷慨解囊的善美道德和崇高道义。虽然在1931年政府因水灾困难借款时,汉口银行公会也犹豫于一时。这也正好说明,作为一个经济组织,在面对社会活动时,只有在保证其经济利益不受损害时,并有相应的经济实力,才能找到社会组织与政府互动合作的平衡点、切入点,也就由此找到社会参与的着力点,从而积极参与社会公益救助活动。在1931年的水灾中,汉口银行公会捐资5万元救助难民,得到了武汉急赈会赞许和社会好评。"贵会各银行捐助鄂省赈款五万元,具见饥溺为怀,同深感诵。此次洪水为患,吾鄂全省受害者多,而尤以汉市之灾情为最重。诸君子急公好义,畛域不分,既已施放急赈于前,又复慨捐巨款于后。此种高谊,闻者咸钦,固不仅身受者之感谢已也。除已函托汉口中国银行将前项捐款代为照收外,所有本会代

① 《汉口市银行业同业公会致中南银行函》(1935年8月7日),武汉市档案馆藏:171—1—65。

灾黎感谢忱悃。"①

2. 外省外域自然灾害救济。汉口银行公会对于灾害救济超越省界、国界,在邻省乃至邻国发生灾害时,也都慷慨捐资救济,给予扶助。1922 年 4 月,湖南平江商绅在汉口设立平江救灾援助会,筹款救济。平江地处湖南要塞。自 1922 年以来,"南北师旅出入七八次,土匪乘风搜刮殆遍,去年春涝夏旱,秋收异常歉薄。入冬屯兵数万,以致盖藏如洗,民命急如倒悬"。时任两湖督军萧耀南,发函给汉口银行公会会长王毅灵,请其捐助,陈情深切,"夫救灾恤邻,春秋之义,湘鄂唇齿相依。平江尤与崇通接壤,休戚相关,未便漠视。素念执事,冻疮在抱,推解为怀,用特专函附册,务乞鼎力提倡,广为劝募。俾仁奖义票,源源惠济,以拯灾黎"②。面对邻省因天灾人祸造成的民众潦倒之状,汉口银行公会接此函后,即开会员会议商议捐款事项,以达"救灾恤邻,以拯灾黎"之目的。

汉口银行公会还在中国政府的引领下,捐弃前嫌,赈济日本。1923 年 9 月 1 日,日本关东地区发生 8.1 级大地震,给关东地区造成毁灭性的打击,给日本带来巨大的社会灾难。此次地震之后,中国国内在政府主导下,成立救济团体,募集善款善物,通过开展义卖、义演和捐款、捐物、捐献等方式,向日本关东地区送去关爱。9 月 6 日,汉口银行公会接北京银行公会函,"以日本奇灾,各界均已募捐赈灾。银行同业,自宜同时发起,合力捐助"③。上海各团也已于 4 日组织中国协济日灾义赈会,上海银行公会捐款 2 万元。为此,汉会议决共捐 1 万元,各行分摊。中国、交通两家银行各认捐 2 份,其余 13 家银行各认捐 1 份,并经汉口各法团联席会议,各担捐款。但是,由于公会是由各银行成员组织成立的,而各银行自己又有总行约束。为此,中国银行、交通、大陆、盐业、金城、懋业各总行与汉口分行曾就捐款事宜在协商中产生过争论。各总行认为,总行已代表各分行一同以总行名义捐款,分行无须再捐。但是,汉口银

---

① 《急赈会复本会函(赈字第 256 号)》(1931 年 8 月 17 日),武汉市档案馆藏:165—1—610。
② 《萧耀南致王锡文函》(1922 年 5 月 10 日),武汉市档案馆藏:165—1—92。
③ 《汉口银行公会致金城银行函》(1923 年 9 月),武汉市档案馆藏:165—1—94。

行公会已经决定捐款 1 万元,以同业组织的身份代表汉会华资银行法团。12 日,汉会发电各总行,望设法变更,以致协调。随后,汉口各法团联席会议组织汉口协济日灾义赈会,赈济以汉口为主体,汉口银行公会作为汉口各法团之一,为此决议,与北京银行公会、上海银行公会分别各就地方名义办理。最终,会员会议议决,汉口银行公会捐款 1 万元,中国银行、交通银行各认 1000 元,其余 13 家银行各认 650 元。另在公会经费项下,凑补 50 元,合为 1 万元整。各行送到公会转存中行,再由汉口协济日灾义赈会决定交款机关。① 公会成员在 1923 年日本关东大地震赈灾中响应捐助,表现出跨越国界关爱生灵的人道主义精神和"四海之内,皆兄弟也"②的人类情怀。

1929 年,浙江省在夏、秋两季,风、虫、水、旱灾害频发,尤其是在台温地区,造成众多难民。在沪浙商闻灾即动,马上组织成立全浙救灾会,于 1930 年广泛劝募救灾物件,并发行善果券 3 万张,每张售价 5 元。以售得券价,悉数充赈。全浙救灾会给汉口银行公会奉上善果券 200 张,恳祈公会同人大发慈悲,或独立购受,或广劝推销。汉口银行公会在接到函请后,于 4 月 9 日组织会员共同讨论,"以各省赈灾事所恒有,自应量力捐助,一视同仁,已即席由各会员,各担任募助八十元,得善果券十六张,十三行共二百零八张,除原寄二百张外,大陆银行另有代募之券,以之拨抵"③。这样,就圆满地落实了全浙救灾会向汉口银行公会发来的救灾请求。

1931 年夏季的洪水,给长江中下游地区的老百姓带来深重灾难。在本地区救灾的同时,汉口银行公会还不忘接济邻省,显示了博大爱心,表达了深厚情怀。在江西水匪灾赈中,汉口银行公会 13 家银行共捐洋 4000 元,由汉口银行公会出具临时收据,委托浙江兴业银行分别办理代收。汉口银行公会将 4000 元捐款平分两份,各 2000 元,一份送交汉口总商会,一份直接送交时在

---

① 《汉口银行公会致金城银行函》(1923 年 9 月□日),武汉市档案馆藏:165—1—94。
② 张艳国:《〈论语〉智慧赏析》,人民出版社 2020 年版,第 219 页。
③ 《汉口银行公会致中南银行函》(1930 年 4 月 14 日),武汉市档案馆藏:171—1—124。

汉口的吉州同乡会。① 把好事办好,把救灾事务办得妥妥帖帖。

三、抗战初期的社会救济

早在一·二八事变以后,汉口的上海难民增加。为救济上海难民,1932年3月,湖北省政府主席何成濬在武汉召集各界代表会议,号召为救济上海难民而鼓励社会积极捐款。汉口银行公会各会员银行派员出席。会议之中,捐款踊跃,有人即席答应,独捐数千元以至万元不等。汉口银行公会考虑到,如果各行单独认捐,必更为难。于是,经到会各行一同商议,议决以银行公会名义,共捐申钞5000元。3月5日,会员银行聚餐时再次商定,中、交两家银行各认申钞600元,金城、盐业、中南、大陆、浙江兴业、浙江实业、上海、四明8家银行各认申钞400元,聚兴诚、中国实业、广东3家银行各认申钞200元。②救济上海难民工作,在汉口银行公会组织下,做得实实在在。

抗日战争全面爆发后,上海、南京等东部大城市相继失守,地处九省通衢的武汉,便成为中国全面抗战初期的中心。一时之间,众多难民涌向武汉等内陆地区,难民数量随之剧增,由此造成巨大的社会压力。在国民党中央、湖北省地方政府及各社会团体的共同组织并积极参与下,武汉社会开展救济难民募捐活动,做得有声有色。汉口银行公会作为武汉社会团体中的一员,在国难当头之际,义不容辞地参与到各种捐款活动之中。在危急状态下,他们不忘在艰难的战时救济难民伤兵,勇于承担摊捐,表现出可贵的民族大义和爱国情怀。

1925年,陈经畬等人创办汉口孤儿院。它是专门收容丧失家庭的儿童的社会机构。全面抗战爆发后,汉口孤儿院人数也随之大增,为此,亟须社会加大救助帮扶力度。汉口银行公会在积极劝募社会人士、社会组织接济孤儿的同时;还考虑到汉口孤儿院功绩显著,便在1937年、1938年先后捐助2000元。"各行分担数仍按前定成分摊派,所有各行摊数:中国、交通、中国农民三

① 《汉口银行公会致金城银行函》(1931年11月26日),武汉市档案馆藏:165—1—610。
② 《汉口市银行业同业公会致中南银行函》(1932年3月7日),武汉市档案馆藏:171—1—56。

行,各捐一百七十五元整。浙江兴业、浙江实业、盐业、金城、中南、大陆、上海、聚兴诚、中国农工、中国国货、广东十一行,各捐九十元整。湖北省银行捐一百二十五元整。中国通商、中国实业、四明、汉口商业、四川美丰、川康平民商业、大孚、农商八行各捐四十五元整。"①这为处于水深火热中的孤儿,无疑是送去了一点难得的温暖和安慰。

1938 年元旦,国民政府军事委员会第六部武汉办事处举行尊敬伤兵慰问难民运动。据当时数据统计,截至 1937 年 12 月,武汉有伤兵、难民约 25000 人,每人赠与慰劳品以 1 元计算,共需 2.5 万元。武汉市党政军召开联席会议,决定将手套、鞋袜、零星等物,约值万余元拨给外,其余由汉口商会捐 4000 元,银行公会捐 2500 元,纱业联合会捐 2500 元,全省商联会捐 400 元,武昌商会捐 200 元,汉阳商会捐 100 元。汉口银行公会接到最高军事机关来函,"因慰劳伤兵难民所定之捐款,本会既属法团之一,殊难推卸,惟有勉为照认,仍按捐款摊例。即日托由浙江兴业银行代收汇送"②。同年 8 月,汉口市警察局因保卫大武汉成为抗战重心,在局警员应有战斗装备,但限于经费问题,难以筹措。8 月初,汉口市警察局召集各大营业者会商协助。汉口银行公会主席浦心雅与委员周星棠到会,以华资银行业困难情形,婉辞申述,请求体谅。对于所摊银行公会 1 万元,浦心雅与周星棠没有当场接受,而是请求回到汉口银行公会后,与会员银行一起开会商酌。对于 1 万元的摊捐,额度实属较大。经公会会员讨论,最后决定这样办理:"以事关抗战,该局既在上级机关核准筹备,武昌方面已由市政府同样办过,而本市被召各业,均分别勉认,本会难以拒却,爰议决,勉为照数分担。至分担成分,仍照以往捐款办法办理。"③在支持抗战、团结爱国的精神感召下,汉口银行公会各会员银行在自身经营十分艰难的情况下,依然达成一致,给予汉口市警察局 1 万元资助。这是克服了很大困难的义举。

① 《汉口市银行业同业公会致中南银行函》(1937 年 10 月 30 日),武汉市档案馆藏:171—1—74。
② 《汉口市银行业同业公会致中南银行函》(1937 年 12 月 19 日),武汉市档案馆藏:171—1—74。
③ 《汉口市银行业同业公会致中南银行函》(1938 年 8 月 13 日),武汉市档案馆藏:171—1—131。

中国战时儿童保育会于 1938 年 1 月上旬由妇女界发起,于 1938 年 3 月
10 日正式成立。建立之初,它隶属于中国妇女慰劳自卫抗战将士委员会。该
会以"保育战时儿童为宗旨",以抗战殉国将士的遗族、救亡工作人员的子女、
战区孤儿和流亡失所的儿童为收容保育对象,收容儿童年龄以 15 岁以下为
宜。1938 年 4 月 5 日,中国妇女慰劳自卫抗战将士总会、战时儿童保育会推
举理事董燕梁持函并携带捐册到公会募捐,她陈述道:"良以战区儿童本为国
家命脉所系,敌方积极搜罗,居心叵测。若不及早设法收容,拖以保育,将来民
族危亡不堪设想。现拟收容二万人,其年龄原欲自十八个月起,至十二岁止。
但因十二岁以上之儿童智识已具萌芽,保育尤关急切,惟兹事体大,非赖众敬
莫举。预为每个儿童月需生活费五元,拟定两种方式募捐,一为财物捐,一为
生活费捐,并述及商会方面已个别捐有万元。希望于本会者甚大"。募捐之
意十分恳切,款项安排也计划周详。为此,汉口银行公会在 6 日召开的会员例
会上提出讨论,议决"捐一百个儿童生活费之捐款,即年捐六千元"①。汉口银
行公会积极募捐,支持战时儿童保育会的工作,得到社会各方赞同。26 日,中
国妇女慰劳自卫抗战将士总会、战时儿童保育会致函汉口银行公会,赞誉道:
"贵会爱护灾童,热心公益,无任感谢。"②汉口银行公会积极募捐支持战时儿
童保育会的工作得到赞许,这是它积极付出的必然结果。

1938 年 4 月 30 日,湖北省政府主席何成濬邀请武汉各团体、行号参加宴
会。汉口银行公会周星棠、南经庸、赵仲宣、浦心雅 4 人参加。会上,何成濬
谓,"自全面抗战以来,战区民众流离转徙,逃避来汉者,络绎不绝。现时尚在
两万五千人以上,地方治安,公共卫生,俱属不无关系。幸赖各同乡慈善人士
尽力收容,如江苏同乡会已筹备至十万有余,而难民日仍增多。似此期长人
众,委实力难以为继,其整个救济办法责重任巨。同我中央统筹莫办,故近已
组成赈济委员会,一切自在熟筹之中,而地方政府亦难辞暂时收容救济之责。
现在中央拨款为数有限……对本会捐数虽当时指定五万,嗣更面告,谓各方对

①　《汉口市银行业同业公会致中南银行函》(1938 年 4 月 6 日),武汉市档案馆藏:171—1—131。
②　《汉口市银行业同业公会致中南银行函》(1938 年 4 月 26 日),武汉市档案馆藏:171—1—131。

指定本会之数认为过少"①。汉口银行公会在 5 月 4 日召开会员例会时,提出讨论,各行协商,认为,"事关救济难民,群策群力,万难诿却。决议:由在会全体会员,最多只能照何(成濬)主席原意,担任捐款五万元,并声明须分两次各半呈缴,以示实有困难之意,至捐款分担成分,仍照前例办理"②。从抗战爆发以来,汉口市经济所受影响,无处不在,商业萧条,金融为之衰落,加之捐款日益增多,各银行实在有困难,因而在省政府主席何成濬的劝告下,仍然照 5 万元捐款。如果不是省政府主席出面,汉口银行公会可能很难答应筹措 5 万元。这就最为直接地表明,汉口各银行的经济确实处于困境之中。

黄河花园口决堤后,难民随之大增,流离失所,国民政府特开展救济黄灾运动。1938 年 8 月,汉口市各界救济黄灾一日运动募捐委员会成立。后经新生活运动总会赈济委员会发起,于 8 月 3 日、4 日两日在武汉海关花园举行音乐游园大会。大会向汉口银行公会送去救灾券 1400 元。公会决定"承销二百元,余退还。又市党部摊派本会同样之券一百元,亦经决定照数勉担"③。同时,为配合前线作战需要,1938 年下半年,国民政府还相继开展"七七献金"运动、节约运动、征募寒衣运动等募捐活动,汉口银行公会也都积极参与。

同月,汉口市警察局考虑到"因保卫大武汉为日前抗战重心,在局警员应有战斗装备,惟限于经费难以筹措",于是征得上级同意,召集汉口各大营业者开会,会商请予协助。汉口银行公会主席浦心雅与周星棠应邀参加讨论会,公会被摊派捐助 1 万元。会上浦、周二人未予立即答应,陈述汉银行业经营困难情形,婉辞申述,请求体谅,回会商酌。8 月 10 日星期三,银行公会例会提出报告,"经由各会员讨论结果,佥以事关抗战。该局既在上级机关核准筹备,武昌方面已由市政府同样办过,而本市被召各业均分别勉认,本会难以拒

---

① 《汉口市银行业同业公会致中南银行函》(1938 年 5 月 7 日),武汉市档案馆藏:171—1—131。
② 《汉口市银行业同业公会致中南银行函》(1938 年 5 月 7 日),武汉市档案馆藏:171—1—131。
③ 《汉口市银行业同业公会致中南银行函》(1938 年 8 月 3 日),武汉市档案馆藏:171—1—131。

却,爰议决,勉为照数分担"①。

据统计,1938 年 9 月以前,汉口银行公会垫支各项零星捐款款项共有 9 宗,总计 2693.35 元。详情如表 7-2 所列:②

表 7-2　1938 年汉口银行公会代垫各项共同捐款细目表

(单位:法币元)

年月	摘要	金额	备考
民国二十七年 3 月	女童子军杨惠敏来会摊销戏券	205.00	
4 月	捐助中国红十字会汉口分会	200.00	
6 月	大公报公演《中国万岁》本会销券	240.00	
	公宴各地出席财部召开金融会议代表	481.00	各地银行公会及四行又省银行等代表
7 月	捐助汉口市各界救济黄灾一日运动会经费	50.00	
8 月	救济黄灾音乐游园会捐券	300.00	内市党部推销 100 元
	补助抗敌后援会经费	270.00	1 月至 9 月每月 30 元,计 9 个月如上数
	补助新生活运动会经费	135.00	1 月至 9 月每月 15 元,计 9 个月如上数
9 月	追悼胡笔江、徐新六两公大会用费	812.35	原用 1000 另 12.35 元,除商会因参加发起,分担 200 元外,实际之用如上数
共计法币 2693.35 元			

资料来源:《本会代垫支各项共同捐款及追悼胡徐两公大会用费款目表》(1938 年 9 月 27 日),武汉市档案馆藏:171—1—131。

1938 年 10 月,国民政府第九战区总动员委员会征募委员会,举办扩大征募运动。募集棉背心、防毒面具、药品等 11 种,供应前方将士及救护伤、病官兵暨战区难民之需要。募款总额为 505 万元,分为 11 个单位派募。银行业派募 30 万元,汉口银行公会经过两日讨论决议,由在会全体会员共担任 10 万

① 《汉口市银行业同业公会致中南银行函》(1938 年 8 月 13 日),武汉市档案馆藏:171—1—131。
② 《汉口市银行业同业公会致中南银行函》(1938 年 9 月 27 日),武汉市档案馆藏:171—1—131。

元,照例各行分摊。^① 战争的进行,就是不断产生难民的过程。当此之时,汉口的难民日益增多,汉口难民救济委员会于同年10月,再次募集捐款。汉口银行公会也于10月25日会议议决"关于救济武汉难民捐款办法案。即席通过,在会全体会员银行公司分作一千元、二千元、四千元三种,仍按本会摊款成分原例,由各行分担之"^②。

随着武汉战事越来越紧张,到1938年10月,汉口的难民越来越多地逃到租界避难。"法租界避难民众突增巨万,其中穷苦者占大多数。当此米珠薪桂,又届冬令,若不早筹救济,转瞬饥寒交迫,危险将何堪设想。"法国驻汉领事注意到此点,特与汉口银行公会董事会协商计划,予以应对,向各大慈善家广为募集,防患未然,汉口银行公会推举3人与法国领事一同筹备。"事经已负责进行,惟念贵银行界急公好义,向不让人。本拟即趋谒贵行,分别请命,但与其沿门托钵,似不若由贵会自动乐捐,尤为美善……关于捐助法租界内救济难民款项案。所有全体会员银行公司及中央银行、汇业局、四行会、新华四同业,合捐国币二万元,除中央等四家捐三千二百八十元外,所余一万六千七百二十元,仍按本会摊款成分原例,由各行分担之。"^③

以上是汉口银行公会在抗战全面爆发之后,组织并参与社会救济活动的概貌。汉口银行公会的社会救济活动,所说只是整个社会救济的一部分,或者说只是一个个案,但它又是人类社会中出于爱心进行公益救助的一个缩影,因而具有很大的典型性价值。其参与社会救济之广,超越了地域范围,体现了一种崇高的社会责任感,具有很大的社会意义。它救济和帮助大批饱受灾难之苦的平民,避免部分灾区民众进一步过着颠沛流离的苦难生活,减少社会压力,为社会救济事业和全人类进步事业作出了积极贡献。救济工作是一项十

---

① 《汉口市银行业同业公会致中南银行函》(1938年10月24日),武汉市档案馆藏:171—1—131。

② 《汉口市银行业同业公会致中南银行函》(1938年10月26日),武汉市档案馆藏:171—1—131。

③ 《汉口市银行业同业公会致中南银行函》(1938年11月26日),武汉市档案馆藏:171—1—131。

分崇高的社会工作,其意义是除了减少民众苦难之外,还在于帮助民众组织生产,重建家园,恢复正常生活,促进社会稳定。[①] 在武汉抗战初期的社会救济,帮助大批饱受战火之苦的流离民众,避免战争进一步带来沉重的民生苦难与心理阴影。通过积极的救济活动,它扩大了银行业在社会上的影响,增强了银行公会的影响力,不仅有力地支持了抗战,而且也增强了民族团结。抗战时期的社会救济,还进一步激发银行公会及全体银行业人员极大的爱国热情,同仇敌忾,血战到底,教育和激励全体爱国者为抗战救国积极贡献自己的力量。因此,汉口银行公会的社会救济工作是应该得到充分肯定的。特别是它在全面抗战时期的"保卫大武汉"运动中的救济工作,是一个值得大书特写的突出亮点,它既丰富了全面抗战的"全面性"内容,又具有"保卫大武汉"特定历史内容的地域性特点。

第二节　汉口银行公会与公益事业

汉口银行公会作为武汉地区经济社会组织的一员,它以维护同业利益为前提,广泛深入地为同业共同利益而奋斗,它就不可避免地全方位、全过程参与社会领域的活动,积极体现其协调性、互动性、主体性功能。随着组织发展和对外联系增加,汉口银行公会逐步形成较大、较强的社会效应,积极参与武汉地区的公益活动,为维护和发展地方社会公益事业积极作为,在历史上留下了值得记忆和深刻总结的客观内容。

一、公会的公益活动

汉口银行公会作为民国时期汉口市社会公益事业的重要力量之一,也是华资银行业协调与地方社会关系,立足地方,建设地方社会的作用与价值体现。对于拥有一定法定数量成员和相当正式成员规模的汉口银行公会来说,它虽然不存在因成员增减而影响社会活动的问题,但却存在组织声望、社会地

---

① 朱英:《近代商人与慈善义演》,《史学月刊》2018 年第 6 期。

位、行业影响力和满足公会成员需要的问题。因而,汉口银行公会在财力所及的情况下,都不同程度地参与社会公益。汉口银行公会成立的宗旨和发展的方向及其目标,决定其社会角色,决定其社会参与的广度、深度和质量。其中,汉口银行公会参与社会公益事业的活动,就是检验它的重要指标和尺度。汉口银行公会在凝聚同业力量,沟通银行界与社会联系,协助地方政府稳定社会秩序等方面发挥重要作用的同时,它积极投身社会公益事业,参与内容比较多,活动范围比较广,辐射能力比较强,社会受益面比较宽,其受益对象既有社会弱势群体,也有社会服务组织和公共服务组织,体现了近代社会经济组织的时代特征和社会公共组织的公益性职能。

1. 尽力捐助难民。汉口银行公会对于本省除武汉以外的其他县市的难民,也尽力提供救助。1935 年 2 月,龙山、来凤等县出现大量灾民,情况紧急,急需救济。汉口银行公会考虑到灾民群体时处严冬、春节之际,冻饿堪怜,难度佳节。于是,本着仁慈在抱、恻隐为怀的同胞之情,慷慨解囊,迅予劝募。经商酌,以汉口银行公会名义共捐洋 1000 元。其中,计中、交两家银行各捐 80 元,其余 14 家银行各捐 60 元。①

汉口孤儿院成立以来,汉口银行公会每年捐助 2000 元。1935 年 11 月,该院函请公会拨捐款。当经会员各行磋商,以"该院成绩斐然,固当表示同情。惟值市面冷落,捐募孔多,公推主席前与该院主办人员商洽,减低捐额等情。已由主席迳向该院陈院长及苏贺各委员分别接洽。据称本年灾褪之余,孤儿收容益多,预算经费不敷应付,市面不景气,各方临时捐款又筹募,万分困难"②。汉口银行公会接到催捐函后,在聚餐会时及时商讨,照付 2000 元,由在会 16 家银行分摊。

全面抗战爆发后,战事增加,来汉伤兵日益增多。1937 年 11 月,汉口市组织征募委员会,筹募慰劳前方将士及来汉伤兵衣被物资,征募鄂境防空监视哨风衣以及征募救济难民捐款。汉口银行公会摊得捐款数 2 万元。由于数目

---

① 《汉口市银行业同业公会致中南银行函》(1935 年 2 月 27 日),武汉市档案馆藏:171—1—65。
② 《汉口市银行业同业公会致中南银行函》(1935 年 11 月 30 日),武汉市档案馆藏:171—1—65。

比较巨大,汉口银行公会最初决定分担其中 1 万元。但征募委员会一再劝募,认为事关急需,数目甚巨,恳望公会共济时艰,勉为其难。汉口银行公会情不得已,勉为照数担任 2 万元。① 汉口银行公会在全面抗战爆发后多次应募捐款,尤其对于数目较大捐款,实有艰难,往往勉为其难,尽力募捐。而对于公益性组织的捐款,在数目较小情况下,则慨然应允,促成会员银行踊跃摊捐。1938 年 9 月,汉口市政府颁布《疏散人口办法》,限令汉口孤儿院中数百名孤儿速予迁移教养。汉口孤儿院决定,暂行迁移到万县。但因经费支出掣肘,计划难行,而各项用费颇巨,急待用款。不得已,孤儿院提前恳请汉口银行公会将本年度捐洋 2000 元迅予拨付,以资急用。汉口银行公会接函后,于 14 日例会讨论,毫不推诿,马上照办。据载,汉口银行公会以"该院服务精神及工作成绩均堪赞佩,所称需款情形,亦有理由,所有本年年捐款二千元,自应即予照例摊付"②。

同年 10 月,汉口银行公会再次为救济武汉地区的难民捐款 3.8 万元。按成例计,中国、交通 2 家银行各 4000 元,浙江兴业、聚兴诚、盐业、金城、中南、大陆、上海、浙江实业、国货、农工等 10 家银行各 2000 元,四明、广东、通商、中国实业、汉商、大孚、农商、川康、美丰 9 家银行及中一信托公司各 1000 元。并委托交通银行代收汇数,转交汉口难民救济委员会。③

2. 积极支持武汉地区教育文化等公益事业发展。1937 年,汉口市在筹办图书馆时,汉口市党部、政府召集各业同业公会主席开会,为筹办图书馆商议捐助。以"图书馆关系地方文化,急待举办。只因设备一切需款较巨,适值梅剧团在汉演剧之际,已商得梅议员同意。于五月一日演义务剧一日,请由各业踊跃推销剧券,以资集腋而便筹办等因,并送到戏券嘱为分送各业推销前来"④。因此,义演募捐组织者就向汉口银行公会呈上戏券 10 元 30 张、5 元

① 《汉口市银行业同业公会致中南银行函》(1937 年 11 月 23 日),武汉市档案馆藏:171—1—74。
② 《汉口市银行业同业公会致中南银行函》(1938 年 9 月 19 日),武汉市档案馆藏:171—1—131。
③ 《汉口市银行业同业公会致中南银行函》(1938 年 10 月 26 日),武汉市档案馆藏:171—1—131。
④ 《汉口市银行业同业公会致中南银行函》(1937 年 4 月 28 日),武汉市档案馆藏:171—1—74。

10 张,共 40 张,共计 350 元。汉口银行公会商议,"事关地方文化,不得不勉徇所请"①。即将原券按成例分派,从而满足支持汉口市图书馆建设、支持汉口市文化事业的经济需求。

作为同业组织以及拥有办公大厦的汉口银行公会,它自己也十分重视教育文化事业发展,如创立银行夜校、创办《银行杂志》等,这些都属于教育文化事项之列,对于当地社会具有文教辐射功能;尤其是在汉口银行公会大厦专门设立图书室,以满足阅读需求,传播文化知识,成为一个固定的文化阵地。但"汉口银行公会数年以来,屡为军队借住,前两年并腾让不及,而已荷枪实弹,纷至沓来,及至交还接收,器具之损失固多,最可惜者,书籍之损失,断简残编,凌乱无次。前由汉口明德大学购来之西文书籍一千七百九十二册,今重加检点,存有一千四百零四册,已损失十二"。1926 年,汉口银行公会决定将公会内的图书捐赠给武汉大学图书馆,"该会以会址迁让无常,书籍搬移不易;且有猝不及防之时,忍令斯文扫地,实属痛心之至,再三商议保存之法,因有移赠武汉大学之举"。并与武汉大学订立协议,"书籍由其保存,该会得随时入学观书,并可借回阅看,仍订学额四名,免收学费,采互换之义,为经久之规。"②这表明,汉口银行公会对人才教育培养是始终重视的。汉口银行公会与武汉大学达成协议,捐书助学,起到了经济组织与教育组织的合作融合作用,符合时代前进的方向。

汉口银行公会还资助医院、大学、博物院等建设。1925 年 1 月,汉口银行公会向武汉梅神父医院捐款 6100 串文。③ 1930 年 5 月,美国韦女士为武昌文华公书林建筑博物院,到汉口银行公会劝捐。韦女士掌教文华大学,创设文华公书林,造就人才,振兴文化,得到公会认同。适值武昌文华公书林成立 30 周年,拟建博物院,作为纪念。汉口银行公会"以此项捐款碍难拒却,但由各行

---

① 《汉口市银行业同业公会致中南银行函》(1937 年 4 月 28 日),武汉市档案馆藏:171—1—74。
② 《汉口银行公会赠书记》,《银行周报》第 14 卷第 19 号,1930 年 5 月 27 日。
③ 《汉口银行公会致金城银行函》(1925 年 1 月 10 日),武汉市档案馆藏:165—1—96。

分捐,若为数过少,实欠冠冕"①。于是决定,由公会出资购"百衲本"二十四史一部赠送,以显公会会员大方。这真是难得之举。

武昌华中大学系由武昌文华、博文、长沙雅礼、汉口博学、岳州湖滨5所大学于1929年合并成立,每年运行经费15万元,全由英、美热心教育人士及团体捐助。学校各学科、专业、院系设置虽尚称完备,而中国文学系相较而言,仅仅只是初具规模,其创办成绩与其他系相比,实有差距。1933年9月,为兴盛国学,武昌中华大学准备逐步扩充中国文学系,以求实益。然而,在扩充之时,经费最为重要。而保国学,又断无仰给外资之理。为此,中华大学特请武汉各界领袖如吴国桢、徐维荣、周苍柏、舒厚仁、刘缔庭等,组织基金筹募委员会,负责募集基金5万元,分为一次捐和分期捐两种形态,以募足基金5万元为限。武昌中华大学以"金融界为各业之冠,热忱教育,尽人皆知。切盼鼎力提倡,维持国粹"。由此,汉口银行公会于9月16日及27日两次餐后会议,决定"以该大学既在外人捐资之下,获有今日之成绩,吾人已经足以感到钦佩。对于国学系之资源,自不能不量予赞助,因即由会决定通函在会各行,并附制捐数表一份,请各酌定捐额。希望每行以一百元为最低程度,多多益善"②。最终,经过公会14家银行自愿捐助,共捐给武昌中华大学2000元。这体现了银行公会对社会事业竭力捐助的热情,对教育事业尽力关怀的赤诚。

四省农民银行行长郭外峰与江浙艺光、杭州西泠两书社于1933年12月合作举办展览会。他们将所售之书款,移作赈济。制作10元券、5元券两种,按券兑奖。检送2种券各10张与汉口银行公会,嘱咐代向各行分销。银行公会考虑到此事事关慈善,数目不多,并且可以获得名人墨迹;再者,郭外峰也属同业,因而决定代为介绍,将该券价150元由公会先期支付,以省手续,其券按每行10元分送。③ 对于地方兴建公益公祠,公会也鼎力相助。1935年2月,湖北省政府为表达对张之洞在武汉所做贡献的纪念,预备在汉口专修张文襄

① 《汉口银行公会致中南银行函》(1930年7月20日),武汉市档案馆藏:171—1—124。
② 《汉口市银行业同业公会致中南银行函》(1933年9月30日),武汉市档案馆藏:171—1—126。
③ 《汉口市银行业同业公会致中南银行函》(1933年12月5日),武汉市档案馆藏:171—1—126。

公祠。汉口银行公会以公会名义,合捐洋 3000 元,由中国银行汉口分行、交通银行汉口分行各 240 元,其余 14 家银行各 180 元。[①] 以表达对张之洞的仰慕,以及对地方文化发展的支持。

3. 捐资支助社会团体乃至党、政机构。1931 年 2 月,国民党中央党部经费委员会筹募建筑中央党部经费。湖北省政府主席何成濬迅速劝募:"素仰贵会爱护党国,想必乐于赞助。兹特送上捐册二本,即希查收转向武汉内国各银行,量为劝募,俾襄盛举,无端相累,深抱不安,并希鉴原是幸等因,并附送捐册二本到会"[②]。4 月,时隔一个多月,劝募期限将到,会员讨论募捐办法,以"中央党部之建筑,谊应同为赞助。重以何(成濬)主席来函之婉劝,亦难再事推延"[③]。为此,在会各银行共同捐款 1000 元。每家银行摊洋 76 元,13 家银行共摊洋 988 元;还差 12 元,在公会经费项下凑足 1000 元整。

妇女慰劳将士会武汉分会于 1931 年 6 月致银行公会函,又给汉口银行公会各会员银行信 13 封,戏券 13 色,每色 100 张,嘱咐公会代送各会员银行。时值星期三午餐,各会员称"戏券一百张,计洋二百元。如送各行恐反难减少,不如将戏券存在会内。由会致函即说,十三行共捐若干元戏券,仍退缴。但十三行共送至多以五百元为限等语"[④]。后经公会与妇女慰劳将士会武汉分会多次往来协商,接收戏券 200 张,按 13 家银行,每家银行各摊送 15 张,多于 5 张,即由公会内部留下。公会为各家银行垫款 400 元,13 家银行每家银行各应摊洋 30 元,合 390 元;还差 10 元,在公会经常费项下凑足。[⑤]

1933 年,武汉警备司令部举行阅兵典礼,汉口银行公会特赠送毛巾 4000 条,以犒劳士兵。1934 年,武汉警备司令部再次举行阅兵典礼。汉口银行公会作为法团之一,被邀参加。此次由于商会已经赠送毛巾,钱业公会赠送棉袜,银行公会为避免重复,特改赠白色手套 5000 副,合计洋 679.2 元,由 15 家

---

① 《汉口市银行业同业公会致中南银行函》(1935 年 2 月 25 日),武汉市档案馆藏:171—1—65。
② 《汉口银行公会致金城银行函》(1931 年 4 月 6 日),武汉市档案馆藏:165—1—610。
③ 《汉口银行公会致金城银行函》(1931 年 4 月 6 日),武汉市档案馆藏:165—1—610。
④ 《汉口银行公会致金城银行函》(1931 年 3 月 6 日),武汉市档案馆藏:165—1—610。
⑤ 《汉口银行公会致金城银行函》(1931 年 3 月 6 日),武汉市档案馆藏:165—1—610。

银行摊派,每家银行计摊洋 45.27 元。①

　　据汉口银行公会 1933 年统计,近一年时间,公会仅垫支捐款一项就总计洋 3934 元。分别为:元旦犒赏警备旅毛巾 554 元。首义遗族冬赈 30 元。空军创立会 3—9 月计 7 个月经费 850 元,3—5 月三个月,每月 150 元;6—9 月,每月 100 元。国货运动会经费 11、12 两个月 40 元。自治促进会经费 11、12 月两个月,共 60 元。孤儿院全年捐款,2000 元。慰劳将士捐款,100 元。省政府蒋秘书长托销游艺券,150 元。郭外峰行长托销助赈券,150 元。以上垫支捐款系由公会入会费余款及经费两项分别挪垫。在公会决算时,按照 15 家银行平摊,每家银行 262.27 元。② 1933 年 12 月,公会向汉口红十字会分会捐 3000 元,每家银行捐 200 元。1934 年 3 月,汉口市准备举办国货流动展览会,展览会需要经费 1 万元,由参加筹备各机关团体补助。汉口银行公会作为筹备团体之一,以"此次展览国货,关系爱国运动。所摊补助经费,似难予以坚拒"③,分任补助经费 1000 元。

　　国民政府军事委员会也会进行经费的筹募。1935 年 9 月 5 日,国民政府军事委员会防空委员会在汉口举行防空展览,对于展览经费预算最低在 8000 元。会前,湖北省防空协会函告汉口银行公会,对于经费预算,除由省府担任 4000 元,市府担任 2000 元外,还差 2000 元,商请商、银、钱各会按照数目分担。汉口银行公会 8 月 28 日开会,"以防空展览意义重大,不得不勉为补助,决定由在会十六行,合捐洋五百元,中、交两行各捐四十元,其余十四行,各捐三十元"④。

　　1936 年 1 月,辛亥首义伤军维持会为救济伤军,特举行演古(即古装戏剧)筹资。汉口银行公会接入场券 50 张,代销于各家银行。向维持会捐 50 元。⑤

---

① 《汉口市银行业同业公会致中南银行函》(1934 年 2 月 9 日),武汉市档案馆藏:171—1—128。
② 《汉口市银行业同业公会致中南银行函》(1934 年 8 月 16 日),武汉市档案馆藏:171—1—128。
③ 《汉口市银行业同业公会致中南银行函》(1934 年 3 月 14 日),武汉市档案馆藏:171—1—128。
④ 《汉口市银行业同业公会致中南银行函》(1935 年 8 月 30 日),武汉市档案馆藏:171—1—65。
⑤ 《汉口市银行业同业公会致浙江兴业银行函》(1936 年 1 月 9 日),武汉市档案馆藏:168—1—13。

同年,汉口银行公会还临时捐助一些团体,捐费达 3117 元,如表 7-3 所示:

表 7-3　1936 年汉口银行公会临时捐款　　　　(单位:法币元)

民国二十五年度临时捐款		
付款年月	摘要	金额
1936 年 1 月	送警备旅团兵犒赏士兵毛巾三三四打	517
1936 年 1 月	市商会黄主席代朱子樵募陕西灾童教养院捐款	300
1936 年 5 月	付新生活运动会公民临时训练补助费	500
1936 年 6 月	付汉市妇女救济会演古筹资(杨庆山来会亲募)	1000
1936 年 10 月	捐助汉市民众防毒训练班经费	100
1936 年 12 月	补助汉市国民贡献 1 日所及推行委员会开办费	100
1936 年 1—12 月	付新生活运动会,每月 30 元;又国货运动会每月 20 元	600
总计		3117

资料来源:《民国二十五年度临时捐款》,武汉市档案馆藏:171—1—74。

4. 践行勤俭节约的优良传统美德。汉口银行公会内部还积极践行勤俭节约的优良传统美德。勤俭节约是中华民族的优良传统,俭以养廉,廉以成德,半丝半缕,物力维艰。1923 年,在汉口银行公会主持第四届全国银行公会联合会议期间,上海银行公会代表盛竹书以其置身商界 30 余年的经历,生平以谨慎廉俭自持,为银行界所称道,银行家所尊崇。但在当时社会,习俗因袭,各种奢华诱人,“世风不古,人心险恶,道德沦亡,达于极点。即就商业而论,以狡诈为能事,以倾轧为惯技。论人之短,炫己之长。小本营业,固无论矣。即大而实业工厂,亦往往有之。欲求提高商德,共相维护。殆如凤毛麟角,不可多得。吾银行同业,事事公开,与他种营业情形迥异。而团体固结,又非其他商业可比。且自各地公会成立以来,彼此感情益形联络,固不患染此恶习。然近来各地银行,纷纷开办,地面既阔,人数尤多。若非先时防维,难免不为习俗所移。况银行营业,关系社会经济至钜且大。设或偶沾习气,影响较他业为尤甚”[①]。盛竹书认为,对此,一定要坚决拒斥,并在银行业予以矫正,发扬艰

―――――――――

① 《盛君竹书倡设银行俭德会之经过》,《银行周报》第 7 卷第 40 号,1923 年 10 月 16 日。

苦创业、朴素生活的好作风。在联合会议上,盛竹书倡议尊重商德,由银行界带头提倡节俭,并组织成立公共俭德会。联合会议议决通过盛竹书的倡议,并由汉口银行公会代表联合会议公请盛竹书拟订《俭德会章程》,予以启动。

盛竹书回到上海以后,草拟《银行俭德会试行章程》,以"力从节俭,维护道德"为宗旨,由银行界先行提倡,各银行会员组织加以遵守并以各银行会员为限。俭德会设立在各银行,其正副会长由各行正副职担任,会计员由各行会计主任担任,文牍员由各行文牍主任担任,庶务员由各行庶务员担任。俭德会会员一概不需纳费,凡是有印刷、纸张等费用,由各行作内部支出。

俭德会力行节俭,要求在情义、宴会、服装、用品等方面都要做到相应简约。主要要求是:一情义,不要过于铺张;二宴会,不要无谓浪费;三服装,力求朴实;四用品,格外珍惜。具体来讲,在情义方面、宴会方面、服装方面、用品方面等都要厉行勤俭节约。此外,盛竹书还建议公会附属组织也要厉行节俭,如俱乐部,除打弹弈棋弄琴外,其他方面的都应革除,有万不得已需要其他娱乐项目,亦宜严加限制。

盛竹书制定以上《银行俭德会试行章程》后,函达汉口银行公会,再由汉口银行公会转致各会,并号召:"拟请我银行同业,各自以身作则,互相纠正,为外界所推重,作各业之表率,此宜注意者一也。近今世俗,专尚奢侈,生活程度,日高一日。银行行员,兢兢自守,固不乏人。而或因交际广阔,入不敷出,亦实繁有徒。银行因预算限制,固属爱莫能助。然长此以往,直接虽只关个人,而间接究有碍职务。拟请我银行同事,组织公共俭德会,严订规则,俾各遵守,以资默化,此宜注意者又一也。以上两端,均关商德,且利进行"①。

一·二八事变之后,国难加深。国民政府内政部在 1933 年召集第二次全国内政会,在会议上提议限制社会酬酢,以裕国民经济。后经大会议决,在全国推行厉行节约运动,对婚丧庆吊、宴会馈赠等都应厉行节约,不得铺张,并要求宴会馈赠等,均须采用国货。湖北省政府为之通过《湖北省婚丧、庆祝、宴

---

① 《盛君竹书倡设银行俭德会之经过》,《银行周报》第 7 卷第 40 号,1923 年 10 月 16 日。

会、馈赠临时办法》,对各项具体办法作出明确规定,凡婚丧庆吊应力事俭约,不得铺张。汉口银行公会意识到,如今国难当前,国民经济濒于破产,人民节俭一分无益之消费,即国家增加一分捍卫之力量。公会将文件分抄各会员银行,号召厉行节约,支持国民经济,挽回颓废风气,而维护国本。① 汉口银行公会在厉行勤俭节约时,也严禁陋习劣迹。在 1924 年 8 月 16 日通过的《会员银行介绍同业借用本会座地规则》中,就明确规定:"宴客不得有招妓、侑酒、拇战、喧哗等事"②。

二、公会的公益特征

纵观汉口银行公会在各领域的公益活动中所展开的捐助,其公益活动呈现出以下几个特点。

第一,自觉与被动同时存在。在公会进行公益活动之时,既有自身同情共感自觉性捐助,亦有政府号召而勉为其难的被动性摊款。在出现天灾时,汉口银行公会表现出一种同情共感、自觉主动的救济。在 1931 年水灾发生时,汉口灾害奇重,武汉特别组织急赈会。汉口银行公会考虑到此次灾害的严重性,以及自身同业都在汉口,同处一地,殊难忍置。各会员银行在会集议,赈款将来必不能免,由是先行自发自由捐集,以尽一份义务。众议结果,13 家银行共捐洋 5 万元。1935 年夏,武汉再次爆发水灾。灾情之重,较 1931 年水患实有过之而无不及。为此,汉口银行公会 12 家银行临时动议,体察灾民生死之间,命悬一线,生无所依,死无所从,惨不忍睹。汉口银行公会会员自愿急其所急,居本急赈,由各行合筹赈款。随后,经到会 12 家银行一致赞同,先由在会 16 行,合筹急赈洋 5000 元。1937 年 6 月,四川省久旱成灾,形势极为严重,灾区亟待救济。汉口银行公会考虑到"川鄂毗连,披楚缨冠,谊尤切要",即讨论由同业 22 个会员银行合捐赈款 1 万元。

作为汉口法团之一的经济社会组织,汉口银行公会还时常遇有政府摊捐,有时甚至勉为其难。一·二八事变以后,上海难民增加。为救济上海难民,湖

---

① 《湖北省婚丧庆祝宴会馈赠临时办法》,武汉市档案馆藏:171—1—126。
② 《会员银行介绍同业借用本会座地规则》,武汉市档案馆藏:171—1—115。

北省政府主席何成濬于 1932 年 3 月,在武汉召集各界代表会议,为救济上海难民进行捐款。汉口银行公会积极运筹,最后以银行公会名义,共捐申钞5000 元。[1] 1934 年 3 月,汉口市准备举办国货流动展览会,展览会需要经费 1万元,由参加筹备各机关团体补助。汉口银行公会作为筹备团体之一,以"此次展览国货,关系爱国运动。所摊补助经费,似难予以坚拒",分任补助经费1000 元。[2]

第二,北京政府与国民政府时期的公益活动频率不同。在国民政府时期,社会公益活动明显多于北京政府时期。汉口银行公会在北京政府与国民政府时期,其公益活动的频率也有明显不同。北京政府时期汉口银行公会的公益活动较少,主要是自发性质的捐助与救助。在国民政府时期,政府加强对工商同业公会的管理,汉口银行公会也被纳入其中。其承担的公益事业频率颇多。一是受政府组织的影响。北京政府时期,政府组织不稳定,社会建设少,加上汉口银行公会自身的经济实力欠缺,难以伸展。国民政府时期,尤其全面抗战爆发以后,国民政府先后颁布一系列有关公益的政策与法规。这主要是:《难民垦殖实施办法大纲》(1938 年 3 月),《抗战建国纲领决议案》《非常时期难民服役计划纲要》(1938 年 4 月)、《难童救济实施办法大纲》(1938 年 6 月),《各级党部难民救济工作实施办法》(1938 年 8 月),《赈济委员会救济难童团体申请补助经费办法》(1938 年 9 月)等法规、文件。湖北省政府则发布《非常时期武汉难民收入办法》(1937 年),《疏散武汉难民及各县收容难民简则》(1938 年 4 月),《湖北省实施战区儿童教养办法》(1938 年 5 月)等措施与办法,对难民等公益救济作出比较详细的规定和要求。[3] 依照法规政策组织社会公益活动,按照政府要求应募公债,号召民众积极支持政府及地方建设。二是受政局的影响。在北京政府时期,国内军阀争斗不息,需要花费大量的财政支出,他们向来都是向银行公会强行借款,只借不还。在国民政府时期,政府

---

[1]　《汉口市银行业同业公会致中南银行函》(1932 年 3 月 7 日),武汉市档案馆藏:171—1—56。
[2]　《汉口市银行业同业公会致中南银行函》(1934 年 3 月 14 日),武汉市档案馆藏:171—1—128。
[3]　许艳:《抗战时期湖北难民救济研究》,华中师范大学 2012 年硕士学位论文,第 26 页。

则依靠多发有担保信誉的公债,由各银行参与摊捐。三是受环境的影响。在北京政府时期,武汉地区以及各地的自然灾害相较国民政府时期要少一些。在国民政府时期,1931年、1935年的两次水灾都给武汉经济,尤其是金融事业带来巨大冲击。四是在国民政府时期,尤其是1931年将汉口银行公会改造为汉口市银行业同业公会之后,汉口经济逐步回升,金融渐趋稳定,银行自身实力得到增强。到1937年底,汉口银行公会的会员构成是23家银行加上1个信托公司,总计24个成员单位,数量与规模都创历史新高。

第三,公益活动领域宽广化与形式多样性。汉口银行公会的公益活动内容涉及教育、文化、社会、政府、团体等各个领域。1926年,汉口银行公会将公会内的图书捐赠给武汉大学图书馆。1926年1月,汉口银行公会会员银行向武汉梅神父医院捐款6100串文。1930年5月,向武昌文华公书林建筑博物院捐助"百衲本"二十四史1部。汉口孤儿院成立后,汉口银行公会每年捐助2000元。一·二八事变以后,捐助上海难民5000元。1933年9月,支助武昌中华大学中国文学系2000元。1935年2月,为专修张公祠捐资3000元。1929年5月,为"奉安大典"捐资1000元。1931年2月,支助国民党中央党部经费委员会筹募建筑中央党部经费1000元。1933年12月,向汉口红十字会分会捐3000元。1938年8月,支助汉口市警察局1万元等。上述捐款、捐赠,涉及文化、教育、社会、团体组织、政府机关等多个领域,表现出宽广化。

形式方面既有直接的资金捐款,亦有物资捐助,还组织成员直接参与到公益活动当中。汉口银行公会的公益活动,大部分都是直接捐款。同时,亦有物资捐助,如1933年,武汉警备司令部举行阅兵典礼,汉口银行公会特赠送毛巾4000条,以犒劳士兵。甚至有时候也直接参与到社会公益活动之中。在1935年水灾后,汉口银行公会组织各会员各3人,于8月1日前往汉阳七区施放急赈,在参与急赈的实际活动当中救济灾民。

第四,进行公益活动时,以自身利益为基础,尽量维护会员银行的利益。在政府摊捐或征募时,汉口银行公会代表往往经过多次反复商讨,十分慎重,虽勉为其难,却也努力到位。如冬赈,按照成例组织实施。1924年12月,武汉冬赈事务所在汉口总商会开会募捐。会上,事务所当局以"本年钱价较去年低,而米价又较去年贵,且难民逃来甚多",要求银行公会多捐。银行公会代表王锡文力图减轻公会负担,陈述公会事实:"本会从前每年系捐三千串……以各机关捐款踊跃,均较前有加,而当局有如此一再要求,不便较去年减少,当即照允,仍照捐五千串"。1938 年元旦,国民政府军事委员会第六部,举行尊敬伤兵慰问难民运动。此次需摊捐 2.5 万元,汉口银行公会经过多次商议,"因慰劳伤兵难民所定之捐款,本会既属法团之一,殊难推却,惟有勉为照认,仍按捐款摊例"①,摊捐二万五千元。1938 年 1 月,汉口市政府召集各界举行 1937 年汉口市冬赈扩大募捐会议。汉口银行公会经例会提出讨论,决定仍由本会全体会员合捐 5000 元,声明各行、公司及个人捐数一并在内。1938 年 4 月 30 日,湖北省政府主席何成濬指定汉口银行公会捐款 5 万元。汉会考虑到事关救济难民,群策群力,克服万难。随之照何成濬原意,担任捐款 5 万元,并声明须分两次,各半呈缴,以表示汉口银行公会自己确实存在困难。

第五,银行公会内部摊捐,以各行自身实力为基础,自愿为原则,并按惯例摊捐。由于会员是由汉口华资银行组成,各会员之间的实力又大有不同。其中,以中国银行、交通银行的实力最为雄厚,因而在摊捐方面,多以此两家银行所担数额较多;而广东银行、中南银行等实力较弱,所摊数额也就相应较少。但是,也并不是每次都是按照银行实力分配摊捐数额,有时会员银行考虑到自身银行总部地区发生灾害,为救助同乡,则会加量多捐。1937 年 6 月,四川省久旱成灾,汉口银行公会同业 22 家银行合捐赈款 1 万元。聚兴诚银行、四川美丰银行两家银行总部在四川。为此,此次公益捐助以聚兴诚捐 800 元为最多,四川美丰银行捐 600 元次之,而其他银行则低于两者。有时也会平均摊派,如 1933 年公会垫支捐款 3934 元。在公会决算时,则按照 15 家银行平摊,每家银行 262.27 元。②

由于汉口银行公会会员银行大部分为分行或支行,因而会受总行影响,甚

---

① 《汉口市银行业同业公会致中南银行函》(1937 年 12 月 19 日),武汉市档案馆藏:171—1—74。
② 《汉口市银行业同业公会致中南银行函》(1934 年 8 月 16 日),武汉市档案馆藏:171—1—128。

至应总行要求而组织并参与公益活动。1933 年 5 月,广东银行接总行筹办淞沪抗日残废军人教养院募捐册 1 本,向同业广为劝募。公会各行共同商酌,以"淞沪抗日一举,为国家民族争光,所有伤废军人,理宜优予教誊,此项募捐,应表同情。且广东银行对于公益恋善事项,素不轻言倡导。此次受总行之命,向同业劝募捐款,见义勇为,尤所钦佩。决议由在会全体会员,除广东外,共有十四行,合捐洋一千元,计中交两行,各捐洋八十元,其余十二行,各捐洋七十元"①。

第三节　汉口银行公会的爱国活动

民国北京政府时期,外国帝国主义和国内军阀严重阻碍民族经济发展,因此,民族资本家通过同业公会、商会等参与政治活动。而汉口银行公会就是汉口华资银行家群体所依靠的同业组织,他们积极参加胶济铁路筹款赎路运动、湖北自治运动、五卅运动、抵制日货运动等。九·一八事变以后,中日矛盾激化,汉口银行公会积极参与爱国组织,援助抗日组织,参与抗日活动,将经济优势转化为政治优势和社会优势,在推进爱国运动高涨上,发挥了重要的积极作用。

一、参与爱国活动组织

近代以来,中国处在半殖民地半封建社会。武汉地区是国际帝国主义、殖民主义、资本主义侵略的内陆重镇。英、法、美等国都在汉口设有租界,充当其从事侵略、殖民活动的"桥头堡","租界是非正义的,是侵略者的产物"②;同时,在国内革命运动的高涨下,武汉人民反对侵略、挽回权益的斗争也在不断上演,日益宏阔壮大。汉口银行公会作为民族资产阶级的经济社团组织,也积极参与到有关爱国组织及其活动之中,为争取挽回民族权益、实现民族独立,

① 《汉口市银行业同业公会致中南银行函》(1933 年 5 月 24 日),武汉市档案馆藏:171—1—126。
② 陈旭麓:《上海租界与中国近代社会新陈代谢》,载《陈旭麓文集》Ⅲ《近代史思辨录》(上),上海教育出版社 2018 年版,第 604 页。

维护国家主权、促进经济发展而奋斗。

第一,参与胶济铁路筹款赎路运动。1920 年华盛顿会议召开,中国代表经过艰难交涉,最终迫使日本同意由中国出钱限期赎回胶济铁路。消息传来,举国振奋。为筹集赎路所需的巨额资金,政府先是计划民办胶济铁路,即由国民筹款赎回该路,收回后划归民办,永属民业。但该计划最终失败。在此次赎路运动中,各团体与政府紧密合作,为着挽回利权,汉口银行公会也积极参与其中。1922 年 1 月 17 日,全国商会联合会联合京师总商会、京师农会、北京教育会、全国报界联合会、全国学生联合会共同成立"救国赎路基金会",并发布宣言,呼吁"于六个月内集得三千万巨款"。2 月 23 日,全国商会联合会发出通电,要求胶济铁路由人民筹款赎回,并定为民有铁路,永属民业。1922 年 1 月 14 日、2 月 1 日,交通部两次通电全国,提出拟将该路归为民业,由人民筹款赎回、自办,并号召人民筹款赎路,还通电各省银行公会。

由于此次筹募债股较多,需要社会力量大力协同促进,因此,汉口银行公会积极参与,不予缺席。汉口银行公会在接到通电后,即致电上海银行公会,容与武汉商会酌商办理再达。后经多方讨论,汉口银行公会参与接济赞助,"沪胶济赎路会议,以九六债购路股来汉劝募二百万,敝会议决在汉言汉,拟俟办法公布,即由会十四行,共认票额四十万,借表赞助"①。汉口银行公会决定,"除华丰总行设在汉口,应由自酌,其余各行,均在外埠,应由公会电致在会各总行酌核"②。

到 1928 年初,所集资金依然"为数寥寥,无济于事","昔日所储之款,遂一一发还","喧嚷数年之久的筹款赎路运动,现在仅成了该路的一段掌故"。③ 由此,国民筹款赎回胶济铁路并归民办的计划最终失败。

第二,参与争取关税自主权。1925 年底,政府将在北京组织召开关税会议。汉口银行公会认为,关税存款、存放问题与我国经济关系巨大,不可含糊。

---

① 《照钞本会电致在会各总行电稿》(1922 年 12 月 10 日),武汉市档案馆藏:165—1—92。
② 《汉口银行公会致金城银行函》(1922 年 12 月 11 日),武汉市档案馆藏:165—1—92。
③ 介民:《胶济赎路问题》,《国闻周报》第 7 卷第 6 期,1930 年 2 月。

经会员会议议决,分别致电中央及主管各部,强烈主张收回关税存款、存放权。① 1925 年 12 月,汉口银行公会主张先将关税款存放权收回后,再议其他。汉口银行公会因此次会议意义重大,曾于关税会议开幕之前,派大陆银行经理、现公会董事长陈介,就近陈述种种意见,促进会议开出成效。

第三,抵制日本侵略我国。1924 年 7 月 26 日,汉口银行公会与武汉 96 个团体一同请求撤销日本驻汉领事馆。日本驻汉总领事林久治郎,向来被称为日本少年外交家。林久治郎到汉不及一年,日本人杀伤华人的案件就达到三四起。虽经"鄂官厅的抗议,各团体的警告",而林久治郎终究是态度骄横,置之不理,任由事件发展,损害华人利益。1924 年 7 月,汉口银行公会与其他各团体一道呼吁,谴责日本的强盗行径,"汉口华洋杂处,中日人民,交接之事极繁,残杀之惨,层见叠出,吾国人若不奋起直追,合力援救,何能在世界上生存。用特公电吁恳,依据法律,一致力争,务使撤换日领,按照本案事实,持平结束,以伸国权而重民命。""电请府院部,请根据民意,严向日使交涉,务将驻汉日领林久治郎,立予撤换,以平众愤。"②七·七事变后,日本帝国主义发动全面侵华战争,中国人民奋起抵抗。武汉地区的抗日救亡运动逐渐兴起,1937 年底,各方人士云集武汉,抗日救亡运动进入高潮。

1936 年 11 月,连日报载,匪伪军侵扰绥东。前方将士,守土抗战,忠勇艰苦。全国民众,闻风兴起。汉口市商会于 11 月 17 日召集各业代表,提议募款慰劳议案,出席者踊跃参加募款。大家一致认为,绥边战事急,关系很重大;而北地苦寒,物资缺乏,业经公推委员 19 人,会同商会全体执监委员商筹募捐办法。遂组成"汉口市市民慰劳绥远前敌将士募捐委员会",分头积极募捐,以便备办需要物品,或酌量汇款慰劳之用。其捐款先 10 万元,即席由团体会个人名义认捐,不少民众意气激昂,纷纷认捐。同时,议决将一日之所得贡献国家。汉口银行公会王主席(稻坪)11 月 18 日到会报告,并经各行详加讨论。

① 《汉口银行公会致中南银行函》(1925 年 12 月 26 日),武汉市档案馆藏:171—1—116。
② 萧萧:《武汉九十七团体请撤日领》,《申报》1924 年 7 月 26 日,第 18466 号,第 10 版。

"以绥边战事,关系国家民族至重且钜。今守土将士,冒烽火冰雪之艰辛,尽捍卫疆土之护责,后方民众应本敌忾同仇之旨,作物质上之接济及精神上之慰藉,始足以表现我民族之团结,况各地募捐慰劳已风起云涌。"①汉口银行公会同业之间爱国情深,旋即商定,由16家会员银行合捐国币1万元。

1937年8月,汉口市商会来函,汉口市政府前遵军事委员会要求,由工、商会购储汽油、机零件、车轮议案。经以购储各件为数甚钜,一时难以筹储足量,顷准予从宽设法办理。去后,旋在市府密令,以在军委会按数推借,分别购储,以济要需,万勿再事延诿,致干咎等因,爰即邀请各业公会,召开紧急会议,公同议定推借数目,并限20日以前交会。则公会推借国币2万元,务祈迅予照数筹齐,如期交会,俾便购储等。由前来复函该会详询情事,据称市府系在军委会密令转饬该会负责筹款,自行购储,并为保管,除由政府取,届时另有办法外,否则仍由该会将原件脱售,变价归送,各汇借款等情。业经本会提出报告,由各行一再讨论,结果佥以事关后方军事准备,值此非常时期,自应本拥戴中央之原则,勉力分任,如数照借,各行分担数目,惟有按非常办法,暂照前定捐款成分,分别摊担,并声明不作以后成例,众意佥同。因推定中国、交通、中国农民3家银行各借款1800元,湖北省银行借款1300元,浙江兴业、盐业、金城、中南、大陆、浙江实业、中国农工、中国国货、聚兴诚、上海、广东等11家银行各借900元,中国实业、中国通商、四明、大孚、汉口商业、川康、美丰、农商等8家银行各借425元,合计23家银行共摊借2万元。现在商会又在市府严令敦促下,要求克日办齐,由该会派员前来收取。②

第四,参与爱国组织,支持爱国活动。1925年,参与武汉各界收回汉口法租界后援会。1925年12月,国民党汉口特别市党部常委,兼代理组织部长和宣传部长,并兼《民国日报》社长涂允檀通电收回汉口法租界,并策动汉口总商会,武昌、汉阳两商会,汉口银行公会和其他重要机关、学校、团体等,推派代

---

① 《汉口市银行业同业公会致浙江兴业银行函》(1936年11月22日),武汉市档案馆藏:168—1—13。
② 《汉口市银行业同业公会致中南银行函》(1937年8月25日),武汉市档案馆藏:171—1—74。

表组织"武汉各界收回汉口法租界后援会"。该会推选麦焕章为主席(麦系法国博士、桂系第 7 军政治部主任、汉口《中山日报》社长)做宣传收回法租界和联络工作。经费由商会担负。汉口银行公会派出代表秦褆卿参与后援会组织工作,并力挺收回法租界,以达民意,收回国权。① 但是,由于没能得到政府有效支持,收回国权运动最终落空。

汉口银行公会于 1932 年加入全国废止内战大同盟。九·一八事变以后,随着日本侵华行动进一步扩大,上海商界认识到需要一个团结的国内环境,一致对外,共抗外侮。6 月,上海全国商会联合会、上海市商会、上海市银行业同业公会、钱业同业公会等 4 个团体,鉴于内忧外患严重,特发起组织废止内战大同盟,并呼吁津、粤、京、汉、平、杭商会暨银、钱业两会加入。"此种运动,本全国人民一致之公意,沪上各界名士深表赞同。当由吴鼎昌、刘湛恩等十八人,通电平津、武昌、南京、上海各界领袖,征求加入大同盟。废战之旗既挥,全国闻风响应。"②全国废止内战大同盟,得到各地商界、民众团体、名流、学者等赞同和支持。汉口银行公会随即加入,支持废止内战,一致对外抗日。8 月 10 日,废止内战大同盟会筹备会第 10 次筹备会议举行,与会者多达 110 多人。汉口银行公会派代表浦心雅以团体名义参加,受到与会者热烈欢迎。③

汉口银行公会还参与组织成立专门募捐委员会。1932 年,汉口市商界在汉口商会主持下,成立汉口市商界救国募捐委员会。2 月 15 日,汉口市商界救国募捐委员会第一次会议推举委员 11 人。2 月 20 日,召集各业代表召开第二次谈话会议,决定捐款救国。捐款方式是每一店同事每月按薪金辅助十分之一,店东照数捐输一成,合共为两成,此乃经常捐款。中日战争一日不停,则捐款一日不止。如有良心上特别捐输,或愿破产助饷,毁家纾难者,不在此例。同时,组织保管委员会公,推举周苍柏、曹延祥、余服民、万雨香、蔡岳昌、

---

① 中国人民政治协商会议湖北省委员会文史资料研究委员会编:《湖北文史资料》,1987 年第 1 辑,第 69—70 页。
② 《全国废止内战大同盟》,《圣教杂志》第 21 卷第 8 期,1932 年。
③ 《废战会欢迎湘鄂代表》,《申报》1932 年 8 月 11 日,第 21317 号,第 14 版。

杨松圃和苏汰余等七人为保管委员,又加推浦心雅、王毅灵、杨松圃、王森甫等四名委员。汉口银行公会在国难当前之际,与全国人民一道,一致对外,共抗敌寇,"以救国募捐,责无旁贷,当经决议办法如下:一、捐款办法依照前项委员会第二次决议案办理;二、各银行同人,自经、副理至茶房、出店、愿警一律照捐,以示上下一致,敌忾同仇之意;三、捐款自三月份起始,但三月份应捐之数,提前于二月内交纳;四、交款手续,查照各扱所载《汉口市商会紧要通告办法》,自行办理"①。

二、支持民众爱国活动

汉口银行公会自成立至武汉沦陷这一段时间中,不仅积极参与爱国运动,支持爱国组织,还积极以捐资方式支持民众的爱国活动。1923 年 5 月 21 日,汉口商界举行抗日大游行,计有 130 余帮总共 5 万余人参加。游行一致要求政府收回旅顺、大连,否认"二十一条",对日经济绝交和抵制日货。31 日,武汉航业界举行水面抗日大游行;同日,武昌商界计 80 余帮共 4 万余人举行抗日大游行。汉口银行公会也联合汉口银行业拒绝与日人在经济上往来。② 五卅惨案爆发,引起当时国内同胞的强烈愤慨。6 月 3 日,汉口银行公会成员银行一律停止营业,支持汉口六·一一惨案发生后武汉人民的抗争。6 月 21 日,汉口银行公会举行聚餐会,为沪、汉案捐款共计 11500 元。③ 这笔捐款,数额较大,表现出当时大家激愤的心情。

汉口银行公会还积极支持抵制日货,主张对日经济绝交。1928 年,汉口市商界组织对日经济绝交委员会。6 月,汉口市商界对日经济绝交委员会讨论关于拒绝日货,不用日币,与日商断绝银钱往来等事宜。汉口银行公会转知各会员银行,对于往来各商号、民众订购日货者,停止与他们之间的经济交往,从而维护团体利益,而图金融。他们呼吁道:"素仰诸公热心救国,定表同情,

---

① 《汉口市银行业同业公会致中南银行函》(1932 年 2 月 25 日),武汉市档案馆藏:171—1—56。
② 《汉口银行公会致金城银行函》(1923 年 5 月 25 日),武汉市档案馆藏:165—1—94。
③ 参见李福珍、田子渝:《汉口"六·一一"惨案大事记》,《武汉党史通讯》1987 年第 2 期。

又况紊乱金融，影响于贵会各同业，关系尤重，更当严密遏止，以防未然。"①汉口银行公会还推定一名监察委员参与对日经济绝交委员会，积极工作，履行职务。汉口银行公会热心救国，反对日本人在山东的暴行，停用日币，断绝与日本人通汇，号召民众不用日币，各银行不收日币，团结一致，做外交的坚强后援，反抗日本侵略，以雪国耻。这些活动与声援，都有力地支持了民众对日抵抗运动，伸张了民族大义。九·一八事变后，全国再次掀起抵制日货运动，实行对日经济绝交，汉口银行公会也断绝与日本人银钱往来，在金融上坚决抵制日寇。

淞沪抗战爆发后，战事增加，国民政府军队在抗战中伤亡惨重。1933 年 5 月，汉口广东银行接总行筹办淞沪抗日残废军人教养院，需要募捐，嘱咐各同业广为劝募。"去年在淞沪抗日，为民族生存而战，为国家光荣而战。断手折足，肝脑涂及，事至悲壮，举国同情。而此□残废军人所安辑教养，以善其后，而激励来兹者也，用敢将捐册呈诸贵会，恳请于各行诸公聚会时，代为提倡募。俾集腋成裘，共襄义举，不胜盼祷之至等因，附送捐册一本到会"②。汉口银行公会共同商酌，"以淞沪抗日一举，为国家民族争光，所有伤废军人，理宜优予教誉，此项募捐，应表同情。且广东银行对于公益慈善事项，素不轻言倡导。此次受总行之命，向同业劝募捐款，见义勇为，尤所钦佩。决议由在会全体会员，除广东外，共有十四行，合捐洋一千元"③。

1938 年 7 月，在全面抗日战争爆发一周年纪念日来临之际，为更广泛地发动群众，唤起全民族的抗战意识，在中国共产党参与下，以政治部第三厅为核心的武汉各界抗战建国纪念会筹备会决定发动"七·七献金"运动。汉口银行业公会参与负责征募武汉各界抗战建国纪念会筹备会。10 月，国民政府也开展节约献金运动，以表达国民爱国精神，人们无分老幼、无分阶级，一律参

---

① 《照钞汉口市商界对日经济绝交委员会来函》(1928 年 6 月 2 日)，武汉市档案馆藏：171—1—121。

② 《汉口市银行业同业公会致中南银行函》(1933 年 5 月 24 日)，武汉市档案馆藏：171—1—126。

③ 《汉口市银行业同业公会致中南银行函》(1933 年 5 月 24 日)，武汉市档案馆藏：171—1—126。

加。汉口银行业在汉口银行公会组织下,踊跃参与此次活动。公会多次举行会议,予以促进。第一次会议决定,由在会各会员合献 10500 元,随后又增加捐款。"因节约运动委员会,为实现竞赛意义起见,极盼各行全体员工,一致参加。复经十一日(星期二)召集临时会议,佥以各行员工,虽可酌量参加,但献数多寡,似仍须公定一个标准,免致分歧,有妨整个原则。因又决定照原定总数增加一倍,由各会员及其全体同人与工友等总合贡献,仍由公会垫支开单,代表汇付,一面各派员工前往参加等语。迨至献金场所,各方请求增献,吴市长(国桢)亦一再劝勉,不得已临时仍以全体会员名义,加献三千元。今日聚餐提出报告,兹就此次合献结果,共为国币二万四千元,照例分摊。"①

同年 10 月,国民政府第九战区总动员委员会征募委员会举办扩大征募运动。募集棉背心、防毒面具、药品等共 11 种,供应前方将士及救护伤、病官兵暨战区难民之需。募款总额为 505 万元,分为 11 个单位派募。银行业派募 30 万元,汉口银行公会经过两日讨论,决议"由在会全体会员共担任十万元,照例分摊"②。

汉口银行公会在注重并维护自身经济利益的同时,也重视参与地方社会的有关活动,极力提升自身组织及其会员银行在地方社会上的影响力。在社会信誉上升的基础上,汉口银行公会会员银行的客户得到增加,公会组织的实力得到增强、影响也进一步增大,在社会上拥有较强的话语权和主动性。

汉口银行公会的成员主体是汉口华资银行,因而其在地方社会上的主要参与者是汉口华资银行。他们作为银行主体的活动者,必须义不容辞地承担社会责任,推动地方经济社会发展,从而与地方社会建立良好的公共关系,塑造正面的良好形象。首先是服务地方社会。作为经济利益集团和社会同业组织,汉口银行公会是社会的重要组成部分,它不能置身事外,脱离地方社会自

---

① 《汉口市银行业同业公会致中南银行函》(1938 年 10 月 12 日),武汉市档案馆藏:171—1—131。
② 《汉口市银行业同业公会致中南银行函》(1938 年 10 月 24 日),武汉市档案馆藏:171—1—131。

行其道,这就决定它与生俱来的必然性,必须为地方社会服务,必须关心地方社会发展,与地方社会建构积极的活动合作关系。其次是关心地方的民生疾苦。汉口银行公会及其会员银行的发展壮大,具备相应的经济实力和社会影响,与地方民众的支持密切联系在一起。因此,只有老百姓信任它,认可它,并大力支持它,其实力才会不断得到增强。为此,汉口银行公会及其会员银行越是关注武汉地区乃至全国各地的民众疾苦,积极捐资捐款支助百姓苦难,它才会不断夯实存在和发展经济基础和社会基础,不断积累力量、壮大实力。实际上,在这个意义上说,汉口银行公会及其会员银行关心民生疾苦,积极主动融入地方社会,就是关心自己的前途命运。这其实就是自己生存和发展的经营战略和营销手段。

汉口银行公会及其会员银行服务地方社会,关心地方民众,热爱祖国,关切国家,赢得的一定是地方社会与民众对汉口银行公会及其会员银行的大力支持与深切同情。

首先是社会对汉口银行公会的信任。民国时期,信息交通不通畅,需通过报纸、函电等方式发布信息。有时受到无端谣言的影响,都会引起社会波动。汉口银行公会通过有关传播媒介,及时发布信息,有效地避免金融市场波动;同时,这也是地方社会对其信任的体现。1928年5月,汉口传言上海中、交两行发生挤兑,实乃谣言所致。上海银行公会急电汉口银行公会,及时澄清绝无其事,沪市如常。汉口银行公会乃及时钞电转送汉口商、钱两会及汉口《中山日报》《新闻报》《新民报》,分别请其登报,并转告社会民众,从而有效地避免可能由此而引发的金融恐慌。① 陕西在铁路改达潼关之前,所流通市面之钱币,除现金外,只有陕西省省钞。但自从铁路改达潼关,交通便利以后,外省钞票流入甚多,真假难辨,百姓苦不堪言。因此,陕西中西杂货同业公会于1933年4月,特致函汉口银行公会,请将汉口各银行发行各种钞票的每种样子能够赐寄2份来,以便陕西商民查对,而免损失。② 这是其他行业公会对汉口银行

---

① 《汉口银行公会致中南银行函》(1928年5月14日),武汉市档案馆藏:171—1—121。
② 《汉口市银行业同业公会致中南银行函》(1933年4月20日),武汉市档案馆藏:171—1—126。

公会给予信任的一种表现。

其次是社会维护其合法经营,支持其合理盈利。在银行经营中,储户因一些原因遗失票据,都会及时通知汉口银行公会,由它转知各银行。在市场上出现假币流通,储户予以揭发,并由银行公会转知各银行注意提防,这也是社会对银行公会给予支持的一种表现。山东中兴煤矿有限公司股东福寿堂王孟戌户第 4240 号 5 股股票一纸,票面额 500 元于 1924 年 7 月丢失,挂失并登报声明。后由山东中兴煤矿有限公司照章补给新股票一纸,所有第 4240 号旧票无论何时发现,决定概作废纸,并登报通告;同时函达汉口银行公会通知各银行,遇有持前项旧票来行栈押者,无庸受理。① 由于北京政府时期,钞票流通并未统一,加之外国银行与华资银行在金融市场上一同经营,并存在竞争关系,时有外国假钞在市面流通,需要汉口银行公会沟通政府有关部门及时通知各银行。1924 年,美国使馆通知外交部转知财政部,财政部再转知汉口银行公会,市场上有美国伪造芝加哥等合众贮藏银行 5 元钞票流通,还有伪造密尼伯里斯密及沙泰合众贮藏银行 20 元钞票流通。汉口银行公会接到通告后,及时转知各会员银行,以便查照,避免会员银行受该假币影响。② 1926 年 7 月,谦益、泰同、瑞昌等湘岸运商,在岳州被湘军叶总司令③抢劫引盐 6 票 3600 余色。为避免因抢劫之后用引盐向汉口银行公会作抵押,除在报纸上登报说明事实外,还特别专函汉口银行公会转知各会员银行务希依法严予拒绝,以免发生法律上重大纠葛。④

再次是汉口银行公会关心地方社会,为其会员银行积累无形资产。汉口银行公会的一路发展,一是靠组织成员的齐心合力、团结协作,二是靠社会民众的鼎力支持、不离不弃。在市场经济条件下,团队要想发展壮大,其组织成员个个心齐、人人力协,是一个重要的前提。汉口银行公会的整体实力要由会

① 《汉口银行公会致中南银行函》(1924 年 7 月 15 日),武汉市档案馆藏:171—1—115。
② 《汉口银行公会致中南银行函》(1924 年 10 月 1 日),武汉市档案馆藏:171—1—115。
③ 叶开鑫,1926 年 3 月败退岳州后,投靠北洋军阀吴佩孚,充当反唐生智的"讨贼联军"湘军总司令。
④ 《汉口银行公会致中南银行函》(1926 年 7 月 26 日),武汉市档案馆藏:171—1—42。

员银行经营状况良好、社会环境稳定的程度来决定;而银行良好的经营状态与经济状况则又需要社会民众自觉自愿的鼎力支持。由此,无形资产的积累和壮大,就需要通过银行在地方社会确立的商业信誉、展示的行业风貌、提供的行业服务质量、具有的商业品质和品德,以及产生的地方社会影响力等来获得。银行的有形资产需要以无形资产做基础,借无形资产来增强有形资产。如果银行的无形资产垮了、信誉丢了,其有形资产也会随之丧失不在。由此看来,汉口银行公会及其会员银行既需要公会建立的社会信誉,也需要会员银行形成的商业信誉;全面参与地方社会的经济活动,更要争取地方社会各种力量积极支持,努力为地方社会作出贡献,社会各界就会关心支持银行事业的发展,银行业就会在与社会的互动中积累自己发展所必需的无形资产。

汉口银行公会代表会员银行开展社会活动,遵守法律法规、涵养家国情怀、担负社会责任,体现了汉口银行公会的社会担当意识和奉献社会精神。在公会的一系列社会活动中,它所承担的社会责任不仅仅是为了满足社会公众的期许和厚望;同时,也是在社会活动中检验、培养社会公信力,为社会公信力提升寻找社会资源,进一步推动汉口银行公会所维护的金融事业持续向前发展,经受发展中的各种艰难困苦和高风激浪的严峻考验。由近代中国社会转型发展所处的特定历史环境所规定,汉口银行公会在其经济活动与社会活动中,必须具有比较强的社会担当意识和奉献社会精神,打造一种具有顽强韧性的经济社会角色。

第一,树立国家意识。近代中国处于内忧外患的危难时期,汉口银行公会银行家群体认识到,金融活动不应以赚钱为唯一目的,银行经营要与社会、国家紧密联系在一起,要坚定张扬"国家兴亡,匹夫有责"①的爱国主义深厚情操,以国家利益为重,将家国情怀与为实现民族独立、繁荣民族经济、增强国家

---

① "天下兴亡,匹夫有责"的含义是:对于有关国家兴亡的大事,平民百姓也都有责任承担。这句话在近代中国广泛流传开来,集中体现了爱国主义民族精神的内涵要义和时代精神的激励感召。它原出自清代顾炎武《日知录·正始》:"保国者,其君其臣,肉食者谋;保天下者,匹夫之贱,与有责焉耳矣。"((清)顾炎武著,陈垣校注:《日知录校注》,安徽大学出版社2007年版,第723页。)

实力的历史使命有机融合在一起。尤其是在五四运动以后,国内反帝爱国运动不断加深进行,在全国全社会形成高潮。在这场轰轰烈烈的爱国运动中,反对不平等条约,反对军阀统治,反对摧残和破坏民族商业经济,主张并谋求中国商业发展之路,便成为这一时期社会潮流和思想主题。[1] 商业群体与组织在围绕经济独立、商业自主方面不断展开斗争,如争取关税自主权,收回开放口岸权利,收回胶济铁路自营权利等。汉口银行公会则作为汉口银行业代表,也积极参与这些维护民族经济权利的斗争。因此,他们把办好银行,服务国家,造福社会,作为自己对国家、对社会应尽的责任和使命。汉口银行公会在其发展过程中,总是体现出由"做一个好商人"升华为"做一个利国利民的人"这种有益于国家、有益于社会的时代意识和担当意识。他们能以国家利益为重,经商不忘爱国,经商不忘社会责任,为富而仁,回报社会。爱国济民,是中国商人自古流传的优秀品质、崇高风范和道义担当。汉口银行公会积极继承、弘扬这种品质和风范,并大力践行这种道义,把爱国济民看成是衡量企业家精神与道德品质的标准,是一个必须把握的看待企业家在社会经济活动是否保持大节的重大问题。汉口银行公会在争回关税自主权运动、捐资助学、推进汉口现代化、支持工商业发展、救济灾民难民、资助抗战等活动中的一系列义举,都表现了爱国护家的强烈意识。

第二,具有担当意识。汉口银行公会努力践行建会宗旨,积极维护行业利益。中国人自古就有一种传统的伦理道德观念,就是把"回报社会,造福桑梓"看作是"光前裕后"[2]的崇高责任与应有担当。因此,汉口银行公会在面对多灾多难的中国近代社会,直面经济社会发展艰难曲折,灾民、难民和流民极多的社会现状,以提高员工素质、增进社会福利,壮大银行资本、关切社会发

[1] 丁孝智:《五四以来中国商业经济思想的发展》,广东人民出版社2001年版,第33页。
[2] 出自于上古经典《尚书·仲虺之诰》:"以义制事,以礼制心,垂裕后昆。"(王世舜、王翠叶译注:《尚书》,中华书局2012年版,第383页。)经南宋王应麟《三字经》:"扬名声,显父母,光于前,裕于后。"((宋)王应麟撰,陈戍国、喻清点校:《三字经》,岳麓书社1986年版,第42页)在社会上广为流布,"光前裕后"成为一种稳固的社会意识,是中华民族文化心理结构的重要元素。

展为己任。注重提高员工的文化教育素质和水平,不仅身体力行地创办职工夜校,而且大力资助社会文化教育事业。他们慷慨捐资兴办公共图书馆、支持医疗卫生、支助育婴养老、开展社会救助等各类社会公益福利事业,尤其是在赈灾救济、伤残救护等慈善捐助方面,业绩极为显著。汉口银行公会还积极参与地方政治活动,努力推进武汉政治进步。作为武汉金融界的重要法团之一,汉口银行公会积极参与地方政治活动,甚至参加国是会议、关税自主权会议等,积极阐述自己的见解和主张。1929 年 8 月 1 日,汉口特别市临时参议会成立,汉口银行公会与汉口市总商会、业主会、保安联合会等民间组织代表参加,在临时参议会的讲坛上,汉口银行公会评议市政,行使"建议本特别市兴革事宜""讨论市长咨询事件""讨论市长交议市民请愿事件"以及"审查本特别市行政之成绩"的职权。① 在公众中树立了有责任感、敢担当的良好形象。

汉口银行公会还于 1933 年派员参与组织乞丐收容委员会,协助政府对乞丐难民进行收容。1933 年经市临时参议会第 2、5、6 次会议决议,将平民教养所改为乞丐收容委员会,由武汉警备司令部、市政府、市临时参议会、公安局、善堂联合会、保安联合会、华洋义赈会、红十字会、市商会、银行业同业公会、钱业同业公会、业主集会办事处、华商赛马公会等各派员组织之,于 1933 年 9 月15 日成立。

第三,坚定发展意识。一个社会经济组织的持续发展不是静态的,而是动态的。汉口银行公会的存在和发展,就是一个具有动态性内涵的社会概念。汉口银行公会积极为员工开办夜校,向他们传授文化知识,提升其文化素质,提高其业务技能。为了更好地培养学员学习外语,夜校专门聘请外教教授英文文学与英文会话。为丰富学员的知识,拓展学员的眼界,银行公会经常邀请著名人士到夜校演讲。汉口银行公会在成立之初就意识到,汉口银行公会要不断完善、不断进步,关键在于通过提高员工素质素养来推进事业发展。他们

---

① 汉口市政府编纂:《汉口市建设概况》第 1 期,汉口武汉印书馆 1930 年版,"总务"第 27 页。

特设立汉口银行公会学术研究会,开展金融事业的学术研究,从战略高度研究推进金融发展的重大问题。他们还效仿上海银行公会、北京银行公会重视办刊办报的经验,创办《银行杂志》,传递金融讯息,传播金融知识,关注金融动态,扩大经营视野,提升事业情怀,厚植汉口银行业的发展基础。这些都为推动汉口银行公会发展进步创造了积极条件,也为汉口银行公会适应金融发展趋势,推动地方经济发展打下了坚实基础。

第四,履行法律责任。所谓法律责任,就是按照法律规范,公民和法定机关、团体以及社会组织等遵守国家有关法律、法规的义务和责任。它是对责任主体的一种"刚性约束"和"社会强制",是维护社会正常秩序所制定的社会道德伦理上限,是社会道德伦理的法律化;它主要是以国家强制力为后盾,通过强调法律责任,来实现法律对各种组织法定化的限制。① 汉口银行公会作为社会的有机构成,它的行为活动也不能随心所欲,没有边界,而必须在法律限制的范围内开展活动。同时,它也可以运用法律支持,积极维护金融市场的稳定与自身合法利益。这主要体现在以下几个方面:

一是依法组成社会经济组织。汉口银行公会无论是在1920年最初成立,还是在1931年对原有组织的改造,都是依照政府相关法律法规进行的。自始至终,汉口银行公会都是依法成立,呈现为一个依法改组、依法完善、依法运行的连续过程。1915年8月,北京政府颁布《银行公会章程》。1918年8月,北京政府财政部公布改订《银行公会章程》,由1915年颁布的十七条改订为十四条。这在形式上似乎进一步得到简化,但从内容上看,它实际上是更加明确重点和规则。1920年11月,汉口银行公会正式成立,正是依据了修订后的《银行公会章程》,组织的内容和形式,都遵循了法律规范,都体现了法律赋予的权利和义务。1929年,国民政府为了加强对同业公会的管理和控制,颁布《工商同业公会法》。1930年,政府又颁布《工商同业公会法实施细则》。这两个法规的颁布,成为汉口银行公会在1931年改组成立汉口市银行业同业公

① 参见张国庆主编:《企业社会责任与中国市场经济前景:公共管理的决策与作用》,北京大学出版社2009年版,第43页。

会的法律依据。

二是参与有关法律事务活动。1927 年 4 月,武汉施行"集中现金"政策以后,汉口金融业遂告停滞。其时,市场上钞票与库券相间行使,使得武汉三镇金融市面异常紊乱。几乎所有银行、钱商以及各商号之间的往来,完全断绝。由此造成各商号在"集中现金"以前所欠银行、钱庄的钱款也因纸币跌落的原因,横生纠葛,矛盾缠绕,难以清理。武汉三镇的市面金融到 1928 年 6 月,依然陷于僵局,不能有所起色。再加上武汉三镇为西南七省及内陆商务荟萃之区,现金授受动辄以千万计,武汉金融困顿,对密切联系的区域经济社会,也要造成相应的后果,其影响之广之深,可以预见。

为简捷解决武汉三镇金融市面问题及银钱商之间纠葛,宜于武汉三镇金融恢复。1928 年 6 月,国民政府公布《武汉临时商事法庭条例》,处理武汉国民政府以来的债务纠纷。12 月,武汉临时商事法庭正式设立。汉口银行公会作为武汉三镇重要的金融组织,积极参与其中。《武汉临时商事审判处条例》第六条规定"本处置特别席,得由汉口银行公会、汉口总商会各派代表二人,钱业公会、武昌总商会及汉阳商会各派代表一人列席,陈述意见"[1]。汉口银行公会作为特别参与员,派两位代表参与法庭审判,在审判中发表意见,有益于维护各会员银行自身利益。

国民政府立法院于 1931 年 2 月 28 日通过《银行法》,是国民政府成立后颁布的第一部银行法。其对银行、钱庄等金融机构的各项制度详加规定,完善了银行业的一般性立法,总体上受到社会肯定。汉口银行公会则在制定《银行法》的过程中发挥了相当大的影响,起到了积极的推动作用。汉口银行公会与上海、北京等地的银行公会,在综合银行业各方讨论的基础上,联名公开发表对于《银行法》的"意见书",共计提出二十点修改意见,内容涉及银行定义及营业范围、银行最低资本限额、验资注册、公积金、保证金、营业年度、财政部检查、债务清偿次序、处罚等多个方面。[2] 这些意见、建议都是具有建设性

---

[1] 《武汉设立临时商事法庭》,《申报》1928 年 12 月 27 日,第 20038 号,第 9 版。
[2] 《上海、汉口、北平银行公会对于银行法意见书》,《银行周报》第 15 卷 16 号,1931 年 5 月 5 日。

的。20 世纪 30 年代，围绕《银行法》《储蓄银行法》等有关银行法规的颁行，南京国民政府与银行业之间进行了一系列交涉,这不仅从一个特殊角度体现了国民政府金融统制政策的形成,揭示金融业与国民党政权的关系,客观上也表明这一时期金融市场的运作、金融业务的开展乃至金融体系的构架,都不能离开法制手段。①

三是维护法律权威,避免干涉审判。1924 年,汉口上海银行职工赵树荣在账目上舞弊被抓,解送夏口地方检察厅。12 月 17 日,汉口银行公会召开会员会议,就赵树荣舞弊一案作何处置进行商讨。会上,上海银行为此案提请全体与会者发表意见。议长王锡文将公会会员上海银行以及上海总行、上海银行公会的来函,并复函暨附件交各会员公阅。出席会议的上海银行代表唐寿民报告案件的来龙去脉以及各种事实。大致谓,"行员赵树荣舞弊,已经获解夏口地方检察厅开审两次。案中关系人亦已传讯发押。兹将事实报告(与原函相同),俾明真相,应请本会对于此案表示意见"②。对此,各会员共同讨论,一致表示,依法予以裁判为妥。

四是宣传金融法规,落实政府政策。1934 年 10 月 12 日,国民政府立法院 73 次会议通过《印花税法》;12 月 8 日,国民政府公布《印花税法》,定于1935 年 9 月 1 日起施行。尽管新颁布的《印花税法》在出台前经过了许多行政和法律上的程序,但仍然存在许多问题。汉口银行公会对新颁布的《印花税法》提出看法。认为新的印花税法"所定各种税率比较现行之印花税暂行条例轩轾各有不同,惟对于银行业关系较为繁重者莫如种类二规定之银钱货物收据、种类四规定之支取或汇兑银钱之单据等项为甚,而以第四类备考所载之支票于银行尤有特殊关系。盖支票之作用,原为节约现金,推广信用而始,支票流行之效力愈大,即金融活泼之程度愈高,亦即生产发达之机会愈多。东西各国支票风行,其利益社会民生良非浅鲜。吾国近年工商凋敝,经济衰微,

① 参见吴景平:《从银行立法看 30 年代国民政府与沪银行业关系》,《史学月刊》2001 年第2 期。
② 《十三年十二月十七日会员会议》,武汉市档案馆藏:171—1—115。

方欲提倡信用制度之不暇,倘在此支票推行,尚属萌芽时代,不惟不设法奖进,犹绳之以纳税义务,窃恐支票行使日益短绌,影响于金融业者固大,而市面周转经济流通再蒙其不利"①。另外,汉口银行公会认为,新印花税法规定的银行单据按累进税征取,也不尽合理。它指出:"本法所定银钱货物收据之税案,累进至一元为限,银行出立收据,所在皆是,经此规定,有税重窒碍难行者,有重复没可适从者。盖收据每有连带用途,若每据必依法贴花,事实殊有为难。例如一千元汇款,银行于填发汇单汇信时业照第四类贴花二分,同时于开给汇款人收据上,又须按第二类贴花一元,而收款人所出收据,仍然须纳一元之印花税,是同一汇款之单据竟分别种类贴花至二元有奇,不独税额觉其太重,且有重征之嫌。再查借贷或抵押单据,规定税率为每件按金额一百元贴花二分,不及百元者,以百元计。其累进税率,殊无底止。此类单据所订金额,往往有多至数十万者。其时期最近,亦有一周或半月者,即使借款人如额用足,所负之税已不胜其重大。况实际用款,未必均能足额,甚至金额尚未动支,而需要已失时效,借款人或押款人可随时撤销单据。是该单据于鉴定时,即应依法按照金额全额贴花,结果用款之足额与否,尚未可定。而因贴花所受损失,于法虽应由立据者负担,而负担重大不免视为畏途,其于银行营业影响之大,可以断言。"②因此,有必要申请中央设法救济。由于汉口银行公会提出的问题具有普遍性,得到上海银行公会重视,特专门讨论新印花税法问题。上海银行公会考虑到"本案关系吾业营业前途颇为重大,诚须慎重讨论,拟先行收集资料,组织专门委员会将这些材料详为研究,俟有结果再行召集大会讨论,以期分工合作之效",最后决议,公推蔡承新、章乃器等 8 人组成专门委员会进行研究。③

———————————

① 转引自吴景平、李克渊主编:《现代化与国际化进程中的中国金融法制建设》,复旦大学出版社 2008 年版,第 201 页。
② 转引自吴景平、李克渊主编:《现代化与国际化进程中的中国金融法制建设》,复旦大学出版社 2008 年版,第 201—202 页。
③ 转引自吴景平、李克渊主编:《现代化与国际化进程中的中国金融法制建设》,复旦大学出版社 2008 年版,第 201 页。

　　第五,厚积家国情怀。家国情怀是一个人或一个组织对自己国家和民众所表现出来发自内心的深厚情感,是民族文化心理结构的情感基础,它体现为一种对国家与民族的强烈责任感和神圣使命感,并通向以爱国主义为主要内容和形式的民族精神。家国情怀是以民族为主体,历史性与时代性的有机统一。近代以来,中华儿女的家国情怀在反抗帝国主义列强、抵御外敌侵略、争取民族独立、建构现代民族国家的过程中,表现得更为突出,更加鲜明。在近代中国,中华儿女以"振兴中华,天下为公"①为己任,将自己和自己的家庭同国家的前途和民族的命运有机联系在一起,自觉地、坚定地、至死不渝地践行爱国爱家情怀。汉口银行公会的银行家群体继承中华民族自古形成并在近代社会发扬光大的这一弥足珍贵的优秀品质,怀着对国家民族的前途命运、百姓疾苦的深重忧患,弘扬伟大爱国主义民族精神和挽救民族危亡、实现国家独立富强的时代精神,积极投身到争取国家和民族复兴滚滚洪流之中。他们情系民众、慷慨解囊、捐资出力,为爱国护家尽一份责、出一份力。

　　汉口银行公会成立至武汉沦陷这一时期,正是中华大地风云变幻,中华民族命运多舛的一个历史时期。国家内部历经北京政府到国民政府,军阀混战,政局不稳,社会动荡;国家外部饱受帝国主义欺凌,没有从根本上扭转"国家蒙辱、人民蒙难、文明蒙尘"②的历史进程,中华民族为了走出历史的劫难,不屈不挠地进行争取民族独立的伟大斗争,特别是在这一时期主要进行抗击日寇的殊死搏斗。汉口银行公会生存与发展的历史轨迹也随之和着中国近代社会的时代主旋律起起伏伏,曲折前进。但是,尽管如此,汉口银行公会还是不忘对民众、对国家、对民族的责任和使命,全面参与社会互动,积极参加湖北自

---

① "振兴中华"的最早提出者是孙中山,他在制定《兴中会章程》中说:"是会之设,专为振兴中华、维持国体起见。"(《孙中山全集》第一卷,中华书局 1981 年版,第 19 页。)"天下为公",出自中国古代的经典著作《礼记·礼运》:"大道之行也,天下为公。"((西汉)戴圣著,胡平生、张萌译注:《礼记·礼运》(上册),中华书局 2017 年版,第 419 页。)这是古人围绕"天下为人所共有"的理念而设计的有关社会制度、社会秩序和人与人的关系的一种社会理想。在近代,孙中山把它纳入中国资产阶级革命理想和主张中予以强调和阐发,成为近代中国一个响亮的社会口号。

② 习近平:《在庆祝中国共产党成立 100 周年大会上的讲话》,人民出版社 2021 年版,第 2 页。

治运动、五卅运动、关税自主运动、对日经济绝交等一系列重大活动。汉口银行公会在国民政府时期,积极援助抗日组织,积极支持抗日活动的英勇斗争,同那个时代的一切爱国英雄壮举一样,是民族精神的重要滋养和宝贵财富。

首先,参与爱国活动组织。汉口银行公会参与胶济铁路筹款赎路运动,表现对国权民利的积极争取。1924 年 7 月 26 日,汉口银行公会与武汉九十六团体,一同请求撤销日本驻汉领事馆。1925 年,参与武汉各界收回汉口法租界后援会。1925 年 12 月,汉口银行公会主张先将关款存放权收回,参与争取关税自主权。1932 年,汉口银行公会加入全国废止内战大同盟。1932 年,汉口市商界在汉口商会主持下,成立汉口市商界救国募捐委员会,汉口银行公会参与组织成立。1936 年 11 月,参与汉口市市民慰劳绥远前敌将士募捐委员会。

其次,支持民众爱国活动。1923 年 5 月 21 日,汉口银行公会支持汉口商界举行对日大游行,要求收回旅大,反对"二十一条",对日经济绝交和抵制日货,汉口银行公会还联合汉口银行业拒绝与日本在经济上往来。五卅惨案后,汉口银行公会成员银行停止营业,支持民众对上海五卅惨案与汉口六·一一惨案斗争,并为沪、汉案捐款 11500 元。汉口银行公会还进行抵制日货,参与对日经济绝交。1928 年,汉口市商界组织对日经济绝交委员会,汉口银行公会参与并断绝与日本商人之间的银、钱往来活动。1933 年 3 月,宋哲元部在抵抗日军时,"负伤尤多,所有伤亡将士及前方应需裤袜鞋褥",汉口银行公会以"一致抗日,为我国上下应抱之决心,今前方将士,既各奋勇直前,我后方民众,自应尽量协助"①,决定在会 15 家银行,捐洋 2000 元。1933 年 5 月,为淞沪抗日残废军人教养院募捐,以"淞沪抗日一举,为国家民族争光,所有伤废军人,理宜优予教誉"②,除广东银行外,14 家银行合捐 1000 元。1938 年 10 月,国民政府第九战区总动员委员会征募委员会举办扩大征募运动。募集棉背心、防毒面具、药品等 11 种,供应前方将士及救护伤、病官兵暨战区难民之

---

① 《汉口市银行业同业公会致中南银行函》(1933 年 4 月 4 日),武汉市档案馆藏:171—1—126。
② 《汉口市银行业同业公会致中南银行函》(1933 年 5 月 24 日),武汉市档案馆藏:171—1—126。

需要,募款总额为505万元,汉口银行公会全体会员担任10万元。

　　总之,在抗日斗争的各个重要节点上,都有汉口银行公会奋不顾身、积极作为的身影和留下的深刻印记,它折射出汉口银行公会深厚的家国情怀,以及为厚积家国情怀所作出的历史性贡献。

结　语

　　任何事物的发展,总是都表现为一个自然历史过程,它都符合历史发展的客观轨迹。在中国近代社会产生的汉口银行公会,也是如此。作为中国近代社会转型发展中出现的一个经济社会组织、一家具有主体性的经济社会团体,汉口银行公会是近代汉口华资银行业发展到一定阶段、壮大到一定程度的必然产物。

　　任何事物的存在和发展,要取得其合理性、合法性,总是要满足社会的一定需要,它是顺应社会需求和时代需要的必然产物。清末以来,汉口华资银行业因各行经济实力较弱,银行界又存在涣散情绪,而且华资银行在同外国金融机构以及钱庄的竞争之中缺乏竞争力,往往处于弱势的地位。因此,汉口华资银行界内部就萌发出一股要求联合、需要合作的强烈诉求。在民国初年,在中国银行汉口分行行长钱宗瀚的带领下,汉口银行家群体就依据政府的相关法令、法规,并借鉴和参照上海银行公会成立的经验与运行模式,确立维护汉口华资银行业利益的宗旨,精心策划、组织一家银行同业组织——汉口银行公会,于1920年11月正式成立。

　　汉口银行公会成立后,立足于维护行业利益的宗旨和围绕经营盈利、服务社会的发展目标,不断完善组织结构,优化运行机制,体现了规范化管理、制度化建设、现代化体制的突出特点。制度创新,是企业管理创新的生命;好的管理制度,才能孵化健康的企业体制、机制。在治理结构方面,汉口银行公会积极改革创新,先后实行会董制、轮值委员制、主席团制和执监委制。公会内部的组织机构不断得到完善,从会董制到执监委制,内部管理渐趋健全,职员分工日益明确,管理体制呈现运行有序的组织体系,管理机制被赋予张弛有度、管人与管事相结合的运行活力。会员大会、董事会议、委员会作为汉口银行公会的权力核心和枢纽,有效保障组织内部制定决策、作出决定的民主化、规范化和程序化;同时,在管理中明确各种专项办事细则,严格入会资格审查制度,实行与民主原则相符合的选举制度,高效的议事制度,以及必要的经费支持,都为公会顺利运行提供制度保证。可以说,在组织机构和运行机制方面,汉口银行公会的发展趋势与同时期的其他银行公会、同业公会是同步的,体现了近代企业制度创新发展的必然趋势和时代走向,既为本土企业,也为全国民族资本的近代化发展积累了管理经验。1926 年 12 月,针对汉口银行公会第四届董事长陈介没有坚持按章程履行完职责,中途解职,汉口银行公会率先在全国将银行公会由会长制改为委员制,设委员 7 人,每月轮流推举委员 1 人主持工作。这一内部运作机制的创新,甚至影响到上海银行公会。1927 年,上海银行公会在战争耗费巨大、上海银行业成为各方筹款对象的背景下,参照汉口等地银行公会成例,采用委员制这一新的管理运行体制。但是,这个过程又是缓慢的,也是艰难的。我们看到,汉口银行公会在运行中崇尚改革,大胆创新,与时俱进,有些创新和改革明显领先于其他各地的银行公会,而有些改革创新的动作或举措,则明显地或迟缓,或摇摆不定,或很难落地执行,甚至是"卡壳"中断。这既有汉口银行公会的微环境起作用,也有汉口区域社会的小环境影响,更有中国近代社会转型发展大环境、大气候的制约。总体上看,任何一个社会经济组织的存在和发展,如同任何一个人的存在和发展一样,也不可少地受到客观环境、既定条件的影响。在很大程度上,如同马克思所指出,人在本质上讲,"在其现实性上,它是一切社会关系的总和"[①]一样,社会组织是社会关系和社会环境的产物。

作为汉口华资银行业代表,汉口银行公会在成立之后,积极履行职责,维护同业利益,为安定金融市场、促进经济稳定和发展而不遗余力,发挥了行业组织协调、协同和协力的积极作用,取得积极成果,得到政府肯定和互动,赢得

---

① 《马克思恩格斯选集》第 1 卷,人民出版社 1972 年版,第 18 页。

社会尊重和支持。汉口银行公会无论是在内部整合上,还是在与政府、与地方社会的互动上,它都是常态的,也是刚健有为的。汉口银行公会传播金融知识,组建金融研究会,创办《银行杂志》,掌握并交流金融界的信息、动态,创办银行夜校,培养金融人才,不仅着眼眼前,而且瞻望长远,是打基础、利长远的战略性举措。汉口银行公作为一家近代经济社会组织,它积极应对金融风潮,推进化解金融风险,在维护汉口金融市场稳定和行业整体利益方面,起到了重要的"压舱石"作用。汉口银行公会的这些举措和作为,放在当时,即使是在全国范围内来讲,也不失其时代的新鲜性和地域的独创性,有些可以用"走在全国先进行列"来进行圈点。在这一时期,汉口银行公会在维护与支持武汉工商发展方面,发挥了独特的积极作用。它不仅自己组织成员银行经营堆栈业务,还重视对工商业贷款、放款,为其提供资金保障。尤其是与政府组成小本借贷处,汉口银行公会为促进工商业经济发展的谋划与举措,效果十分明显。汉口银行公会将分散的地方银行业组织起来,形成一个稳定的经济集团,积极参与到武汉现代化建设当中,发挥了十分重要的历史性积极作用。这已经在武汉城市近代化发展的历程中得到检验和证明,就无须赘言了。

从汉口银行公会活动的场域、场景来看,其活动逃不脱民国时期风云变幻的政治格局带来的相关掣肘。历史地看,深入地看,汉口银行公会与地方政府的关系异常微妙。汉口银行公会在武汉沦陷前历经了北京政府、武汉国民政府、南京国民政府三个时期。在北京政府时期,汉口银行公会主要是面对军阀的纷扰,所谓"借款",就是"要款",明借实要,它与野蛮的抢劫行径无异。在武汉国民政府时期,它面对政府的强权无奈地做出妥协和让步,汉口银行公会在"集中现金"政策面前,显得多么无力,又显得多么无助,它不得不做出巨大的牺牲,而由此带来组织涣散,甚至一度中断组织活动,这是公会面对时局做出的无奈回应。在南京国民政府时期,中央政府对同业公会管控加强,地方政府作为同业公会管理的主体之一,在很大程度上延续着其对会馆、公所等旧式组织既控制又利用的传统。一方面,地方政府通过法制建设和相关章程、条例的实施,将汉口银行公会纳入地方政府可控制的轨道,同时,在政治上加强威权渗透,将汉口银行公会纳入党治范畴,进行整顿与管理;而在另一方面,政府又给予汉口银行公会一定的自主权,使其在维护同业利益与行业自律方面,有相当的权威来行使其权力,以保护其"合法性",维护其权益。尤其是汉口银行公会确立在银行业中的有为地位和统筹权威,还有赖于政府的扶持与襄助。汉口银行公会改变了传统行业组织"在商言商"的传统观念,有力参与地方政治经济的建设工作,积极与政府进行互动,在政治、经济、社会等领域,都给予地方政府有力支持和帮助。但是,在事关其切身利益时,汉口银行公会也不得不,甚至是不惜与政府发生对抗性冲突,极力维护并全力争取其核心利益。但是,我们也要看到,既来自于中国传统的"官本位"势力影响,所谓"商不与官斗,商斗不过官",也受到其自身实力的限制,所谓"胳膊拧不过大腿",汉口银行公会在与政府的抗争过程中,往往以上海银行公会为风向标,有时还不得不借用或者依靠其力量,试图产生"合力"效应,赢得抗争的主动权,取得主导性的有利地位。尽管如此,在政府强力推行、决不让步时,公会就绝对地处于弱势的地位,它只能败下阵来,也就只有"屈从配合"这条路可走了。这是在历史发展过程中,在经济金融领域所展示的中国民族资产阶级发展不充分、具有软弱性的又一个生动案例,它具有历史的典型样本价值和重要研究意义。

汉口银行公会作为行业组织,具有天然的社会属性,因此,它积极组织并参与地方社会活动,进行地方社会救济、参加地方社会公益和爱国运动等。民国时期的汉口社会,可谓是多灾多难、险象环生,令人心惊肉跳。它常常面临突如其来的天灾人祸造成的人间惨状,汉口银行公会必须义无反顾地组织带领银行家群体引领汉口银行业履行应有的慈善责任,急公好义,扶危济困,对地方民众展开救助赈济,积极践行中华优秀传统文化中的经济伦理和商业道德。无论是在1926年的湖北水灾中,还是在1931年的武汉水灾中,汉口银行公会都以"赈款与其将来必不能免,不如先行自由捐集,以尽一份义务"①,尽力帮扶,积极捐助。在1935年夏季的武汉再次水灾中,公会十六家银行合筹

---

① 《汉口银行公会致金城银行函》(1931年8月19日),武汉市档案馆藏:165—1—610。

急赈五千元,令人感佩。除了社会救济之外,汉口银行公会主动投入到地方公益事业中来。它不仅创办银行公会夜校,还捐资支助汉口市筹办图书馆。在汉口银行公会大厦特设图书馆,即使是在公会受到挫折时,它也不忘将书籍捐赠给武汉大学图书馆。作为新式的社会组织,汉口银行公会在社会公益领域的活动,已经突破了行业本身,涉足社会的文化、教育领域,形成了经济与文化、教育的良性互动,为社会带来了新气息、新气象和新风尚。相对于以往传统的社会组织而言,它又呈现了一个由经济发展而带动的创新与突破。在中国近代社会激烈的新陈代谢洪流中,在特定的时代面前,爱国运动风起云涌,银行公会积极参加胶济铁路筹款赎路运动、湖北自治运动、五卅运动、抵制日货运动等。九·一八事变以后,中日矛盾激化,随后全面抗战兴起,汉口银行公会积极参与爱国组织,积极援助抗日组织,大力支持抗日活动。汉口银行公会把国家、民族的时代命运同行业发展的前途有机结合起来、紧密联系起来。道德既是社会的根本原则,也是立商的信条;伦理既是人际关系的法则,更是经商之母。坚守经济道德,守护商业伦理,企业家勇于肩负社会责任和坚定人的使命,经济发展才有前途和未来。汉口银行公会坚守的经济道德和维护的商业伦理,再一次证明了在人类社会发展中,道德伦理所具有的准绳性价值意义。

在民国时期,汉口银行公会在经济、政治和社会活动方面,积极建立与地方政府、汉口钱业公会、汉口外资银行和商会等组织的沟通联系,在商业拓展中,形成交错的网络关系;反过来,庞大而紧密的社会网络关系,又支持和服务汉口银行公会的社会经济功能发挥。汉口银行公会不论是对政府有所屈从、妥协,还是与钱业公会、外资银行展开利益竞争或冲突,抑或是影响、利用商会在汉口政治、经济、社会领域发声,其最终目的都是为了维护金融行业的核心利益。同时也要看到,在这一过程中,汉口银行公会有力促进了汉口地方社会近代化的转型发展,并有力地辐射周边社会参与到近代化发展中来,在一定程度上达到改善银行经营环境,确立社会服务意识,推动传统金融现代化①。从这个意义

① 兰日旭:《中国近代银行家群体的变迁及其在行业发展中的作用探析》,《中国经济史研究》2016 年第 3 期。

上说,研究汉口银行公会的经济价值与社会功能,并进而深入研究近代汉口,可谓是打开认识荆楚大地,甚至是两湖平原近代化的一个关键和一把钥匙。

总的来说,从金融同业组织变迁的历史视角和经济视角看,汉口银行公会的组织发展、社会活动,深刻反映了武汉地区近代金融行业组织从传统到现代转型中的一项十分重要内容——作为民族资本的近代银行,这是研究汉口近代化历程无论如何也不能忽视的内容;把它放诸两湖地区的近代化变迁之中,或者是长江流域近代化发展之中,乃至于放在中国近代经济发展史中予以考量,也是如此。现代性银行公会要比钱业公会在组织上更趋完善,更有经济活力,因而更有社会张力;它很少拥有传统的包袱,不为历史形成的因素所累。现代性的社会组织强调维护同业利益,具有社会共同体意识;而社会共同体意识是衡量一个社会组织是否具有现代性的根本依据。汉口银行公会从诞生之初起,就拥有体现共同体的重要使命,因而它具有极强的现代性要素和相应的社会能量。就汉口银行公会组织而言,其发展有一个逐步发展、不断完善的过程。就其功能发挥而言,在历史发展中有多重表现:一是汉口银行公会在与政府、地方社会和其他经济组织展开互动时,难免立足于行业经济利益考虑,甚至是从行业经济利益出发,在区域社会整体经济发展和金融行业全局利益与汉口银行公会所代表的利益关系平衡上,有所偏颇,显得失衡,由此就会造成后果,付出一定的代价。譬如,在20世纪20年代,汉口银行公会在与钱业公会争夺金融市场话语权的过程中,一度出现两败俱伤的结果。二是汉口银行业受实力限制,局限其活动的领域和力度。三是受到外部政治环境的影响,在汉口银行公会的发展过程中,我们可以看到,强势政府产生后,政府与公会相处,往往处于强势的地位。汉口银行公会在社会救济、应募公债、维护金融稳定等方面,都得服从政府组织与政府领导,"就是只有出钱的份",其经济功能大于社会功能。在巨大的社会变革面前,无论是遭遇战争,还是历经政府更替,公会的命运更是显得惨了许多,它往往是依附于政府,然后成为政府的一个"金融附庸"。

如果我们把汉口银行公会的变迁放在全国范围考察,它虽然比不上上海银行公会在近代政治、经济、社会领域所具有的号召力、影响力那样强大;但是,它同北京、天津等通商大埠的银行公会比较起来,却也毫不逊色。毕竟,汉口银行公会是这一时期中国的"九大银行公会"之一①。当然,汉口银行公会能够具有这样的经济地位,也是近代汉口金融业在全国金融业中具有较强影响力的重要表现之一。

从汉口银行公会与地方社会的互动过程看,汉口银行公会是地方现代化的重要推手。作为一个金融组织,汉口银行公会的经济责任意识较强。汉口银行公会在完善经营制度、提供金融服务、培养金融人才和稳定金融市场等方面,发挥着不可替代的重要作用。更何况,汉口华资银行业利用汉口银行公会这个平台,为地方经济社会发展提供了助力。银行公会作为一个同业团体,在与地方政府互动中,它又是地方行政、管理金融、促进地方社会发展的助手或纽带。因此,汉口银行公会作为地方社会生活的一员,它又是地方社会活动的积极推动者和有力参与者。当然,在这一过程中,银行公会的参与,往往表现为主动和被动的两种形式和形态。在维护银行业利益,促进金融现代化进程中,银行公会往往是自觉的,而且是主动参与进来的;而在社会方面不符合银行业利益的时候,尤其是在政府单方面强力推行有关社会、经济政策时,它只是被动地屈从,妥协性合作。银行公会即使是这样选择互动方式,从本质上讲,也是为了维护行业利益。我们试想一想,在政府威权面前,汉口银行公会除了选择妥协退让,还能有什么更好的办法可以选择呢?

可以说,作为近代新式银行业的同业组织汉口银行公会从成立到武汉沦陷前,在自身组织结构、运行机制不断健全完善的过程中,不仅为行业的发展提供了充分的保障,而且也在地方社会近代化的转型发展中,发挥着积极的推动作用。这个作用的发挥,尽管在很大程度上受限于自身的经济实力和客观

---

① 根据中国银行总管理处经济研究室编辑的《全国银行年鉴(1936年)》"第十一章 九大都市金融"(汉文正楷印书局,民国二十五年十月),九大都市分别是:上海市、天津市、北平市、杭州市、青岛市、南京市、重庆市、汉口市、广州市,以上城市均成立有银行公会,是为"九大银行公会"。

的政治环境,但是,在复杂而艰难的社会环境之中,汉口银行公会以行业利益为出发点,发挥团体性优势,与地方政府、钱业公会等组织展开有效互动,极大地促进了地方社会的发展。这既是历史的客观评价,却也是历史发展的内在实情。著名历史学家、教育家,业师章开沅先生在研究辛亥革命时,跳出武昌起义的小视野,运用大历史观和长时段来分析造成辛亥巨变的历史原因,多次运用"种豆得瓜"这个具有辩证法内涵、方法和意义的形象比喻来说明它①。其时,张之洞极力推行"湖北新政"所取得的成果,相对于武昌首义来讲,是"豆"与"瓜"的比较,它呈现的是"种豆"与"得瓜"的因果关系。从章开沅先生的历史视野、历史观念和历史方法角度来讲,汉口银行公会的存在与发展是循着"湖北新政"的历史逻辑而展开的。如果没有"湖北新政",就没有湖北近代民族资产阶级的崛起,特别是以金融资本家为主体而造就的汉口金融业。而在近代社会发展中,金融是经济的血液,是国民经济的命脉,如果没有近代银行在汉口的发展,就不会有湖北资本主义的发展和比较强大的民族资产阶级群体,也就没有汉口近代社会的转型发展,包括支持辛亥首义的资产阶级力量和近代汉口。从这个意义上讲,汉口银行公会是近代汉口区域社会近代化发展的社会润滑剂,甚至是其"经济血库",它在推进武汉区域现代化过程中所发挥的"经济血脉"作用,具有突出的历史价值和重要的社会意义。这既是不可否定的客观历史存在,又是不可忽视而且必须予以充分重视的研究重点。

---

① 参见章开沅:《武昌起义与湖北革命运动》,载《章开沅文集》第 1 卷,华中师范大学出版社 2015 年版,第 134 页;哈玮:《章开沅:为什么说湖北对不起张之洞》,载《章开沅文集》第 10 卷,第 359 页。章开沅:《〈张之洞〉序言》,载《章开沅文集》第 11 卷,第 9 页。

附录一 1922年汉口银行公会章程

第一章 总 纲

第一条 本公会由在汉口市营业之各银行,遵照中华民国法律注册者组织之,定名为汉口银行公会。暂设会所于歆生路一号汉口中国银行楼上。但中外合资设立之银行,曾经中华民国政府特准立案及纯粹华资设立之银行,因特种关系,暂在外国政府注册者,应将该银行详细章程呈报财政部核准立案,并经全体会员五分之四以上之同意,亦得入会。

第二条 本公会宗旨如左:

(一)订立对外对内各种共同规则;

(二)限期成立支票交换所及征信所;

(三)互相砥砺,矫正营业上之弊害;

(四)互相协助,促进同业之发达;

(五)联合在会各行研究及调查国内外金融状况。

第三条 凡入会之行,即为本公会会员。其代表人以各该行经理、副经理或董事充之。入会后,即须将其代表人姓名及职务通告本会登载会员名簿,每行以一人为限。凡入会各行,得指定其董事、监察人、经理、副经理或其他重要职员为本会评议员,但每行以二人为限。遇有各该行代表人缺席时,可由各该行指定其评议员一人为代表,不得以其他职员代表到会。凡评议员之指定及指定评议员为代表人,均须正式函告本公会,方能生效,一经函告指定之代表人,对于本会提议表决事件及一切言诺,各该行均不能否认取消。

第四条 会员代表及评议员,以有中华民国国籍者为限。

第五条 凡在本公会之银行,得充支票交换所及征信所会员。

第二章　资　格

第六条　本公会会员资格,遵照财政部银行公会章程,须其银行之实收资本在二十万元以上,注册设立已满一年者。如系分行,须其总行注册设立已满一年者。

第七条　凡愿入会者,须有会员二人以上之介绍,并须将该行最近营业报告书,及入会愿书,送交本会董事部。其愿书须载明左列事项,由介绍人及该行代表人签名盖印:

(一)行名;

(二)资本总额;

(三)已收资本实数;

(四)注册立案年月日;

(五)总分各行之详细地点;

(六)董事及监察人之姓名;

(七)代表人之姓名、职务及汉口行经理、副经理姓名。

第八条　依前条之规定,入会时,须经本会董事部,将其入会愿书,加以意见书,提交全体会员会讨论。用无记名投票法表决,以得有全体会员四分之三以上之同意者,始得入会。

第九条　本会董事部应立会员名簿一册,登载第七条所列各款事项,存于本公会。如会员之登载事项有变更时,应由该银行函告董事部请其照改,董事部照改后,并照抄送交各会员查阅。

第十条　会员如有变更登载事项,其对董事部之函告,须于一星期前发出。未登载以前,不得以其变更事故对抗本公会。

第十一条　凡有左列情事之一者,即丧失其为会员之资格:

(一)丧失信用者;

(二)为银行不应为之业务,经本公会劝告不改者;

(三)有不正当行为,妨害本公会名誉者;

（四）不遵守本公会章程者；

（五）与其团体合并，或迁移他埠，或自行解散者；

（六）停止营业而有破产之事实者，但暂行停止营业者，不在此限；

（七）不按照本会规定限内交纳会费者；

（八）褫夺公权，尚未复权者。

第十二条　董事部认会员中有前条情事，应即召集全体会员会，经四分之三以上之同意，即开除其会籍。或有会员发觉时，亦应报告于董事部，经董事部审查属实，或经会员二人以上证明确实者，董事部亦应召集会员会议决之。

第十三条　会员丧失资格后，董事部应将其事由及年月日记载于会员名簿上，由到会各会员签印于上。

第十四条　会员有请求退会者，须经会员全体五分之四以上出席，出席会员四分之三以上议决，方能生效。

第十五条　凡请求退会，及由本会议决开除会籍之会员，已缴之各种款项，概不退还。

第十六条　会员丧失资格后，即不得享本公会一切权利。

第三章　职　员

第十七条　本公会董事部，设董事七人，于每年常会时，由全体会员中选任，再由董事中互选董事长一人，主持会务。倘董事长有事缺席时，应仍由董事长指定其他董事一人，代理之。

第十八条　董事任期为二年，任满后再选者，得连任。

第十九条　本公会重要事务，须经会员议决。由董事部执行，但会内常务，得由董事部照章执行之。

第二十条　本公会对外事务，以董事长为代表。

第二十一条　董事有缺额时，即补选之。

第二十二条　董事部如涉及董事个人时，其关系董事，应暂回避。

第二十三条　董事部如有事件须咨询评议员时，得随时征集各评议员之意见。

第二十四条　董事部设书记处。聘请书记长一人,并设书记若干人,秉承董事部办理会内事务。如事务繁剧时,得由董事部之决议添设之。

第二十五条　本公会如遇有特种会务,得由董事部之决议,组织委员会审查或办理之。此项委员,得由董事部就会员银行行员中选任之,不限于会员银行之代表及评议员。

第四章　会　议

第二十六条　本公会之会议,分经常、临时二种。经常会,于每年一月、七月,由董事部召集之。临时会,董事部认为必要时召集之。凡有会员全体三分之一以上,将会议目的通告董事部,要求开临时会时,董事部应召集之。

第二十七条　凡召集经常会议时,须将应议事项,于一星期前,通告各会员。

第二十八条　会员会议,非有全体会员过半数之出席,不得开议。其议决事项,除有特别规定外,即以出席会员过半数之决议决定之。

第二十九条　会员之议决权,每员一权。

第三十条　会员提出议案,须有二员以上之连署,方能成立。

第三十一条　会员会议之议长,以董事长充之。倘有事故时,由出席会员中,公推其他董事一人为临时议长。议长除以会员资格有议决权外,关于会员之议决可否各半时,有裁决权。

第三十二条　关于所议事项,与会员本身有关系时,该会员无表决权。遇必要时,应暂回避。

第三十三条　评议员可出席于会员会,但无提议权及议决权。

第三十四条　会员会议决事项,未出席之会员,不得再有异议。惟董事部应将每次议决事项,以书类通告全体会员。

第三十五条　董事部每星期至少会议一次,办理会务。并须备有议事记录,载左列事项:

(一)所议事件;

(二)议决事项;

(三)列席董事署名。

第三十六条　会员会议决事项,须记载于议事录。由议长及书记长署名于后,存于本公会会所。各会员于办公时间内,得向本公会索阅议事录及各项案卷账册,但不得携出会所外。

第五章　经　费

第三十七条　本公会为建筑会所及办理公会应办事业起见,除中、交两行应认垫基金一万元外,其余各行均须认垫基金五千元。

第三十八条　本公会入会金定为每行一千元,除发起之九行外,其续经公会承认入会之银行,均应照章缴纳入会金。

第三十九条　本公会经费分为经常费、临时费两种,均由会员分担。经常费,公会开支,交易所开支,交换所及征信所等开支属之,由董事部编制预算案,交由经常会通过征集之。临时费遇有特种事务,或预算不足时,由董事部拟定召集临时会,议决通过分担之。

第四十条　本公会之会计组织法另定之。

附　则

第四十一条　本公会附设银行俱乐部,其章程另定之。

第四十二条　本公会办事细则,由董事部定之。

第四十三条　本章程如有增删修改之处,须得全体会员三分之一以上提议,经四分之三以上之同意,并呈请财政部备案,方能有效。

第四十四条　本章程自呈请财政部批准之日实行。

民国十一年十月

资料来源:《汉口银行公会章程(民国十一年修改,呈经财政部批准立案)》(1922年),武汉市档案馆藏:171—1—114。

附录二 1931年汉口市银行业同业公会章程

第一章 总 则

第一条 本公会按照工商同业公会法之规定,联合汉口市区域内本国合法银行,共同组织之,定名曰:汉口市银行业同业公会。

第二条 本公会以维持增进同业之公共利益,及矫正营业之弊害为宗旨。

第三条 本会暂设会所于本市会通路一号。

第二章 会 务

第四条 本会办理之事务如左:

一、办理会员营业必要之维持事项;

二、调解会员与会员,或非会员间之争议事项;

三、调查同业营业状况;

四、调查及研究国内外经济事项;

五、设立交易处票据交换所及征信所;

六、举办其他有利于金融业之公共事项。

第三章 会 员

第五条 凡在汉口市区域以内经营合法组织之本国银行,其总行成立在二年以上,经公会会员二人以上之介绍,由执行委员会审查合格,提交会员大会通过者,始得加入本公会为会员。

第六条　入会银行,须填写入会志愿书,缴纳入会费银元五百元及钞送最近一年之营业报告,其入会志愿书应附载左列各款:

一、银行名称;

二、总分各行之所在地;

三、资本总数及已收资本数目;

四、注册及成立年月日;

五、董事及监察人姓名;

六、汉行经副理姓名。

第七条　会员有左列各款情事之一者,即丧失其为会员之资格:

一、请求退会,经会员大会决议许可者;

二、受破产宣告者;

三、自行解散,或与他银行公司合并,或迁移他埠者。

第八条　会员请退会,须具退会志愿书。

第九条　会员退会,其所纳之各种会费,概不退还。

第四章　组　织

第十条　本公会依《工商同业公会法》第七条及同法施行细则第十条之规定,每一银行得推派代表二人,以经理人或主持人为限,其最近一年间,平均使用人数,每超过十人时,应增派代表一人,但至多不得逾三人。

第十一条　有左列各款情事之一者,不得为本公会会员之代表:

一、褫夺公权者;

二、有反革命行为,经法院判决确定者;

三、受破产之宣告,尚未复权者;

四、无行为能力者。

第十二条　本公会会员推派代表,须由该会员正式通知公会,其改派时亦同。

第五章 职 员

第十三条 本公会由会员大会,就会员代表中,选举执行委员十五人,设执行委员会。由执行委员互选常务委员五人,设常务委员会。就常务委员中选举一人为主席,均为名誉职。

第十四条 选举执行委员,以无记名选举法行之,得票最多数者当选,并以次多数者五人为候补执行委员,如遇票数相同时,以抽签定之。

第十五条 执行委员,任期四年。每届二年改选半数,应改选者,不得连任。其第一次之改选,以抽签定之。

第十六条 执行委员有缺额时,由候补委员依次递补,常务委员有缺额时,由执行委员互选补充,均以补足前任任期为限。

第十七条 执行委员有左列各款情事之一者,经会员大会之决议,令其退职:

一、因不得已事故,请求辞职者;

二、旷废职务者;

三、于职场上营私舞弊,或有其他不正当之行为者;

四、发生第十一条所列各款情事之一者。

第十八条 本公会设秘书长一人,商承常务委员办理左列事项:

一、总理本会一切文牍会计事宜;

二、关于整理保管文件事宜;

三、关于开会时议事程序之编制事宜;

四、掌管本公会议事录,并通知执行议案事项;

五、关于编制各种报告事项;

六、关于临时委托办理事项。

第十九条 本公会视事务之繁简,得酌设办事人员,秉承常务委员会之命令及秘书长之指导,办理各项会务,其任免由常务委员会定之。

第六章　会　议

第二十条　本公会会议分左列三种：

一、会员大会；

二、执行委员会议；

三、常务委员会议。

第二十一条　本公会之会员大会，分左列两种，均由执行委员会召集之：

一、常会，于每年三月、九月举行。

二、临时会，由执行委员会之决议，或会员代表十分之一以上之请求，召集之。

第二十二条　凡召集常会，应于会期十五日前，通知各会员代表。

第二十三条　会员大会之议决权，每一会员代表一权。

第二十四条　会员大会之决议，以会员代表过半数之出席，出席代表过半数之同意行之，出席代表不满过半数者，得行假决议，将其结果通告各代表，于一星期后二星期内，重行召集会员大会，以出席代表过半数同意，对假决议行其决议。

第二十五条　左列各款事项之决议，以会员代表三分之二以上之出席，出席代表之三分之二以上之同意行之，出席代表如超过半数，而不及三分之二时，得以出席代表三分之二以上之同意，行假决议，将其结果通告各代表，于一星期后二星期内，重行召集会员大会，以出席代表三分之二以上之同意，对假决议行其决议。

一、变更章程；

二、委员之请求退会；

三、执行委员之退职。

第二十六条　执行委员会，每月开例会一次，于必要时，得开临时会议，均由常务委员会召集之。其开会时之主席，以本公会之主席充之，主席因事不能出席时，得在常务委员中互推一人充之。

第二十七条　常务委员会,每星期开例会二次,于必要时,得开临时会议,均由主席召集之,其开会时之主席规定与前条同。常务委员请假至一星期以上时,应即召集执行委员会,就执行委员中推举临时代理。

第七章　经　费

第二十八条　本公会经费,由会员银行担任。

第二十九条　本公会经费,由会员银行按照每年预算案,分四月、十月两次缴纳。

第三十条　执行委员会于召集会员大会常会之前,须预备左列各项报告文件,提出会员大会常会,请会员之承让:

一、财产目录表;

二、会务报告表;

三、收支预算及决算表。

第三十一条　本公会会计事务,除由办理会计之办事员秉承常务委员之命令,及秘书长之指导办理外,执行委员得随时稽核之。

第八章　附　则

第三十二条　本章程呈请汉口特别市党部核准施行,并呈报汉口市政府转报省政府、实业部备案。

第三十三条　本公会办事细则,由执行委员会另定之。

第三十四条　本公会章程如有未尽事宜,应遵照本章程之第二十五条规定之手续,修改通过,并呈报汉口特别市党部及汉口市政府转省政府、实业部备案。

资料来源:中国银行管理处经济研究室编:《全国银行年鉴(1935年)》,第
　　　　D247—D250页。

附录三 1920—1925 年汉口银行公会特别收支报告表

(1) 1920 年 11 月 1 日—1922 年 12 月 31 日汉口银行公会特别收支总报告表

汉口银行公会特别收支总报告表,自民国九年十一月一日起至民国十一年十二月三十一日止					
收入款项			支出款项		
科目	金额(元)	说明	科目	金额(元)	说明
基金	80000.00	详列十一年度决算单	建筑	52865.88	详十一年度决算单
一、九年份	55000.00	中国、交通、浙江兴业、聚兴诚、盐业、金城、中孚、四明、上海	垫用经费	1601.00	九年至十一年三月,经费尚未摊认,议决垫用此款,详沈君弗均收付报告单
一、十年份	5000.00	华丰			
一、十一年份	20000.00	懋业、浙江实业、工商、中国实业			
入会金	5000.00				
一、九年份	1000.00	上海银行,详沈君弗均收付报告单			
一、十一年份	4000.00	懋业、工商、浙江实业、中国实业,详十一年度决算单			
利息	5747.95				
一、十年份基金息	1601.00	详沈君弗均收付报告单			
一、十年份往来息	35.97	详沈君弗均收付报告单			

378

续表

汉口银行公会特别收支总报告表,自民国九年十一月一日起至民国十一年十二月三十一日止					
收入款项			支出款项		
科目	金额(元)	说明	科目	金额(元)	说明
一、十一年份基金息	4020.28	详十一年度决算单			
一、十一年份往来息	90.70	详十一年度决算单			
经费结余	470.82	系十一年度决算单内经费项下收付两抵之余数			
合计	91218.77		合计	54466.88	
			余额	36751.89	
总计	91218.77		总计	91218.77	

资料来源:《汉口银行公会特别收支总报告表(自民国九年十一月一日起至民国十一年十二月三十一日止)》,武汉市档案馆藏:171—1—114。

(2)1923年1月1日—1924年2月24日汉口银行公会特别收支总报告表

汉口银行公会特别收支总报告表,自民国十二年一月一日起至民国十三年二月廿四日止					
收入款项			支出款项		
科目	金额	说明	科目	金额	说明
十一年份结余	36751.89	十一年份决算单内列报	建筑	54632.28	以十二年份支付为率,详报告书甲,尚余尾批五百两,照合同应于六个月后再付
基金	15000.00	大陆、广东、中南	添筑	5627.78	新屋添筑项下,详报告书戊
垫款	40000.00	十四行	设备	20801.41	详报告书戊
	7500.00	大陆、广东、中南	押柜	120.00	电灯、自来水、电话,详报告书戊
入会金	3000.00	大陆、广东、中南	新屋迁移用	3565.59	详报告书戊及丙

续表

汉口银行公会特别收支总报告表,自民国十二年一月一日起至民国十三年二月廿四日止					
收入款项			支出款项		
科目	金额	说明	科目	金额	说明
利息	836.89	十二年份基金息	垫十二年份经费	2973.45	详经常费决算表
	201.96	中行往来息	垫借联合会议费	3152.94	详报告书丁
杂收	0.07	兑换盈余	备支(一)	892.39	因十三年预算尚未成立,借去备支,此项由秦董事经手
			备支(二)	1118.28	理由同上,此项由书记处经手
合计	103290.81		合计	92884.12	
			余额	10406.69	
总计	103290.81		总计	103290.81	

资料来源:《汉口银行公会特别收支总报告表(自民国十二年一月一日起至民国十三年二月廿四日止)》,武汉市档案馆藏:171—1—114。

(3)1924 年 2 月 25 日—12 月 31 日汉口银行公会特别收支报告表

汉口银行公会特别收支报告,自民国十三年二月二十五起至民国十三年十二月三十一止					
收入款项			支出款项		
摘要	金额	说明	摘要	金额	说明
前期结余	10406.69		建筑	723.59	汉协盛建筑价,尾批五百两,合洋如上数
经费还备支(一)	892.39	秦董事经手借,作本年一、二月开支	建筑	36.43	景明洋行佣金,尾批二十五两,合洋如上数

续表

汉口银行公会特别收支报告,自民国十三年二月二十五起至民国十三年十二月三十一止					
收入款项			支出款项		
摘要	金额	说明	摘要	金额	说明
经费还备支（二）	1118.28	书记长经手借,作本年一、二月开支	设备	2275.47	银行杂志社装修器具六百元,纱窗及纱帘、地毯八百九十元,平台、电线、藤器二百二十元,装小电灯一百二十元,夜校器具一百二十元,为大宗
各行摊交追加	6126.40	十二年份经费不足2973.45,第四届联议费用3152.49	添置	137.36	软垫三十元,扎草机三十六元,瓷器十四元五角,为大宗
利息	419.26	中行往来息	合计	3172.76	
交易员月费	4000.00	农商、大成、黄陂、国民、棉业、河南省六银行,自十二年十二月起至十三年十二月止。中国兴业本年十一、十二月两月,每行每月五十元	余额	19790.26	
总计	22963.02		总计	22963.02	

资料来源:《汉口银行公会特别收支报告(自民国十三年二月二十五起至民国十三年十二月三十一止)》(1925 年),武汉市档案馆藏:171—1—117。

(4)1925 年 1 月 1 日—12 月 31 日汉口银行公会特别收支总报告表

汉口银行公会特别收支报告,自民国十四年一月一日起至民国十四年十二月三十一日止					
收入款项			支出款项		
摘要	金额	附注	摘要	金额	附注
上年余金	19790.26		余额	21545.62	

续表

汉口银行公会特别收支报告,自民国十四年一月一日起至民国十四年十二月三十一日止					
收入款项			支出款项		
摘要	金额	附注	摘要	金额	附注
上年经常费余金	655.57				
利息	949.10	中行全年存息			
同上	150.69	上年中行存银行公会户内余息			
总计	21545.62		总计	21545.62	

资料来源:《汉口银行公会特别收支报告(自民国十四年一月一日起至民国十四年十二月三十一日止)》,武汉市档案馆藏:171—1—42。

附录四 1922—1925 年汉口银行公会预决算表

（1）1922 年汉口银行公会收支预算表

民国十一年份汉口银行公会收支预算表					
收入		科目	支出		
每年担任数	每月担任数	收入之部	每年预算数	每月预算数	说明
4500.000	375.000	兴业、聚兴诚、盐业、金城、中孚、四明、上海、华丰、懋业九银行共担任数			
1500.000	125.000	中国、交通两行共担任数			
		支出之部			
		甲、职员薪水及津贴			
		1. 书记处长	2400.000	200.000	
		2. 洋文员（兼职）	200.000		本会关于洋文事件无多,因或有需要之时,故津贴但以年计
		3. 编辑员（二员兼职）	960.000	40.000	每月并著五千字以上文稿一篇
		4. 录事（二员兼司账员）	700.000	30.000	
		乙、役食			
		1. 杂役（一名）	120.000	10.000	

续表

收入		科目	支出		
每年 担任数	每月 担任数	收入之部	每年 预算数	每月 预算数	说明
		丙、印刷费			
		1. 银行季刊	320.000		每季二百本,每本四角。因系初办,只能赠送,不能价售,故列预算
		丁、邮电费			
		1. 电报费	84.000	7.000	
		2. 邮费	36.000	3.000	
		戊、书报费			
		1. 书籍费	600.000	50.000	银行季刊须搜集材料,并将关于财政经济各书籍搜罗研究,以为编辑之助
		2. 华文日报,月报	120.000	10.000	
		己、旅费			
		1. 联合会旅费	300.000		
		庚、社交费			
		1. 对联颂词	80.000		
		支出合计	6000.000	500.000	本栏每月份预算数,系将全年预算总数,以十二个月,平均计算之
6000.000			6000.000		

民国十一年份汉口银行公会收支预算表

资料来源:《民国十一年份汉口银行公会收支预算表》,武汉市档案馆藏:165—1—94。

（2）1923 年汉口银行公会经常费决算表

民国十二年度汉口银行公会经常费决算表							
收入之部				支出之部			
摘要	预算（元）	实收（元）	说明	摘要	预算（元）	实支（元）	说明
中国银行	975.00	929.29	自四月起，大陆入会，故各行分摊经费，较预算为少	一、薪金工食	4184.00	4265.33	
交通银行	975.00	929.30		1. 书记长	2400.00	2400.00	
浙江兴业银行	650.00	619.52		2. 书记一员	456.00	456.00	
聚兴诚银行	650.00	619.52		3. 录事二员	480.00	108.00	应录事，二月至四月，共计八十四元。丁学习录事，三月至四月，共计二十四元
盐业银行	650.00	619.53		4. 洋文员	200.00	无	
金城银行	650.00	619.52		5. 号房一名，杂役三名，信差一名	648.00	871.33	自移入新屋后，添用警察二名，巡查一名，杂役十三名，厨房一名
中孚银行	650.00	619.52		6. 书记一员	无	304.00	哈书记，五月至十二月
四明银行	650.00	619.52		7. 庶务一员	无	96.00	时庶务，十一月至十二月
上海银行	650.00	619.52		8. 王录事恤费	无	30.00	抚恤王录事一个月薪
华丰银行	650.00	619.52		二、会员聚餐	600.00	970.67	移入新屋后，每餐添洋五角，加会议拆票饭，每月八桌
中华懋业银行	650.00	619.52		三、邮电费	1260.00	405.58	

续表

民国十二年度汉口银行公会经常费决算表							
收入之部				支出之部			
摘要	预算（元）	实收（元）	说明	摘要	预算（元）	实支（元）	说明
工商银行	650.00	619.52		1. 电报费	1200.00	383.01	计电报挂号十二元,重要电费一五九.七八,津行市电费二一一.二三,沪行市电费中,尚未列报,应归十三年经费补付
浙江实业银行	650.00	619.52		2. 邮费	60.00	22.57	
中国实业银行	650.00	619.52		四、文具书报	96.00	99.23	书报两项,约五十元,余为新屋添置文具
大陆银行		457.02		五、广告费	60.00	3116.20	新闻商报各登二十一次,余为登政法楚报等
合计	洋 9750.00	9749.86		六、印刷费	150.00	439.87	上项以京沪行市电封电条为大宗,其各项文具、纸张,均列入之
不记		2973.45		七、修缮费	300.00	3.65	十二月份,新屋配玻璃用
总计	洋 9750.00	12723.31		八、交际费	150.00	456.00	内有钱公追悼会用一〇六.五八,宴何东爵士用一五〇.八〇
				九、交易处	1300.00	2341.69	内有二〇八二.八九,系旧交易处用度
				十、公估局贴费	450.00	426.14	合银三百两
				十一、杂费	1200.00	358.17	预算内,水电薪炭各项已另列,故此款较预算减少
				十二、旅费	无	无	

续表

民国十二年度汉口银行公会经常费决算表							
收入之部				支出之部			
摘要	预算（元）	实收（元）	说明	摘要	预算（元）	实支（元）	说明
				十三、保险费	无	640.11	新屋由永年保险
				十四、水电薪炭	无	542.73	上项为十一、十二月，两月支用详报告书戊、丙两月开支明细表
				十五、房租	无	450.00	适安总会，房租九个月
				十六、捐款	无	257.94	外交后援会捐款，及日灾赈款尾数
				十七、辅助费	无	750.00	银行杂志开办费
				总计	洋9750.00	12723.31	

资料来源：《民国十二年度汉口银行公会经常费用决算表》，武汉市档案馆藏：171—1—114。

（3）1924年汉口银行公会经常费决算表

民国十三年度汉口银行公会经常费决算表							
收入之部				支出之部			
摘要	预算（元）	实收（元）	说明	摘要	预算（元）	实支（元）	说明
中国	1650.00	1650.00		一、薪金工食	7608.00	6943.61	
交通	1650.00	1650.00		甲、书记长	2400.00	2400.00	
浙江兴业	1100.00	1100.00		乙、书记四员	2304.00	1848.00	
聚兴诚	1100.00	1100.00		丙、警察二名，巡查一名	432.00	432.00	
盐业	1100.00	1100.00		丁、号房、信差各一名，茶役、杂役十三名，厨房一名，厨役二名	2472.00	2263.61	

续表

民国十三年度汉口银行公会经常费决算表							
收入之部				支出之部			
摘要	预算（元）	实收（元）	说明	摘要	预算（元）	实支（元）	说明
金城	1100.00	1100.00		二、会员聚餐	1200.00	1366.98	
中孚	1100.00	1100.00		三、邮电费	1092.00	553.43	
四明	1100.00	1100.00		甲、行市电费	480.00	226.02	
上海	1100.00	1100.00		乙、电报费	312.00	93.27	
华丰	1100.00	1100.00		丙、邮费	60.00	28.11	
中华懋业	1100.00	1100.00		丁、电话费	240.00	206.03	
工商	1100.00	1100.00		四、书报费	240.00	60.04	
浙江实业	1100.00	1100.00		甲、杂志	120.00	无	
中国实业	1100.00	1100.00		乙、报纸	120.00	60.04	
大陆	1100.00	1100.00		五、广告费	360.00	101.10	
广东	1100.00	1100.00		六、印刷费	180.00	228.94	
中南	1100.00	1100.00		七、纸张文具	360.00	368.46	
				甲、纸张	300.00	282.28	
				乙、文具	60.00	86.18	
				八、水电薪炭	2520.00	3134.02	下半年煤炭涨价,水电费较多
				九、交易处	2160.00	2122.10	
				甲、膳费	1800.00	1809.25	
				乙、杂费	360.00	312.85	
				十、修缮费	500.00	52.47	
				十一、交际费	550.00	876.91	公宴美参赞、熊总理、黄任之先生及三人,约五百元,为大宗
				十二、保险费	640.00	645.16	
				十三、旅费	1000.00	600.00	
				十四、公估局贴费	430.00	428.57	合洋例银,三百两

续表

<table>
<tr><td colspan="8" align="center">民国十三年度汉口银行公会经常费决算表</td></tr>
<tr><td colspan="4" align="center">收入之部</td><td colspan="4" align="center">支出之部</td></tr>
<tr><td>摘要</td><td>预算
（元）</td><td>实收
（元）</td><td>说明</td><td>摘要</td><td>预算
（元）</td><td>实支
（元）</td><td>说明</td></tr>
<tr><td></td><td></td><td></td><td></td><td>十五、杂费</td><td>960.00</td><td>1316.31</td><td>每月额支花木费二十八元，修开钟费八元，茶叶十六元，为大宗</td></tr>
<tr><td></td><td></td><td></td><td></td><td>十六、警察服装</td><td>无</td><td>113.00</td><td></td></tr>
<tr><td></td><td></td><td></td><td></td><td>十七、临时费</td><td>无</td><td>233.33</td><td>马路灯费二十五元，银行杂志纪念号二百元，为大宗</td></tr>
<tr><td></td><td></td><td></td><td></td><td>合计</td><td>19800.00</td><td>19144.43</td><td></td></tr>
<tr><td></td><td></td><td></td><td></td><td>余额</td><td></td><td>655.57</td><td></td></tr>
<tr><td>总计</td><td>19800.00</td><td>19800.00</td><td></td><td>总计</td><td>19800.00</td><td>19800.00</td><td></td></tr>
</table>

资料来源：《民国十三年度汉口银行公会经常费决算表》，武汉市档案馆藏:171—1—117。

（4）1925 年汉口银行公会经常费决算表

<table>
<tr><td colspan="8" align="center">民国十四年度汉口银行公会经常费决算表</td></tr>
<tr><td colspan="4" align="center">收入之部</td><td colspan="4" align="center">支出之部</td></tr>
<tr><td>摘要</td><td>预算
（元）</td><td>实收
（元）</td><td>说明</td><td>摘要</td><td>预算
（元）</td><td>实收
（元）</td><td>说明</td></tr>
<tr><td>中国</td><td>1650.00</td><td>1650.00</td><td></td><td>一、薪金工食</td><td>7608.00</td><td>7151.00</td><td></td></tr>
<tr><td>交通</td><td>1650.00</td><td>1650.00</td><td></td><td>甲、书记长</td><td>2400.00</td><td>2496.00</td><td>洪代董事长函嘱月支钱费八元</td></tr>
<tr><td>浙江兴业</td><td>1100.00</td><td>1100.00</td><td></td><td>乙、书记 4 员</td><td>2304.00</td><td>2016.00</td><td></td></tr>
<tr><td>聚兴诚</td><td>1100.00</td><td>1100.00</td><td></td><td>丙、警察 2 名、巡查 1 名</td><td>432.00</td><td>432.00</td><td></td></tr>
<tr><td>盐业</td><td>1100.00</td><td>1100.00</td><td></td><td>丁、号房、信差各 1 名,茶役、杂役 13 名,厨房 1 名,厨役 2 名</td><td>2472.00</td><td>2207.00</td><td></td></tr>
</table>

续表

民国十四年度汉口银行公会经常费决算表							
收入之部				支出之部			
摘要	预算 (元)	实收 (元)	说明	摘要	预算 (元)	实收 (元)	说明
金城	1100.00	1100.00		二、会员聚餐	1440.00	1385.15	
中孚	1100.00	1100.00		三、邮电费	1092.00	2637.17	
四明	1100.00	1100.00		甲、行市电费	480.00	2140.78	沪市电费前因中行未收,未列预算,本年中行准沪行来单,将十二年六月至本年十月费洋1881.46元并收,故超出预算
上海	1100.00	1100.00		乙、电报费	312.00	215.84	
华丰	1100.00	1100.00		丙、邮费	60.00	29.30	
中华懋业	1100.00	1100.00		丁、电话费	240.00	251.25	
工商	1100.00	1100.00		四、书报费	240.00	48.20	
浙江实业	1100.00	1100.00		甲、杂志	120.00	无	
中国实业	1100.00	1100.00		乙、报纸	120.00	48.20	
大陆	1100.00	1100.00		五、广告费	360.00	93.40	
广东	1100.00	1100.00		六、印刷费	240.00	196.80	
中南	1100.00	1100.00		七、纸张文具	420.00	365.35	
交易员月费	4200.00	4200.00	农商、大成、棉业、国民、河南省、黄陂、中国兴业,每行每月50元	甲、纸张	300.00	286.41	
利息		196.58	中行全年存息	乙、文具	120.00	78.94	
借座费		166.95	时庶务交十三年,全年59.6元,叶庶务交本年,全年九十三元三角一分	八、水电薪炭	3000.00	3748.54	水电上半年多用三百余元,煤炭补支上年十二月二百余元,又本年一保价未跌,故超出预算

续表

<table>
<tr><th colspan="9">民国十四年度汉口银行公会经常费决算表</th></tr>
<tr><th colspan="4">收入之部</th><th colspan="5">支出之部</th></tr>
<tr><th>摘要</th><th>预算
（元）</th><th>实收
（元）</th><th>说明</th><th>摘要</th><th>预算
（元）</th><th>实收
（元）</th><th>说明</th></tr>
<tr><td></td><td></td><td></td><td></td><td>九、交易处</td><td>2160.00</td><td>1841.60</td><td></td></tr>
<tr><td></td><td></td><td></td><td></td><td>甲、膳费</td><td>1800.00</td><td>1700.00</td><td></td></tr>
<tr><td></td><td></td><td></td><td></td><td>乙、杂费</td><td>360.00</td><td>141.60</td><td></td></tr>
<tr><td></td><td></td><td></td><td></td><td>十、修缮费</td><td>500.00</td><td>206.66</td><td></td></tr>
<tr><td></td><td></td><td></td><td></td><td>十一、交际费</td><td>1000.00</td><td>819.33</td><td>内以欢宴筹备处摊用五百元，公宴商会会员等一百元</td></tr>
<tr><td></td><td></td><td></td><td></td><td>十二、保险费</td><td>650.00</td><td>643.49</td><td></td></tr>
<tr><td></td><td></td><td></td><td></td><td>十三、旅费</td><td>1000.00</td><td>无</td><td></td></tr>
<tr><td></td><td></td><td></td><td></td><td>十四、公估局贴费</td><td>450.00</td><td>427.81</td><td>合洋例银三百两</td></tr>
<tr><td></td><td></td><td></td><td></td><td>十五、杂费</td><td>1200.00</td><td>1129.39</td><td></td></tr>
<tr><td></td><td></td><td></td><td></td><td>十六、警察夫役服装</td><td>240.00</td><td>82.20</td><td></td></tr>
<tr><td></td><td></td><td></td><td></td><td>十七、预备费</td><td>2400.00</td><td>271.80</td><td>杂志社约写七十余元，零星公益捐款一百四十元，二楼各室换纱窗帘五十六元</td></tr>
<tr><td></td><td></td><td></td><td></td><td>十八、法律顾问</td><td></td><td>400.00</td><td></td></tr>
<tr><td></td><td></td><td></td><td></td><td>合计</td><td>24000.00</td><td>21447.89</td><td></td></tr>
<tr><td></td><td></td><td></td><td></td><td>余额</td><td></td><td>2915.64</td><td></td></tr>
<tr><td>总计</td><td>24000.00</td><td>24363.53</td><td></td><td>总计</td><td>24000.00</td><td>24363.53</td><td></td></tr>
</table>

资料来源：《民国十四年度汉口银行公会经常费决算表》，武汉市档案馆藏：171—1—117。

附录五　作者关于长江与汉口研究成果目录

一、著作

《长江航运文化》,黄强主编,胡利民、张艳国(主笔并统稿)副主编,28 万字,人民交通出版社,2009 年 1 月。国家交通部科研课题"长江航运文化研究"结题成果(项目负责人:张艳国。项目编号:JTBKTYJ0701-11),"《21 世纪交通文化建设研究与实践》系列丛书"之一。

二、论文(按时间先后顺序排序)

1.《论长江文化的发展线索、文化特征及其研究方法》,邓剑秋、张艳国,《求索》(CSSCI 期刊)1996 年第 1 期。收入首届长江文化暨楚文化国际学术讨论会筹备委员会编:《长江文化论集》,湖北教育出版社,1995 年。

2.《近代长江文化与中国早期现代化》,夏振坤、张艳国,《学术月刊》(CSSCI 期刊)1998 年第 4 期。中国人民大学复印报刊资料《中国近代史》1998 年第 7 期全文转载。

3.《略论晚清钱庄与洋行关系的互动性》,张艳国、刘俊峰,《学术研究》(CSSCI 期刊)2003 年第 11 期。中国人民大学复印报刊资料《经济史》2004 年第 1 期全文转载。

4.《晚清本土钱庄和外商银行的互动性分析》,张艳国、刘俊峰,《中南民族大学学报(人文社会科学版)》(CSSCI 期刊)2007 年第 6 期。收入中国社会科学院近代史研究所图书馆《2007 年中国近代史目录·经济·社会》,《近代史研究》2008 年第 5 期。

5.《弘扬武汉大码头文化——在武汉市纪念中共十一届三中全会三十周

年学术报告会上的发言》,张艳国,《长江日报》,2008 年 2 月 10 日。

6.《同业公会在近代社会变迁中的作用》,张艳国、刘俊峰,《光明日报》理论周刊 2008 年 4 月 13 日,第 7 版。

7.《武汉大码头文化转型研究》,袁北星、张艳国、黄南珊,专报湖北省省长李鸿忠同志,2008 年 7 月。中共湖北省委副书记、省长李鸿忠同志批示肯定,2008 年 8 月 12 日。

8.《从"码头文化"转向"大码头文化"》,署名:本报评论员,张艳国(执笔),《长江日报》,2008 年 8 月 19 日。

9.《关于弘扬武汉大码头文化精神的建议》,张艳国(执笔)、黄南珊、袁北星,《要文摘报》2008 年第 23 期。中共湖北省委副书记、省长李鸿忠同志批示肯定,中共湖北省委常委、宣传部长李春明同志批示肯定;被中共湖北省委列入"思想解放大讨论"主题之一。

10.《弘扬武汉大码头文化,促进湖北科学发展》,张艳国,《湖北社会科学报》,2008 年 12 月 1 日,第 7 版。

11.《汉口钱业公会在化解金融风潮中的作用》,张艳国、刘俊峰,《光明日报》理论周刊 2009 年 7 月 30 日,第 7 版。

12.《长江航运文化的内涵、本质及其特征》,张艳国,《光明日报》理论周刊 2010 年 4 月 6 日,第 12 版。

13.《文化大发展大繁荣背景下的行业文化走势分析——以长江航运文化建设为例》,署名:长江航运文化研究课题组,张艳国(组长),《江汉论坛》(CSSCI 期刊)2009 年第 10 期。《新华文摘》2010 年第 1 期"论点摘编":长江航运文化的内涵。

14.《简论长江航运文化》,张艳国,《江西社会科学》(CSSCI 期刊)2010 年第 1 期。《新华文摘》2010 年第 11 期全文转载。

15.《客商在汉口近代化转型中的作用》,张艳国,《光明日报》2014 年 8 月 27 日,第 14 版。

16.《整合多学科研究长江文化——访江西师范大学党委副书记、历史学家张艳国》,明海英专访,《中国社会科学报》2019年9月6日,第5版。独家报道。

17.《刍议加强长江研究建立长江学》,张艳国,收入张忠家主编:《长江学研究》2020年卷,湖北人民出版社,2021年。

18.《近代汉口银行公会夜校兴办始末研究》,徐为结、张艳国,《人文论丛》(CSSCI集刊)2025年春季卷。

三、获奖(按时间先后顺序排序)

1.《略论晚清钱庄与洋行关系的互动性》,获得湖北省中国经济史学会首届优秀成果一等奖,张艳国、刘俊峰,2007年。

2.《武汉大码头文化现代转型研究》,获得2008年度湖北省优秀调研成果二等奖,袁北星、张艳国、黄南珊,鄂发〔2008〕4号,中共湖北省委,2009年9月19日。

3.《简论长江航运文化》,获得江西高校科学研究优秀成果奖二等奖(人文社会科学2009—2010年),张艳国,江西省教育厅,2011年12月。

附录六 《汉口银行公会与地方社会研究（1920—1938）》人名索引

参考文献

（1）报刊

[1]《财政旬刊(汉口)》

[2]《大陆银行月刊》

[3]《东方杂志》

[4]《工商半月刊》

[5]《汉口民国日报》

[6]《汉口商业月刊》

[7]《湖北财政月刊》

[8]《钱业月报》

[9]《申报》

[10]《银行月刊》

[11]《银行杂志》

[12]《银行周报》

[13]《中行月刊》

[14]《中央银行旬报》

[15]《中央银行月报》

（2）档案史料

武汉市档案馆馆藏档案：

[1]汉口(武汉)市政府档案(9)

[2]上海商业储蓄银行汉口分行档案(61)

[3]汉口市、武昌市商会档案(76)

[4]中国实业银行汉口分行档案(98)

[5]四明商业储蓄银行汉口分行档案(100)

[6]聚兴诚商业银行汉口分行档案(104)

[7]金城银行汉口分行档案(165)

[8]中南银行汉口分行档案(171)

[9]中国农工银行汉口分行档案(172)

[10]中国国货银行汉口分行档案(173)

上海市档案馆馆藏档案:

[1]盐业银行上海分行档案(S173)

(3)地方志、文史资料、年鉴(按出版时间先后排列)

[1]上海银行周报社:《银行年鉴》(1922 年)。

[2]中国银行总管理处经济研究室编:《全国银行年鉴》(1934 年)。

[3]中国银行总管理处经济研究室编:《全国银行年鉴》(1935 年)。

[4]中国银行总管理处经济研究室编:《全国银行年鉴》(1936 年)。

[5]湖北省政府秘书处统计室编印:《湖北省年鉴》第 1 回,1937 年。

[6]中国人民银行上海市分行编:《上海钱庄史料》,上海人民出版社 1960 年版。

[7]中国人民银行上海市分行金融研究室编:《金城银行史料》,上海人民出版社 1983 年版。

[8]中国人民政治协商会议武汉市委员会文史资料研究委员会编:《武汉工商经济史料》1984 年第 2 辑。

[9]武汉市政协文史资料研究委员会《武汉文史资料》编辑部:《武汉文史资料》1987 年第 1 辑。

[10]中国人民政治协商会议湖北省委员会文史资料研究委员会编:《湖北文史资料》1987 年第 1 辑。

[11]中国人民银行金融研究所、中国人民银行山东省分行金融研究所编:《中国革命根据地北海银行史料》,山东人民出版社 1988 年版。

[12]中国人民银行上海市分行金融研究所编:《上海商业储蓄银行史料》,上海人民出版社 1990 年版。

[13]湖北省地方志编纂委员会编:《湖北省志·金融》,湖北人民出版社 1993 年版。

[14]中国人民银行北京市分行金融研究所、《北京金融志》编委会办公室编:《北京金融史料·银行篇》,1993 年。

[15]湖北省地方志编纂委员会编:《湖北省志·政权》,湖北人民出版社 1996 年版。

[16]武汉市档案馆、武汉市政协文史学习委员会编:《保卫大武汉》专辑,《武汉文史资料》1998 年第 3 期。

[17]全国政协文史资料委员会编:《文史资料存稿选编·经济》(上),中国文史出版社2002年版。

(4)资料汇编(按出版时间先后排列)

[1]汉口市政府编:《汉口市政概况》1932年10月至1933年12月。

[2]中国人民银行金融研究所编:《中国农民银行》,中国财政经济出版社1980年版。

[3]《武汉金融志》编写委员会办公室、中国人民银行武汉市分行金融研究室编:《武汉近代货币史料》,内部发行,1982年。

[4]中国人民银行上海市分行金融研究室编:《中国第一家银行》,中国社会科学出版社1982年版。

[5]中国人民政治协商会议武汉市委员会文史资料研究委员会编:《武汉工商经济史料第二辑》,内部发行,1984年。

[6]《武汉金融志》编写委员会办公室、中国人民银行武汉市分行金融研究所编:《武汉钱庄史料》,内部发行,1985年。

[7]中国第二历史档案馆编:《中华民国史档案资料汇编·第四辑》,江苏古籍出版社1986年版。

[8]中国人民银行总行参事室编:《中华民国货币史资料·第一辑(1912—1927)》,上海人民出版社1986年版。

[9]《武汉金融志》编写委员会办公室、中国人民银行武汉市分行金融研究所编:《武汉银行史料》,内部发行,1987年。

[10]中国第二历史档案馆等合编:《中华民国金融法规选编》上册,档案出版社1989年版。

[11]重庆金融编写组编:《重庆金融》(上),重庆出版社1991年版。

[12]中国第二历史档案馆编:《中华民国史档案资料汇编·第三辑·农商》,江苏古籍出版社1991年版。

[13]中国银行总行、中国第二历史档案馆合编:《中国银行行史资料汇编(上编)》第1—3册,档案出版社1991年版。

[14]傅文龄主编:《日本横滨正金银行在华活动史料》,中国金融出版社1992年版。

[15]天津市档案馆等编:《天津商会档案汇编(1912—1928)》第1—4册,天津人民出版社1992年版。

[16]重庆市档案馆、重庆市人民银行金融研究所合编:《四联总处史料(上中下)》,档案出版社1993年版。

[17]中国第二历史档案馆编:《中华民国史档案资料汇编·第五辑·第一编·财政经济》,江苏古籍出版社 1994 年版。

[18]中国人民银行金融研究所编著:《中国货币金融史大事记》,人民出版社 1994 年版。

[19]交通银行总行、中国第二历史档案馆合编:《交通银行史料·第一卷(1907—1949)》,中国金融出版社 1995 年版。

[20]财政部财政科学研究所、中国第二历史档案馆编:《国民政府财政金融税收档案史料(1927—1937 年)》,中国财政经济出版社 1997 年版。

[21]中国第二历史档案馆编:《中华民国史档案资料汇编·第五辑·第二编·财政经济》,江苏古籍出版社 1997 年版。

[22]中国第二历史档案馆编:《四联总处会议录》,广西师范大学出版社 2003 年版。

[23]洪葭管主编:《中央银行史料(1928.11—1949.5)》,中国金融出版社 2005 年版。

[24]章开沅、马敏等主编:《苏州商会档案丛编》(第 1—6 辑),华中师范大学出版社 1991—2012 年版。

[25]石涛、何品编注:《中央银行·机构卷》,上海远东出版社 2014 年版。

[26]何品、宣刚编注:《上海商业储蓄银行·机构卷》,上海远东出版社 2015 年版。

[27]何品、李丽编注:《浙江兴业银行·机构卷》,上海远东出版社 2016 年版。

[28]万立明编选:《上海银行公会·机构卷》,上海远东出版社 2016 年版。

[29]邹晓昇编选:《上海钱业及钱业公会·机构卷》,上海远东出版社 2016 年版。

[30]上海市银行同业公会编:《百年珍影:图说上海市银行同业公会(1918—2018)》,上海辞书出版社 2018 年版。

[31]上海市银行同业公会、复旦大学中国金融史研究中心编:《百年追梦:上海市银行同业公会史事编年(1918—2018)》,上海辞书出版社 2018 年版。

[32]宁波帮博物馆编:《四明银行史料研究》,宁波出版社 2018 年版。

[33]章义和、杨德钧编:《交通银行史料续编(1907—1949)》,复旦大学出版社 2018 年版。

[34]何品、彭珊珊编注:《中南银行(1921—1937)·机构卷》,上海远东出版社 2020 年版。

[35]北京市档案馆编:《民国时期北京(平)金融档案史料选编》第 1—8 册,新华出版社 2020 年版。

[36]董婷婷、彭晓亮编注:《金城银行·机构卷》,上海远东出版社 2022 年版。

（5）著作（按出版时间先后排列）

[1]徐沧水：《上海银行公会事业史》，上海银行周报社，1925年。

[2]张辑颜：《中国金融论》，上海书店1930年版。

[3]徐寄庼：《最近上海金融史》，上海书店1932年版。

[4]杨荫溥：《杨著中国金融论》，黎明书局1936年版。

[5]皮明庥：《武汉近百年史（1840—1949）》，华中工学院出版社1985年版。

[6]倪瑞霖主编：《我是幸运的周小燕》，上海音乐学院学报编辑部，1988年。

[7]上海市地方志办公室编：《上海：通往世界之桥》（上），上海社会科学院出版社1989年版。

[8]中国民主建国会北京市委员会等编：《北京工商史话》第4辑，中国商业出版社1989年版。

[9]陆仰渊、方庆秋主编：《民国社会经济史》，中国经济出版社1991年版。

[10]洪葭管主编：《中国金融史》，西南财经大学出版社1993年版。

[11]虞和平：《商会与中国早期现代化》，上海人民出版社1993年版。

[12]寿充一、寿乐英编：《外商银行在中国》，中国文史出版社1996年版。

[13]程霖：《中国近代银行制度建设思想研究（1859—1949）》，上海财经大学出版社1999年版。

[14]陶水木：《浙江商帮与上海经济近代化研究（1840—1936）》，上海三联书店2000年版。

[15]汪敬虞主编：《中国近代经济史（1895—1927）》下册，人民出版社2000年版。

[16]丁孝智：《五四以来中国商业经济思想的发展》，广东人民出版社2001年版。

[17]吴景平主编：《抗战时期的上海经济》，上海人民出版社2001年版。

[18]吴景平主编：《上海金融业与国民政府关系研究（1927—1937）》，上海财经大学出版社2002年版。

[19]吴景平、马长林主编：《上海金融的现代化与国际化》，上海古籍出版社2003年版。

[20]朱英主编：《中国近代同业公会与当代行业协会》，中国人民大学出版社2004年版。

[21]李一翔：《近代中国银行与钱庄关系研究》，学林出版社2005年版。

[22]薛念文：《上海商业储蓄银行研究（1915—1937）》，中国文史出版社2005年版。

[23]朱英、郑成林主编：《商会与近代中国》，华中师范大学出版社2005年版。

[24]杜恂诚：《近代中国钱业习惯法——以上海钱业为视角》，上海财经大学出版

社2006年版。

[25]皮明庥主编;涂文学本卷主编:《武汉通史·中华民国卷》(下),武汉出版社2006年版。

[26]周春英:《民国前期民营银行运行机制研究(1912—1937)》,中国财政经济出版社2006年版。

[27]魏文享:《中间组织近代工商同业公会研究(1918—1949)》,华中师范大学出版社2007年版。

[28]郑成林:《从双向桥梁到多边网络——上海银行公会与银行业(1918—1936)》,华中师范大学出版社2007年版。

[29]冀春贤等:《浙商与中国近代金融制度的变迁》,中国财政经济出版社2008年版。

[30]李一翔:《近代中国金融业的转型与成长》,中国社会科学出版社2008年版。

[31]宁波市政协文史和学习委员会、中国人民银行宁波市中心支行主编:《宁波帮与中国近代金融业》,中国文史出版社2008年版。

[32]吴景平、李克渊主编:《现代化与国际化进程中的中国金融法制建设》,复旦大学出版社2008年版。

[33]中国社会科学院近代史研究所编:《中华民国史研究三十年(1972—2002)》(中卷),社会科学文献出版社2008年版。

[34]王丹莉:《银行现代化的先声:中国近代私营银行制度研究(1897—1936)》,中国金融出版社2009年版。

[35]王晶:《上海银行公会研究(1927—1937)》,上海人民出版社2009年版。

[36]张国庆主编:《企业社会责任与中国市场经济前景:公共管理的决策与作用》,北京大学出版社2009年版。

[37]张天政:《上海银行公会研究(1937—1945)》,上海人民出版社2009年版。

[38]刘平:《从金融史再出发:银行社会责任溯源》,复旦大学出版社2011年版。

[39]蒋立场:《上海银行业与国民政府内债研究(1927—1937)》,上海远东出版社2012年版。

[40]袁北星:《客商与汉口近代化》,湖北人民出版社2013年版。

[41]宋佩玉:《近代上海外商银行研究(1847—1949)》,上海远东出版社2016年版。

[42]严昌洪:《武汉历史文化风貌概览》,武汉出版社2017年版。

[43]刘平:《民国银行家论社会责任》,上海远东出版社2017年版。

[44]孙睿:《组织、市场与国家:近代天津钱业公会与经济秩序建构》,中国社会科

学出版社 2017 年版。

[45]童丽:《民国时期银行家的思想与实践》,上海世界图书出版公司 2017 年版。

[46]张百顺:《天津银行公会研究(1918—1936)》,社会科学文献出版社 2017 年版。

[47]孟祥霞、江彦:《近代中国金融制度变迁中的甬商与晋商比较研究》,中国社会科学出版社 2018 年版。

[48]戴建兵:《中国近代商业银行史》,中国金融出版社 2019 年版。

[49]郝志景:《1900—1928 年天津金融风潮研究:以货币发行为分析中心》,复旦大学出版社 2019 年版。

[50]周海燕:《民国十年(1927—1937)经济发展中的政府主导与市场互动研究》,江西人民出版社 2019 年版。

[51]徐昂:《陈光甫与民国政府关系研究(1911—1937)》,上海远东出版社 2020 年版。

[52]刘志英、张朝晖:《现代化视野下的重庆金融(1840—1949)》,重庆大学出版社 2021 年版。

[53]刘慧宇:《抗战时期中央银行体制研究》,江苏人民出版社 2022 年版。

[54]裴庚辛:《银行业与甘肃经济发展(1933—1945)》,社会科学文献出版社 2022 年版。

[55]中国保险学会:《中国近代保险史》,中国金融出版社 2022 年版。

[56]徐锋华:《国民政府时期的政府、金融、实业关系研究》,上海人民出版社 2023 年版。

[57][美]小科布尔著,蔡静仪译,李臻校:《江浙财阀与国民政府(1927—1937)》,南开大学出版社 1987 年版。

[58][法]白吉尔著,张富强、许世芬译:《中国资产阶级的黄金时代(1911—1937 年)》,上海人民出版社 1994 年版。

[59][英]亚当·斯密著,蒋自强等译,胡企林校:《道德情操论》,商务印书馆 1997 年版。

[60][美]施坚雅主编,叶光庭、徐自立、王嗣均、徐松年、马裕祥、王文源合译,陈桥驿校:《中华帝国晚期的城市·中文版前言》,中华书局 2000 年版。

[61][美]罗威廉著,鲁西奇、罗杜芳译,马钊、萧致治审校:《汉口:一个中国城市的冲突和社区:1796—1895》,中国人民大学出版社 2016 年版。

(6)论文(按发表时间先后排列)

[1]《时事日志》,《东方杂志》1923 年,第 20 卷第 17 期。

[2]《湖北金融概况》,《中外经济周刊》1927 年第 230 期。

[3]《胶济赎路问题》,《国闻周报》1930 年,第 7 卷第 6 期。

[4]《全国废止内战大同盟》,《圣教杂志》1932 年,第 21 卷第 8 期。

[5]迈进篮:《汉口金融业之过去与现在》,《汉口商业月刊》1935 年,第 2 卷第 9 期。

[6]陈志远:《汉口之金融恐慌及其归趋》,《经济评论》1935 年,第 2 卷第 7 期。

[7]程序:《汉口钱庄营业之今昔观》,《汉口商业月刊》1935 年,第 2 卷第 7 期。

[8]姚会元:《近代汉口钱庄研究》,《历史研究》1990 年第 2 期。

[9]王子善:《天津银行同业公会的历史借鉴》,《华北金融》1993 年第 7 期。

[10]陈争平:《战前中国金融变革中的上海银行公会》,"首届商会与近代中国国际学术研讨会"提交论文(天津,1998 年)。

[11]仇华飞:《近代外国在华银行研究》,《世界历史》1998 年第 1 期。

[12]李铭:《一九二六年汉口浙江实业银行致上海总行函件选辑》,《档案与史学》1999 年第 1 期。

[13]杜恂诚:《北洋政府时期华资银行业内部关系三个层面的考察》,《上海经济研究》1999 年第 5 期。

[14]朱华、冯绍霆:《崛起中的银行家阶层——上海银行公会早期活动初探》,《档案与史学》1999 年第 6 期。

[15]刘永祥:《北洋政府时期的私营银行》,《社会科学辑刊》2000 年第 6 期。

[16]马长林:《民国时期上海金融界银团机制探析》,《档案与史料》2000 年第 6 期。

[17]吴景平:《从银行立法看 30 年代国民政府与沪银行业关系》,《史学月刊》2001 年第 2 期。

[18]侯桂芳:《上海银钱界与 1935 年白银风潮》,《上海师范大学学报(哲学社会科学版)》2002 年第 3 期。

[19]吴景平、王晶:《"九·一八"事变至"一·二八"事变期间的上海银行公会》,《近代史研究》2002 年第 3 期。

[20]李一翔:《传统与现代的柔性博弈:中国经济转型过程中的银行与钱庄关系》,《上海经济研究》2003 年第 1 期。

[21]邢建榕:《民国银行家唐寿民的一生(上)》,《档案与史学》2003 年第 1 期。

[22]张秀莉:《上海银行公会与 1927 年的政局》,《档案与史学》2003 年第 1 期。

[23]吴景平:《上海银行公会改组风波(1929—1931)》,《历史研究》2003 年第 2 期。

[24]李一翔:《中法实业银行停业风波述评》,《史林》2003 年第 3 期。

[25]张徐乐:《上海银行公会结束始末述论》,《中国经济史研究》2003 年第 3 期。

[26]刘仲直:《民国时期中国银行天津地名券的发行与流通》,《中国钱币》2004 年第 1 期。

[27]朱英:《近代中国同业公会的传统特色》,《华中师范大学学报(人文社会科学版)》,2004 年第 3 期。

[28]郑成林:《上海银行公会与银行法制建设述评(1927—1936)》,《华中师范大学学报(人文社会科学版)》2004 年第 4 期。

[29]张天政:《略论上海银行公会与 20 世纪 20 年代华商银行业务制度建设》,《中国经济史研究》2005 年第 2 期。

[30]郑成林:《上海银行公会与近代中国币制改革述评》,《史学月刊》2005 年第 2 期。

[31]郑成林:《1927—1936 年上海银行公会与国民政府关系述论》,《江苏社会科学》2005 年第 3 期。

[32]张天政:《上海银行公会与国民政府对日伪的货币金融战》,《抗日战争研究》2005 年第 4 期。

[33]郑成林:《上海银行公会与近代中国票据市场的发展》,《江西社会科学》2005 年第 10 期。

[34]孙建国:《论民国时期上海银行业防弊与信用保证制度变革》,《中国经济史研究》2007 年第 1 期。

[35]郑成林:《上海银行公会与近代中国银行信用制度的演进》,《浙江学刊》2007 年第 4 期。

[36]万立明:《上海银行公会与 20 世纪二三十年代的票据立法》,《社会科学研究》2007 年第 5 期。

[37]龚关:《1920 年代中后期天津银行挤兑风潮》,《历史教学(高校版)》2007 年第 6 期。

[38]胡春娟、赵昊鲁:《抗战沦陷时期的汉口银行业述略(1938—1945)》,《江汉大学学报(人文科学版)》2008 年第 3 期。

[39]李婧:《民国时期银行法研究探析—以三十年代〈银行周报〉为考察视角》,《法学杂志》2009 年第 3 期。

[40]李勇军、刘俊峰:《汉口钱业公会与地方政府的互动关系(1928—1938)探析》,《中南民族大学学报(人文社会科学版)》2009 年第 4 期。

[41]陈丽梅:《20 世纪二三十年代青岛华资银行业述论》,《枣庄学院学报》2009

年第 6 期。

[42]刘俊峰:《民国时期汉口钱庄与华资银行关系论析(1912—1937)》,《华中师范大学学报(人文社会科学版)》2009 年第 6 期。

[43]张艳国、刘俊峰:《汉口钱业公会在化解金融风潮中的作用》,《光明日报》2009 年 7 月 30 日,第 7 版。

[44]郑成林:《上海银行公会与近代中国银行监管制度》,《高等学校文科学术文摘》2010 年第 1 期。

[45]刘志英、杨朋辉:《抗战爆发前的重庆银行公会》,《西南大学学报(社会科学版)》2010 年第 3 期。

[46]蒋立场:《1932—1935 年的上海银行业与南京国民政府内债》,《史学月刊》2011 年第 5 期。

[47]张百霞:《中法实业银行停兑风潮及其影响》,《河北师范大学学报(哲学社会科学版)》2011 年第 5 期。

[48]刘俊峰:《论浙江兴业银行汉口分行与钱业的互动关系(1908—1936)》,《江汉论坛》2012 年第 3 期。

[49]张天政、成婧:《西京银行公会与抗战时期国民政府的金融监管》,《中国社会经济史研究》2013 年第 2 期。

[50]朱志先:《1931 年汉口水灾述论——基于民国报刊为中心的考察》,《武汉科技大学学报(社会科学版)》2014 年第 1 期。

[51]易棉阳:《近代中国两种金融监管制度的比较:基于交易费用视角的研究》,《财经研究》2014 年第 1 期。

[52]张秀莉:《政治变局中的金融震荡:1928 年平津挤兑风潮》,《史林》2014 年第 1 期。

[53]温锐、周海燕:《政府主导下的经济发展——1927—1937 年南京国民政府与市场调适关系分析》,《江西财经大学学报》2014 年第 3 期。

[54]郑成林、刘杰:《上海银行公会与 1920 年代北京政府内债整理》,《华中师范大学学报(人文社会科学版)》2014 年第 3 期。

[55]红花:《银行公会的监管与风险防范机制研究(1917—1937)》,《内蒙古大学学报(哲学社会科学版)》2015 年第 2 期。

[56]兰日旭:《中国近代银行家群体的变迁及其在行业发展中的作用探析》,《中国经济史研究》2016 年第 3 期。

[57]张百顺:《天津银行公会存在与发展的内在逻辑探析(1918—1936)》,《中国社会经济史研究》2016 年第 4 期。

[58]朱英、向沁:《近代同业公会的经济与政治功能:近五年来国内相关研究综述》,《中国社会经济史研究》2016 年第 4 期。

[59]张亚光、于水婧:《近代金融职业教育的启蒙与发展》,《中国高等教育》2016 年第 17 期。

[60]郑成林、董志鹏:《民初工商同业公会规则的制定与修订》,《华中师范大学学报(人文社会科学版)》2017 年第 2 期。

[61]潘庆中:《近代上海金融危机的经济学分析(1870—1937 年)》,《中国经济史研究》2017 年第 4 期。

[62]刘俊峰:《汉口华资银行间的竞合关系探析(1912—1937)》,《江汉论坛》2017 年第 6 期。

[63]兰日旭、周莹:《中国近代公债整理探析》,《贵州社会科学》2017 年第 8 期。

[64]朱英:《近代商人与慈善义演》,《史学月刊》2018 年第 6 期。

[65]刘杰、李莎莎:《近代汉口商会与汉口地方经济社会治理(1907—1937)》,《学习与实践》2018 年第 8 期。

[66]康金莉:《官商资本与近代北方新式金融研究(1912—1927)》,《中国社会经济史研究》2019 年第 2 期。

[67]虞和平:《改革开放以来中国近代经济史研究的主要发展路径》,《中国社会经济史研究》2019 年第 4 期。

[68]吴景平:《中国近代金融史研究对象刍议》,《近代史研究》2019 年第 5 期。

[69]宋佩玉、公磊:《近代上海外商银行公会的行业自律与风险防范》,《上海师范大学学报(哲学社会科学版)》2020 年第 5 期。

[70]颜色、辛星、腾飞:《银行危机与政府干预——基于中国金融史的研究》,《金融研究》2020 年第 10 期。

[71]兰日旭、李昆:《近代中国银行监管体系探析——基于政府与银行公会的视角》,《财经研究》2021 年第 1 期。

[72]刘诗古、彭兴:《战时财政下的商会整合与商民应变——以 20 世纪 40 年代的唐江镇为中心》,《中国社会经济史研究》2022 年第 1 期。

[73]刘杰:《近代汉口区域银两货币市场的演变——以"洋例银"运行为中心》,《近代史研究》2022 年第 5 期。

[74]燕红忠、谢萍萍:《冲击与延续:传统金融市场对新式银行发展的影响》,《中国经济史研究》2022 年第 6 期。

[75]黄传荣:《1927 年的"集中现金风潮"及其善后——武汉国民政府向南京妥协的金融原因探讨》,《中国社会经济史研究》2023 年第 2 期。

［76］梁仁志、张建平:《近代大变局下的徽商——以 20 世纪二三十年代的汉口徽州钱商为中心》,《安徽史学》2024 年第 6 期。

［77］［韩］金承郁:《上海银行公会（1918—1927）》,《中国史研究》2002 年第 17 辑。

［78］［韩］金承郁、王晶:《上海银行公会的利益选择》,《社会科学报》2002 年 9 月 12 日,第 4 版。

（7）学位论文（按时间先后排列）

［1］章博:《武汉一九三一年水灾救济问题研究》,华中师范大学中国近现代史专业硕士学位论文,2002 年。

［2］聂文军:《亚当·斯密经济伦理思想研究》,湖南师范大学伦理学专业博士论文,2003 年。

［3］陈勇:《汉钞兴衰与武汉近代金融变迁（1908—1935）》,华中师范大学中国近现代史专业硕士学位论文,2005 年。

［4］胡建敏:《民国时期杭州银行公会研究（1930—1937）》,浙江大学中国近现代史专业硕士学位论文,2006 年。

［5］涂文学:《"市政改革"与中国城市早期现代化:以 20 世纪二、三十年代汉口为中心》,华中师范大学中国近现代史专业博士学位论文,2006 年。

［6］刘俊峰:《民国汉口钱业组织研究（1919—1938 年）》,华中师范大学中国近现代史专业硕士学位论文,2007 年。

［7］汤黎:《人口、空间与汉口的城市发展（1460—1930）》,华中师范大学中国近现代史专业博士学位论文,2008 年。

［8］陈国连:《杭州银行公会研究（1945—1949）》,杭州师范大学中国近现代史专业硕士学位论文,2009 年。

［9］吕一群:《晚清汉口贸易的发展及其效应》,华中师范大学中国近现代史专业博士学位论文,2009 年。

［10］张启社:《民国时期的汉口商人与商人资本（1912—1936）》,华中师范大学中国近现代史专业博士学位论文,2009 年。

［11］张强:《成都银行公会研究（1934—1949）》,四川大学中国近现代史专业博士学位论文,2010 年。

［12］刘俊峰:《社会变迁中的汉口华资银行业（1912—1938）》,华中师范大学中国近现代史专业博士学位论文,2010 年。

［13］李辉:《〈银行周报〉研究（1925—1937）》,复旦大学中国近现代史专业硕士学位论文,2011 年。

［14］成婧:《银行公会职责与行业生存之间的平衡:以抗日战争时期西京银行公会为例》,宁夏大学专门史专业硕士学位论文,2012年。

［15］邓晶:《近代汉口总商会研究(1916—1931)》,华中师范大学经济社会史专业硕士学位论文,2012年。

［16］胡启扬:《民国时期的汉口火灾与城市消防(1927—1937)》,华中师范大学中国近现代史专业博士学位论文,2012年。

［17］李冬梅:《重庆银行公会研究(1937—1945)》,宁夏大学专门史专业硕士学位论文,2012年。

［18］许艳:《抗战时期湖北难民救济研究》,华中师范大学中国近现代史专业硕士学位论文,2012年。

［19］袁晖:《同学、同乡与同事——民国银行家人际网络初探(1912—1937)》,东华大学中国近现代史专业硕士学位论文,2013年。

［20］赵昊鲁:《近代汉口银行业的发展与变迁》,武汉大学经济史专业硕士学位论文,2014年。

［21］杨武:《汉口银行公会研究(1920—1938)》,华中师范大学中国近现代史专业硕士学位论文,2015年。

［22］郭明:《中国近代银行监管思想研究(1897—1949)》,中央财经大学金融学专业博士学位论文,2016年。

［23］贾婷宇:《汉口中南银行的放款与投资研究(1923—1938)》,华中师范大学中国近现代史专业硕士学位论文,2018年。

［24］吕宏娟:《民国时期湖北银行业的"逆产"清理(1926—1934)》,华中师范大学中国近现代史专业硕士学位论文,2020年。

［25］李昆:《近代中国商业银行风险管理研究》,中央财经大学金融学专业博士学位论文,2021年。

(8)外文史料(按时间先后排列)

［1］［日］东亚同文会编:《支那经济全书》第6辑,1909年,国立国会图书馆藏。

［2］［日］东亚同文会编:《支那金融机关》,1919年,国立国会图书馆藏。

［3］［日］外务省通商局编:《在汉口帝国总领事馆管辖区域内事情》,1924年7月,外务省外交史料馆藏。

［4］［日］外务省通商局第二科编:《支那金融事情》,1925年,国立国会图书馆藏。

［5］［日］满铁调查科编:《支那银行关系规定集》,南满洲铁道株式会社,1931年4月。

［6］［日］同仁会调查部编:《中华民国水灾状况》,1931年8月,国立国会图书

馆藏。

　　[7][日]山田部队本部经理部编:《金融情报》第 2 号,1939 年 1 月,防卫省防卫厅研究所藏。

　　[8][日]木村增太郎:《事变下的支那银行》,金融研究会,1941 年。

　　[9][日]兴亚院华中联络部编:《支那方面银行的营业状态》,1941 年,国立国会图书馆藏。

　　[10][日]日本东亚同文书院编:《中国省别全志》第 17 册,线装书局 2015 年影印版。

后　　记

　　本书是在我主持承担的国家社会科学基金一般项目"汉口银行公会与地方社会研究（1920—1938）"（批准号：13BZS052）结项的成果（证书号：20182212）基础上，进一步修改完善而成。尽管成果鉴定获得"良好"等级，但是，由于当时在研究、写作过程中，我还处于担任高校领导和教学、科研"双肩挑"的位置上，时间不是那么连贯和饱满，主要是靠双休日、节假日来推进这项工作，如果遇有别的任务，这件事就得暂时搁下，因此，虽然我在主观上把它抓得紧，但是在客观上，我往往还是处于写写停停的状态。对此，我是不那么满意的。因而，在研究项目完成以后，我心中对此也还是没有完全放下。我要特别感谢的是，今年年初，中共江西省委、省政府对我的理解和爱护，同意并批准我从高校主要领导岗位上退下来，随后，我被母校华中师范大学作为"博雅学者"特聘教授全职引进。这样，我就作为一名"裸教授"可以全职、全身心地投入到我所喜欢的科研工作之中。从今年三月份开始，我将此项研究成果的修订、完善与进一步深化工作，放到突出重要的位置，连续作战，一鼓作气，努力真正做到像朱英教授在序文里对我研究肯定的那样，"对汉口银行公会做出较为全面客观的历史评价"，把所做的事情尽力做到画上一个比较圆满的"句号"，而不是把结项当作"终点"，锁进抽屉里存放起来，或者是干脆就将它束之高阁。对于做任何工作，我的一向态度都是：做，就要做好；做到自己满意为止，努力争取不留遗憾。

　　武汉是镶嵌在江汉平原的一颗璀璨明珠，历经千百年的发展，积累了内涵丰富、影响宏远的地域性文化，是荆楚儿女的骄傲和精神滋养。我不是武汉人,但武汉是我的寻根地;我出生在江汉平原的农村,但武汉与我家有着密切的亲缘关系。我父亲的外婆家在武昌的中华路崇福山街,我小时候经常听我父亲讲述他回外婆家的温馨故事。我的爷爷在全面抗战时期积极投身"保卫大武汉"的斗争,坚守汉阳,为之付出血泪,坚持到底。我的父亲和姑姑,他们都出生在武昌棋盘街;我的父亲名字叫"汉涛"、姑姑的名字叫"汉珍",他们兄妹俩的名字里都有一个"汉"字,那是我爷爷特地为了让他们与武汉紧密联系在一起,赋予他们生命中武汉的地域特征和灵气活力。在武昌棋盘街、崇福山街、黄鹤楼、古楼洞一带,他们留下了童年的记忆。我从小就知道武汉,就向往武汉,也热爱武汉。

百闻不如一见。在我13岁那年的春节前夕,父亲带我"重回"他阔别多年的外婆家,父亲的幸福与激动,我的渴望与兴奋,几十年来,一直都牢牢地定格在我的记忆里,成为我的珍藏。那次,是我平生第一次与武汉有着那么近距离的接触,更准确地说,应该是体验。父亲带我走武汉长江大桥、看长江千帆竞过、登黄鹤楼、观归元寺、游古琴台、谒孙中山铜像、逛江汉路,表伯妈给我做武汉小吃,表哥带我到他上班的武汉钢铁公司看"洋人"(德国专家)。首次武汉之行,留给我极好的印象。在返程的路上,当父亲与我一道回忆我们体验武汉的几个细节之后,真是让我对武汉有几分留恋不舍。特别是父亲在返程途中,给我讲述他的武汉记忆和对武汉热爱后,还问我想不想将来在武汉上大学、想不想将来在武汉工作、想不想将来在武汉成家立业,这时我才恍然大悟,他设计的这次武汉之行,对我有多么饱满的励志教育之意啊。1977年的春节,那是一个多么值得牢记的时间节点啊!岂止是我家?大地回春,全国人民都在沐浴春风,都在迎接春雨,都在收获春天的希望!

武汉曾经是我求学往返的中转地。我1981年夏季参加高考,有幸被华东师范大学历史系录取,从此与历史学专业结下不解之缘。在华东师范大学求学的四年时间里,从湖北省沔阳县(今仙桃市)下查埠镇到达目的地上海市华东师范大学,我主要是从汉口武汉关码头走水路,寒暑假往返,一年四次。其中,除了有一年寒假回来,我想体验一下坐火车的滋味而走了京沪线、陇海线、京广线;还有一年寒假在学校度过而没有回家之外,四年间,我总共在汉口武汉关与上海十六铺码头之间往返13次。在13次中,我一般是上学乘坐"东方红"号客轮,回家乘坐"江申"号客轮。我上学去,是顺江而下,经历两天两夜;回家则是逆流而上,需要三天两夜。在客轮上看武汉三镇,特别是领略武汉长江大桥、黄鹤楼、龟山、蛇山、武汉关钟楼的风姿,欣赏长江的激流、江汉交汇的雄浑、来来往往各类轮船的繁忙,真是别有一番感受在心头。可惜的是,随着时代的发展,高铁和动车、飞机航班代替了昔日往返的客轮航运,从武汉到上海的确变得快捷、方便了很多,但是,人们却也的确是再也没有乘坐"东方红"号、"江申"号客轮感知长江、领略长江沿岸风情的机会了。这不能不说,是一个人生遗憾。

武汉还是我创业立业的起点。1985年7月初,我从华东师范大学历史系毕业后,如我父亲所愿,分配到湖北省社会科学院《江汉论坛》(含《青年论坛》)杂志社,从事史学编辑与研究相结合的工作。当时,得知这一消息之后,别提我们全家有多高兴了,特别是我的父母,似有圆梦之感;我在办理报到手续之后,很快就领到了工作证、记者证,也别提我发自内心的那份激动和高兴劲了。在湖北省社会科学院上班,成为单位的职工,这就意味着,我是武汉市市民的一员。与周边的东湖、水果湖、省博物馆、车家岭、高家湾、蔡家嘴等朝夕相伴、生活相处,它们培育起我对这些地方、我所处环境的深厚感情。在东湖观光之后看垂钓,在水果湖边看渔民捕鱼,冬天在车家岭的武汉建筑机械厂职工澡堂洗澡,在对门的省博物馆周边早、晚散步,在从蔡家嘴到高家湾一线的沿街自由市场买菜,这些既是我平常生活的一部分,也是我工作之余的最大乐趣。1987年初夏,我和她在美丽的桂子山华中师范大学校园内恋爱了;1988年金秋时节,我们在湖北省社会科学院结婚成家了;接着,我家由二人世界变成三人乐园了。慢慢地,小孩长大了,从上水果湖幼儿园,到上东湖小学,再上水果湖中学,在十来年的时间里,我们一家三口都是在与单位周边的环境打交道中走过来的,我们将自己的生命牢牢地植根于这个环境之中。从1985年暑假开始,我从一名青年职工"小张",变成了单位的工作骨干,被称为"张教授""张博士"。时间在延续,我在成长,武汉市也在发生深刻而巨大的变化,它变得越来越整洁、越来越美丽、越来越气派。武汉的发展进步,也常常是我家三人交流的热门话题。就是这样,随着时间的推移,武汉既是我生活工作的载体,又日益成为我生命、情感的很大一部分。

2008年底,一个很偶然的机缘,我从湖北武汉跨省调入江西南昌工作,担任省属重点高校的领导职务。我爱新的工作,我爱新的岗位,我努力适应新的环境,我也爱新的同事。慢慢地,我也爱江西,我也爱南昌,我把江西以及南昌当成我的第二故乡。我作为一名江西的"进口老表",为此感到荣幸和骄傲。我对南昌的滕王阁、瑶湖和武昌的黄鹤楼、东湖一样,怀有一种特别深厚的感情。当然,故乡之情、桑梓之地,是怎么都难以忘怀的。所以古人说:"云无心以出岫,鸟倦飞而知返"①;也说:"人情同于怀土兮,岂穷达而异心"②;更说:"人情重怀土,飞鸟思故乡。"③古往今来,人们无论身居何处,也不论身居庙堂之高,还是身处江湖之远,都有"举头望明月,低头思故乡"④的家乡情结,这的确是人类的本性使然。就像著名历史学家赵俪生先生在地处甘肃的兰州大学工作时,自号住所曰"寄陇居",以表达对家乡山东的思念之情一样,我也常有"寄赣居"之感,而思念我的家乡,心系与我有着深厚情感的武汉。我的这种情愫,正如著名历史学家、业师严昌洪教授在《武汉历史文化风貌概览》序文中所表达的那样:"我爱武汉壮丽的山河","我爱武汉悠久的历史","我爱这里的地灵人杰","我爱这里的一草一木"。⑤ 因此,我也总希望能为武汉做一点什么事情才好。

2013年初,我在已有研究的基础上,开始思考并计划申报以汉口银行公会为主题和研究内容的国家社会科学基金一般项目。经过认真准备、精心设

① (晋)陶渊明:《归去来兮辞》,见逯钦立校注:《陶渊明集》,中华书局1979年版,第161页。
② (东汉)王粲:《登楼赋》,见俞绍初校点:《王粲集》,中华书局1980年版,第19页。
③ (北宋)欧阳修:《送慧勤归余杭》,见李逸安点校:《欧阳修全集》第一册,中华书局2001年版,第24页。
④ (唐)李白:《静夜思》,见(清)王琦注:《李太白全集》上册,中华书局1999年版,第346页。
⑤ 严昌洪:《武汉历史文化风貌概览·序》,武汉出版社2017年版,第1—2页。

计,我申报的"汉口银行公会与地方社会研究(1920—1938)"项目,一次就获得成功,当年获批。在申报准备中,我的外甥刘俊峰博士(师从朱英教授,现为杭州师范大学历史系副教授)给予大力协助;在项目论证中,我还得到了中国近代史专家虞和平研究员、马敏教授和朱英教授的热心支持和热情鼓励;还得到了本领域的知名学者、复旦大学历史系吴景平教授的指导和帮助。项目获批后,我高度重视,立马启动研究,经过四年潜心研究,于2018年顺利结项。在研究中,我既立足于学术前沿,以已有的研究为基础,而又敢于突破。在受到美国城市史研究专家施坚雅的"区域都市中心"理论范式①、汉口史研究专家罗威廉的"社区与冲突"理论范式②的启发之后,也敢于提出我自己的史识,形成中国学者独立的话语表达:汉口银行公会内外结合的互动形态与内涵特征。这大体上可以称为另一种研究的理论范式,即由内向外的互动形态,它由互动的核心层向中间层、外围层传导,将动能变为效能,形成为紧密互动关系的推动过程,具有物理学的张力和社会学的意义。我正是按照这个新思考来布局谋篇,并予以整体呈现的。我的这个新思路,是建立在业师章开沅、夏振坤、冯天瑜和严昌洪教授的长期教育培养下,我形成的"通史观念、通识意识、现世情怀"的学术认识和"靠史实说话,以道理服人"的研究方法基础之上的,尽管还可以进一步推敲和体会它,但我在研究中,对此是深信不疑的。

在研究中,我感受到了研究问题、投身学术的快乐。这不仅仅是我在研究中主要运用大量第一手档案资料以及在武汉调查资料中体会到了资料收集整理的艰辛,在首次系统研究汉口银行公会的巨大挑战中感知到学术研究的难度,而且我还体会到,战胜挑战、克服艰辛,就是一次愉快的学术之旅。特别是我以项目为教学、科研平台和渠道,指导硕士研究生徐为结、罗慧琳和冯波分别研究汉口银行公会的相关专题,大家都有收获。为了能够指导学生研究,我

---

① ［美］施坚雅主编,叶光庭、徐自立、王嗣均等合译,陈桥驿校:《中华帝国晚期的城市·中文版前言》,中华书局2000年版,第6页。

② ［美］罗威廉著,鲁西奇、罗杜芳译,马钊、萧致治审校:《汉口:一个中国城市的冲突和社区:1796—1895》,中国人民大学出版社2016年版,第9页。

就得先学习,先思考,先研究,然后再和学生一起研究、交流、讨论。与学生的思想碰撞,进一步激发了我在研究中的问题意识,我们都获益匪浅。特别是徐为结同学从硕士到博士期间,都积极协助我收集、整理资料,时常与我讨论课题研究中的问题,给我很大帮助;博士后石嘉教授为我提供了大量近代日本在汉口的调查资料,他在日本爱知大学完成第二个博士学业,是近代日本在华调查研究的青年专家;我指导的硕士研究生陆嘉豪同学认真地协助我整理了本书的"人名索引"。结项后,江西财经大学资深专家温锐教授为这份成果进一步完善、提高质量,提出了一些有益的建议。在修改完善后,朱英教授欣然命笔,为拙著出版作序,高度肯定我的研究浅见。在此,对大家给予的支持和帮助、传递的友谊和友情,我要致以衷心感谢,并怀揣一颗感恩的心,继续探索,努力前行!

我还要感谢人民出版社的诸位出版工作者,他们为拙著出版付出了辛勤劳动,特别是赵圣涛博士以他对学术的追求、对事业的热爱和对工作的负责,发扬精益求精的编辑家精神,令我敬佩!

最后,让我还是回到关于武汉的话题。唐代大诗人李白在黄鹤楼上留下了著名的诗篇《江夏行》,其中的佳句"眼看帆去远,心逐江水流",总能勾起人们无穷的遐思和情怀,"只言期一载,谁谓历三秋。"①人的一生,应该这样度过:做人,常怀敬畏之心;立业,常有精进之志。人生无常,而人的精神有常;人生有涯,而人的思想无涯。"孰谓三秋?"人只要不断地学习思考,就会振奋精神,就能精神抖擞,就会收获思想成果。而这一切,它都以学术追求为底蕴,以学术精神为基础,以学术兴趣为动力。

张艳国

2024 年 7 月 29 日于南昌瑶湖畔光风霁月斋

---

① (唐)李白:《江夏行》,见(清)王琦注:《李太白全集》上册,中华书局 1999 年版,第 446 页。

责任编辑：赵圣涛
封面设计：胡欣欣

图书在版编目(CIP)数据

汉口银行公会与地方社会研究 ：1920—1938 / 张艳国著. -- 北京 ：
人民出版社，2025. 4. -- ISBN 978－7－01－026970－2

Ⅰ. F832.96

中国国家版本馆 CIP 数据核字第 2025B43Y02 号

汉口银行公会与地方社会研究(1920—1938)

HANKOU YINHANG GONGHUI YU DIFANG SHEHUI YANJIU（1920—1938）

张艳国　著

人民出版社 出版发行
(100706　北京市东城区隆福寺街 99 号)

中煤(北京)印务有限公司印刷　新华书店经销

2025 年 4 月第 1 版　2025 年 4 月北京第 1 次印刷
开本:710 毫米×1000 毫米 1/16　印张:27.25
字数:410 千字

ISBN 978－7－01－026970－2　定价:129.00 元

邮购地址 100706　北京市东城区隆福寺街 99 号
人民东方图书销售中心　电话 (010)65250042　65289539